Liebe und Sexualität

Liebe und Sexualität

Aus dem Französischen übersetzt von
Michael von Killisch-Horn
und Reinhard Kuh

BOER

Titel der Originalausgabe: L'amour et la sexualité
© 1984 Editions de Seuil (erste Auflage in der Zeitschrift *L'Histoire*)
© 1986 Editions du Seuil (zweite erweiterte Buchauflage)
Die Beiträge von Duby, Sartre, Veyne, Salles, Lebrun, Ariès, Sot, Darmon,
Corbin (2), Lebigre, Thébaud, Guerrand, Rey übersetzte Michael von Killisch-Horn.
Die Beiträge von Bottéro, Mossé, Solé, Corbin (1), Le Goff, Roche, Chaussinand-
Nogaret, Moulin/Delort übersetzte Reinhard Kuh.

© 2015 Boer Verlag
Unveränderter Nachdruck der Auflage © 1995
Gesamtherstellung: Boer Verlagsservice, Grafrath
ISBN 978-3-924963-39-2
www.boerverlag.de

Inhalt

3. *Lust und Leiden*

GEORGE DUBY

Vorwort

Die Zeitschrift *L'Histoire* bemüht sich, die neuesten Ergebnisse der französischen Geschichtsforschung einem breiten Publikum bekanntzumachen. Sie veröffentlicht die Arbeit, die in den Laboratorien geleistet wird. Sie zeigt auf, für welche Bereiche sich die Historiker heute interessieren und wie diese sich zu den Interessen des Publikums verhalten. Es ist daher bemerkenswert, daß diese Zeitschrift 1984 eine Sondernummer veröffentlicht hat, die ganz der Liebe und der Sexualität gewidmet ist, und noch bemerkenswerter vielleicht, daß sechs Jahre früher in ihrer ersten Nummer von sechs großen Aufsätzen zwei (die in dieses Buch mit aufgenommen wurden) bereits diese Themen anschnitten: Der eine behandelt die Beziehungen zwischen Mann und Frau in der Feudalgesellschaft, der andere die Anwendung der Empfängnisverhütung vom Ende des 18. bis zum Beginn des 20. Jahrhunderts. In der Tat haben wir professionellen Historiker uns seit zwei oder drei Jahrzehnten auf ein bis dahin vernachlässigtes Terrain vorgewagt. Unsere Vorgänger hatten sich von ihm ferngehalten. Sie überließen es den Amateuren, den Romanciers vor allem, die zwar die Handlung in die Vergangenheit und in eine häufig sachkundig rekonstruierte Kulisse verlegten, ihren Personen aber ihre eigenen Gefühle, ihre eigenen Verhaltensweisen, die Formen der Liebe unserer Zeit mitgaben – und die meisten machen es heute noch so. Und das in aller Unbefangenheit, ohne daß ihnen das auch nur im geringsten anachronistisch erscheint. Im übrigen, waren sich eines solchen Anachronismus die sehr ernsthaften positivistischen Historiker zu Beginn dieses Jahrhunderts eigentlich selbst bewußt? Wie ich einst bemerkte, schob Pfister, als er die Liebe Hugues Capets zu seinem Sohn und die Liebe dieses Sohnes zu seiner Ehefrau beschrieb, beiden die Umgangsformen und die Leidenschaften seiner Zeitgenossen unter. Das hat sich gründlich geändert. Heute sind wir alle überzeugt, daß die Männer die Frauen zur Zeit Laclos und zur Zeit Zolas, im Spanien des Cid, im antiken Rom oder in Sumer nicht auf die gleiche Weise behandelten, und wir wollen besser darüber Bescheid wissen, wie sie sie behandelten. Die Sexualität und die Liebe gehören zu den Gegenständen, die heute in hohem Maß die Aufmerksamkeit der Historiker fesseln. Zwei deutlich verschiedene Gegenstände, denn der eine hat mit dem Fleischlichen zu tun, wie die Moralisten des 12. Jahrhunderts gesagt hätten, und der andere mit dem Geistigen, beide sind aber eng miteinander verstrickt wie für ebendiese Moralisten Seele und Körper, und die Veränderungen im einen Bereich wirken sich sofort im anderen aus. Wie erklärt sich diese Öffnung in jüngster Zeit?

Daß sie auf sich hat warten lassen, daß sie vor weniger als einem Vierteljahrhundert aufgetreten ist, ist nicht überraschend. Die jüngsten Veränderungen in unseren Lebensgewohnheiten sind dafür verantwortlich. Und zuallererst dafür, daß all das, was von der Prüderie des 19. Jahrhunderts immer noch vorhanden war, verschwunden ist. Ein Hindernis ist zusammengestürzt, dessen Stärke nicht unterschätzt werden darf. Als ich Student war, hatten fast alle meine Lehrer, dessen bin ich sicher, Hemmungen, gewisse Themen vor uns auszubreiten: Es schickte sich nicht, dabei zu verweilen; von diesem Vorbehalt, der unter den Universitätsprofessoren sehr verbreitet war, zeugt beispielsweise der Takt, mit dem Marc Bloch 1940 seine Worte wählte, um uns seine Auffassung der Minne zu erklären. Ich kann mir kaum vorstellen, daß die *Bibliothèque de l'Ecole des Chartes* zu jener Zeit so unverhohlen erotische Texte wie diejenigen, die Jean Bottéro hier zitiert, veröffentlicht hätte. Aber befinden wir uns damit nicht gerade im Zentrum der Geschichte, die uns hier interessiert: Was unsere Mütter vor Scham rot werden ließ, ist für unsere Kinder ganz normal. Der Bruch vollzieht sich genau hier.

Mit einer Heftigkeit, die so manchen sprachlos machte, sind unter unseren Augen Gerüste eingestürzt, die seit Jahrhunderten errichtet waren, um die Beziehungen zwischen den Geschlechtern zu regeln. Verbote sind aufgehoben worden. Körper haben sich entblößt. Man hat sich daran gewöhnt, bei gewissen Themen nicht mehr zu erröten. Verhaltensweisen, die früher sorgfältig verheimlicht wurden, wagen sich allmählich ans Licht der Öffentlichkeit, während das Eheleben sich neu gestaltete. Noch entscheidender war die Revolution – sie war grundlegend, sehr viel tiefgreifender als alle Veränderungen, die seit Generationen in der Wirtschaft oder im kulturellen Bereich eingetreten sind; die anderen Erschütterungen, die wir ebenfalls Revolutionen nennen, wirken im Vergleich mit dieser oberflächlich und flüchtig – die Revolution, sagte ich, die, indem sie die seit den Anfängen des Menschengeschlechts bestehenden Vorschriften aufhebt, die Verteilung der Rollen und der Machtbefugnisse zwischen Männern und Frauen von Grund auf verändert hat. Man muß sich nicht wundern, daß derart radikale Umwälzungen das Interesse der Humanwissenschaftler und insbesondere der Historiker auf die Phänomene gelenkt haben, die von ihnen betroffen sind. So wie in den zwanziger Jahren die Turbulenzen auf dem Geldmarkt eine Wirtschaftsgeschichte zur Blüte gebracht haben, die sich auf die Untersuchung der Konjunktur stützte, erinnerte jüngst die Erschütterung, der Zerfall des Systems, das die Verhaltensweisen der Liebe bestimmte, daran, daß diese Verhaltensweisen nicht unwandelbar sind, daß sie sich mit der Zeit verändern und daß es vielleicht nützlich ist zu studieren, wie sie in der Vergangenheit aussahen, und sei es nur, um besser zu verstehen, wohin sie sich heutzutage entwickeln.

Von diesem Bewußtseinsprozeß ist der stärkste Anstoß ausgegangen, der uns dazu bewegt hat, dieses neue Feld zu erforschen. Wir müssen jedoch hinzufügen, daß wir dafür vorbereitet waren: Die Entwicklung der Forschungen auf dem Gebiet der historischen Demographie, deren Erfolg der französischen Schule in den fünfziger Jahren zu Ruhm verhalf, weckte die Bereitschaft, sich entschiedener mit der Statistik der Eheschließungen und der Geburten, kurz mit den ehelichen oder außerehelichen Verbindungen zwischen den beiden Geschlechtern zu beschäftigen. Und schließlich ermutigten uns Lektüren, diejenige Freuds, allgemein und diffus, und die der Ethnologen, intensiver und besonders von den Historikern unternommen. Das Werk Freuds übte später und versteckter als dasjenige von Marx insofern einen positiven Einfluß auf die Orientierung unserer Forschungen aus, als es uns veranlaßte, die sexuellen Phänomene mit jener anhaltenden Aufmerksamkeit zu betrachten, die ihnen seit dem Ende des 19. Jahrhunderts die Psychiatrie entgegenbrachte. Die Entdeckung, die wir der Lektüre der Ergebnisse von Untersuchungen verdankten, die bei Volksstämmen in Afrika oder Ozeanien durchgeführt wurden, daß sich nämlich jede gesellschaftliche Organisation auf die Verwandtschaftsbeziehungen, das heißt auf die Kodifizierung der sexuellen Beziehungen gründet, enthüllte uns die Notwendigkeit, derartige Strukturen in den alten Gesellschaften genauer zu untersuchen, um deren Wesen und Entwicklung angemessen studieren zu können. Auf diese Weise hielt das Thema der Liebe und der Sexualität Einzug in eine Geschichte, die sich entschieden anthropologisch versteht.

Die Erforschung des Gebiets, das sich unter dem Druck dieser verschiedenen Faktoren der Forschung geöffnet hat, erweist sich als besonders schwierig. Sich auf das Unternehmen einlassen bedeutet ins Dunkel versinken. Die Zeugnisse sind in der Tat spärlich. In der europäischen Kultur gehörte von der Antike bis heute alles, was sich auf die Liebe bezog, in den Bereich des Intimen, anders ausgedrückt, es isolierte sich, zog sich ins Privateste zurück, entzog sich dem Blick. Nur hinter vorgehaltener Hand, im Flüsterton wurde darüber gesprochen. Diese Phänomene haben sehr wenig Spuren in den Quellen hinterlassen, die der Historiker auswertet. Tatsächlich beziehen sich die meisten dieser Quellen, und man kann sagen fast alle, da es sich um sehr weit zurückliegende Epochen handelt, auf das, was öffentlich, offenkundig ist und worauf die Zensur mit ihrem ganzen Gewicht lastet. Die Schamhaftigkeiten von früher schieben sich also zwischen den Forscher und das, was er zu sehen versucht. Der Schleier, den sie über die Begierden und ihre Befriedigung gebreitet haben, ist je nach Epoche unterschiedlich dicht, und derartige Schwankungen interessieren den Historiker in erster Linie. Es kommt vor, daß die Indiskretion diesen Schleier lüftet, doch was auf diese Weise demaskiert wird, ist Gegenstand von meist heimlichen Enthüllungen, verbreitet in sehr beschränkten Kreisen und in sehr zarten, empfindlichen Formen, die im allgemeinen den Verschleiß durch die Zeit nur schlecht überstehen und von denen fast nichts auf uns gekommen ist. Wie oft bin ich gegen diese Mauer gerannt, die das, was uns von der Ritterliteratur, die ich mir nicht so prüde vorstellte, erhalten ist, vor der Realität der Liebesangelegenheiten errichtet.

Spärlich sind die Zeugnisse, und obendrein sehr zweideutig. Denn was die Leute auf dem Gebiet ihrer Gefühle und ihrer Handlungen zu erkennen geben, was sie davon zur Schau stellen, wie eine Decke, um gerade den Rest zu verbergen, der vielleicht das eigentlich Bedeutsame ist, ist stets das, was das Wertesystem, die Moral, die Reserviertheit, die Schicklichkeit zu zeigen verlangt. Die klarste Information – und selbst wenn es sich um Zeiten handelt, die uns sehr nah sind und für die der Historiker über sehr wirksame Mittel verfügt, um in die Intimität einzudringen – kommt von diesen konventionellen Inszenierungen der Liebe und der Sexualität, die die literarischen Texte oder die visuellen Künste anbieten. Es ist bekannt, wie schwierig es ist, derartige Zeugnisse angemessen zu beurteilen, den Anteil gelebter Realität zu bestimmen, der sich im Gedicht, im Roman, im Fresko, so realistisch es auch sein mag, im Film widerspiegelt, und die Auswirkung des Inhalts dieser Werke auf das Verhalten derer, die sie hören, lesen und betrachten, zu ermessen. Ich habe durch Erfahrung begriffen, daß es gefährlich wäre, für bare Münze zu nehmen, was die Minnelieder oder die altfranzösische Versdichtung, die Heiligenleben oder auch die Predigten der Kanzelredner über die Formen der Liebe im Frankreich des 12. Jahrhunderts sagen. So triftig, so scharf seine Kritik auch sein mag, kann der Historiker wirklich hoffen, etwas anderes zu rekonstruieren als diese fast rituelle Hülle, diesen Sand, den man den Voyeuren einst in die Augen streute?

Wenn er mehr Ehrgeiz hat, möge er bedenken, wie sehr die Daten mit Vorsicht zu genießen sind, die bei uns durch Umfragen, durch Fragebogen, die jeder gleichwohl in der absolutesten Diskretion ausfüllen kann, gesammelt werden. Es ist nämlich bereits schwierig, bezüglich dieser Dinge in uns selbst klar zu sehen.

Diese Art von Geschichte zu schreiben verlangt folglich, daß man errät, was nicht gesagt ist, daß man den verborgenen Sinn der spärlichen Äußerungen, die uns zugänglich sind, aufdeckt und daß man bei jedem Schritt ungeheure Leerstellen ausfüllt. Auf diese Weise drängt sich die Imaginationskraft ins Spiel. Und man muß ihr die Zügel schießen lassen, großzügiger als auf anderen Gebieten der historischen Forschung. Man kann sich fragen, ob sich derjenige, der sich in diese Gewässer wagt, immer davor zu schützen vermag, auf die unvollkommenen Schemata, die er rekonstruiert, ein wenig seine eigenen Phantasien zu projizieren. Kann er ganz verdrängen, was aus diesem dunklen Teil seines Wesens heraufsteigt, der ihn beherrscht und den er nicht kennt? In bezug auf die Liebe und die Sexualität spricht der Historiker, denke ich, sehr viel mehr über sich selbst, als wenn er die Diplomatie Gladstones oder das große karolingische Reich behandelt.

Dieser Anteil unvermeidlicher Subjektivität erklärt die Vielfalt im Ton der in diesem Band versammelten Beiträge und daß sie sich bisweilen widersprechen. Ob es sich um die im ehelichen Rahmen disziplinierte Liebe handelt oder um diejenige, die sich in den Räumen des Spiels freien Lauf läßt, ob es sich um die Verbrechen der Liebe oder ihre stillen Freuden handelt, diese Artikel, die alle, vergessen wir das nicht, keineswegs für Fachleute, sondern für aufgeklärte Amateure geschrieben wurden, sind in Wahrheit tatsächlich nur Markierungspunkte, die ein kaum eröffnetes Arbeitsfeld abstecken. Die Untersuchung steckt in den Anfängen. Überrascht bisweilen, fasziniert, wird der Leser rasch entdecken, daß diese Untersuchung unerläßlich ist. Das wenige, was sie zutage gefördert hat, mühsam, tastend, zwingt dazu, die Gesellschaften der Vergangenheit bereits mit ganz anderen Augen zu betrachten.

Die Liebe ist nicht mehr, was sie war

Während der Schleier der Konformisten zerriß, stellte die abendländische Welt vor nicht allzu langer Zeit fest, daß die Verhaltensweisen sich in ihr veränderten: Die Formen der Liebe sind nicht mehr, was sie waren, und die Beziehungen zwischen Mann und Frau ebenfalls nicht. Das ist einer der beunruhigendsten Aspekte einer Gesamtveränderung der Familienbeziehungen, ein tiefgreifender Wandel, vielleicht die bedeutsamste aller Umwälzungen, die unsere Zivilisation am Vorabend des 3. Jahrtausends erfassen; viel bedeutender als all diese Beben, die wir aufgrund von Sprachgewohnheiten für Revolutionen halten.

Es ist daher nicht überraschend, daß die Historiker ihre Aufmerksamkeit in jüngster Zeit diesen Phänomenen zugewandt haben. Die Erforschung des neuen Raums, in den sich ihre Forschungen vorwagen, erweist sich als außergewöhnlich schwierig. Das gilt bereits für das Studium der Fakten. Denn von den expliziten Spuren, die von den Gesellschaften der Vergangenheit bleiben, ist das, was die Liebe und die Sexualität berührt, äußerst spärlich: Es ist das wenige, was eine nachdrückliche Zensur hat durchsickern lassen, häufig um besser zu verbergen, was zur Schau zu stellen nicht schicklich schien. Daher wäre es vielleicht angebracht, damit zu beginnen, daß man die faszinierende, erhellende Geschichte der Scham schreibt.

Andererseits lassen sich diese Kodes, diese normativen Texte oder auch diese Berichte, diese Lieder, diese Bilder, die Verhaltensmuster anbieten, nicht immer leicht entziffern: Wer kann versichern, daß sich in den Gedichten, die im 12., im 13. Jahrhundert die Liebe feiern, die wir Minne nennen, nicht ein anderes Gesicht, das wahre, männliche, unter dem der erwählten Dame verbirgt? Aber am schwierigsten ist es natürlich, diese spärlichen Überreste zu interpretieren, die langsamen Veränderungen darzustellen, die wir undeutlich eine moralische Organisation tiefgreifend umgestalten sehen, von der wir immer nur die äußere Hülle wahrnehmen und die sie von Zeit zu Zeit veranlassen, sich zu wandeln. Ich bin versucht, Paul Veyne zu folgen und mit ihm anzunehmen, daß diese Veränderungen womöglich unerklärt bleiben müssen. Überzeugt jedenfalls, daß es zu einfach wäre, die Ursache dafür gestern oder heute in den Auf- und Abbewegungen des Christentums zu suchen.

1.

Die Liebe in Freiheit

Die Spielregel

JEAN BOTTÉRO

Alles begann in Babylon

Ganz wie die für Essen und Trinken geltenden Regeln und Rituale sind auch die Liebe und die ihr zugrundeliegende Sexualität tief in der menschlichen Natur verwurzelt. Jede Kultur hat diesem Bereich daher zwangsläufig eine privilegierte Stellung in ihrem System eingeräumt, so verschieden die jeweiligen Ausformungen auch waren. Aber sowenig wir wissen, wie unsere Vorfahren in prähistorischer Zeit ihre Nahrung zubereiteten, sowenig werden wir jemals in Erfahrung bringen können, auf welche Art sie sich liebten und vor allem, was die Liebe für sie bedeutete: die Bilder, die sie uns hinterlassen haben, sind in dieser Hinsicht mehrdeutig und schwer zu interpretieren. Einzig und allein schriftliche Zeugnisse könnten uns darüber ausführlichere und exakte Kenntnisse verschaffen.

Neben dem alten Ägypten ist Mesopotamien eine der frühesten Kulturen, die die Schrift kannten und verwendeten. Überliefert ist uns hier eine geradezu gigantische Masse von Schriftstücken, aus der Zeit zwischen 3000 v. Chr. und dem Beginn unserer Zeitrechnung: etwa eine halbe Million Tontafeln, die alle erdenklichen ›literarischen Gattungen‹ umfassen, von der pedantischsten Apothekerrechnung bis hin zu den verwegensten Schöpfungen der Einbildungskraft. Es wäre demnach mehr als verwunderlich, wenn wir in diesem unüberschaubaren Dickicht, das seit gut einem Jahrhundert von den Assyriologen durchforstet wird, nicht neben anderen Schätzen auch etwas aufspüren könnten, was uns eine Vorstellung von der Sexualität und dem Liebesleben der frühesten Einwohner dieses Landes vermittelt, das an der Wende des 4. zum 3. Jahrtausend die erste große Zivilisation hervorgebracht hat, die diese Bezeichnung wirklich verdient: eine Zivilisation, bestimmt von Komplexität und Raffinement in allen Lebensbereichen.[1]

---

1 Was beispielsweise die Kochkunst anbelangt vgl. Jean Bottéro, »La plus vieilles cuisine du monde«, in: *L'Histoire* Nr. 49, Okt. 1982, S. 72

›Tabus...‹

Wenn die Mesopotamier auch viele der heute mit der Sexualität verbundenen ›Tabus‹ nicht kannten, so ist doch sicher, daß sie sich – ganz im Unterschied zu unseren Zeitgenossen – mit ihren Vorlieben, Fähigkeiten und Großtaten auf diesem Gebiet nicht gerade brüsteten, zumindest nicht in schriftlicher Form. Ihnen erschien das alles wohl viel zu natürlich, als daß es der Mühe wert gewesen wäre, darüber groß Worte zu verlieren. Und selbst, was den persön-

Die Frau (durch Haar und Brüste deutlich als solche erkennbar) löscht ihren Durst aus einem großen irdenen Krug, während ihr Partner gleichzeitig aktiv wird. (Terrakotta, 11 cm hoch, erste Hälfte des 2. Jahrtausends v. Chr.; Louvre, Paris)

lichsten Bereich des Schreibens angeht, die Korrespondenz, scheinen sie sich in bezug auf ihre intimsten Gefühle eine merkwürdige Zurückhaltung auferlegt zu haben: wir finden dort keinerlei Liebeserklärungen, nicht einmal Äußerungen von Zärtlichkeit, schon gar keine Schwärmerei. Wenn überhaupt, dann werden Gefühlsregungen dieser Art eher in Andeutungen als offen zum Ausdruck gebracht. So in dem Schreiben, in dem die Königin von Mari, etwa um 1780 v. Chr., ihrem Gemahl wünscht, er möge so bald als möglich von seinem Feldzug in die Heimat zurückkehren, »ruhig und zufrieden«, und ihn auffordert, die Wollsachen zu tragen, die sie für ihn gestrickt hat und die sie ihm mit demselben Boten überbringen läßt. Oder in dem verzweifelten Brief einer jungen Frau, etwa aus

der gleichen Epoche, die ihrem Ehemann berichtet, daß das Kind, das sie »in ihrem Bauche« trug, im siebten Monat ihrer Schwangerschaft starb; daß sie Angst davor hat, selbst zu sterben, aus Schwäche oder vor lauter Kummer, einsam, verlassen und fern von ihrem Mann, den bald wiederzusehen sie sich sehnlichst wünscht. Lassen sich also in diesem Fundus schriftlicher Zeugnisse auch kaum direkte Aussagen darüber finden, was damals die Liebe – als Gefühl, als Leidenschaft oder schlicht als Amüsement – an Erfahrungen, Glückszuständen oder persönlichen Tragödien mit sich brachte, so liegt uns dennoch genug Material vor, um zumindest erahnen zu können, welche Liebesauffassung unsere frühen Vorfahren hatten, wie sie die Liebe praktizierten und welche Freuden und Leiden sie im Leben jedes einzelnen verursachen konnte. Da sie sich ihre Götter nach dem Modell ihrer selbst, nur eben in Superlativen, vorstellten, gibt uns eine Reihe von Schriftstücken, die von diesen erhabenen Göttergestalten handeln, hierüber recht gut Aufschluß, ja sogar besser, als wenn nur einfache Sterbliche im Spiel wären: das wird noch an einigen eindrucksvollen Beispielen zu sehen sein.

Nicht anders als bei uns waren in Mesopotamien die Triebe und die erotischen Energien traditionell durch kollektive Zwänge kanalisiert, um damit das, was als die Keimzelle des Sozialkörpers galt: die Familie, zu schützen und in ihrem Fortbestand zu sichern. Die eigentliche Berufung jedes Mannes und jeder Frau, die jeweilige »Schicksalsbestimmung«, wie man es nannte, wobei man einen dem Ganzen zugrundeliegenden Willen der Götter unterstellte, bestand daher in der Ehe. Und als Randexistenzen, verdammt zu einem trostlosen und unglücklichen Leben, galten »der junge Mann, der Junggeselle geblieben war [...], sich weder eine Frau genommen noch Kinder großgezogen hatte, und ebenso die junge Frau, die niemals entjungfert und geschwängert worden war, der kein Mann jemals die Kleider gelöst hatte, um sie auszuziehen und in die Arme zu schließen, um sie die Lust spüren zu lassen, bis schließlich irgendwann ihre Brüste vor Milch anschwellen würden und sie Mutter geworden wäre.«

›Bis zu achtmal‹

Die Ehe, in der Regel monogam, wurde sehr früh geschlossen; arrangiert wurde sie von den Eltern der zukünftigen Eheleute zu einem Zeitpunkt, wo diese noch Kinder waren, manchmal sogar schon vor ihrer Geburt, wobei vereinbart wurde, sie erst dann zu verheiraten, wenn die Braut einmal das heiratsfähige Alter erreicht hätte. Sobald dieser Zeitpunkt gekommen war, verließ sie ihre Familie, um »in das Elternhaus ihres Gatten aufgenommen zu werden«, wo sie bis zu ihrem Lebensende blieb, es sei denn, sie erwies sich als unfruchtbar und daher nicht imstande, ihre eigentliche Funktion zu erfüllen; in diesem Fall lag es in der Macht des Ehemannes, sie zu verstoßen. Nichts kann besser verdeutlichen, daß der Zweck der Eheschließung in erster Linie darin bestand, eine Familie zu gründen, wie sehr die Ehe also ›im Dienste‹ von Fortpflanzung und

Kindererziehung, d. h. dem Fortleben der Gemeinschaft stand. Daß diese Institution nicht ausreichte, um – wenn man so sagen kann – alle erotischen Kapazitäten auszulasten, läßt sich schon daran erkennen, daß jedem Mann das Recht eingeräumt wurde, sich ganz nach Lust und Laune und im Rahmen seiner ökonomischen Möglichkeiten eine oder mehrere ›Zweitfrauen‹ oder Konkubinen zu nehmen. Vor allem aber wird es deutlich an der Vielzahl von ›Verkehrsunfällen‹, den Eskapaden und Ehedramen, für die sich verschiedentlich Hinweise finden: in den zu Unrecht als ›Gesetzbücher‹ bezeichneten Manualen juristischer Kasuistik, in den Akten von Gerichtsprozessen und ebenso in den Wahrsagungsschriften, deren Prophetien und Zukunftsprognosen doch offensichtlich nichts anderes darstellen als die Übertragung eines ›*déjà vécu*‹ eines in der Vergangenheit schon einmal Erlebten. Hier wird von Männern berichtet, die sich »auf offener Straße« an Frauen heranmachen, um sie zu verführen oder zu vergewaltigen; oder die heimlich mit Frauen schlafen, ob diese nun verheiratet sind oder nicht, und dabei riskieren, vom Ehemann, vom Vater oder von lästigen Zeugen überrascht zu werden. Oder es geht um Frauen, die sich herumtreiben und dadurch ins Gerede kommen; andere, die als ›leichte Mädchen‹ verschrien sind; solche, die schamlos offen oder heimlich ihren Mann betrügen, wobei sie die Vermittlungsdienste von hilfreichen Freundinnen oder Kupplerinnen in Anspruch nehmen; wieder andere, die ihrem Mann davonlaufen, »bis zu achtmal«, oder sich der Prostitution hingeben; schließlich solche, die soweit gehen, sich ihren lästigen Gatten vom Halse zu schaffen, indem sie ihn denunzieren, ermorden lassen oder gar selbst Hand an ihn legen...

Wer sich solcher Vergehen schuldig machte und sich dabei ertappen ließ, wurde von den Richtern strengstens, manchmal sogar mit dem Tode, bestraft: die Männer immer dann, wenn damit Dritten ein schweres Unrecht zugefügt wurde; die Frauen dagegen schon allein deshalb, weil ihre Vergehen, selbst die im Geheimen verübten, eine ernsthafte Gefährdung für den Bestand der Familie darstellen konnten. Ganz zu schweigen davon, daß in einem Land mit einer derart ausgeprägten patriarchalischen Kultur der Mann qua Recht und Gesetz absoluter Herr und Gebieter über seine Frau war, ihr gegenüber mit der gleichen Verfügungsgewalt ausgestattet wie gegenüber seinen Sklaven, seinem Vieh und seinem Besitz. Diese Grundhaltung, wie sie den semitischen Völkern damals und heute gemeinsam ist, scheint jedoch de facto in Mesopotamien ziemlich aufgeweicht gewesen zu sein: nicht nur aufgrund einer liberaleren Auffassung von der Stellung der Frau – vielleicht zurückzuführen auf den archaischen Einfluß der Sumerer (vgl. dazu *Sumerer, Babylonier, Assyrer*, S. 38f.) –, sondern auch aufgrund der Tatsache, daß damals wie zu allen Zeiten und in diesem Land wie überall sonst es niemandem je gelungen ist, die Frauen davon abzuhalten, ihren Kopf durchzusetzen und die Männer, ohne es sie merken zu lassen, an der Nase herumzuführen...

Selbst die Götter blieben von mißlichen Erfahrungen auf diesem Gebiet nicht verschont. Ein sumerischer Mythos berichtet von dem Gott Enlil, der der jungen Göttin Ninlil auflauert, über sie herfällt, sie vergewaltigt und schwängert, so daß ihn die anderen Götter, über ein so unerhörtes Betragen empört, schließlich verbannen – was ihn jedoch nicht davon abhält, dergleichen wieder zu tun! Inanna, der Tochter des Gottes An, wird nach einem anderen sumerischen Mythos vom Gärtner ihres Vaters Gewalt angetan; folgt man aber der akkadischen Version dieses Mythos, so ist es gerade sie selbst, die den Gärtner schamlos und mit äußerst derben Worten aufreizt, um ihn dann, weil er sich ihr verweigert, in einen Frosch zu verwandeln. Im berühmten *Gilgamesch-Epos*, in der akkadischen Fassung, bietet sich dieselbe Göttin dem glorreich von seinem Feldzug in den Zedernwald zurückgekehrten Helden in ähnlich schamloser Weise an; der aber, ganz und gar nicht gewillt, dem frivolen Geschöpf in die Klauen zu geraten, hält ihr voller Entrüstung die lange Reihe all der Geliebten vor, die sie verlassen hat, und beschuldigt sie, mit ihren abgelegten Liebhabern übel umgesprungen zu sein.

Die ›freie‹ Liebe

Aus all dem läßt sich ersehen, daß es neben der Liebe ›im Dienste‹ gesellschaftlicher Erfordernisse noch genügend Entfaltungsmöglichkeiten gab für das, was ich als ›freie‹ Liebe bezeichnet habe, eine von jedem nur zum eigenen Vergnügen und frei von Zwängen praktizierte Liebe. Damit bei dieser Liebespraxis niemand zu Schaden kommt, war war sie ›Spezialisten‹ anvertraut, die das betrieben, was wir heute schlicht Prostitution nennen. Dem Geschmack und den Anschauungen der damaligen Zeit und besonders jener Kultur entsprechend, wonach die Liebe nicht unbedingt heterosexuell zu sein hatte, waren diese auf dem Sektor der ›freien‹ Liebe Beschäftigten Profis beiderlei Geschlechts. Aber im Unterschied zu den heutigen Verhältnissen deutet hier doch einiges darauf hin, daß ihre Tätigkeit eine stark religiöse Färbung besaß. Nicht nur nahmen sie, besonders an einigen der heiligen Stätten, von Berufs wegen an liturgischen Zeremonien teil, ihnen war darüber hinaus als Schutzpatronin und Vorbild die im Sumerischen Inanna, im Akkadischen Ischtar genannte Göttin zugeordnet, die wohl berühmt-berüchtigste Gestalt des damaligen Götterpantheons, die dort die Stellung einer ›Hierodule‹ hatte: einer übernatürlich-göttlichen Prostituierten also. Von den Freiheiten, die sie sich in dieser Rolle herausnehmen konnte, hat man bereits einen Eindruck gewinnen können.

Den diversen Bezeichnungen nach zu urteilen, die in diesem Zusammenhang auftauchen, uns aber meist nicht mehr allzuviel sagen, scheinen die weiblichen wie auch die männlichen Prostituierten in verschiedene Kategorien und Gruppierungen unterteilt gewesen zu sein, wobei wir uns von der Art dieser Spezialisierung kein genaues Bild mehr machen können. Eine von ihnen war, hält man sich an die Bezeichnung (die ›Ischtarianer‹), wohl eher unmittelbar an die Person Ischtars gebunden, eine andere (die ›Geweihten‹) der religiösen Sphäre im allgemeinen zugeordnet. Unter den Männern dürften einige

nicht nur homosexuell, sondern darüber hinaus auch Transvestiten gewesen sein, manche sogar – und das ist keine Erfindung! – trugen Frauennamen und konnten, wenn man hier einem ganz erstaunlichen Orakeltext Glauben schenken darf, die Rolle der Braut und selbst der Wöchnerin einnehmen... Solche Offizianten der ›freien‹ Liebe gab es offenbar in großer Zahl, vor allem im Umkreis einiger Tempel waren sie anzutreffen. Der gute alte Herodot (*Historien* I, 199) hat sich in diesem Fall wohl doch getäuscht: verwundert über so viele Geschöpfe, die ihre Haut zu Markte trugen, wurde er zu der Annahme verführt, es handle sich hier um »alle Frauen des Landes« die durch einen »schändlichen Brauch« dazu gezwungen seien, sich zumindest »einmal in ihrem Leben« öffentlich feilzubieten... Man be-

Liebesszene (kleine Figurine aus Blei, zweite Hälfte des 2. Jahrtausends v. Chr.): die Frau, schräg auf dem Rücken liegend, öffnet ihre Schenkel, wobei ihre Beine auf den Schultern des aufrecht stehenden Mannes ruhen (Berliner Museum)

handelte diese Menschen als Außenseiter, verbannte sie an die Randzone der städtischen Gesellschaft, in den Bereich der Befestigungsanlagen, und es scheint, als ob sie Mißhandlungen, Beleidigungen und Demütigungen nahezu schutzlos ausgeliefert waren. Ein Mythos in sumerischer Sprache deutet an, worauf diese soziale Ächtung beruhte: danach hatte jeder von ihnen im Grunde »sein Schicksal verfehlt« – die Frauen, weil ihre Bestimmung doch darin lag, einen Ehemann zu haben und ihm Kinder zu schenken, die Männer, weil sie in der Liebe der männlichen Rolle nicht gerecht wurden.

Junge Frau im Bade. Sie erinnert an Bathseba, die David den Kopf verdrehte, indem sie sich ihm von weitem in dieser aufreizenden Stellung zeigte (Terrakotta, 8 cm hoch, ca. 8. Jahrhundert v. Chr.; Rockefeller Museum, Jerusalem).

Ein derart abfälliges Urteil über diejenigen, die als Diener der ›freien‹ Liebe tätig waren, vertrug sich jedoch durchaus damit, daß eben diese Form der Liebe als menschliche Aktivität eine hohe Wertschätzung genoß und in ihr geradezu ein wesentliches Attribut dessen, was wir heute verfeinerte Kultur nennen, gesehen wurde. Das kommt in einem anderen Mythos aus sumerischer Zeit unmißverständlich zum Ausdruck, und als Beleg hierfür kann auch die Geschichte von Enkidu dienen, dem späteren Freund und Gefährten des Gilgamesch, wie sie in akkadischer Überlieferung zu Beginn des Epos, das den Namen dieses Helden trägt, berichtet wird. Geboren und aufgewachsen in der

Steppe, mit wilden Tieren als einziger Gesellschaft, eine Art kraftstrotzender Rohling und ›schönes Tier‹, erfährt er, wie Menschen sich lieben, erst dank einer hierin routinierten, lasziv-erotischen Frau, einer Dirne, die man zu ihm geschickt hat, damit sie ihn mit ihren Liebkosungen willfährig macht:

> »Sie ließ ihr Busentuch fallen / und entblößte ihre Scham, damit er sich an ihren Reizen erfreue. / Beherzt küßte sie ihn auf den Mund (›sie nahm ihm den Atem‹) / Und warf ihre Kleider von sich. / Da sank er auf sie nieder, / Sie zeigte ihm, diesem Wilden, / Was eine Frau alles kann, / Während er, betört von solcher Süße, sie voll Ungestüm liebkoste.«

Nach »sechs Tagen und sieben Nächten«, die sie eng umschlungen miteinander verbringen, ist er ganz und gar ihrem Zauber verfallen und bereit, ihr überallhin zu folgen. Sie drängt ihn nun, die Steppe, in der er geboren wurde, und die Tiere, seine bisherigen Gefährten, die ohnehin von nun an vor ihm fliehen, zu verlassen, und nimmt ihn mit sich in die Stadt, wo er dank ihrer erst »zum Menschen wird«, zu einem Menschen im emphatischen Sinne: kultiviert und zivilisiert. Es ist also die ›freie‹ Liebe, die ihn aus dem Naturzustand herausgeführt und ihm die Kultur erschlossen hat. Besser ließe sich kaum veranschaulichen, wie hoch man gerade dieses Privileg der Hochkultur schätzte: die Möglichkeit, die in der menschlichen Natur liegenden erotischen Potentiale frei von Zwängen und – wenn nötig, mit der Hilfe von ›Experten‹ – in vollem Umfang auszuleben.

Soweit wir wissen, gab es keinerlei explizites Verbot, weder bewußte noch unbewußte Hemmungen, die die Ausübung eines solchen Prärogativs eingeschränkt hätten. Miteinander zu schlafen war eine ganz natürliche Sache und wurde darüber hinaus kulturell ebenso hoch bewertet wie die durch die Kochkunst verfeinerte Eßkultur. Warum auch hätte man sich verkommen, minderwertig oder gar schuldig vor den Göttern vorkommen sollen, wenn man, auf welche Art auch immer, den Geschlechtsverkehr ausübte, vorausgesetzt – aber das versteht sich in einer so hochzivilisierten Gesellschaft fast schon von selbst –, daß dabei keinem Dritten Schaden zugefügt und keines der Tabus und Verbote, die das Alltagsleben mit einem Netz von Regeln überzogen, übertreten wurde. So war es beispielsweise an manchen Tagen des Jahres (am 6. des Monats Taschrit – September/Oktober –, um nur einen zu nennen) nicht geraten oder sogar verboten, den Beischlaf zu vollziehen – wir wissen nicht, aus welchem Grund. Ein weiterer Fall: mit bestimmten Frauen, die offenbar ganz den Göttern ›vorbehalten‹ waren, zu schlafen, oder mit anderen, für die das Verbot nur eingeschränkt galt, ein Kind zu zeugen, stellte ein schweres

Vergehen dar. Von diesen Restriktionen abgesehen, warf die Praxis der Liebe jedoch nicht die geringsten ›Gewissensfragen‹ auf, vielmehr waren die Götter selbst stets bereit, wenn man sie nur mit entsprechenden Riten darum bat, zu ihrem erfolgreichen Gelingen beizutragen.

Gebete für den Erfolg in der Liebe

Überliefert ist uns eine ganze Reihe von Gebeten und Beschwörungspraktiken, mit denen »die Liebe eines Mannes zu einer Frau« oder die »einer Frau zu einem Mann« in günstige Bahnen gelenkt werden sollte, selbst solche für die Liebe »eines Mannes zu einem Mann« (wenn das schon aus Symmetriegründen zu erwartende: »einer Frau zu einer Frau« in dieser Aufzählung nicht auftaucht, so wissen wir doch aus anderen Quellen, daß die lesbische Liebe der damaligen Zeit ganz gewiß nicht unbekannt war); andere, »um eine Frau zu verführen«; oder »damit es gelingt, mit jemandem zu schlafen« (wörtlich: »zu lachen«, eines jener zahlreichen, jedem erotischen Sprachschatz eigenen Bilder und Synonyme, um die geschlechtliche Vereinigung zu umschreiben); weitere »für den Fall, daß es einem Mann noch nie geglückt ist, mit einer Frau zu schlafen«; wieder andere, »um zu erreichen, daß eine Frau sich verführen läßt« etc. Eines dieser Gebete, welches »bewirken soll, daß eine Frau auf einen Mann Lust verspürt (wörtlich: ›auf seinen Penis ein Auge wirft‹)«, sei hier zitiert:

> »›Die schönste aller Frauen hat die Liebe erfunden! Ischtar, die sich an Äpfeln und Granatäpfeln [als aphrodisisch geltende Früchte] ergötzt, sie hat die Begierde erschaffen. Erhebe dich und senke dich, Stein der Liebe [ein erotischer Terminus, der sich wohl auf das erigierte Glied bezieht und nicht etwa auf ein bloßes Beschwörungsmittel], tu etwas zu meinen Gunsten. Es ist Ischtar, die über unsere Vereinigung wachen soll!‹ Dreimal über einem Apfel oder Granatapfel aufzusagen, den man dann der Frau, die man begehrt, zu essen gibt: von da an wird sie sich hingeben und bereit sein zur Liebe.«

Andere, vergleichbare Prozeduren sind in diesem Zusammenhang vielleicht noch signifikanter: bei ihnen allen handelt es sich um eine Art Zauber, aber fast immer wird die Hilfe der Götter beschworen, weshalb man sie auch eher als ›sakramentale‹ denn als ›magische‹ Praktiken ansehen sollte; eine beträchtliche Anzahl davon, bezogen auf alle Bereiche des individuellen wie des sozialen Lebens, hat man wiederentdecken können. Ein in einigen Teilen nicht mehr zu entziffernder Katalog listete mindestens siebzig solcher Gebetsbeschwörungen auf, aber kaum mehr als dreißig sind uns erhalten geblieben und auch diese oft nur in fragmentarischem Zustand. Alle sind sie dazu bestimmt, von der Partnerin gesprochen zu werden (von der »Frau« und nicht etwa der »Gattin«!), um beispielsweise zu erwirken, daß der Geliebte, »gut durchhaltend« bis zum Schluß, ihr auf diese Weise all die physische Lust verschaffe, die sie zu Recht von ihrem intimen Beisammensein erwarten durfte. Diese Fähigkeit des Mannes, seine Geliebte sicher und geschickt zum Orgasmus zu bringen, nannte man in der Sprache der Erotik *nîsh libbi*, wortwörtlich: »Aufgehen des Herzens« – eine durchsichtige Metapher.

Die ›Gebete‹, um die es hier geht, sind in vielerlei Hinsicht erstaunlich. An Götter und Göttinnen gerichtet, demonstrieren sie eindrucksvoll, wie weitgehend zu jener Zeit sexuelle Lust und religiöses Gefühl miteinander vereinbar waren. Sie belegen zudem, daß in dieser vom ›Machismo‹ – wie man heute sagen würde – so deutlich geprägten Gesellschaft die Frau dennoch in der Liebe dem Mann gegenüber gleichberechtigt war: genau wie er hatte sie ein Anrecht auf die Lust, war weder Objekt noch Instrument, sondern wirklich eine Partnerin – ein Sachverhalt, der es verdient, hervorgehoben zu werden. Und nicht zuletzt sind diese Gebetsformeln, was ihren Inhalt angeht, ausgesprochen deftig: sie führen sozusagen mitten hinein in die Intimsphäre des in voller Aktion befindlichen Paares und zeigen uns eine entflammte, entfesselte und schon leicht entrückte Geliebte, die vor lauter Lust und Begierde stammelt und außer sich gerät. Man hat hier Dokumente an der Hand, die über das Liebesleben ausgezeichnet Aufschluß geben. Zwei dieser Gebetsbeschwörungen wollen wir vorstellen, die erste wird begleitet von ›unterstützenden‹ Maßnahmen, die zweite besteht fast nur aus Ausrufen, aber diese sind beredt genug!

Gebetsbeschwörung. »Nimm mich! Hab keine Angst! Laß es stehen, dein Glied, und fürchte dich nicht! So wollen es Ischtar [die Göttin der Liebe], Schamasch, Ea und Asariluchi [die Götter, die gewöhnlich die ›sakramentalen‹ Riten beherrschten]! Dieses Mittel hier ist nicht von mir: es stammt von Ischtar selbst, der Göttin der Liebe! [geläufige Wendung, um den göttlichen Ursprung und damit die Unfehlbarkeit des Ritus zu unterstreichen]. Man nehme einige einem brünstigen Ziegenbock ausgerissene Haare, ein wenig von seinem Samen, einige Haare eines brünstigen Widders...; man vermenge alles miteinander und streiche es dem Geliebten auf die Lenden, nachdem man siebenmal die obengenannte Beschwörungsformel darüber gesprochen hat.«

Gebetsbeschwörung. »Errege dich! Errege dich! Laß es stehen, dein Glied! Laß es stehen! Sei lüstern wie ein Hirsch! Sei scharf wie ein wilder Stier! [...] Mach es mir sechsmal wie ein Mufflon! Siebenmal wie ein Hirsch! Zwölfmal wie das Männchen des Rebhuhns [alles Tiere, die ihrer sexuellen Potenz wegen berühmt waren]! Liebe mich, weil ich jung bin! Liebe mich, weil ich glühe vor Verlangen! Liebe mich wie ein Hirsch! Und ich, Schutzbefohlene des Gottes Ningirsu [dem in diesem Zusammenhang eine Autorität zugeschrieben wird, die durch keine anderen Zeugnisse belegt ist], ich werde deine Lust befriedigen!«

Liebesspiele

Wo wir nun schon einmal bis ins Schlafgemach vorgedrungen sind, wollen wir für einen Moment hier verweilen, indem wir uns einem recht außergewöhnlichen und sehr beeindruckenden Dokument zuwenden. Es handelt sich um ein Kapitel aus einer umfangreichen Wahrsagungsschrift. Als fanatische Anhänger der ›deduktiven‹ Weissagung machten es sich die alten Mesopotamier zum Prinzip, fast alles, was sich in der Erscheinungswelt – in der Natur wie im menschlichen Leben – an Ungewöhnlichem, Zufälligem und Sonderbarem zeigte, als ein Vorzeichen zu betrachten.

Mithilfe eines ausgeklügelten Systems hermeneutischer Regeln trauten sie sich zu, daraus die glückliche bzw. unglückliche Zukunft derer zu ›deduzieren‹, die von solch seltsamen Phänomenen betroffen waren. Eines der zahlreichen Werke, die sie diesem Gegenstand gewidmet hatten, listet die vielen kleinen Zufälle des täglichen Lebens auf: all die unvorhergesehenen Ereignisse, die vom gewohnten Gang der Dinge abweichenden Zwischenfälle, mit denen jeder einzelne in seinen verschiedenen Lebensbereichen unerwartet konfrontiert sein konnte. Und eine der Abteilungen dieser monumentalen Sammlung (in ihrem ursprünglichen Zustand, vom Zahn der Zeit noch nicht in Mitleidenschaft gezogen, umfaßte sie ungefähr 110 Tontafeln, was einer Anzahl von 10-15.000 Vorzeichen und Weissagungen entsprechen dürfte) war den sexuellen und ehelichen Beziehungen vorbehalten. Der ganze erste Teil der nahezu vollständig erhaltenen Tontafel 104 – von der Tafel 103, deren Fortsetzung sie darstellt, sind dagegen nurmehr Bruchstücke vorhanden –, befaßt sich sehr detailliert mit dem Liebesleben. Selbstverständlich geht es dabei nicht um das Banale und Alltägliche, um die ›Routine‹ – kein Wort wird beispielsweise über weitverbreitete und allseits bekannte ›Positionen‹ verloren –, nur besonders ausgefallene Phantasien sind hier aufgeführt und dann all das, was sich im Verlauf der Liebesspiele an Merkwürdigkeiten ereignen konnte.

So kam es – um ein Beispiel herauszugreifen – vor, daß man zu diesem Zweck einen ungewöhnlichen Rahmen wählte, statt sich mit dem dafür vorgesehenen

Ort, dem ›Schlafzimmer‹, zu begnügen: man konnte sich etwa in den Kopf setzen, »sich auf der Dachterrasse des Hauses zu lieben«; oder »auf der Türschwelle«; »mitten auf einem Feld oder in einem Obstgarten«; »an einem verlassenen Ort« oder »in einer Gasse ohne Ausgang«; oder aber »auf offener Straße«, sei es mit irgendeiner Frau, an die man sich gerade ›herangemacht‹ hatte, sei es mit einer Prostituierten; man konnte sich hierfür auch, ob allein oder zusammen mit der Liebespartnerin, »in ein Gasthaus« begeben, das also zugleich als Kneipe und als Bordell diente... Verschiedene ›Positionen‹, die gewiß nicht zu den gängigsten zählten, ließen sich dabei erproben: »aufrecht stehend«; »auf einem Stuhl«; »quer über« das Bett oder über der Partnerin; man konnte »sie von hinten nehmen« und selbst »analen Verkehr mit ihr haben«; »sich von ihr reiten lassen«, ja sogar »lieber die weibliche Rolle einnehmen«. Auch der homosexuellen Liebe gab man sich hin und trieb es in diesem Fall entweder »mit jemandem aus dem eigenen Stand« – das heißt also mit einem Nicht-Professionellen – oder »mit einem der eigenen Bediensteten« bzw. »einem Sklaven«, wenn man nicht doch lieber auf einen einschlägig qualifizierten Homosexuellen zurückgriff; manche sogar waren so sehr darauf aus, »sich anderen Männern hinzugeben«, daß man sie schließlich selbst für professionelle Liebesdiener hielt.

Und dann gab es natürlich noch die erotischen Träume: beim Mann konnten sie sich unmittelbar nach dem Geschlechtsverkehr einstellen und sogar derart, daß er dabei einen heftigen Samenerguß hatte; oder aber er träumte, mit seiner Frau zusammen im Bett liegend, daß sie nicht aufhöre, ihn zu begehren, wörtlich: »auf sein Glied zu schauen«. Eine Schrift über Traumdeutung, von der wir ebenfalls Teile aufgefunden haben, vervollständigt in dieser Hinsicht das Bild: Jemand träumt, daß er mit der Göttin Ischtar schläft oder mit einer (tabuisierten) Priesterin; mit der Herrscherin des Landes; mit der Königstochter; mit seiner eigenen Tochter; mit seiner eigenen Schwester; oder – was den homosexuellen Bereich betrifft – mit einem Gott; mit dem Herrscher; mit einer berühmten Persönlichkeit; mit einem jungen Mann; mit einem kleinen Knaben; und sogar – schließlich selbst das – mit... einer Leiche!

Erstaunlicherweise findet sich weder in diesen Dokumenten noch anderswo jemals auch nur die geringste Anspielung auf orale Sexualpraktiken, so daß man sich fragen muß, ob nicht Fellatio und Cunnilingus – in anderen Ländern, z. B. in Ägypten, zu jener Zeit durchaus bekannt – Gegenstand einer tief verwurzelten Aversion oder gar eines regelrechten Tabus waren. Der Analverkehr dagegen war sehr verbreitet, mit Frauen ebenso wie mit Männern. Nicht nur anhand zahlreicher Figurinen läßt sich das ersehen, auch die Texte kommen

Diese Figur aus Kalkstein (26 cm hoch, Mitte des 3. Jahrtausends v. Chr.) bestach, als man sie Ende 1952 bei Ausgrabungen in Mari (Syrien) fand, durch ihre femininen Züge. Nachdem man aber die Inschrift auf ihrem Rücken entziffert hatte, zeigte sich am Namen (Ur-Nansche) und am Titel (›Hofkantor‹), daß es sich um eine Person von eigentlich männlichem Geschlecht handelt. Es ist also ein ›Effeminierter‹, ein ›Homosexueller‹, vielleicht auch ein Eunuch. (Museum von Damaskus)

darauf immer wieder und ganz ohne Umschweife zu sprechen. Außer in der oben zitierten Passage aus der Tontafel 104 der Wahrsagungsschrift ist in den Fragmenten der Tafel 103 mindestens viermal noch davon die Rede. Selbst als ›Kontrazeptivum‹ scheint diese Sexualpraktik Anwendung gefunden zu haben. In einer Schrift über die Opferschau (*extispicium*) – Orakelspruch aufgrund des Zustands der Eingeweide eines geopferten Tieres – wird eine Priesterin erwähnt, die »sich sodomisieren läßt, um zu vermeiden, schwanger zu werden«. Man scheint übrigens darüber hinaus keine weiteren Verhütungsmittel gekannt zu haben: die »Steine, um nicht befruchtet zu werden«, wie diejenigen, »um befruchtet zu werden«, »um zu gebären« oder »das Gebären zu verhindern«, »um die Liebe [zu begünstigen]« oder »sie zu unterbinden« – all das ist wohl eher dem Bereich ›magischer‹ oder ›exorzistischer‹ Heilpraktiken zuzuordnen. Dieses Tableau des Sexuallebens wird durch die medizinischen Texte noch um einige Details bereichert. Hier finden sich Hinweise auf intime Beziehungen, die Sakrilegien darstellten – und insofern als unheilbringend galten: zu Frauen, »die den Göttern vorbehalten« waren; inzestuöse Beziehungen: zu den weiblichen Familienmitgliedern, zu Mutter oder Schwester; ebenso sexuelle Beziehungen zu Schwangeren bis zu einem Zeitpunkt kurz vor der Entbindung. Erwähnt werden außerdem Krankheiten, die der Patient sich – offensichtlich durch eine Ansteckung – zugezogen haben mußte, »während er mit einer Frau im Bett war«, d. h. indem er mit ihr Geschlechtsverkehr hatte, und auch die eigentlich venerischen Leiden, die man »Krankheiten des Beischlafs« nannte. Dazu zählte beispielsweise der Tripper: »Wenn der Patient unter heftigen Schmerzen am Penis leidet, wenn es beim Urinieren zu einem unwillkürlichen Samenerguß kommt, wenn er keine Erektionen mehr hat, also impotent ist, und wenn aus seinem Penis ständig Eiter fließt: dann leidet er am Tripper [wortwörtlich: ›am Ausfluß‹].«

Zwei, drei Textstellen, die etwas sehr Bewegendes haben, weil das, was sie skizzieren, uns im Prinzip noch immer gut vertraut ist, beschreiben sogar die »Liebeskrankheit«: »Wenn der Patient ständig hüstelt; wenn ihm oft die Sprache versagt; wenn er dauernd Selbstgespräche führt und lacht ohne jeglichen Grund [...], wenn er immerzu deprimiert ist, wie mit zugeschnürter Kehle, ohne die geringste Lust, etwas zu essen oder zu trinken, und immer wieder mit tiefen Seufzern wiederholt: ›Ach, mein armes Herz!‹ – dann leidet er an der Liebeskrankheit.« Und der Text, der sich – von bestimmten Krankheiten abgesehen – hauptsächlich mit den Leiden der Männer befaßt, fügt an dieser Stelle eine Bemerkung hinzu, von der ich sagen muß, daß ich sie wirklich sehr ergreifend finde: »Ob ein Mann oder eine Frau davon betroffen ist, das bleibt sich völlig gleich!«

Die sentimentale Liebe

Damit kommen wir zu dem, was über die bloße Sinnlichkeit hinausgeht und uns in den Bereich der *amour-sentiment*, der sentimentalen Liebe hinüberwechseln läßt. In dieser Hinsicht dürften sich die ›technischen‹ Dokumente der Tafeln 103 und 104, die wir oben herangezogen und zitiert haben, als wenig ergiebig erweisen. Die Literatur im engeren Sinne, vor allem die Poesie, bietet uns am ehesten noch die Möglichkeit, etwas von den Seufzern und Verzückungen aufzuspüren, von der Glut, der Süße und der Zärtlichkeit, manchmal auch von den Stürmen und Rasereien, in denen sich die innige Zuneigung zum ›Anderen‹, das ununterdrückbare Verlangen nach ihm, Ausdruck verschafft: die wahre Liebe des Herzens also, die bei manchen die Sinnlichkeit erwecken und sie ganz in deren Bann ziehen kann, die ihrer aber nicht wirklich bedarf, um ihre Flamme zu nähren; auf jeden Fall wird sie die Sinnlichkeit überhaupt erst mit Seele erfüllen und aus ihr etwas Wertvolles und dem Menschen Adäquates machen.

›Profane‹ Liebesgedichte und -lieder finden sich nur selten unter den belletristischen Werken, die uns aus Mesopotamien überliefert sind. Das einzige, nahezu vollständige Exemplar dieser Gattung, das wir besitzen – ungefähr 150 Zeilen lang, wobei zwei Drittel davon erhalten sind –, ist allerdings ein recht bemerkenswerter Fund. Etwa 1750 v. Chr. in einem archaischen und äußerst konzisen Akkadisch verfaßt, mit einem ausgesuchten, nicht selten dunklen Vokabular und voller Bedeutungen, die uns nach 38 Jahrhunderten zwangsläufig entgehen, ist dies ein Gedicht, dessen kurze ›Strophen‹ die Elemente eines Dialogs zwischen zwei Liebenden darstellen. Soviel zumindest ist unmittelbar ersichtlich, daß sich hier alles auf der Ebene der Gefühle und Empfindungen abspielt: kein sexueller Unterton, keine Spur von Erotik findet sich in diesem Zwiegespräch. Worum es geht, ist schlicht und einfach dies: Die Geliebte verdächtigt ihren Liebhaber, eine Schwäche für eine andere Frau zu haben. Sie beklagt sich, sie bekundet lauthals ihre Liebe, aus der natürlich eine ebenso empfindliche wie heftige Eifersucht erwächst. Aber sie gibt sich dennoch überzeugt davon, daß sie durch ihre aufrichtige Liebe den Treulosen zurückerobern kann! Hier einige herausgegriffene Strophen, die zeigen, wie sie ihre Gefühle zum Ausdruck bringt:

»Ich bleibe dir treu, / Ischtar, die Allmächtige, sei meine Zeugin: / Meine Liebe wird stärker sein und siegen / Und gestraft werde dieses Schandmaul [die Rivalin!]. / Von dir will ich künftig nimmer lassen und deine Liebe mit meiner vergelten! [...]«
»Aber nein, sie liebt dich nicht! / Ischtar, die Allmächtige, möge sie strafen, / Keinen Schlaf soll sie mehr finden, wie ich, / Und nächtelang soll sie aufgewühlt und gepeinigt sein [...]«
»Ja! Ich möchte meinen Geliebten umarmen: / Ich möchte ihn küssen / Und ständig ihn mit den Augen verschlingen! / So werde ich über meine Rivalin siegen; / So werde ich meinen Vielgeliebten wiedergewinnen! [...]«
»Denn es ist dein bezauberndes Wesen, nach dem ich verlange, / Es ist deine Liebe, nach der mich dürstet!«

Angesichts dieser leidenschaftlichen Gefühlsausbrüche und Liebeserklärungen hat der Geliebte wahrlich keinen guten Stand: wie alle Männer in dieser Situation – und, wie man sieht, seit grauester Vorzeit – verlegt er sich darauf, alles abzuleugnen, reagiert mit schlechter Laune und barscher Zurückweisung, ohne damit allerdings sein Gegenüber auch nur im geringsten entmutigen zu können:

>Hör auf! / Laß diese Tiraden! / Es hat nicht den geringsten Sinn weiterzu-
reden, weil es nichts zu sagen gibt! / Aber nein, ich lüge dich nicht an! / Es
ist wahrhaftig vergebliche Müh, von einer Frau ein ernsthaftes Wort zu
erwarten! [...]«

>Mehr als du denke ich zurück / An deine früheren Listen! / Aber jetzt
stehen wir hier und sind erwacht [aus unserem Traum]! / Und dennoch, ich
hege in meinem Herzen / Keinerlei Zärtlichkeit für sie [will sagen: die
Rivalin]! [...]«

>Glaub also nicht, was man dir immer erzählt: / Daß du in meinen Augen
nicht mehr die Einzige seist! / Aber wenn du die Wahrheit hören willst, / Deine
Liebe bedeutet gegenwärtig für mich nichts / Als Ärger und Verdruß! [...]«

Und später dann, durch die Treue, die Bescheidenheit und die Zärtlichkeit
seiner Geliebten schließlich doch erweicht, kehrt er, wie sie es sich erhofft hat,
zu ihr zurück:

>Ja! Du bist die Einzige, die zählt! / Dein Antlitz ist so wunderschön! / Es
ist wie ehemals, / Als ich dich an mich zog / Und dein Kopf an meiner
Schulter ruhte! / Nur noch ›Bezaubernde‹ will ich dich nennen / Und ›meine
Kluge und Weise‹ sollst du für mich heißen! / Ischtar sei meine Zeugin: /
Von nun an soll deine Rivalin unsere gemeinsame Feindin sein!«

Das ist, um es nochmals zu betonen, ein wirklich einzigartiges Dokument, und
es ist äußerst bemerkenswert, daß seine Absicht deutlich darin bestand, die
reine und selbstlose Liebe einer Frau zu verherrlichen, während umgekehrt die
Gefühle des Mannes, ihres Geliebten, in einem eher düsteren Licht erscheinen.
Es muß wohl noch weitere Liebesgedichte und -lieder dieser Art – wenn auch
natürlich nicht alle mit ebendiesem Sinngehalt – gegeben haben; auch wenn sie
uns durch keinen glücklichen Zufall erhalten blieben, die Archäologen sie
jedenfalls bei ihren Ausgrabungen bislang nicht entdecken konnten, geht das
doch eindeutig aus einem Ende des 2. Jahrtausends vor unserer Zeitrechnung
erstellten Katalog hervor, der an die vierhundert solcher Poeme nach ihrem
›Titel‹ (d. h. nach den Anfangszeilen) auflistet, eine Liste, die etwa zu einem
Viertel noch zu entziffern ist. Da diese Gedichtanfänge für sich schon beredt
genug sind, sollen einige hier angeführt werden, zumal sich daraus ein recht
buntes Tableau der Liebesgefühle zusammensetzt:

>Hinweg mit dir, Schlaf! Meinen Liebsten will ich in die Arme schließen!«
>Sobald du zu mir sprichst, erfreust du mir das Herz so sehr, daß ich darüber
sterben könnte!«

»O wie schön, dir ganz verstohlen zuzublinzeln!«

»Verliebt macht mich dein zauberhaftes Wesen!«

»Kein Auge konnt ich zutun heute nacht: / Ja, wach lag ich die ganze Nacht, mein Liebster!«

»Was für ein Glück! Nur Gutes hat mir dieser Tag gebracht!«

»Eine, die nicht halb so viel wert ist wie ich, sie hat sich in den Kopf gesetzt, mich zu verdrängen...«

»Nur diese Nacht! Nur diesen Abend!«

»Wie bezaubernd ist sie! Und wie schön!«

»Sie sucht nach dem schönen Garten der Lust, und du wirst ihn ihr schenken!«

»Du also, mein Liebster, weißt meine Reize zu schätzen!«

»O du mein Vögelchen! Mein Turteltäubchen! Was seufzst du nur und jammerst so!«

»Er ist es, der Gärtner des Gartens der Liebe!«

»Dieses Mädchen, sein Herz sagt ihm, es solle sich vergnügen!«

»Seitdem ich schlief so nah bei meinem Liebsten!...«

Unter diese Lieder und Gesänge voller Zärtlichkeit, Lust und Leidenschaft, die offenbar für junge Männer und Frauen in der Zeit der ersten Amouren und Affären bestimmt waren, mischen sich im selben Katalog auch andere, die in den Bereich der Liebesdichtung ein Moment devoter Andacht hineinbringen:

»Erfreue dich, o Göttin! Laß deinen Jubel erschallen!«

»O du Weiseste aller Weisen: die du Sorge trägst für die Menschen!«

»Unter allen Göttern am meisten gefürchtet bin ich!«

»Laut will ich den König der Götter besingen, den allmächtigen Herrn!«

»Wer sonst sollte meine Herrscherin sein, wenn nicht du, Ischtar?...«

Auffällig genug ist die Tatsache, daß es im weitaus größten Teil der Liebesgedichte und -lieder, die uns überliefert sind, immer wieder um die Göttin geht, in der man zugleich die Schutzherrin und das göttlich-übernatürliche Modell für die ›freie Liebe‹ erblickte: Inanna/Ischtar.

»Laß mich gehen! Ich muß nach Hause!«

Nach der Gottesvorstellung jener Zeit, die ganz am Muster des Menschen orientiert war, hatten die Götter ebenfalls Ehefrauen, ja sogar Konkubinen; sie gründeten Familien und hatten Kinder. Was diesen Bereich anbelangt, spielte sich bei ihnen alles ohne größere Komplikationen ab, wir kennen jedenfalls keine Mythen oder Legenden, die – wie bei den Griechen – von ehelichen Streitereien und Gezänk zwischen Gottheiten berichten. Mit bestimmten Zeremonien, die vor allem für das erste Jahrtausend vor unserer Zeitrechnung bezeugt sind, wurde ihre Hochzeit gefeiert: Ihre Kultstatuen wurden gebadet, parfümiert, prachtvoll gekleidet und dann in feierlichem Zug in einen Raum des Tempels gebracht, den man ›das Ehegemach‹ nannte; hier blieben sie für einige Tage, Seite an Seite, wobei man davon ausging, daß die Gottheiten in dieser Zeit ihre Ehe vollzögen. Mit Gelagen unnd Freudenfesten rund um die heilige Stätte wurde dieses Ereignis vom ganzen Volk gefeiert.

Aber die Götter verstanden sich ebenso auf die ›freie‹ Liebe. Die außergewöhnliche Persönlichkeit der Inanna/Ischtar, völlig unabhängig und ohne den geringsten Hang zu ehelicher oder mütterlicher Bindung, vielmehr ganz ihren flüchtigen Lieb- und Leidenschaften hingegeben – sie vor allem war es, die in dieser Hinsicht zu so manchen Erzählungen und Liedern inspirierte. Man sagte ihr zahlreiche Abenteuer nach, aber am lebhaftesten gedachte man doch der ersten ihrer Liebesaffären, über die uns beeindruckende Schriftstücke mythologischen und lyrischen Inhalts vorliegen: ihrer ›Tugendliebe‹ zu Dumuzi (sumerisch)/Tammuz (akkadisch), vermutlich ein Herrscher aus archaischer Zeit, der irgendwann einmal in den Rang eines Heroen, dann in den eines Gottes erhoben worden war; man dachte ihn als einen Hirten, und Inanna, so die Legende, hatte sich zunächst zwischen ihm und dem Ackerbau-Gott Enkimdu nicht entscheiden können – Ausdruck wahrscheinlich einer bestimmten sozialen und ökonomischen Situation, die sich unserer Kenntnis völlig entzieht, so weit liegt sie historisch zurück: Ackerbauern und Viehzüchter, die beiden Hauptproduzenten des materiellen Reichtums jenes Landes, haben sich dort offenbar lange Zeit in einem Konkurrenzverhältnis zueinander befunden. Inanna entschied sich schließlich für den Hirten, woran eine sumerische Dichtung, eine Art Duo mit Chor, erinnert:

> Inanna: »Und was mich anlangt: meine Scham, meinen prallen Hügel, / Wer also wird ihn mir beackern? / Diese meine Scham, die Königliche, meine ach so feuchte Scholle, / Wer wird sie mit seinem Pfluge durchfurchen?«
> Chor: »O hohe Herrscherin, der König wird dich beackern! / Dumuzi, der König, wird dich beackern!«
> Inanna: »Wohlan! Beackre mir die Scham, o du, den ich auserwählt habe!...«

Ein anderes Fundstück, gleichfalls in sumerischer Sprache, beschreibt, wie sie ein Liebeserlebnis träumend vorwegnimmt:

»Wenn ich mich erst gebadet haben werde für Dumuzi, den Herrn, / Wenn ich meine Hüften geschmückt, / Mein Gesicht gesalbt haben werde, / Wenn ich meine Augen mit Kajal schwarz geschminkt haben werde, / Wenn seine reizenden Hände meine Lenden umfassen, / Wenn er, auf mir liegend, meine Brüste voller Milch und Saft kneten wird, / Wenn er seine Hand legen wird auf meine kostbare Scham, / Wenn dann sein Glied, einem Schiffsbug gleich, sie mit Leben erfüllen wird, / Dann, ja dann will auch ich ihn lange zärtlich liebkosen [...] / Er wird seine Hand in die meine legen, sein Herz an meines pressen: / Welch süße Ruhe, wenn seine Hand in meiner ruht! / Welch köstliche Lust, wenn er sein Herz an das meine preßt!«

Wieder eine andere Dichtung in derselben Sprache schildert, wie sie voller Ungeduld darauf wartet, daß ihr Geliebter sie besucht – daheim im Hause ihrer Eltern, denn in dieser mythischen Erzählung gilt sie als junges Mädchen:

»Inanna nahm ein Bad und salbte sich mit feinster Salbe, / Ihren prächtigen Königsmantel zog sie an / Und legte um ihren Hals ein Halsband aus Lapislazuli. / Dann wartete sie unruhig darauf [...], / Daß Dumuzi die Pforte öffnen / Und sich wie ein Mondstrahl in das Haus schieben würde! [...] / Er sah sie an, vor Freude wie von Sinnen, / Er schloß sie in seine Arme und küßte sie [...].«

Einmal geschah es auch, daß sie, nachdem sie sich wie ein verliebtes junges Ding klammheimlich davongemacht hatte, um unter den Sternen, »die funkelten wie sie selbst« ihren Liebsten zu treffen, unter seinen zärtlichen Liebkosungen die Zeit vergaß; und als sie dann plötzlich feststellte, wie weit die Nacht schon vorangeschritten war, fragte sie sich, wie sie ihrer Mutter ihre lange Abwesenheit und die verspätete Heimkehr erklären könne:

»Laß mich gehen! Ich muß nach Hause! / Laß mich gehen, Dumuzi! Ich muß nach Hause! / Welche Ausrede nur soll ich für meine Mutter erfinden? / Welche Ausrede lasse ich mir einfallen für meine Mutter Ningal?«

Und Dumuzi legte ihr nahe: Sie solle behaupten, von ihren Freundinnen mitgenommen worden zu sein, um Musik zu hören und zu tanzen... Man könnte wahrhaftig glauben, das alles spiele sich ab in der heutigen Zeit!

Die Liebesgeschichte zwischen Inanna und Dumuzi wurde ebenfalls in der Liturgie gefeiert, insbesondere um die Wende des 3. zum 2. Jahrtausend, soweit wir das ersehen können. Diese ›Heilige Hochzeit‹, die Vereinigung der beiden sich liebenden Gottheiten, wurde sowohl imaginiert als auch realisiert: Sie blieb nicht, wie das in späteren Zeiten der Fall war, auf die Ebene der Göttervorstellung beschränkt, sondern realisierte sich in einer wirklichen Liebesnacht des Landesherrn, der Dumuzi repräsentierte, mit einer ›Priesterin‹, die die Stelle der Inanna einnahm. Wir besitzen zu diesem Komplex ein ganzes Dossier von Schriftstücken, und die Archäologen, die 1935 in Uruk Ausgrabungen vornahmen, haben dabei sogar das Halsband einer gewissen Kubatum entdeckt, der »Geliebten des Königs Schû-Sîn« (etwa 2030 v. Chr.), von der wir wissen, daß sie mindestens einmal diese Rolle spielte. Für solche Anlässe hatte man Lieder und Gelegenheitsgedichte verfaßt, die mitunter trotz der bei dieser Art von höfischer Dichtung unvermeidlichen Klischees doch etwas sehr Beeindruckendes haben. Ein Exemplar zumindest ist vollständig erhalten geblieben. Es erinnert an das Hohelied unserer Bibel (vgl. *Canticum canticorum*, S. 39-42) und paßt sehr gut hierher, insofern es aus der Ära des besagten Königs Schû-Sîn stammt und womöglich dazu bestimmt war, von jener liebreizenden Kubatum vorgetragen zu werden:

»O mein Geliebter, mein Herzallerliebster, / Die Lust, die du mir schenkst, ist süß wie der Honig! / O mein Löwe, mein Herzallerliebster, / Die Lust, die du mir schenkst, ist süß wie der Honig! / Du hast mich bezaubert! Zitternd steh ich vor dir! / Würde ich doch schon, mein Löwe, von dir mitgenommen auf deine Kammer! / Laß dich von mir liebkosen, mein Liebster! / Mein süßer Geliebter, ich möchte versinken in deinen Wonnen! / Im Kämmerchen dann, voller Lieblichkeit, / Wollen wir uns erfreuen an deiner prächtigen Schönheit! / Laß dich von mir liebkosen, mein Löwe! / Mein süßer Geliebter, ich möchte versinken in deinen Wonnen! / Dein Vergnügen hattest du mit mir, mein Liebster: / Sag es also meiner Mutter, damit sie dir Leckerbissen reicht! / Und sag es meinem Vater: er wird dir Geschenke machen! / Dein Gemüt, ich weiß, wie ich dein Gemüt erheitern kann: / Schlaf in unserem Haus, mein Liebster, bis der Morgen graut! / Dein Herz, ich weiß, wie ich dein Herz erfreuen kann: / Schlaf in unserem Haus, mein Löwe, bis der Morgen graut! / Und du, du, weil du mich liebst, / Überhäufe mich, bitte, o mein Löwe, mit deinen Zärtlichkeiten! / Mein göttlicher Herrscher, Herr und Beschützer, / Mein Schû-Sîn, der du das Herz erfreust des Königs der Götter, Enlil, / Überhäufe mich, bitte, mit deinen Zärtlichkeiten! / Auf diese verborgene Stelle, süß wie Honig, leg deine Hand darauf, bitte: / Leg deine Hand darauf wie auf einen Stoff, den man gerne berührt, / Und schließe deine Hand darüber wie über einem Stoff, den man mit Wollust betastet!«

Changierend zwischen Zärtlichkeit und Leidenschaft, zwischen freundschaft-
licher Zuneigung und heftigem Verlangen sind die Liebesspiele Inannas und
Dumuzis letztlich nichts anderes als eine Übertragung all dessen, was das Herz
der Menschen bewegte und ihre fleischliche Begierde erregte, auf die Projek-
tionsfläche des Übernatürlich-Göttlichen. Und nicht nur die erotischen Gefühle und Empfindungen unserer frühen mesopotamischen Vorfahren finden
hier ihren Ausdruck, sondern auch noch unsere eigenen, denn diese Szenen der
Wollust und der Zärtlichkeit, dieses Säuseln und diese Schreie der Leidenschaft,
die durch so unvergleichlich schöne, nahezu viertausend Jahre alte Gedichte
vor dem Vergessen bewahrt worden sind, wirken auch auf uns noch durchaus
ergreifend.

Weit genug waren die Menschen damals bereits in die Geheimnisse des
Herzens eingedrungen, um zu wissen, daß eine große Liebe immer tragisch
endet. Ihre Mythen berichten uns sehr detailliert, wie Inanna/Ischtar ihren
Geliebten schließlich einfach im Stich ließ, ihn zum Tode verurteilte und in das
Reich der Schatten verstieß; dorthin nämlich hatte sie sich selbst eines Tages
aus mangelnder Vorsicht verirrt und ihre Befreiung aus dem staubigen Kerker
nur unter der Bedingung erwirken können, daß ein anderer stellvertretend
ihren Platz einnimmt. Eine ganze Reihe von Elegien, die wir nahezu unzerstört
wiedergefunden haben, beklagen die Ängste und Leiden des unglücklichen
Dumuzi/Tammuz, verfolgt von den infernalischen Häschern, die nach ihrer
Beute verlangten. Und wie um einen letzten Farbtupfer zu setzen und dieses
Tableau der Liebe abzurunden, heben sie das heroische Opfer Geschtinannas
hervor, der Schwester des beklagenswerten, verstoßenen Geliebten, die sich
erbot, den Aufenthalt im Reich der Toten mit ihm zu teilen. So wußte man also
damals schon um den Unterschied zwischen der wahrhaften, weil selbstlosen
und edelmütigen Liebe und jenem aufbrausenden, aber flüchtigen und trügerischen Rausch der Leidenschaft.

Literaturhinweise:

Zur Kultur des alten Mesopotamien:
vgl. die kurze Bibliographie in *L'Histoire*, Nr. 49 (Oktober 1982), S. 82
Samuel Noah Kramer, *Geschichte beginnt mit Sumer. Berichte von den Ursprüngen der Kultur*,
    übers. von Paul Baudisch, München 1959
ders., *Mesopotamien. Frühe Staaten an Euphrat und Tigris*, Einführung von Wolfgang Helck,
    übers. von Holle Kuschel, Reinbek 1971
Elena Cassin/Jean Bottéro/Jean Vercoutter (Hg.), *Fischer Weltgeschichte*, Bd. 2: *Die Altorientali-
    schen Reiche I. Vom Paläolithikum bis zur Mitte des 2. Jahrtausends*, Frankfurt am Main 1965

Zum Thema Liebe:

Jean Bottéro, »l'Amour libre à Babylone et ses ›servitudes‹«, in: Léon Polliakov (Hrsg.), *Le couple interdit. Entretiens sur le racisme. La dialectique de l'altérité socio-culturelle et la sexualité,* Paris/La Haye 1979, S. 28-42 (hier finden sich auch Quellenangaben für die im vorliegenden Text nicht weiter nachgewiesenen Zitate.)

ders., »Homosexualität«, Artikel (in frz. Sprache), in: *Reallexikon der Assyriologie,* Berlin 1972-1975, Bd. IV., S. 459-468

René Labat, »Geschlechtskrankheiten«, in: *Reallexikon der Assyriologie,* Bd. III, S. 221-223

Erich Ebeling, »Geschlechtsmoral«, in: *Reallexikon der Assyriologie,* Bd. III, S. 223f.

Samuel Noah Kramer, *The sacred marriage rite. Aspects of faith, myth and ritual in ancient Sumer,* Bloomington 1969

Robert D. Biggs, *SHA.ZI.GA. Ancient Mesopotamian Potency Incantations,* New York 1967

Erich Ebeling, »Liebeszauber im alten Orient«, in: Mitteilungen der Altorientalischen Gesellschaft, Bd. 1 (1925), S. 1-56

Sumerer, Babylonier, Assyrer

Das Forschungsgebiet der Assyriologie, das alte Mesopotamien, dessen Territorium in etwa dem des heutigen Irak entspricht, war Schauplatz einer langen und äußerst bewegten Geschichte. Vom 4. Jahrtausend v. Chr. an haben hier zwei Völker – eines, die Sumerer, von unbekannter Herkunft, das andere, gemeinhin als Akkader bezeichnet, verwandt mit der antiken Völkerfamilie der Semiten, die immer einen guten Teil des Vorderen Orients beherrschten –

gemeinsam die früheste in der Geschichte bekannte Hochkultur geschaffen. Zunächst auf den südlichen Teil der Region begrenzt, dehnte sie sich ab der ersten Hälfte des 2. Jahrtausends, nachdem die Sumerer von den Semiten allmählich absorbiert  und verdrängt worden waren, immer mehr zum Zentrum hin aus, rund um die neue Hauptstadt Babylon. Noch weiter im Norden entstand nach 1500 v. Chr. das assyrische Reich (mit Ninive als letzter Hauptstadt). Von da an schwankte das Machtgleichgewicht zwischen Assyrern und Babyloniern, bis hin zur Machtübernahme durch die Perser im 6. Jahrhundert v. Chr., und dann, zweihundert Jahre später, durch Alexander den Großen und die Seleukiden. Aus diesen mehr als drei Jahrtausenden sind uns Hunderttausende schriftlicher Zeugnisse erhalten, ganz abgesehen von einer beträchtlichen Anzahl archäologischer Funde, die durch die Ausgrabungen noch ständig vermehrt werden. Das ist zum einen zu wenig, als daß wir uns einbilden könnten, alles – oder doch fast alles – über diese alten Völker zu wissen. Zugleich aber ist es ungeheuer viel: man kann sich kaum vorstellen, was alles sich über das damalige Leben und Denken erschließen läßt, wenn man dieses gewaltige Dossier durchblättert. Und vor allem: wir begreifen immer mehr, daß es sich hier um unsere ältesten kulturellen Vorfahren handelt, mit denen uns deutlich eine direkte Aszendenzlinie verbindet.

Zunächst in sumerischer Sprache verfaßt, wurde die Literatur des alten Mesopotamien später, vor allem ab dem ersten Drittel des 2. Jahrtausends v. Chr., in akkadischer Sprache geschrieben, einem semitischen Dialekt, der mit dem Hebräischen, dem Aramäischen und dem Arabischen verwandt ist und sich vom Sumerischen (das man mit keiner der bekannten Sprachfamilien in Verbindung bringen kann) so sehr unterscheidet wie etwa das Französische vom Chinesischen.

Das Hohelied

Le Cantique des cantiques

Das Lied der Lieder von Salomon

La bien-aimée. - (I, 2) Embrasse-moi à pleine bouche: / Tes caresses sont bien meilleures que le vin, / (3) Meilleures que tes senteurs exhalées! / Ta personne est un parfum qui embaume: / (4) Les jeunes femmes sont folles de toi! / Entraîne-moi à ta suite: courons! / Le Roi m'a introduite en sa chambre: / Folâtrons, jouissons de toi! / Préférons au vin tes caresses! / Ah! que l'on a raison de t'aimer! / (5) Je suis bronzée et belle, filles de Jérusalem, / Comme les tentes des Bédouins, / Comme les étendards des Arabes [...].

La bien-aimée. - (Il, 3) Tel le pommier entre les arbres du verger, / Tel est mon bien-aimé entre les (autres) hommes! / J'aime m'accroupir à son ombre, / Et son fruit m'est doux au palais! / (4) Il m'a introduite en un cellier / Dont l'enseigne, suspendue, est: »Amour«! / (5) Soutenez-moi de gâteaux-de-raisin, / Et réconfortez-moi de pommes, / Car je suis malade d'amour: / Sa main gauche me tient la tête

(I,2) Daß er mit seines Mundes Küssen mich küßte! / Ja, köstlicher als Wein sind deine Liebkosungen. (3) Deine Öle sind köstlich an Duft; / wie ausgegossenes Öl ist dein Name; / darum lieben dich die Mädchen. (4) Ziehe mich dir nach! Laß uns enteilen! / Der König bringt mich in seine Gemächer! Jauchzen wollen wir und deiner uns freuen, / deine Liebkosungen höher rühmen als Wein! / Man liebt dich wirklich mit Recht. (5) Ich bin zwar dunkel, aber lieblich, / ihr Töchter Jerusalems. Wie die Zelte Kedars, / wie die Zeltdecken Salmas. [...]

(II,3) Wie unter den Waldesbäumen der Apfelbaum, / so mein Geliebter unter den Burschen. In seinem Schatten, so heiß begehrt, will ich sitzen, / und süß schmeckt seine Frucht meinem Gaumen. (4) Er führt mich ins Haus des Weines; / sein Banner über mir ist die Liebe. (5) Helft mir auf mit Traubenkuchen, / erfrischt mich mit Äpfeln, / denn ich bin krank von Liebe! (6) Seine Linke (faßt) unter mein

/ Et sa droite m'étreint [...] / (8) C'est le bruit (des pas) de mon chéri! / Le voilà: il arrive, / Il saute les montagnes / Et franchit d'un bond les collines: / (9) Mon chéri est comme une gazelle / Ou comme un jeune faon! / Le voici debout derrière notre mur, / Guettant par la fenêtre, / Épiant par le treillis. / (10) Il s'adresse à moi et me dit: / »Debout, ma chérie! / Viens, ma belle! / (11) Puisque voilà l'hiver passé, / La pluie stoppée et disparue! / (12) Sur le sol apparaissent les fleurs ; / Le temps des gazouillis est venu, / Et l'on entend la voix des tourterelles! / (13) Les figuiers poussent leurs figues-fleurs ; / En pleine floraison, la vigne, embaume! / Debout, ma bien-aimée! / Viens, ma belle! / (14) Depuis ton trou de rocher, ma colombe, / Depuis ta cachette escarpée, / Montre-moi ton visage, / Fais-moi ouïr ta voix: / Ta voix (si) douce, / Ton (si) ravissant visage!« [...].

Le bien-aimé. - (IV, 1) Que tu es belle, ma chérie, / Que tu es belle! / Derrière ton voile, tes yeux paraissent des colombes! / Tes cheveux semblent une bande de chèvres / Dévalant des hauteurs de Gile'ad! / (2) Tes dents, un troupeau de brebis-à-tondre / Lorsqu'elles remontent du bain: / Toutes paraissent jumelles, / Et pas une n'est dépouillée! / (3) Tes lèvres sont un ruban d'écarlate / Et ta bouche est charmante! / Derrière ton voile, tes joues / Sont comme des demi-grenades! / (4) Ton cou ressemble à la Tour de David, / Édifiée en glacis (?): / Mille boucliers y sont appendus: / Tous les écus des braves! / (5) Tes seins sont pareils à deux faons, / Jumeaux d'une gazelle / Et broutant au milieu de lis! / (6) Avant le premier souffle du jour / Et le départ de la nuit, / J'irai (te) visiter, (ma) montagne de myrrhe, / (Ma)

Haupt, / seine Rechte umfängt mich. [...] (8) Horch! Mein Geliebter! / Sieh da, er kommt, Springend über Berge, / hüpfend über die Hügel! (9) Mein Geliebter gleicht der Gazelle / oder dem Junghirsch. Sieh da, nun steht er / hinter unserer (Haus)wand. Er schaut zum Fenster herein; / er lugt durch die Gitter. (10) (dann) grüßt mein Geliebter und sagt zu mir: Mach dich auf, meine Freundin; / meine Schönste, so komm doch! (11) Denn sieh, der Winter ist vorüber; / der Regen ist vorbei, ist fort. (12) Die Blumen erscheinen im Lande; / die Zeit des (Reben)schneidens ist gekommen; / und der Ruf der Turteltaube erschallt in unserem Lande. (13) Am Feigenbaum färbt sich die Frühfrucht, / und die Reben knospen und duften. Mach dich auf, meine Freundin; / meine Schönste, so komm doch! (14) Meine Taube im Höhlennest des Gesteins, / im Versteck am Felsensteig! Laß mich sehen deine Erscheinung, / laß mich hören deine Stimme! Denn deine Stimme klingt wohl, / und deine Erscheinung ist schön! [...] (IV,1) Ja, du bist schön, meine Freundin, / ja, du bist schön! Deine Augen sind Tauben (gleich) / hinter deinem Schleier! Dein Haar gleicht einer Herde von Ziegen, / die vom Gileadberge herabkommen, (2) Deine Zähne der Herde von frisch geschorenen (Schafen), / die (eben) der Schwemme entsteigen; Die allesamt Zwillinge werfen, / und keines hat ein Junges verloren. (3) Einem karmesinrotem Bande sind gleich deine Lippen, / und lieblich ist dein Plaudermund. Einer Granatapfelscheibe gleicht deine Schläfe / hinter deinem Schleier, (4) Dein Hals dem Davidsturm / mit Steinvorsprüngen versehen; Tausend Schilde hängen an ihnen, / alle Wehrgehenke der Helden. (5) Deine zwei Brüste sind wie zwei Kitzen, / wie Zwillinge einer Gazelle, / die weiden in den Lilien, (6) Bis (Kühle) weht der Tag / und die Schat-

colline d'encens! / (7) Ma chérie, tu es toute belle, / Sans le moindre défaut! / (8) Viens du Liban, (ma) promise, / Viens du Liban, me rejoindre: / Arrive des crêtes de l'Amana, / Des cimes du Shanir et de l'Hermon, / Repaires de lions et gîtes de panthères! / (9) Tu me rends fou, ma sœur, (ma) promise: / Tu me rends fou d'un seul de tes regards, / D'une seule »perle« de ton »collier«! / (10) Que tes caresses sont charmeuses, / Ma sœur, (ma) promise, / Et combien tes mamours valent mieux que le vin, / Et les effluves de tes parfums, que tous les baumes! / (11) Tes lèvres, ô (ma) promise, distillent du nectar; / Il y a du miel et du lait sous ta langue, / Et tes vêtements embaument (toute) la fragrance du Liban! / (12) Ma sœur, (ma) promise, c'est un jardin clos, / Un jardin (bien) enclos, / Une source scellée! / (13) Les jeunes pousses (que sont) tes (membres) / Composent un parterre de grenadiers / Et de toutes les plus rares senteurs: / (14) Nard et safran, / »Roseau-parfumé« et cinnamome, / Et tous arbustes à encens, / Et myrrhe et aloès, / Avec les baumes les plus exquis! [...].

Le bien-aimé. - (VI, 4) Tu es belle comme la cité de Tirsa, (ma) promise, / Aussi splendide que Jérusalem! / (5) Détourne de moi tes regards: / Ils m'ensorcellent! / Tes cheveux semblent une bande de chèvres / Dévalant des hauteurs de Gile'ad! / (6) Tes dents, un troupeau de brebis-à-tondre / Lorsqu'elles remontent du bain: / Toutes paraissent jumelles / Et pas une n'est dépouillée! / (7) Derrière ton voile, tes joues / Sont comme des demi-grenades! / (8) Soixante sont les épouses-royales, / Et quatre-vingts les concubines, / Plus des jeunes-femmes sans nombre; / (9) Mais ma colombe, ma parfaite, est uni-

ten ausgreifen. Ergehe ich mich am Myr-rhenberg / und am Weihrauchhügel. (7) Alles ist schön an dir, meine Freundin, / und kein Makel haftet dir an! (8) Komme, o Braut vom Libanon! / komme vom Li-banon, komme her! Steige herab vom Gipfel des Antilibanon, / vom Gipfel des Senir und Hermon, Vom Aufenthaltsort der Löwen, / von den Bergen der Panther! (9) Du, meine Schwester Braut, hast mein Herz berückt; / hast mein Herz berückt Mit einem einzigen (Blick) deiner Augen, / einer einzigen Kette deiner Halskette! (10) Wie schön, meine Schwester Braut, sind deine Liebkosungen; / deine Liebko-sungen um wieviel besser als Wein, / und der Duft deiner Öle geht über jeden Bal-sam! (11) Von deinen Lippen, o Braut, träuft Honigseim. / Milch und Honig birgt deine Zunge, Und der Duft deiner Kleider / gleicht dem Dufte des Libanon! (12) Ein verschlossener Garten (bist du), meine Schwester Braut, / ein verschlosse-ner Garten, ein versiegelter Quell. (13) Deine Triebe sind ein Garten von Granat-bäumen / mit den köstlichsten Früchten: (14) Narde und Krokus, Kalmus und Zimt / mit allen Weihrauchhölzern, Myr-rhe und Aloe / samt all den besten Balsa-men. [...]

(VI,4) Du, meine Freundin, bist schön wie Tirza, / lieblich wie Jerusalem! (5) Wende weg von mir deine Augen; / denn sie grei-fen mich an! Dein Haar gleicht einer Her-de von Ziegen, / die vom Gilead(gebirge) herabkommen. (6) Deine Zähne sind gleich einer Herde von Mutterschafen, / die (eben) der Schwemme entsteigen, Die allesamt Zwillinge werfen, / und keines hat ein Junges verloren. (7) Einer Granat-apfelscheibe gleicht deine Schläfe / hinter deinem Schleier. (8) Königinnen sind es sechzig, / und Nebenfrauen achtzig, / [und die Mädchen sind ohne Zahl:] (9) (Doch) einzig ist meine Taube, meine Ma-

que: / Unique même au regard de sa mère, / La préférée de sa génitrice! / En la voyant, les jeunes-femmes l'admirent / Épouses-royales et concubines la célèbrent: / (10) »Qui donc est-elle, celle-là / Qui s'avance comme l'aurore: / Belle comme la Lune, / Scintillant comme le Soleil? [...]

Le bien-aimé. - (VII, 3) Ton nombril, c'est une coupe bienronde: / Que n'y manque jamais le vin! / Ton ventre, c'est un monceau de froment / Environné de lis! / (4) Tes seins sont pareils à deux faons, / Jumeaux d'une gazelle! / (5) Ton cou est une tour d'ivoire! / Tes yeux sont les étangs de Heshbôn, / Près de la Porte-de-Bat-Rabbim! / Ton nez, c'est la Tour du Liban, / Qui surveille [jusque] Damas! / (6) Comme le Mont-Carmel se dresse ta tête, / Et tes nattes sont comme de pourpre: / (Même) un roi se prendrait à tes boucles! / (7) Que tu es belle! Que tu es ravissante! / O bien-aimée! ô délicieuse! / (8) Par ta sveltesse, tu as l'air d'un palmier / Dont tes seins formeraient les grappes: / (9) Je grimperai à (ce) palmier, (me) suis-je dit, / Pour m'emparer de ses régimes! / Tes seins seront (pour moi) comme des grappes, / Et le parfum de ta bouche, comme celui des pommes! [...]
La bien-aimée. - (11) J'appartiens à mon bien-aimé, / Et son désir le porte vers moi! / (12) Viens, mon chéri: sortons à la campagne / Allons passer la nuit au village, / (13) Pour nous rendre dès l'aube à la vigne: / Nous la regarderons bourgeonner, / Et ses pampres s'épanouir, / Et les grenadiers fleurir! / (C'est) là (que) je t'accorderai mes caresses, / (14) Au parfum exhalé des mandragores [...].

(Aus dem Hebräischen übersetzt von Jean Bottéro)

kellose; / die Einzige ist sie ihrer Mutter, / untadelig ihrer Gebärerin. Die Töchter sehen sie und preisen sie selig, / die Königinnen und Nebenfrauen, und rühmen sie. (10) Wer ist, die da herniederschaut wie die Morgenröte, / schön wie der Vollmond, Klar wie die Sonne, / furchterregend wie Bannerscharen?
(VII,3) Dein Nabel ist eine runde Schale; / nicht mangle der Würzwein! Dein Leib (gleicht) einem Weizenhaufen, / eingefaßt mit Lilien. (4) Deine zwei Brüste sind wie zwei Kitzen, / wie Zwillinge einer Gazelle. (5) Dein Hals ist wie ein Elfenbeinturm. Deine Augen (gleichen) den Teichen von Heschbon / am Tore von Bat-Rabbim. Deine Nase ist wie der Libanonturm, / der gegen Damaskus Ausschau hält. (6) Deines Kopfes Scheitel gleicht dem Karmel, / und die Haare deines Hauptes dem Purpur – Ein König ist an die Tränkrinnen gefesselt. (7) Wie schön bist du und wie reizvoll, / o Liebe, o Wonne! (8) Ja, dein Wuchs gleicht der Palme, / und deine Brüste Trauben. (9) Entschlossen will ich die Palme ersteigen, / will ihre Rispen ergreifen. Deine Brüste sollen nun sein wie Trauben des Weinstocks, / und dein Atem wie Apfel(duft) [...]
(11) Ich gehöre meinem Geliebten, / und nach mir steht sein Verlangen. (12) Komm, mein Geliebter, gehn wir aufs Land / und nächtigen in den Dörfern! (13) Früh zu den Weinbergen laß uns ausgehen / und sehen, ob die Reben (schon) treiben. (Ob) die Blütenknospen aufbrechen, / die Granatbäume blühen. Dort will ich dir schenken meine Liebkosungen. (14) Es duften die Liebesäpfel [...].

(Auszug aus: Die Bibel, mit den Erläuterungen der Jerusalemer Bibel, hrsg. v. Diego Arenhoevel, Alfons Deissler, Anton Vögtle, 15. Aufl., Freiburg 1968)

Das Begehren kommt von oben

Aphrodite, die Göttin der Liebe, verliebt sich
in einen gewöhnlichen Sterblichen, Anchises
den Trojaner, von dem sie einen Sohn haben
wird, Aenaeas.

Auch ihr nun / senkte Zeus ins Herz nach
Anchises süßes Verlangen, / der auf den Gip-
feln der Berge der Ida, wo reichliche Quellen / rieseln, Rinder bewachte, Unsterbli-
chen ähnlich an Aussehn.
Kaum nun sah ihn die lieblich lächelnde
Aphrodite, / und sie verliebt sich; wildes
Verlangen packte die Sinne; / fort nach Kypros eilt sie, den duftenden Tempel betritt sie,
/ fort nach Paphos zum duftenden Altar im
heiligen Haine. / Eiligst geht sie hinein, ver-
schließt die glänzende Pforte, / ließ die Cha-
ritinnen gleich darauf sie baden und salben /
mit unsterblichem Öl, wie an ewigen Göttern es schimmert, / so ambrosisch und köstlich, daß ganz in Duft sie gehüllt war. / Herr-
lich bekleidet sie sich mit ihren schönsten
Gewändern, / Prangend im Goldschmuck,
die lieblich lächelnde Aphrodite, / stürmte
dann eilig nach Troja hinweg vom duftenden
Kypros, / hoch in Wolken gehüllt vollendet
sie schnell ihre Reise. / Und sie gelangte zur
Mutter der Schafe, wo reichliche Quellen /
rieseln, zur Ida, gradaus durchs Gebirg ans
Gehöft im Geleite / wedelnder Wölfe in
fleckigem Fell, blitzäugiger Löwen; / Bären
und schnelle, auf Rehe lüstern versessene
Panther / folgten; beim Anblick schwoll ihr
das Herz vor Freudengefühlen, / daß sie den
Tieren Verlangen erregte und alle zusammen
/ kosend zu zweit zum Schlummer sich legten im Schatten des Hofes.

(*5. Homerische Hymne, aus: Homerische Hym-*
nen, griech. u. dt., hrsg. v. Anton Weiher, 6. Aufl.,
München/Zürich 1989, S. 97)

oben: François Gérard (1770-1837), Amor
und Psyche, Paris, Louvre
unten: Guido Reni (1575-1652), Das Bad
der Vénus, London, National Gallery

CLAUDE MOSSÉ

Sappho von Lesbos

Lesbos. Eine griechische Insel, berühmt nicht zuletzt deshalb, weil sie einer Spielart weiblicher Sexualität den Namen gegeben hat: lesbisch. Das Wort umgibt – oder umgab doch zumindest lange Zeit – ein Hauch von Skandal, der sich mit der Atmosphäre des Ortes schwerlich zusammenbringen läßt, früher sowenig wie heute. Lesbos ist eine recht große Insel im Nordosten des Ägäischen Meeres, nicht weit entfernt vom kleinasiatischen Festland, genauer gesagt: von der Troas, wo der Überlieferung nach die achäischen Krieger zehn Jahre lang um die schöne Helena kämpften.

Lesbos ist auch die Heimat Sapphos, der Dichterin, die sich nicht gerade besonderer Schönheit rühmen konnte. Geboren wurde sie höchstwahrscheinlich in Mytilene, dem bedeutendsten Ort der Insel, und zwar im letzten Drittel des 7. Jahrhunderts v. Chr. Jede der Ortschaften, die es auf Lesbos damals gab, war gegenüber den übrigen eifersüchtig auf ihre Unabhängigkeit bedacht, aber in allen wurde der gleiche griechische Dialekt gesprochen, Äolisch nämlich, das – so die Legende – durch eine Gruppe eben jener Achäer, die Troja belagert hatten, dort hingelangt war; und eines der angesehensten Geschlechter von Lesbos, das der Penthiliden, nahm für sich sogar in Anspruch, von Orest selbst abzustammen, dem Sohn des Agamemnon, der den großen Feldzug der Achäer angeführt hatte.

Zu Lebzeiten Sapphos war Lesbos eine reiche Insel. Es unterhielt Beziehungen zu den griechischen Städten an der Küste Kleinasiens, besonders zu dem unternehmungslustigen Phokäa, dessen Seeleute bereits nach den Meeren im fernen Westen Ausschau hielten. Dort sollten sie später Marseille gründen, ihre erste westliche Kolonie; in Marseille hat man denn auch auf Lesbos gefertigte Vasen aufgefunden, die von den Phokäern dort hingebracht worden waren, vielleicht, um sie gegen das von den Kassideriden (Britische Inseln) kommende Zinn einzutauschen – jenes wertvolle Metall, das zur Gewinnung von Bronze benötigt wird, einer Legierung, aus der man damals Waffen und Schmuck herstellte.

Was die Geschichte von Mytilene betrifft, so wissen wir kaum etwas über die Zeit unmittelbar vor und nach der Epoche Sapphos. Bekannt ist uns immerhin, daß es in der Stadt Aufstände gegeben haben muß, in deren Folge die Aristokratie, die das Gemeinwesen bis dahin beherrscht hatte, ihre Privilegien einbüßte. Personen, deren Namen uns heute nicht mehr allzuviel sagen, waren in diese Auseinandersetzungen verwickelt: Melanchros, Myrsilos und vor allem Pittakos, dem es gelang, den Frieden auf der Insel wiederherzustellen, aber offenbar nur, indem er die Adelsfamilien vertrieb.

Genau diesem Adel gehörte auch Sappho an, ebenso wie ihr Landsmann und Zeitgenosse Alkaios: beide verkörpern geradezu die lyrische Poesie, die man gemeinhin als äolische bezeichnet; eine Lyrik, der es darum geht, persönliche Empfindungen zum Ausdruck zu bringen, und die sich dadurch von der traditionellen lyrischen Dichtkunst, der religiösen wie der profanen, deutlich unterscheidet.

Der Vater Sapphos hieß Skamandronymos, ein klangvoller Name, der die Erinnerung an den berühmten, von Homer in der *Ilias* besungenen Fluß in der trojanischen Ebene heraufbeschwört. Er hatte bis auf die eine Tochter nur Söhne. Der Älteste, Charaxos, trieb Handel mit Ägypten, wo die Mytilenäer in Naukratis, im Delta des Nil, eine heilige Stätte besaßen. Vermutlich verfügte er, wie so viele Aristokraten, über ein Schiff, mit dem er Handelsgüter beförderte, die er sich in Naukratis beschaffte. Dort in Naukratis geschah es auch, daß er sich leidenschaftlich in eine berühmte Kurtisane namens Rhodopis verliebte und sich ihretwegen in den Ruin stürzte, wie Herodot (*Historien* 2, 135) berichtet. Sappho nennt in einem ihrer Gedichte die junge Frau, die ihren Bruder in der Ferne an sich fesselte, Doricha, aber wahrscheinlich handelt es sich doch um dieselbe Person, es sei denn, Charaxos hätte sich dort noch auf ein weiteres Liebesabenteuer eingelassen. Über einen anderen Bruder, Eurygios, ist kaum etwas bekannt. Was den dritten, Larichos, betrifft, so war er, wie aus späterer Quelle hervorgeht, Mundschenk am Prytaneion von Mytilene, d.h. er kredenzte bei den Versammlungen des obersten Rates der Stadt die Getränke: ein Amt, das jungen Männern aus vornehmem Hause vorbehalten war.

Die mytilenische Aristokratie, die für sich in Anspruch nahm, von den Helden des homerischen Epos abzustammen, führte ein Leben ganz nach dem Muster dieser Helden. Und die Frauen genossen hier noch eine gesellschaftliche Stellung und eine Unabhängigkeit, die sie in der klassischen Epoche, im 5. und 4. Jahrhundert v. Chr., längst nicht mehr besaßen. Das bedeutet keineswegs, daß die Ehe für sie nicht obligatorisch gewesen wäre! Sappho respektierte dies und heiratete einen gewissen Kerkylas oder Kerkolas, einen »sehr reichen

Mann«, der von der Insel Andros (Kykladen) stammte; von ihm hatte sie eine Tochter, der sie nach ihrer eigenen Mutter den Vornamen Kleïs gab. Wenn die Frau auch – dem Epos zufolge – in erster Linie Hüterin des *oikos*, des ›Hauses‹ war, so boten die zahlreichen Feste zu Ehren der Gottheiten doch genügend Gelegenheit zu Begegnungen zwischen jungen Frauen und Mädchen, die sich aus solchen Anlässen zu Chören formierten (Chor hier im Sinne einer Tanzgruppe, nicht eines Gesangschors).

Die Lieder, die bei den religiösen Festen, den Hochzeiten und den Festgelagen im Anschluß an die Opferfeiern gesungen wurden, waren das Werk von Dichtern, die nicht etwa wie die Rhapsoden – Verfasser und Interpreten epischer Dichtungen – von Berufs wegen fahrende Sänger waren; sie gehörten vielmehr

Die Verbreitung der Sappho-Legende im Mittelalter verdankt sich Ovid, der vom 12. Jahrhundert an wiederentdeckt wurde. Zwei Miniaturen, entstanden Ende des 15. Jahrhunderts, zeigen Sappho und den schönen Phaon, der ihre Liebe verschmäht.

eben jenem Milieu an, dessen Freuden und Leiden sie besangen. Daß sich unter diesen Dichtern eine Frau befand und, wie es heißt, sogar mehrere, ist dennoch ein außergewöhnlich bemerkenswertes Faktum. Möglicherweise hat das hohe Ansehen, zu dem die lyrische Dichtkunst von Lesbos gelangt ist, gerade damit zu tun. Muß darüber hinaus gar angenommen werden, daß es auf Lesbos richtige Schulen für Dichtkunst und Musik gab, die von den jungen Männern und Frauen besucht wurden, um sich von berühmten Meistern unterrichten zu lassen? Man kennt die Herkunft von zweien der Gefährtinnen Sapphos. Die eine, Gongyla, stammte aus Kolophon, die andere, Anaktoria, aus Milet. Waren

Sappho stürzt sich von einem Felsvorsprung der Insel Leukas hinab in den Tod. Im Mittelalter galt Sappho nicht mehr als lesbisch. (Les êpitres élégiaques, 1496)

sie nun, wie man später behaupten sollte, eher Schülerinnen, denen Sappho ihre Kunst vermittelte, oder doch nur Spielgefährtinnen und Lustgespielinnen?

Soviel jedenfalls ist sicher: Die poetischen Werke Sapphos, jene leidenschaftlichen, sinnlichen, ja sogar erotischen Gedichte, wie sie sich anhand der uns erhaltenen Fragmente rekonstruieren ließen, richteten sich ganz ausdrücklich an Frauen; seit der Antike – und hier besonders in Athen – stellte man gerade diesen Aspekt von Sapphos Leben mit Vorliebe heraus. Sappho, die Lesbierin, wurde zur Zielscheibe mehr oder weniger anzüglicher Spötteleien oder doch wenigstens prüde moralisierender Kritik wie derjenigen etwa, von der uns der anonyme Verfasser des Papyrus von Oxyrhynchos berichtet: »Von einigen ist der Vorwurf gegen sie erhoben worden, sie sei unmoralisch und der Liebe zu Frauen verfallen.« (P. Ox. XV (1922) nr. 1800 fr.1) Heute wird Homosexualität – zumindest von denen, die sich zu ihr bekennen – nicht mehr als etwas ›Unmoralisches‹ empfunden. Aber vermutlich wären viele ›Militante‹ aus den Reihen der Homosexuellen-Bewegung doch erstaunt, wenn man ihnen sagte, daß sie damit in einer alten, von der griechischen Aristokratie begründeten Tradition stehen. Mit dem entscheidenden Unterschied allerdings, daß diese aristokratische Homosexualität heterosexuelle Beziehungen weder für die Männer noch für die Frauen ausschloß, vor allem natürlich im Rahmen der Ehe. Es ist viel über die ›griechische Liebe‹ geschrieben worden, also über die Knabenliebe, die Päderastie. Genau besehen liebte der griechische Mann – um sich davon zu überzeugen, genügt es, Homer und Aristophanes zu lesen – die Frauen nicht weniger als irgendein Mann aus einer anderen Kultur auch. Aber im Schoße der aristokratischen Erziehungsgemeinschaften in der archaischen Epoche Griechenlands (7.-6. Jahrhundert v. Chr.) bildeten sich zwischen den Älteren und den Jüngeren erotische Beziehungen heraus, die nur, wer noch niemals eine griechische Vase betrachtet hat, als ›platonische‹ mißverstehen kann. Die Nacktheit im Gymnasion und die radikale Abkapselung – im alltäglichen Leben, im Heer wie bei den Festgelagen – von der Welt der Frauen, die im Innern des Hauses verschanzt blieben: all das erklärt, warum solche Beziehungen an Bedeutung gewinnen konnten. Was uns heute weit mehr überrascht, ist die Tatsache, daß man damals mit derselben Unbekümmertheit die Liebe zu einem Knaben offen bekunden konnte wie die zu einer Frau. Zu berücksichtigen ist dabei, jedoch, daß, was in manchen Kreisen und zu bestimmten Zeiten als selbstverständlich galt, in anderen wiederum diese Selbstverständlichkeit längst eingebüßt hatte. Im Athen des 5. und 4. Jahrhunderts wurden sexuelle Praktiken dieser Art durchaus nicht mehr für so natürlich gehalten. Der Komödiendichter Aristophanes machte sich lustig über die ›Schwulen‹ und selbst Platon empfand das Bedürfnis, die Knabenliebe damit zu rechtfertigen, daß er ihr jede sexuelle Komponente absprach.

»Niemals werde ich sie wiedersehen, meine süße Atthis«

Gerade in Athen und bei den Komödiendichtern kam es denn auch erstmals dazu, daß die Liebesbeziehungen Sapphos ins Lächerliche gezogen wurden. Das bedeutet andererseits, daß zu der Zeit, als sie lebte, und besonders in der aristokratischen Gesellschaft von Mytilene die leidenschaftlichen Worte, die sie an ihre Gefährtinnen richtete, keinerlei Anlaß für einen Skandal darstellten. Leider ist über das Leben der Frauen weit weniger bekannt als über das der Männer in jenem ›Herren-Club‹, den die griechische Polis nun einmal darstellte; wir besitzen daher kaum Informationen darüber, was weibliche Homosexualität oder vielmehr weibliche Päderastie damals bedeutete. Denn um ›Päderastie‹ im ursprünglichen Wortsinn (Liebe zu Kindern) handelt es sich wohl im Fall von Sappho. Die jungen Mädchen, an die sich ihre von Leidenschaft erfüllten Worte richteten, waren in der Tat noch ›Kinder‹, und oft genug war gerade die Tatsache, daß sie Sappho verlassen wollten, um zu heiraten, Anlaß für die Dichterin, ihnen ergreifende Abschiedsverse zu widmen: »Lieblich ist deine Schönheit, Braut, deine Augen blicken / zärtlich, das feine Antlitz strahlt, wie verschönt durch Liebe, / und eine große Ehre schenkte dir Aphrodite!«[1]

---

1 128 D; Übertragung von M. Treu. Vgl. unten *Literaturhinweise* (A. d. Ü.).

Von solchen Zeilen her – wie einige der Kommentatoren – zu der Annahme zu gelangen, die Beziehungen Sapphos zu ihren ›Schülerinnen‹ hätten nichts Sexuelles an sich gehabt, liegt durchaus nahe. Das hieße jedoch, das Begehren, das in den meisten der uns überlieferten Verse zum Ausdruck kommt, zu verkennen, die immer wiederkehrende Anrufung der Aphrodite und des ›gliederlösenden‹ Eros, die Beschwörung des verzehrenden Verlangens und der nagenden Eifersucht. Einer gewissen Atthis, die sich von Sappho ihrer Rivalin Andromeda zuliebe getrennt hat, bringt sie ihren Schmerz zum Ausdruck, indem sie eben jenen ›bittersüßen‹ Eros (vgl. 137 D) anruft. Und an eine andere, die von ihr fortgegangen ist, um zu heiraten, richtet die Dichterin Verse, die sowohl im Hinblick auf das Leben der jungen Mädchen in ihrem Kreis als auch auf die Art der Beziehung, die sie zu ihnen unterhielt, aufschlußreich sind: »Und niemals werde ich sie wiedersehen, meine süße Atthis. / Zu sterben wäre weniger schlimm als dieses schreckliche Los; / Und weinen sah ich sie, als sie Abschied nahm. / Sie sagte: ›Ich verlasse dich. Sich trennen fällt schwer.‹ / Ich gab ihr zur Antwort: ›Leb wohl denn und geh, denn nichts kann ewig bestehn. / Aber erinnern sollst du dich stets daran, wie sehr ich dich geliebt. / Hand in Hand gingen wir in duftgeschwängerter Nacht / Hin zur Quelle, durchstreiften Wälder und Wiesen. / Geflochten hab ich für deinen Hals entzückende Girlanden; / Kränze aus Eisenkraut, aus Rosen und frischen Hyazinthen / Verströmten auf deinem Busen ihren Duft. / Mit kostbaren Essenzen war er eingesalbt, / Dein reizender, junger Körper. Zärtlich ruhend neben mir, / Erfuhrst du, was erfahrne Hände vermögen, / Die tausend Dinge, die Kunst und Zärtlichkeit erfanden, / Um zur Blüte zu bringen die Schönheit der Mädchen Ioniens.« (96 D; nach der Übertragung von M. Yourcenar)

Mitunter war der Gesang noch weit mehr von Schmerz getragen, das Begehren fand Ausdruck in fieberhaft erregten Worten, wie in den folgenden Versen an Agallis, eine weitere ihrer Gefährtinnen; auch sie hatte Sappho verlassen, um zu heiraten: »Scheinen will mir, daß er den Göttern gleich ist, / jener Mann, der neben dir sitzt, dir nahe / auf den süßen Klang deiner Stimme lauscht und, / wie du voll Liebreiz / ihm entgegenlachst: doch, fürwahr, in meiner / Brust hat dies die Ruhe geraubt dem Herzen. / Wenn ich dich erblicke, geschiehts mit einmal, / daß ich verstumme. / Denn bewegungslos liegt die Zunge, feines / Feuer hat im Nu meine Haut durchrieselt, / mit den Augen sehe ich nichts, ein Dröhnen / braust in den Ohren, / und der Schweiß bricht aus, mich befällt ein Zittern / aller Glieder, bleicher als dürre Gräser / bin ich, bald schon bin einer Toten gleich ich / anzusehn... .« (2 D; Übertragung von M. Treu)

Sappho, die selbst wohl eher von kleiner Statur und dunkler Hautfarbe war, der also die Schönheit homerischer Göttinnen und Königinnen gänzlich abging, rühmte um so mehr die Schönheit ihrer Gefährtinnen: »Wenn ich dich vor mir stehen sehe, scheint mir, / So schön wie du war Hermione [Tochter der Helena und des Menelaos] nie und nimmer! / Und vermessen wär es nicht, der blonden Helena dich zu vergleichen, / Wenn es erlaubt ist, Sterbliche an Göttinnen / Zu messen. Eines aber sollst stets du wissen: / All meine Sorgen fliegen davon, wenn ich nur / Dich, meine Schöne, vor Augen hab!« (35 D)

Und an eine andere gerichtet: »So komm doch zurück, ich beschwöre dich, Gongyla, / Und erscheine vor mir, gehüllt in deine Tunika, / Die milchfarbene: o welch verführerischer Reiz / Umgibt dich, du Schöne..!« (36 D)

Immer wieder aber wird die Göttin von Kypros (Aphrodite) beschworen, wird das Begehren emphatisch bejaht: »Du bist gekommen, das ist gut so! Wie sehr / Hab ich nach dir mich gesehnt: ein verzehrendes Verlangen / Hast du entfacht in meinem Herzen.« (48 D)

Bei all dem in Sappho eine Art weibliches Pendant zu Sokrates zu sehen, so wie ein Sophist (Lehrer der Redekunst) aus dem 2. Jahrhundert n. Chr. das wollte, geschieht deutlich in der Absicht, die Dichterin von Lesbos vom Vorwurf ›widernatürlicher‹ Sitten reinzuwaschen. Mit derselben Intention wurde von anderen die Auffassung vertreten, es hätte in Wirklichkeit zwei Sapphos gegeben: die eine, die Dichterin, eine Dienerin der Musen, und noch eine weitere, eine Kurtisane mit verdorbenen Sitten. Für ihre Zeitgenossen jedoch, wie für alle, die am aristokratischen Lebensideal festhielten, stellten sich solche Probleme erst gar nicht. Sappho galt zugleich als die Dichterin, deren Verse im Gedächtnis nachklangen, und als die Frau, die in einer ganz unbezweifelbar von Sinnlichkeit geprägten Beziehung zu ihren Gefährtinnen stand. Das hinderte im übrigen nicht im geringsten daran, ihr eine ebenso heftige Leidenschaft für einen Mann namens Phaon nachzusagen, den sie – so der Athener Dichter Menander (4. Jahrhundert v. Chr.) – »mit einer geradezu rasenden Liebe verfolgt« habe. Eine unerwidert gebliebene Liebe, durch die die Dichterin schließlich in den Selbstmord getrieben worden sei: vom ›Leukadischen Felsen‹ herab, einem Felsvorsprung auf der Insel Leukas, habe sie sich ins Meer gestürzt. Schon seit der Antike ist diese Überlieferung immer heftig umstritten gewesen, zumal es eine mythologische Gestalt gleichen Namens gibt. Jener mythische Phaon ist ein Gefährte der Aphrodite: Die Göttin hatte ihn in einen schönen jungen Mann verwandelt, weil er, ein alter Fährmann, sie mit seinem Boot übergesetzt hatte, ohne ein Entgelt zu verlangen. Im Grunde genommen ist es kaum von Bedeutung, ob Phaon nun wirklich existiert hat oder nicht. Das Entscheidende daran ist, daß man Sappho überhaupt eine ›heterosexuelle‹ Leidenschaft zugeschrieben hat.

Catull, Ovid, Yourcenar

Darüber hinaus hat sie doch auch Epithalamien verfaßt, jene Hochzeitslieder, in denen sie die Liebe der frisch Vermählten in höchsten Tönen besingt: »Hoch die Tür des Gemaches! / Hyménaios! / Hebt den Türsturz, ihr Bauleute, höher! / Hyménaios! / Ganz wie Gott Ares, so naht nun der Bräutigam, / viel größer als sonst große Männer!« (123 D; Übertragung von M. Treu)

Und hat man ihr nicht auch eine erotisch gefärbte Beziehung zu ihrem Landsmann und Zeitgenossen Alkaios nachgesagt, der sie in einem seiner Gedichte die »reine Sappho mit den veilchenblauen Zöpfen« (63 D) nennt? Auf seine Annäherungsversuche habe sie dann aber doch recht abweisend reagiert. Ein Vasenbild mit roten Figuren jedenfalls zeigt die beiden bedeutendsten Vertreter der Dichtkunst von Lesbos, wie sie sich, jeder sein Musikinstrument in der Hand, Auge in Auge gegenüberstehen. Es gibt also genügend Überlieferungen, die von der Ambiguität der erotischen Neigungen der Dichterin Zeugnis ablegen, einer Ambiguität, die nicht allein für ihre Person, sondern für die aristokratischen Kreise, denen sie angehörte, insgesamt charakteristisch war. Und fragen könnte man sich schließlich auch, ob der – ganz und gar schlechte – Ruf, zu dem ihr einige der antiken Autoren verhalfen, nicht zumindest ebensosehr mit ihrer autonomen Stellung wie mit ihren Liebesbeziehungen zusammenhing. Ebendiese Autonomie unterschied sie von anderen Frauen und führte möglicherweise sogar dazu, daß sie in den erbitterten Machtkämpfen, die in ihrer Heimatstadt tobten, Partei ergriff; jedenfalls sah sie sich – so ist überliefert – gezwungen, ins Exil zu gehen, nachdem Pittakos endgültig den Sieg davongetragen hatte. Zu Beginn des 6. Jahrhunderts v. Chr. soll sie ein Schiff nach Sizilien genommen haben, und zur Zeit Ciceros gab es in Syrakus eine berühmte Statue der Dichterin, die wie so viele andere Kunstwerke auch einer Plünderung durch den römischen Statthalter Verres zum Opfer fiel, wie Cicero (*In Verrem* II 4, 126) berichtet.

Die Dichterin von Lesbos wurde demnach, wie immer man sie wegen ihrer Liebschaften diffamierte, für ihr poetisches Talent mit Ruhm bedacht. Bereits in der Antike gab man ihr den Beinamen: die zehnte Muse. Catull und Ovid haben ihre Kunst gepriesen und im 17. Jahrhundert hat Boileau eine ihrer schönsten Oden ins alexandrinische Versmaß gesetzt. In jüngster Zeit hat Marguerite Yourcenar ihre Lieder ins Französische übertragen und dabei

Sapphos Zugehörigkeit zu jenen lyrischen Dichtern, die das griechische Denken in der Zeit vor der klassischen Periode entscheidend geprägt haben, herausgestellt. Und dennoch, so unvergleichlich das Werk der Dichterin von Lesbos auch ist, immer sind es die von ihr besungenen Liebschaften, mit denen sich für die Nachwelt ihr Name verbindet; zugleich bezieht man das Wort ›lesbisch‹ statt auf die Insel und ihre Bewohner nur noch – eine Ironie des Schicksals – auf Frauen.

Literaturhinweise:

Sappho-Übertragungen:
Claude Mossé zitiert in ihrem Text die Übertragungen von Théodore Reinach (eine unvollständige Edition, weil seit ihrem Erscheinen weitere Sappho-Gedichte entdeckt worden sind) und von Marguerite Yourcenar.
Théodore Reinach (Ed. et trad.), *Alcée. Sapho*, Paris, Les Belles Lettres (coll. des universités de France), 1937
Marguerite Yourcenar, *La Couronne et la lyre*, Paris, Gallimard, 1979
Für die deutsche Übersetzung wurde herangezogen: Sappho, *Lieder*, griechisch und deutsch, hrsg. v. Max Treu, München, Heimeran, 1958 (2. Aufl.)
Wolfgang Schadewaldt, *Sappho. Welt und Dichtung. Dasein in der Liebe*. Potsdam, Stichnote, 1950
Emil Staiger, *Sappho*, mit Zeichnungen von Henri Matisse, Zürich, Die Arche, 1957
Sappho, *Strophen und Verse*, übersetzt und hrsg. v. Joachim Schickel, Frankfurt am Main, Insel Verlag, 1978
Die Übertragungen ins Deutsche lassen vielfach, was von Sappho fragmentarisch überliefert ist, als Fragment stehen – am radikalsten Joachim Schickel. Diese philologische Texttreue geht zwangsläufig zu Lasten der Lesbarkeit; der vorliegende Text orientiert sich daher weitgehend an den (vielfach ergänzenden) französischen Sappho-Übertragungen. Die Angaben im Text (in Klammern nach den jeweiligen Zitaten) verweisen auf die Fragmentzählung bei Diehl (Ernst Diehl, *Anthologia Lyrica Graeca* I, 2. Aufl., Leipzig 1935).

Weiterführende Literatur,
Félix Buffière, *Éros adolescent. La pédérastie dans la Grèce antique*, Paris, Les Belles Lettres, 1980
Kenneth James Dover, *Greek Homosexuality*, London, Duckworth, 1978; dt.: *Homosexualität in der griechischen Antike*, München, Beck, 1983
Denys Lionel Page, *Sappho and Alcaeus. An Introduction to the Study of Ancient Lesbian Poetry*, London, Oxford University Press, 1955
Claude Calame, *L'amore in Grecia*, Roma, Laterza, 1983
Bruno Snell, *Das Erwachen der Persönlichkeit in der frühgriechischen Lyrik*, in: *Die Entdeckung des Geistes*, Studien zur Entstehung des europäischen Denkens bei den Griechen, Hamburg, Claasen und Goverts, 2. Aufl., 1948, S. 57ff.
Ulrich von Wilamowitz-Moellendorff, *Sappho und Simonides*, Berlin 1913

MAURICE SARTRE

Die Homosexualität im antiken Griechenland

Die Homosexualität scheint für das antike Griechenland so charakteristisch zu sein, daß der Name »griechische Liebe« an ihr haften geblieben ist, um ihren Ursprung zu bezeichnen. Dennoch müssen, nach der Veröffentlichung des Kinsey-Reports in den USA oder desjenigen von Pierre Simon in Frankreich, diejenigen, die sich von der Häufigkeit der homosexuellen Beziehungen in Griechenland überrascht zeigen mochten, einräumen, daß die Situation dort, rein quantitativ, vielleicht nicht so außergewöhnlich war. In den USA wie in Frankreich bezeichnen sich nur 4 bis 5% der Individuen als ausschließlich homosexuell, während die ausschließlich Heterosexuellen 50% nicht überschreiten. Man muß also zu dem Schluß kommen, daß knapp die Hälfte der Männer homosexuelle Neigungen oder mehr oder weniger regelmäßige Abenteuer mit Männern zugibt.

Dieser Beitrag der zeitgenössischen Sexualforschung hat die Historiker der Antike nicht beruhigt, denen es, bewußt oder unbewußt, nicht immer gelingt, ihre Bewunderung für die griechische Kultur und ihren eingestandenen Widerwillen gegenüber einer für herabwürdigend gehaltenen Praxis miteinander in Einklang zu bringen. Wenn die antiken Dokumente den Beweis einer fast generellen Mißbilligung dieses Verhaltens enthielten, könnten sie zumindest die Ehre der Griechen für unangetastet halten. Das ist jedoch nicht der Fall, ganz im Gegenteil. Man kann unmöglich ignorieren, daß zehn Zeugnissen, die abschätzig über einen Wüstling sprechen, Dutzende von Texten gegenüberstehen, die die schönen Knaben und ihre Liebhaber verherrlichen. Es gibt kaum einen großen Namen der Politik, der Künste oder der Philosophie, dem nicht das eine oder andere homosexuelle Abenteuer nachgesagt werden kann. Schließlich haben manche Gemeinwesen die Homosexualität zur anerkannten Institution erhoben, auf Kreta und in Sparta vor allem.

Muß man daraus schließen, daß Griechenland ein »Gay«-Paradies war, in dem die männliche Homosexualität nicht nur von der Gesellschaft toleriert, sondern auch von den Gesetzen zugelassen und vom Staat ermutigt wurde?[1] Eine solche Sicht des Problems ist absurd: Die Griechen haben sich nie darum gekümmert, über die Homosexualität als solche zu Gericht zu sitzen, und das Lob oder die Mißbilligung, die ihr je nach Situation zuteil werden, richten sich auf das Individuum, nicht auf die Praxis. Dennoch ist die Homosexualität etwas ganz Gewöhnliches in den gesellschaftlichen Beziehungen. Gerade diese Gewöhnlichkeit überrascht den Historiker und zwingt ihn, nach ihrem wirklichen Stellenwert in den griechischen Gesellschaften zu fragen: erlaubte Perversion, pädagogische Institution, Initiationsritual? Eine heftige Diskussion spaltet die Historiker.

Eine große Anzahl von Dokumenten illustriert die Häufigkeit dieser homosexuellen Beziehungen im antiken Griechenland. Außerhalb dessen, was der heutigen Pornoproduktion entspräche[2] und was uns keine Auskunft über das Ansehen gibt, das die Homosexualität in der Gesellschaft genießt, beweisen zahlreiche Texte aller Art (Epigramme, philosophische Texte, ethnographische Berichte, Biographien, Plädoyers) und zahlreiche Bilder (in der Hauptsache Malereien auf Vasen und ein paar Grabmalereien) die Realität und Alltäglichkeit dieser Liebesbeziehungen. Die bemalte Keramik illustriert das seit dem 6. Jahrhundert v. Chr. auf eindeutige Weise.

Das Gastmahl dient häufig als Rahmen für die Verführungsversuche der Liebhaber. Ein erwachsener Mann beginnt seinen jüngeren Bettgefährten zu liebkosen[3]; ein anderer, unternehmungslustiger, kitzelt mit dem Fuß das Glied seines Nachbarn; ein dritter packt im Vorbeigehen die Rute des jungen Mannes, der seinen Kopf stützt. Mehr noch rufen die Szenen in der Palästra oder im Gymnasion derartige Darstellungen hervor. Inmitten der nackten und stets jungen Athleten spielen ältere Männer (*erastes*), erkennbar an ihren Bärten, die Rolle von Jägern; einer streichelt das Kinn, die Pobacken oder den Penis eines Jugendlichen, der seine Annäherungsversuche entweder zurückweist oder sich, meist, gefallen läßt. Der Geliebte (*eromenos*) umschlingt daraufhin seinen Verführer, bevor er sich mit diesem auf eine weitergehende sexuelle Beziehung einläßt. Die Vasen zeigen im allgemeinen einen Koitus zwischen den Schenkeln von vorne, aber die Texte belegen, daß auch die Sodomie praktiziert wird.

Diese eindeutigen Szenen werden in allen Epochen der griechischen Ge-

---

1 Die weibliche Homosexualität verdankt ebenfalls Griechenland ihren Namen, vor ihr wird hier jedoch nicht die Rede sein.
2 Die Grenze zwischen Erotik und Pornographie ist insofern nicht leicht zu ziehen, als sie je nach Epoche und Individuum unterschiedlich verläuft.
3 Erinnern wir daran, daß man im Liegen aß.

schichte von der Literatur bestätigt. Solon, ein Reformator aus Athen zu Beginn des 6. Jahrhunderts v. Chr., hielt die Möglichkeit, »gelegentlich die jugendlichen Reize eines Knaben, einer Frau zu genießen«, für wahren Reichtum. Anakreon bringt ein halbes Jahrhundert später die folgende Einladung aus: »Trink, mein Freund, auf die Gesundheit der zarten und weichen Schenkel« eines jungen Mannes. Unter dem Namen seines Zeitgenossen Theognis von Megara figuriert eine Sammlung päderastischer Gedichte, die man leicht den Malereien auf den oben erwähnten Vasen gegenüberstellen könnte: »Junger Mann, solange deine Wange glatt ist, werde ich nicht aufhören, dich zu streicheln, selbst wenn es meinen Tod bedeutet« (Verse 1327-1328). »Glücklich der Verliebte, der das Gymnasion besucht, und, wieder zu Hause, den ganzen Tag mit einem schönen jungen Mann schläft« (Verse 1335-1336). Man könnte auch zahlreiche Beispiele aus dem sokratischen und platonischen Kreis am Ende des 5. und zu Beginn des 4. Jahrhunderts v. Chr. zitieren. Beschränken wir uns auf den berühmten Versuch von Alcibiades, Sokrates zu verleiten, von seinen Reizen zu profitieren (Platon, *Das Gastmahl*, 217a-219e). Etwas später entstehen Hunderte von griechischen Epigrammen, die die schönen Knaben verherrlichen; mehr als 250 sind in einer Sammlung zusammengestellt (*Anthologie grecque*, Buch XII).

Zur selben Zeit entstehen mehr oder weniger romanhafte Biographien der großen Männer der Vergangenheit, Politiker, Bildhauer, Philosophen, Schriftsteller. Es ist üblich, ihnen homosexuelle Abenteuer zuzuschreiben, und von Solon über Pisistrat, Sophokles, Phidias, Platon und die Gesamtheit der mazedonischen Könige bis hin zu Alexander dem Großen wird fast niemand ausgelassen. Die Wahrheit spielt keine Rolle; aber man muß verstehen, daß diese Anekdoten nicht das Ziel haben, diejenigen, die in ihnen die Hauptperson sind, in Verruf zu bringen, ganz im Gegenteil.

Diese Männerliebe scheint besonders in den privilegierten Kreisen hohes Ansehen zu genießen. Aber nicht ausschließlich. Die Kleinbauern von Attika, die Aristophanes auf die Bühne bringt, verschmähen es nicht, gelegentlich mit einem kleinen Sklaven zu schäkern oder das Glied der Epheben zu betrachten.

Diesen Zeugnissen, die sich ganz offensichtlich für die homosexuellen Beziehungen aussprechen, könnte man, bisweilen denselben Werken entnommen, nicht weniger eindeutige Beweise für eine unwiderrufliche Verurteilung gewisser Homosexueller, Transvestiten, Prostituierter und weibischer Männer gegenüberstellen. Aus den Plädoyers des 4. Jahrhunderts v. Chr. hört man häufig derartige Anschuldigungen heraus, die gegen den Gegner oder den Zeugen vorgebracht werden, den man in Mißkredit bringen will: ein Beweis dafür, daß einer bestimmten Homosexualität kein günstiges Vorurteil, ja nicht einmal einfache Toleranz zugute kommt.

Eine unteilbare Sexualität

Muß man daraus schließen, daß es zwei griechische Diskurse über die Homosexualität gibt, einen wohlwollenden – denjenigen bestimmter wohlhabender und kultivierter Kreise und einen – des Volks –, der im Gegenteil die gleichgeschlechtliche Liebe als einen unerträglichen Makel anprangert[1]? Damit würde man eine nuanciertere Realität aufs äußerste vereinfachen.

Zunächst muß man bemerken, daß die Homosexualität nicht strenger bestraft wird als die Heterosexualität, wenn sie die Gewalt fördert. Im *Recht von Gortyn*, der Gesetzessammlung einer Stadt auf Kreta, die im 5. Jahrhundert gemeißelt wurde, deren Inhalt jedoch wohl etwas älter ist, wie in den Gesetzen von Athen über die sexuelle Gewalt hat derjenige, der einen Knaben vergewaltigt, die gleichen Strafen zu gewärtigen wie derjenige, der eine Frau vergewaltigt; die Höhe des Bußgelds richtet sich nicht nach dem Geschlecht des Opfers, sondern nach seiner gesellschaftlichen Stellung: Freier, Landarbeiter, Sklave.

Diese rechtliche Gleichstellung dessen, was in unserer heutigen Zeit als zwei entgegengesetzte sexuelle Verhaltensweisen betrachtet wird, beruht für die Griechen auf der Tatsache, daß jedes Individuum abwechselnd homosexuell und heterosexuell – zwei im Griechischen übrigens unbekannte Begriffe – oder, griechisch gesprochen, zu Knaben und zu Frauen hingezogen sein kann, je nach Alter und Umständen. In allen oben angeführten Zeugnissen käme es niemandem in den Sinn, die Individuen, mag es sich nun um hochgestellte Persönlichkeiten oder um Volkshelden handeln, als »homosexuell« einzustufen, nur weil sie Abenteuer mit Männern suchen. Die meisten sind verheiratet, haben Kinder, halten sich gelegentlich eine Konkubine neben ihrer rechtmäßigen Ehefrau oder verkehren mit Prostituierten. Dieses Sexualleben wird weitgehend verschwiegen, außer wenn es zu offenkundigen Ausschweifungen führt. In Wirklichkeit scheint jedes erwachsene männliche Individuum ein Sexualleben mit zwei Seiten zu haben: einer privaten, frauenbezogenen Seite, die unauffällig bleibt und nicht der Rede wert ist, und einer öffentlichen Seite, die auf die schönen Knaben fixiert ist und aufmerksam verfolgt und kommentiert wird. Von Ausnahmen abgesehen, bringt nur dieses Liebesleben seinen Protagoni-

---

1 Die Plädoyers des 4. Jahrhunderts versuchen die Prozeßgeschworenen, die aus der Masse des Volks ausgelost werden, zu überzeugen.

sten gesellschaftliches Ansehen und einen glänzenden Ruf ein. Aristophanes zeigt dies auf seine – parodistische – Weise in einer Passage der *Vögel* (Verse 137-142), wo der Held erklärt: »Ich wünsche mir eine Stadt, wo der Vater eines hübschen Knaben verärgert auf mich zukommt und mir vorwirft: ›Du bringst meinen Sohn ja schön in Verlegenheit, Bursche! Du begegnest ihm an Eingang zum Gymnasion, frisch gebadet, und kein Kuß, kein Kompliment, nicht mal eine Umarmung! Du hast ihm nicht mal die Hoden gestreichelt, du, ein Freund der Familie!‹« Der vernachlässigte junge Mann setzt seinen Ruf und den seines Vaters aufs Spiel. Umgekehrt würde man kaum einen jungen Mann finden, der seinen Ruf seinem übergroßen Erfolg bei den Frauen verdankt.

Das Fehlen einer *apriorischen* Unterscheidung zwischen Frauen- und Knabenliebe impliziert nicht, daß die Gesellschaft allen Formen sexueller Beziehungen gleichgültig gegenübersteht. Mancher Anzeichen zum Trotz handelt es sich keineswegs um eine freizügige Gesellschaft, in der nur der Wille der Individuen zählt. Was die Homosexualität betrifft, so ist sie entweder Gegenstand von Bewunderung oder Neid oder, im Gegenteil, tiefster Mißbilligung. Vereinfacht gesagt, kann man ihr im antiken Griechenland einen dreifachen Stellenwert zuerkennen.

Zunächst einmal erscheint die Homosexualität – oder vielmehr ihre päderastische Variante – in einigen Stadtgemeinden, vor allem auf Kreta, als eine unerläßliche Praxis der Übergangsriten der bürgerlichen Jugend, in einem gesetzlich geregelten Rahmen. In anderen Stadtgemeinden, wie in Athen, kommt es außerdem vor, daß die Päderastie einen hohen gesellschaftlichen Stellenwert hat, ohne jedoch Gegenstand einer gesetzlichen Kodifizierung zu sein; sie ist vor allem in einem abgegrenzten Milieu (das aber kein Randmilieu ist) verbreitet und wird ähnlich wie im ersten Fall gerechtfertigt. Schließlich ist der erwachsene passive Homosexuelle, besonders wenn er sich prostituiert, überall Gegenstand einmütiger Mißbilligung, und das Gesetz verurteilt ihn, wenn er Bürger ist.

Übergangsriten

Auf Kreta, in Sparta und vielleicht in einigen weiteren Stadtgemeinden fügt sich die Päderastie – denn es handelt sich um Beziehungen zwischen jungen Leuten (*paides* oder *paidika*[1]) und Erwachsenen – in einen ideologischen und gesellschaftlichen Kontext, der dazu zwingt, in ihr etwas anderes als einen einfachen

---

1 Zu ihrem Alter vgl. unten, S. 61.

Modus sexueller Beziehungen zu sehen. Päderastie und Riten der Adoleszenz gehen Hand in Hand.

Die Verhältnisse auf Kreta sind dank eines bemerkenswerten Textes des Historikers Ephoros aus Kyme (4. Jahrhundert v. Chr.), den der Geograph Strabon bewahrt hat, am besten bekannt. Eine aufmerksame Lektüre zeigt, daß in diesen Liebesgebräuchen alles präzisen und zwingenden Regeln gehorcht: die Wahl der Liebhaber, die von ihrer gesellschaftlichen Stellung diktiert wird, die vorher angekündigte und von der Umgebung gebilligte Entführung, die vom Gesetz vorgeschriebenen Geschenke (eine militärische Ausrüstung, ein Ochse und ein Pokal), die Dauer des Aufenthalts auf dem Land, die Anwesenheit der Freunde usw. Die Liebesleidenschaft hat zwar ihren Platz, sie tritt jedoch zurück vor der Achtung der Riten und der gesellschaftlichen und gesetzlichen Verpflichtungen. Aufgrund dessen, was man über die Initiationsriten überall auf der Welt weiß, kann man davon ausgehen, daß der Bericht von Ephoros durchaus einen Teil der Riten des Übergangs von der Kindheit zum Erwachsenenalter der jungen Kreter beschreibt. Obwohl nicht alle daran teilnehmen, ist sie keineswegs ein Randphänomen, sondern eine zentrale Institution der Gemeinschaft der Bürger. Im übrigen ist die Entführung den Vornehmsten vorbehalten. Keinen Liebhaber gefunden zu haben gilt als Schande, während diejenigen, die entführt werden, besonderer Ehren teilhaftig und mit dem Titel »der Ruhmreiche« ausgezeichnet werden.

Diese Riten enthalten einen bedeutenden Anteil an Symbolik (wie die Wahl der Geschenke), die Namen jedoch, die die Griechen im allgemeinen benutzen, um diese Liebespaare zu bezeichnen, *erastes* und *eromenoi,* schließen einfache Kameradschaft aus. Das Verb *eran,* von dem sie abgeleitet sind, bezeichnet das sexuelle Verlangen. Daher ist die sexuelle Beziehung, wenn auch nicht die einzige Initiationspraxis, wesentlicher Bestandteil des Rituals.

Über ebenso präzise Texte verfügen wir für Sparta nicht. Wir wissen jedoch, daß »die jungen Leute, die einen guten Ruf hatten, Liebhaber hatten, die an ihnen hingen« und die so sehr für die Erziehung ihrer *eromenoi* verantwortlich waren, daß sie deren guten oder schlechten Ruf teilten[1]. Diese Bemerkungen lassen, so ungenau sie auch sein mögen, ein auf die Päderastie gegründetes Initiationssystem erahnen, das dem auf Kreta ähnelt. In einer Stadtgemeinde wie Sparta, wo das Leben der Menschen minuziös überwacht und reglementiert ist, wäre es überraschend, wenn derartige Praktiken einzig und allein auf

---

1 Plutarch, *Leben des Lykurgos,* 17,1; 18,8; Xenophon, *Die Staatsverfassung der Lacedämonier,* II, 12-14.

individueller Liebesinitiative beruhten. Wie auf Kreta wird der nicht exklusiv sexuelle Charakter der Beziehung betont: »Wenn jemand nur in den Körper verliebt schien, erklärte Lykurgos ihn für ehrlos.«[1]

Auf Kreta wie in Sparta und vielleicht in einigen Stadtgemeinden in Böotien und in Elis werden diese Paare vom Gesetz anerkannt, und ihre Bildung wird überwacht und formalisiert. Anderswo, in Athen beispielsweise, existieren sie, anscheinend ohne daß die Gesetze sich um sie kümmern. Kein Dokument erlaubt ausdrücklich, einerseits die Riten der Adoleszenz und andererseits die Darstellungen homosexueller Paare in der attischen Malerei mit ihnen in Verbindung zu bringen. Muß man deswegen darauf verzichten, beide einander anzunähern, und die athenische Päderastie als ein Verhalten ohne jeden Bezug zu den Bräuchen auf Kreta anzusehen? Das wäre unwahrscheinlich. In Wirklichkeit überleben in Athen und in anderen Stadtgemeinden die alten Initiationspraktiken in den gut bezeugten Zeremonien und Riten für die Knaben wie für die Mädchen. Der päderastische Aspekt war in der aristokratischen Gesellschaft auf Kreta kodifiziert (wir haben gesehen, daß sie dort den Vornehmsten vorbehalten war), in Athen dagegen nicht; aber dennoch hat die Praxis in den wohlhabenden Kreisen und in den herrschenden Klassen überlebt, die bis zum Ende des 5. Jahrhunderts aus der athenischen Aristokratie hervorgegangen sind. Der oben zitierte Text der *Vögel* trifft sich in diesem Punkt genau mit dem von Ephoros: Der junge Mann ohne Liebhaber setzt seinen Ruf aufs Spiel.

Platons Verteidigung der Päderastie im Namen der Pädagogie in *Der Staat* stößt jenseits der ihrem Autor eigenen philosophischen Einkleidung wieder auf die alte allen Griechen gemeinsame Initiationspraktik. In Athen wie auf Kreta stellen die gleichen Kreise *erastes und eromenoi*, und dieser gesellschaftlichen Praxis haftet ein unbestreitbarer Glanz an. Folglich ist es legitim, die Päderastie in Athen und auf Kreta als ein mehr oder weniger abgeschwächtes, mehr oder weniger kodifiziertes Überleben ein und derselben Institution anzusehen, die mit den Übergangsriten verbunden ist.

Platon, Xenophon, Aristoteles und in ihrem Gefolge zahlreiche Gelehrte haben sich Gedanken gemacht über den Ursprung der Päderastie in Athen und in den dorischen Stadtgemeinden. Die Position, die der Historiker Henri Marrou vertritt, repräsentiert recht gut die Theorie der »männlichen Kameraderie«, die immer noch Anhänger findet[2]. Für ihn ist die griechische Päderastie, ein Überbleibsel »aus dem feudalen Mittelalter« (dem 9.-8. Jahrhundert v.

1 Xenophon, a. a. O., II, 13.
2 H.-I. Marrou, *Histoire de l'éducation dans l'Antiquité*, Paris, Le Seuil, 3. Aufl. 1955.

Chr.), vor allem eine »Kumpanei unter Kriegern«, das heißt eine ständige Promiskuität, verstärkt durch die Praxis der Nacktheit. Zur Erklärung zieht er sehr bezeichnende Vergleiche etwa mit den »Skandalen, die 1934 die Hitlerjugend erschütterten«, und den »Gewohnheiten, die sich während des letzten Krieges in den Reihen mancher Armeen entwickelt haben«. Er kommt zu dem Schluß, daß dies unvermeidlich sei, wenn »ein Milieu von Männern dazu neigt, sich nach außen abzuschließen«. Die griechische Päderastie sei auf jeden Fall »etwas ganz anderes als diese initiatorische und priesterliche Inversion, die die Ethnologie heutzutage bei einer ganzen Reihe ›primitiver‹ Völker studiert«. Diese Sicht impliziert, daß die griechische Homosexualität auf einer Störung oder Perversion der Sinne, keinesfalls aber auf gesellschaftlicher oder religiöser Praxis beruht.

Eine solche Erklärung ist nicht haltbar. Die Kumpanei unter Kriegern existiert natürlich in Griechenland; das beinahe ständige Rekrutieren der Spartaner mag sie gefördert haben; man denke auch an das heilige Bataillon der Thebaner, das aus Liebespaaren bestand. Ein Lustspieldichter des 4. Jahrhunderts, Eubulos, scheut sich nicht, ihr groteske Züge während des Trojanischen Kriegs zu verleihen, der zehn Jahre dauerte: »Niemand sah eine einzige Prostituierte; zehn Jahre lang fickten sie sich in den Arsch. Es war ein trauriger Feldzug; wenn sie eine Stadt eingenommen hatten, kehrten sie nach Hause zurück mit Hintern, die sehr viel breiter waren als [die Tore der] Stadt, die sie einnahmen.« (Fr. 120)

»Genieße die Gegenwart«

Aber die komische Übertreibung oder das thebanische Beispiel können die alltägliche Realität in Athen, auf Kreta oder in Sparta nicht verschleiern: Alle Liebhaber der jungen Leute sind verheiratete Männer, die jeden Abend zu ihren Familien zurückkehren. Nichts weist darauf hin, daß die *erastes* eine Abneigung gegen Frauen haben. In Sparta übten die Frauen, wie man uns versichert, eine große Macht über die Männer aus, und die jungen verheirateten Männer mußten sich mit List aus dem Schlafsaal schleichen (der bis dreißig obligatorisch war), um sich heimlich mit ihrer Ehefrau zu treffen[1]. Die Knabenliebe kann also nicht als ein Ventil nur für Männer angesehen werden.

Im Gefolge einiger anderer hat Bernard Sergent gerade energisch die Theorie der Kameraderie unter Griechen zurückgewiesen. In Wirklichkeit gehört die

---

1 Plutarch, *Leben des Lykurgos*, 14,8; Aristoteles, *Politik*, II, 9,7.

griechische Päderastie zu dem Typ von Initiationsritual, wie man ihn bei zahlreichen »primitiven«, insbesondere mikronesischen Völkern beobachtet hat. Die homosexuelle Beziehung ist dort keineswegs eine einfache Störung der Sinne, sondern eine vorgeschriebene Prüfung. Der *eromenos* macht so diese Reise in das andere Geschlecht, die stets Teil dieser Rituale ist. Die Transvestiten, die in zahlreichen griechischen Riten des Übergangs von der Jugend zum Erwachsenenalter bei den Knaben wie bei den Mädchen auftreten, beweisen, daß man, bevor man als Erwachsener in seinem eigenen Geschlecht anerkannt wird, auch in Griechenland einen symbolischen Umweg in der Gestalt des entgegengesetzten Geschlechts machen muß.

An den ihr zukommenden Platz gerückt, das heißt ins Zentrum einer gesellschaftlichen Institution, die die Erneuerung der Gruppe der männlichen Bürger gewährleistet, erscheint die griechische Homosexualität nicht länger als eine Störung oder Perversion. Ihr Vorhandensein in mehreren griechischen Mythen, in denen die Götter in homosexuelle Abenteuer verwickelt sind, hätte dies seit langem ahnen lassen können. Man kennt die Entführung des schönen Ganymed durch Zeus selbst, die häufig dargestellt worden ist. Aber man kann auch die unglückliche Liebe Apollos zu Hyakinthos, Kyparissos und Narkissos anführen, die jeweils mit dem Tod des *eromenos* endeten. Herakles, diesem Symbol der männlichen Stärke, werden zahlreiche homosexuelle Beziehungen nachgesagt, und auch Dionysos kommt nicht ungeschoren davon. Nun muß man, wie Bernard Sergent gezeigt hat, all diesen Mythen einen initiatorischen Charakter zuerkennen. Selbst wenn wir von einigen nur durch sehr späte Autoren Kenntnis haben, gibt es Anhaltspunkte, die beweisen, daß sie im wesentlichen bis in die älteste Geschichte Griechenlands zurückreichen, wohl ins 2. Jahrtausend. Die Übereinstimmung zwischen den kretischen Mythen und Gebräuchen spricht für das sehr hohe Alter dieser gesellschaftlichen Institution.

Diese anerkannten und aufgewerteten päderastischen Beziehungen bilden nur einen Aspekt der griechischen Homosexualität. Wie wir gesehen haben, betreffen sie Paare, die aus einem jungen Mann (*pais*) zwischen zwölf, dreizehn und siebzehn, achtzehn und einem im allgemeinen noch jungen (kaum mehr als vierzigjährigen) Mann bestehen. Der ursprüngliche initiatorische Charakter der Beziehung verlangt, selbst wenn er bisweilen vergessen scheint, einen solchen Altersunterschied.

Dennoch kennt Griechenland aber auch homosexuelle Beziehungen zwischen Erwachsenen. Aristophanes verspottet unermüdlich die Homosexuellen, die Transvestiten, diejenigen, die er die »ausgeweiteten Ärsche« nennt, die bereit sind, sich jedem zu verkaufen. Die Anklage kehrt unablässig in den Plädoyers des 4. Jahrhunderts v. Chr. wieder, wenn es darum geht, einen Gegner zu verleumden. Die Malerei und das Epigramm bestätigen diese Zeugnisse: Die Homosexualität zwischen Erwachsenen ist Gegenstand einer lebhaften Miß-billigung. Es ist bemerkenswert, daß die Sodomie fast nur zwischen Männern gleichen Alters oder, mehr noch, zwischen Satyrn dargestellt wird, was dazu beiträgt, sie ins Groteske zu ziehen. Andere Texte deuten jedoch an, daß sie auch zu den oben erwähnten päderastischen Praktiken gehört.

Wann geschieht der Übergang von der gebilligten Päderastie zur verwerfli-chen Homosexualität? Alles ist eine Sache der Behaarung, lautet die einstim-mige Antwort der Texte. »Dein Bein, Nicandros, behaart sich... gib acht, / Daß dein Schenkel nicht ohne Vorwarnung das gleiche tut! / Du würdest sehen, wie sehr die Liebhaber sich rar machen!« (Alcaeus aus Messene, *Anthologie grec-que*, XII, 30). Oder: »Genieße die Gegenwart: Alles reift so schnell! / Ein einziger Sommer hat genügt, / Damit aus einem Zicklein ein bärtiger Bock wird!« (*Anthologie grecque*, XII, 51).

Der junge Mann weiß genau: Die Zeit kommt, wo er sich in seinen Umhang hüllt und es vermeidet, sich vor seinen ehemaligen Liebhabern nackt zu zeigen. Umgekehrt epiliert sich derjenige, der weiterhin als *pais* gelten will, wie der Dichter Agathon, über den sich Aristophanes lustig macht[1]. Wenn die Behaa-rung da ist, kann die Beziehung nicht mehr dieselbe sein: »Wenn man noch in einen älteren Jungen verliebt ist, ist das kein Kinderspiel mehr, man sucht vielmehr den Widerspruch«, warnt der Dichter Straton aus Sardes[2]. Die Un-gleichheit der päderastischen Beziehung weist jedem eine ganz bestimmte Rolle zu: dem Erwachsenen die des aktiven Liebhabers, dem Kind diejenige des passiven Partners, eine Rolle, die er ohne Schande so lange spielen kann, wie er nicht als erwachsener Mann anerkannt wird. Dagegen bringt die Gegen-seitigkeit in der homosexuellen Beziehung zwischen Erwachsenen diese in Mißkredit.

Wir sollten daraus aber nicht schließen, daß die Homosexualität unter Erwachsenen an sich verurteilt wird. Die heftige Verurteilung, die man fest-stellt, richtet sich vor allem gegen Prostituierte oder Transvestiten – was häufig Hand in Hand geht. Die allgemeine Verachtung trifft denjenigen, der im

---

1 Siehe insbesondere den Anfang von *Die Weiber beim Feste der Demeter Thesmophoros*; die Epilation ist auch eine weibliche Praxis: Mnesilochos, den man losschickt, damit er heimlich die Frauen belauscht, muß sich mit der Leimrute, einschließlich Anus, epilieren lassen: *Thesmo-phoros*, Verse 236-246.
2 *Anthologie grecque* XII, 4.

sexuellen Akt die passive Rolle spielt, denjenigen, der seine männliche Rolle ablehnt, seine Adoleszenz unberechtigt verlängert und die Frauen nachahmt. Wenn er sich außerdem noch prostituiert, bestraft ihn das Gesetz. Bereits 424 rühmt sich der Demagoge Cleon, die männliche Prostitution der Bürger im Zaum gehalten zu haben, indem er einen Bürger, der sich ihr ergab, aus den Bürgerverzeichnissen streichen ließ.[1] Ein dreiviertel Jahrhundert später zeugt der von Aischines gegen Timarchos angestrengte Prozeß von der großen Strenge der Gesetze diesbezüglich: »Jeder Athener, der sich prostituiert haben wird, wird nicht in den Kreis der neun Archonten aufgenommen werden können [...], noch ein Priesteramt oder das Amt eines Staatsanwalts ausüben können. Er wird kein durch Wahl oder durch das Los bestimmtes Richteramt in der Stadtgemeinde oder außerhalb ausüben können. Er wird nicht das Amt des Herolds oder des Botschafters ausüben und auch nicht Ankläger oder bezahlter Denunziant derer werden können, die einer Botschaft angehört haben werden. Schließlich wird er seine Meinung nicht mehr vor dem Rat oder dem Volk ausdrücken können, und wäre er der beredteste Redner.« Warum eine solche Strenge? Aischines erklärt es: »Derjenige, der angesichts der Schande aus seinem Körper Gewinn geschlagen hat, wird ebenso ohne zu zögern die Interessen der Stadtgemeinde verkaufen.«

Die Prostitution des Bürgers wird aufs Korn genommen, nicht die homosexuelle Beziehung an sich. Der Kunde bleibt, auch wenn er Bürger ist, ehrenhaft, selbst wenn er die Rolle des aktiven Partners spielt. Ebenso kümmert sich das Gesetz nicht um den Sklaven oder den Fremden, die sich prostituieren, selbst wenn sie verachtet werden. Aischines rät den Athenern, mit solchen Neigungen, deren Dienste in Anspruch zu nehmen: »Befehlt schließlich denen, die die leicht verführbaren jungen Leute verfolgen, ihre Begierden auf die Fremden und die Metöken zu richten, um zu vermeiden, daß sie euch schaden, ohne daß sie darum um ihre Lieblingsleidenschaft gebracht werden.«[2] Sie bevölkern die Häuser der Prostitution, deren Existenz bekannt ist: Eine jährlich zu zahlende Steuer wird auf diese Prostitution erhoben. Wer würde daran denken, eine verbotene Tätigkeit zu besteuern?

Die Haltung der Griechen der Homosexualität gegenüber läßt sich also, wie wir sehen, nicht in wenigen Worten zusammenfassen. Außerdem drücken die Quellen, die wir zur Verfügung haben, meist die Meinung der wohlhabenden und kultivierten Kreise aus. Man würde gerne wissen, was über die im Gym-

---

1 Aristophanes, *Die Ritter*, Vers 877.
2 Aischines, *Gegen Timarchos*, Par. 19-20, 29, 195, 132, 137.

nasion entstandenen Beziehungen der athenische Kleinbauer, der Fischer oder
der Ladeninhaber dachten, jene, die weder die Zeit noch die Gelegenheit
hatten, dort nach dem schönen Knaben zu jagen. Hält man sich an die verfüg-
baren Quellen, so steht fest, daß die Griechen nicht über die Homosexualität
an sich richteten. In ihren Augen ist sie weder weniger noch mehr als die Liebe
zu den Frauen legitimer Ausdruck des Liebesbegehrens. Verurteilenswert kann
sie durch die Gewalt, die dem Partner angetan wird, die Prostitution, die
Maßlosigkeit werden (der Sexbesessene ist – unabhängig vom Gegenstand
seiner Begierde – Zielscheibe des Spotts).

Unsichere Grenzen

Nichts illustriert diese Haltung besser als das bereits zitierte energische Plädoyer von Aischines *Gegen Timarchos*: Derselbe Aischines, der den Angeklag-
ten erbarmungslos angreift, indem er ihm schändliche Sitten und zahlreiche
Liebhaber vorwirft, denen er sich für Geld überlassen habe, streitet ab, jede
homosexuelle Beziehung verbieten zu wollen – was darauf hinausliefe, »eine
Ära widerwärtiger Barbarei zu eröffnen«. Er bekennt sich selbst zu zahlreichen
Abenteuern mit Männern in seiner Jugend und behauptet, trotz seines Alters
(etwa fünfundvierzig) eine Schwäche für die schönen Knaben bewahrt zu
haben: »Die jungen gutgebauten und wohlgesitteten Männer lieben, das ist in
meiner Definition charakteristisch für eine empfindsame und großmütige
Seele; Unzucht mit einem in dieser Absicht gelobten Mann zu treiben verrät
dagegen einen brutalen und sittenlosen Menschen. Und ich behaupte, daß es
etwas Schönes ist, sich selbstlos lieben zu lassen; sich für Geld zu prostituieren
ist dagegen schändlich. Was für ein großer Abstand, welch tiefer Unterschied
trennt diese beiden Handlungsweisen? Ich werde versuchen, es zu zeigen.«

Trotz Aischines' Bemühungen drohte dieser »große Abstand« vielen trüge-
risch zu erscheinen. Wenn es keine strenge gesetzliche Kodifizierung der
initiatorischen Päderastie gibt, verringert sich in der Tat der Unterschied
zwischen *eromenos* und Homosexuellem. Aristophanes macht sich kaum Illusionen über die edlen Motivationen der Liebesabenteuer beim Gastmahl oder
im Gymnasion. Er trauert den guten alten Zeiten nach, in denen »die Kinder
[*paides*] beim Gymnastiklehrer im Sitzen das Bein nach vorn strecken mußten,
um den Fremden nichts Anstößiges zu zeigen; und beim Aufstehen achteten
sie darauf, den Sand glattzustreichen, um ihren Verehrern [*erastes*] nicht den
Abdruck ihrer Männlichkeit zu hinterlassen. Niemals hätte ein Knabe sich zu
jener Zeit unterhalb des Bauchnabels eingeölt: und auch was für ein jugendli-

cher Flaum auf ihren Organen – ein Samt, ein Dunst, wie auf den Pfirsichen! Man erlebte nicht, daß sie eine salbungsvolle und girrende Stimme annahmen, um sich einem Verehrer anzubieten, während sie ihn mit verstohlenen vielsagenden Blicken verführten.«[1]

Nicht die Päderastie verurteilt Aristophanes (in seiner Beschreibung des jugendlichen Flaums liegt durchaus Begierde!), sondern den Verfall der Sitten auf diesem Gebiet: Der vornehme *eromenos* verwandelt sich in einen ordinären Prostituierten.

Platon und Xenophon sind derselben Meinung. Anhänger alle beide der Päderastie – in ihren Kreisen stellt sich die Frage erst gar nicht –, gehen sie so weit, jeden sexuellen Aspekt auszuschließen: In der idealen Stadt der Gesetze (836c) wird man verfügen, »daß es nicht erlaubt ist, Männer und junge Knaben in den sexuellen Beziehungen wie Frauen zu benutzen«. Und Xenophon empfiehlt absolute Keuschheit in den Liebesbeziehungen mit jungen Männern.[2] Das heißt, daß man zugibt, daß zwischen der initiatorischen Päderastie, vor allem in ihren kümmerlichen Überresten, und der homosexuellen Prostitution letztlich immer noch eine unvermeidliche Verbindung bestand: Der Vollzug eines identischen sexuellen Akts drohte in den Augen der meisten zu verschleiern, was ursprünglich die verschiedenen Formen der griechischen Liebe unterschied.

Literaturhinweise

Studien aus jüngerer Zeit:
Was die gelehrten Studien betrifft, so darf man weder H.-I. Marrou, *Histoire de l'éducation dans l'Antiquité*, Paris, Le Seuil, 1948, häufig wiederaufgelegt (dt.: *Geschichte der Erziehung im klassischen Altertum*, hrsg. v. Richard Harder, übers. v. Charlotte Beumann, Freiburg/München, Alber, 1957; auch dtv 1977), noch R. Flacelière, *L'Amour en Grèce*, Paris, Hachette, 1971, außer acht lassen. Maßgeblich sind heute jedoch drei Bücher aus jüngerer Zeit:
Buffière, F., *Eros adolescent. La pédérastie dans la Grèce ancienne*, Paris, Les Belles Lettres, 1980, mit einer reichen Auswahl griechischer Texte
Dover, K.-J., *Homosexualité grecque*, Grenoble, La Pensée sauvage, 1982 (französische Übersetzung der englischen Ausgabe von 1978, vgl. S. 52); ein unentbehrliches Standardwerk, weder selbstgefällig noch moralisierend
Sergent, B., *L'Homosexualité dans la mythologie grecque*, Paris, Payot, 1984: wesentlich; von einem Schüler Georges Dumézils
– *L'Homosexualité initiatique dans l'Europe ancienne*, Paris, Payot, 1986

---

1 Aristophanes, *Die Wolken*, Verse 973-980.
2 Xenophon, *Memorabilien*, I, 3,8-9.

Ebenfalls heranzuziehen:

Veyne, P., »L'Homosexualité à Rome«, in: *L'Histoire* 30, S. 76

Foucault, M., *Histoire de la sexualité*, Bd. 2: *L'Usage des plaisirs* u. Bd. 3: *Le Souci de soi*, Paris, Gallimard, 1984; dt.: *Sexualität und Wahrheit*, Bd. 2: *Der Gebrauch der Lüste*, Bd. 3: *Die Sorge um sich*, Frankfurt/M., Suhrkamp, 1986

Texte:

Aischines, *Gegen Timarchos*, in: *Reden*, Bd. 1, Leipzig 1855 (griech./dt., in der Übersetzung von G. E. Benseler)

Platon, *Gastmahl, Lysis*, in *Sämtliche Dialoge*, Bd. III, in Verbindung mit Kurt Hildebrandt, Constantin Ritter und Gustav Schneider herausgegeben und mit Einleitungen, Literaturübersichten, Anmerkungen und Registern versehen von Otto Apelt, Hamburg, Felix Meiner, 1988

Aristophanes, *Sämtliche Komödien*, herausgegeben und mit einer Einleitung und einem Nachwort versehen von Hans-Joachim Newiger, Neubearbeitung der Übersetzung von Ludwig Seeger und Anmerkungen von Hans-Joachim Newiger und Peter Rau, München, Winkler, 1968 (auch dtv 1976 bzw. 1980)

Aristoteles, *Politik*, eingeleitet, übersetzt und kommentiert von Olof Gigon, 2. durchgesehene und mit einem Kommentar erweiterte Auflage Zürich/Stuttgart, Artemis, 1971 (auch dtv 1973, 1976, 1981)

Plutarch, *Große Griechen und Römer*, übertragen von K. Ziegler und W. Wührmann, 6 Bde., Zürich 1954-1965, 2. Aufl. 1979/80

Xenophon, *Die Staatsverfassung der Lacedämonier*, übersetzt von A. H. Christian, in *Werke*, Bd. 11, Stuttgart 1830

– *Memorabilien* (= *Erinnerungen an Sokrates*), übersetzt von E. Bux, in: *Die sokratischen Schriften*, Stuttgart, Kröner, 1956 (*Kröners Taschenausgabe*); eine weitere Übersetzung von R. Preisswerk ist 1980 in *Reclams Universalbibliothek* erschienen.

Eine deutsche Übersetzung der Elegien von Theognis von Megara von W. Binder erschien 1904.

PAUL VEYNE

Homosexualität in Rom

Gegen Ende der heidnischen Antike wünschte ein asketischer und mystischer Philosoph, Plotin, daß die wahren Denker »die Schönheit der Knaben und der Frauen verachten«. »Einen Knaben oder eine Frau lieben«, diese Wendung – bezogen auf einen Mann – kehrt hundertmal unter der Feder der antiken Autoren wieder: Das eine war so gut wie das andere, und was man über das eine dachte, dachte man über das andere. Es ist nicht exakt, daß die Heiden die Homosexualität mit Nachsicht betrachteten. Die Wahrheit ist, daß sie sie nicht als ein besonderes Problem ansahen.

Weder Tiere, noch Tote, noch Götter

Wenn die antiken Autoren die Homophilie tadelten, tadelten sie sie nicht anders als die Liebe, die Kurtisanen und die außerehelichen Beziehungen; zumindest soweit es sich um aktive Homosexualität handelte. Sie hatten drei Kriterien, die nichts mit den unseren zu tun haben: Freiheit der Liebe oder Ausschließlichkeit der Ehe, Aktivität oder Passivität, freier Mensch oder Sklave. Sodomie mit seinem Sklaven treiben galt als harmlos, und sogar die strengen Zensoren mischten sich kaum in eine so untergeordnete Frage ein. Als ungeheuerlich galt es dagegen, wenn ein Bürger sich zu unterwürfig passiven Gefälligkeiten herabließ.

Apuleius, der gewisse schändliche Gefälligkeiten unter Männern als widernatürlich bezeichnet, stigmatisiert nicht die Homosexualität, sondern die Servilität und auch die Denaturation. Denn wenn ein antiker Autor sagt, eine Sache sei nicht natürlich, so versteht er darunter nicht, daß sie monströs ist, sondern daß sie gegen die gesellschaftlichen Regeln verstößt oder daß sie verfälscht, unnatürlich ist; die Natur, das war entweder die Gesellschaft oder eine Art ökologisches Ideal, das auf Selbstbeherrschung und Autarkie abzielt: Man mußte sich mit dem wenigen zu bescheiden wissen, das die Natur verlangt. Daher zwei Positionen gegenüber der Homophilie: Die nachsichtige Mehrheit

fand sie normal, und die politischen Moralisten fanden sie bisweilen unnatürlich, wie im übrigen jede Liebeslust.

Ein typischer Vertreter der nachsichtigen Mehrheit, Artemidorus, unterscheidet zwischen den »der Norm entsprechenden Beziehungen« (das sind
seine Worte): mit der Ehefrau, mit einer Mätresse, mit »dem Sklaven, Mann
oder Frau« (allerdings: »von seinem Sklaven penetriert zu werden, gehört sich
nicht: es ist ein Angriff und drückt Verachtung von seiten des Sklaven aus«),
und denjenigen, die der Natur zuwiderlaufen: Sodomie, Nekrophilie und die
Vereinigungen mit den Gottheiten.

Was die politischen Denker betrifft, so kam es vor, daß sie puritanisch waren,
weil jede Liebesleidenschaft, homophil oder nicht, unkontrollierbar ist und den
Bürger-Soldaten verweichlicht. Ihr Ideal war der Sieg über die Lust, welche
auch immer. Wenn Platon, als er die Gesetze eines utopischen Staates formu-
liert, die Päderastie als nicht der Natur entsprechend verbannt, spricht er sich
gegen die Verweichlichung und die Verirrung der Gefühle aus, wobei die Natur
für ihn nur ein zusätzliches Argument ist. Seine Absicht ist nicht, die Leidenschaft geradewegs auf die Natur zurückzuführen, indem er nur erlaubt, Frauen
zu lieben, sondern jede Leidenschaft zu unterdrücken, indem er nur die
Fortpflanzungssexualität gestattet (der Gedanke, daß man in eine Frau verliebt
sein kann, ist ihm in der Tat nicht gekommen). Das, was an der Päderastie
widernatürlich ist, ist für Platon nicht eine Abnormalität, die den Scheiterhaufen verdient, sondern ein moralischer Fehler, wie die Verfressenheit; es ist
unökologische Verfälschung.

Es reicht also nicht, daß in den Texten von Widernatürlichkeit die Rede ist:
Man muß auch begreifen, was die Antike darunter verstand. Für Platon war
nicht der Homosexuelle widernatürlich, sondern lediglich sein Tun. Die Nuance ist entscheidend. Ein Päderast war kein Ungeheuer, sondern lediglich ein
Lüstling, getrieben vom universalen Trieb der Lust. Das heilige Entsetzen vor
dem Päderasten existierte nicht.

Claudius, Horaz und Domitian...

Daher ist die aktive Homophilie überall in den griechischen und auch römi-
schen Texten präsent. Catull rühmt sich seiner Erfolge, und Cicero hat die
Küsse besungen, die er von den Lippen seines Sklaven-Sekretärs raubte. Je nach
Neigung entschied man sich für die Frauen, für die Knaben oder für beide.
Vergil hatte eine ausschließliche Vorliebe für Knaben; Kaiser Claudius für
Frauen; Horaz betont immer wieder, daß er beide Geschlechter leidenschaft-

lich liebe. Die Dichter besangen den Günstling des gefürchteten Kaisers Domitian ebenso frei, wie die Schriftsteller des 18. Jahrhunderts die Pompadour feiern werden, und es ist bekannt, daß Antinoos, der Günstling des Kaisers Hadrian, nach seinem frühen Tod häufig Gegenstand offizieller Verehrung war. Um allen Teilen ihres Publikums zu gefallen, besangen die lateinischen Dichter unabhängig von ihren persönlichen Neigungen die eine wie die andere Liebe; es war eines der gängigen Themen der leichten Literatur, die beiden Arten der Liebe nebeneinanderzustellen und ihre jeweiligen Annehmlichkeiten zu vergleichen.

Zwischen den griechischen und den lateinischen Autoren braucht nicht zu unterschieden werden, und die Liebe, die als griechisch bezeichnet wird, könnte ebensogut römisch heißen. Rom hat die Hellenisierung nicht abgewartet, um nachsichtig einer gewissen Art männlicher Liebe gegenüber zu sein. Das älteste Denkmal, das wir von der lateinischen Literatur besitzen, das Theater von Plautus, das unmittelbar vor der Graecomanie entstand, ist voller sehr einheimisch gewürzter homophiler Anspielungen. Im Kalender des römischen Staates, Fasti von Praeneste genannt, ist der 25. April das Fest der männlichen Prostituierten, am Tag nach dem Fest der Kurtisanen, und Plautus berichtet uns von diesen Prostituierten, die in der Via Toscana auf Kunden warteten.

Die Gedichte von Catull sind voller ritueller und jugendlicher Beschimpfungen, mit denen der Dichter seinen Feinden droht, Sodomie mit ihnen zu treiben, um seinen Triumph über sie zu besiegeln; wir befinden uns in der Welt typisch mediterraner folkloristischer Prahlerei, in der es darauf ankommt, der aktive Partner zu sein: das Geschlecht des Opfers spielt keine Rolle. Griechenland hatte genau dieselben Prinzipien, darüber hinaus tolerierte, ja bewunderte es jedoch eine schwärmerische Praxis, die die Römer entsetzte: Es war nachsichtig gegenüber der angeblich platonischen Liebe der Erwachsenen zu den freigeborenen Epheben, die die Schule oder vielmehr das Gymnasion besuchten, wo ihre Liebhaber ihnen zusahen, wenn sie nackt trainierten. In Rom ersetzte den freigeborenen Epheben der Sklave, der als Günstling diente. Was bewies, daß der Herr ein überschäumendes Temperament hatte und so sexbesessen war, daß die Dienerinnen ihm nicht genügten.

Wichtig war, daß man die verheirateten Frauen, die Jungfrauen und die freigeborenen Jugendlichen respektierte: Die sogenannte legale Verfolgung der Homosexualität hatte in Wirklichkeit das Ziel zu verhindern, daß ein Bürger wie ein Sklave behandelt wurde. Die Lex Scantinia, die aus dem Jahr 149 vor unserer Zeitrechnung stammt, wird von der echten Gesetzgebung in dieser

Sache bestätigt, die augusteisch ist: Sie schützt den freien Jugendlichen ebenso vor Vergewaltigung wie die freigeborene Jungfrau. Das Geschlecht spielt dabei, wie man sieht, keine Rolle: Was zählt, ist, kein Sklave und nicht passiv zu sein.

Die Obszönität in der Geschichte

Wir haben es also mit einer Welt zu tun, in der man in den Aussteuerverträgen spezifizierte, daß der zukünftige Ehemann sich »weder eine Konkubine noch einen Günstling« zulegt, und Marc Aurel sich in seinem Tagebuch beglückwünschte, daß er der Anziehungskraft widerstanden hatte, die sein Hausdiener Theodotos und seine Dienerin Benedicta auf ihn ausübten. In dieser Welt klassifizierte man die Verhaltensweisen nicht nach dem Geschlecht, Liebe mit Frauen oder mit Knaben, sondern nach Aktivität oder Passivität: Aktiv sein bedeutet ein Mann sein, unabhängig vom Geschlecht des sogenannten passiven Partners. Sich selbst männlich Lust verschaffen oder unterwürfig anderen Lust verschaffen, das ist das wesentliche Kriterium. Die Frau ist per definitionem passiv, es sei denn, sie ist ein Ungeheuer, und hat keinerlei Mitspracherecht; die Probleme werden vom männlichen Standpunkt aus behandelt. Die Kinder zählen ebensowenig, vorausgesetzt, der Erwachsene ist ihnen nicht gefällig, um ihnen Lust zu verschaffen, sondern beschränkt sich darauf, sie sich selbst zu verschaffen. Diese Kinder sind in Rom Sklaven, die nicht zählen, und in Griechenland Epheben, die noch keine Bürger sind, so daß sie noch ohne Schande passiv sein können.

Eine gewaltige Verachtung schlug dagegen dem Erwachsenen entgegen, der passiv homophil oder, wie man sagte, *impudicus* (das ist der verkannte Sinn dieses Worts) oder *dia-tithemenos* war. Die öffentliche Boshaftigkeit verdächtigte manche Stoiker, unter gekünstelt übertriebener Männlichkeit eine geheime Weiblichkeit zu verbergen, und ich glaube, man dachte an den Philosophen Seneca, der die Athleten den Knaben vorzog. Man jagte die passiven Homophilen aus der Armee, und Kaiser Claudius ließ eines Tages während einer Massenenthauptung einen *impudicus* am Leben, der sich »willfährig wie eine Frau« zeigte: Ein derartiger Mensch hätte das Schwert des Henkers besudelt. Das passive Individuum war nicht wegen seiner sexuellen Abweichung verweichlicht, ganz im Gegenteil: Seine Passivität war nur eine der Folgen seines Mangels an Männlichkeit, und dieser Mangel blieb selbst, wenn gar keine Homophilie vorlag, ein entscheidender Fehler.

Denn diese Gesellschaft verbrachte ihre Zeit nicht damit, sich zu fragen, ob die Leute homosexuell waren oder nicht; dagegen achtete sie im Übermaß auf winzige Details der Toilette, der Aussprache, der Bewegungen, des Gangs, um diejenigen mit ihrer Verachtung zu verfolgen, die, unabhängig von ihren sexuellen Vorlieben, einen Mangel an Männlichkeit erkennen ließen. Der römische Staat untersagte mehrfach die Opernaufführungen (die »Pantomime« genannt wurden), weil sie im Unterschied zu den Gladiatorenkämpfen verweichlichten und wenig männlich waren.

All das erklärt eine zweite, unerwartete Obsession: Es gab ein sexuelles Verhalten, das absolut schändlich war, so sehr verbrachten die Leute den Tag damit, sich zu fragen, wer »dazu gehörte«: Dieses Verhalten, das unter den Verleumdungen den gleichen Platz einnahm wie der »Schwule« bei unseren Chansonniers, war die Fellatio, denn man muß sie bei ihrem Namen nennen: Der Historiker ist gezwungen, darüber zu sprechen, da die griechischen und lateinischen Texte unaufhörlich davon sprechen und weil es sein Beruf ist, der Gesellschaft, die die seine ist, das Bewußtsein für die Relativität ihrer Werte zu vermitteln. All dies ist nicht obszöner als das Studium der Geschichte des Antisemitismus von Vichy. Die Fellatio war die höchste Beleidigung, und man zitierte Fälle von schändlicher Fellatio, die, wie man behauptete, ihre Schändlichkeit mit einer geringeren Schande zu bemänteln versuchte, indem man vorgab, man sei passiv homophil!

Bei Tacitus gibt es eine furchtbare Szene: Nero läßt eine Sklavin seiner Gemahlin Octavia foltern, um ihr das Geständnis zu entlocken, daß die Kaiserin eine Ehebrecherin sei; die Sklavin widersteht allen Foltern, um die Ehre ihrer Herrin zu retten, und antwortet dem Polizisten: »Die Scheide Octavias ist sauberer als dein Mund.« Wir meinen natürlich, sie wollte sagen, nichts sei schmutziger als der Mund eines Verleumders. Irrtum: Sie will die ganze Schändlichkeit der Welt in der Handlung zusammenfassen, die ihre Vollendung ist: der Fellatio. Ist die Fellatio nicht in der Tat der Gipfel der Erniedrigung? Man verschafft sich seine Lust, indem man dem anderen welche verschafft, und läßt den anderen auf unterwürfige Weise von jedem Teil seines Körpers Besitz ergreifen; das Geschlecht spielt dabei keine Rolle, denn es gab ein zweites, nicht weniger schändliches Verhalten, das sie ebensosehr beschäftigte: den Cunnilingus.

Eine Macho-Gesellschaft

Woher kommt diese merkwürdige Kartographie der Freuden und der Infamien? Es gibt mindestens drei Ursachen, die man nicht durcheinanderbringen darf. Rom ist eine »Macho«-Gesellschaft, wie so viele andere, mögen sie die

Sklaverei gekannt haben oder nicht. Und dann rührt dieses Männlichkeitsgehabe vom verborgenen Teil des politischen Eisbergs der antiken Gesellschaften her; bemühen wir, um abzukürzen, die Analogie und erwähnen wir den Abscheu vor der Verweichlichung in den militärischen Gruppen oder in den Gesellschaften der Pioniere, die sich inmitten einer gefährlichen Umgebung wähnen. Schließlich ist Rom eine Sklavengesellschaft, in der der Herr das Recht der ersten Nacht ausübt, so daß die Sklaven aus der Notwendigkeit eine Tugend gemacht hatten in dem Sprichwort: »Es ist keine Schande zu tun, was der Herr befiehlt.«

Eine Sklavengesellschaft: Bevor Stoiker und Christen protestierten, die Sexualmoral sei für alle die gleiche (mehr um die Herren zur Keuschheit zu zwingen, als die Sklaven zu schützen), variierte die römische Moral je nach gesellschaftlicher Stellung: »Die *impudicitia* (das heißt die Passivität) ist eine Schande bei einem freien Mann« schreibt Seneca der Ältere; »bei einem Sklaven ist sie die unbedingteste Pflicht seinem Herrn gegenüber; beim Freigelassenen bleibt sie eine moralische Pflicht, sich entgegenkommend zu zeigen.«

Die Homophilie, der gegenüber man alle Nachsicht walten ließ, bestand also in aktiven Beziehungen eines Herrn mit seinem jungen Sklaven, seinem Günstling. An dem Tag, an dem sich beim Günstling der erste Anflug von Schnurrbart zeigte, verlangte die Schicklichkeit, daß der Herr aufhörte, mit ihm auf eine Weise umzugehen, die eines Mannes unwürdig ist. Manche Herren trieben die Libertinage so weit, daß sie weitermachten: Dieser zu erwachsene Günstling war ein *exoletus*, was bedeutet, daß er nicht mehr ein *adolescens* war, und die anständigen Leute fanden ihn abstoßend. Seneca, der verlangt, daß man in allem der Natur folge, empört sich, daß manche Lüstlinge ihren Günstling epilieren wollen, obwohl das natürliche Alter der Gefälligkeiten für ihn vorbei ist.

Es wäre unrichtig, die Antike als das Paradies der Nicht-Verfolgung anzusehen und sich vorzustellen, daß sie keine Grundsätze hatte; ihre Grundsätze verblüffen uns eben, was uns argwöhnen lassen sollte, daß unsere stärksten Überzeugungen auch nicht mehr wert sind. Es gab illegitime Beziehungen, die jedoch moralisch akzeptiert waren, wie bei uns in der besseren Gesellschaft der Ehebruch oder, jüngst noch, die Ehe ohne Trauschein. In solchen Fällen gilt die Regel: Die Literatur hat das Recht, ohne Kritik darüber zu sprechen, doch die Betroffenen müssen, was ihren persönlichen Fall betrifft, Stillschweigen darüber bewahren. Andere Beziehungen waren moralisch ebenso suspekt wie illegitim, und derer gab es viele. Denn der größte Teil der Homophilie galt als tadelnswert, aber nicht nach unseren Moralvorstellungen. Schließlich gab es illegitime, unmoralische und, schlimmer noch, schändliche Beziehungen. Sie waren mehr als schuldhafte Handlungen, die versehentlich begangen worden waren: Das Entsetzen vor der Handlung fiel auf denjenigen zurück, der sie begangen hatte, und bewies, daß er, um etwas derartiges tun zu können, ein Ungeheuer sein mußte. Die moralische Verurteilung kippte in diesem Fall in eine Ablehnung um, die wir rassistisch nennen würden. So war es, wir haben es gesagt, im Fall der Passivität bei den den freien Männern, im Fall der schändlichen Gefälligkeiten gegenüber Frauen (nennen wir die Dinge bei ihrem Namen: des Cunnilingus) und schließlich im Fall der weiblichen Homophilie, vor allem bei der aktiven Liebhaberin: Eine Frau, die sich für einen Mann hält, ist verkehrte Welt, und löst das gleiche Entsetzen aus wie die Frauen, die die Männer »reiten«, wie Seneca sagt.

All dies mündete in eine Sicht der Homophilie, die nicht weniger mythisch als die unsere, aber eben anders war. Sie reduzierte alle Homophilien auf einen Fall, der als typisch angesehen wurde: die aktive Beziehung des Erwachsenen mit einem Jugendlichen, der dabei keine Lust empfindet; man wollte glauben, daß dies der allgemeine Fall war, weil diese aktive Beziehung ohne Weichlichkeit beruhigte, die die Stürme und die Unterwürfigkeit der Leidenschaften, wie man sagte, nicht kannte.

Unser Leser fragt sich abschließend vielleicht, wie es kam, daß die Homophilie so verbreitet war. Muß man sich vorstellen, daß eine Besonderheit der antiken Gesellschaft, beispielsweise die Geringschätzung der Frau, die Homophilen in ihr künstlich vervielfachte oder daß im Gegenteil eine andersgeartete, insgesamt geringere Verfolgung eine Homophilie begünstigte, die eine der Möglichkeiten der menschlichen Sexualität wäre? Die zweite Antwort ist gewiß die richtige.

Literaturhinweise:

Es gibt ein grundlegendes Buch über die griechische Homosexualität von K. J. Dover, *Greek Homosexuality*, London, Duckworth, 1978; dt.: *Homosexualität in der griechischen Antike*, München, Beck, 1983.

Erinnert werden muß auch an die scharfsichtigen und mutigen Arbeiten, die der Philologe P. Brandt unter dem Pseudonym Hans Licht veröffentlicht hatte: *Sittengeschichte Griechenlands*, 3 Bde. mit Illustrationen, Dresden/Zürich 1925-1928.

Über Rom gibt es keine Gesamtdarstellung. Siehe jedoch Jasper Griffin, »Augustan Poetry and the life of luxury«, in: *Journal of Roman Studies* LXVI, 1976, S. 87, und Paul Veyne, »La famille et l'amour à Rome«, in: *Annales ESC* XXXIII, 1978, S. 35.

CATHERINE SALLES

Die Prostituierten Roms

Rom verdankte seine Gründung einer Wölfin; die Münzen oder die Skulpturen haben dieses Nationalsymbol um die Wette wiederholt: das ungewöhnliche Bild des wilden Tiers, das Romulus und Remus stillt. Doch seit der Antike haben die Historiker sich bemüht, diesen Mythos zu rationalisieren, um dahinter eine sehr viel trivialere Realität zu entdecken: Die ausgesetzten Babys verdankten ihre Rettung nicht der Milch einer mitfühlenden Wölfin, sondern der Barmherzigkeit einer Frau, die die Hirten, denen sie sich prostituierte, Lupa (die Wölfin) getauft haben, ein Beiname, der, den Alten zufolge, die sprichwörtliche Obszönität, den Geruch und die Raubgier des Tiers mit denen der Prostituierten ineinssetzte. Mag diese Etymologie nun erfunden sein oder nicht, die Prostituierte blieb für die Römer jedenfalls die »Wölfin«, die ihrer Beute in ihrer Höhle, dem »lupanar«, auflauert.

Seit dem Ende des 3. Jahrhunderts n. Chr. neigten die Römer dazu, aus den Kurtisanen ihrer Stadt ein Epiphänomen des »Lebens nach griechischer Art«, Gegenstand von Entzücken und Kritik, zu machen. Um die Freuden der käuflichen Liebe zu kosten, hatten sie natürlich nicht das 3. Jahrhundert v. Chr. abgewartet, in dem die Kriege in Süditalien geführt wurden, die sie mit den griechischen Bräuchen in Berührung brachten. Selbst wenn wir das allzu mythische Beispiel der »Amme« von Romulus außer acht lassen müssen, so bezeugen doch mehrere Episoden nächtlicher Schlägereien, die Titus-Livius (59 v. Chr.-17 n. Chr.) erzählt, die Existenz »heißer Viertel« in der Stadt seit den ersten Jahrhunderten ihres Bestehens. Da jedoch die Merkmale der Prostitution in Griechenland und in Rom deutlich dieselben waren, wiesen die Römer seit dem 3. Jahrhundert v. Chr. aufgrund des griechischen Einflusses die Verantwortung für die »exzentrischen« Sitten ihrer Außenseiterinnen von sich. Claude Mossé hat bereits »Glanz und Elend der griechischen Kurtisanen«[1] beschworen und gezeigt, daß die Existenz der Prostituierten innerhalb der

---

1 *L'Histoire* 56, S. 32.

antiken Stadtgemeinde vom Gesetzgeber gewollt war, um den ehrbaren Männern »Lust zu verschaffen« – die Führung des Haushalts und die Zeugung der Kinder waren den Konkubinen und den gesetzlichen Ehefrauen vorbehalten.

Wie in Griechenland haben die römischen Prostituierten vor allem die Funktion, die Familie zu schützen, indem sie den Männern die Gefahren des Ehebruchs ersparen und sie zu Freuden ohne ein Morgen und ohne Folgen verlocken, die ihnen Gewerbsmäßige verschaffen. Die fortgesetzte Untreue einer außerehelichen Beziehung, die Gefahr der Gewalt, die jungen Mädchen oder freigeborenen Kindern angetan wird, können auf diese Weise bequem abgewendet werden. Der Gesetzgeber Solon wurde bereits dafür gepriesen, daß er »die demokratische und heilsame Maßnahme« ergriffen hatte, im 6. Jahrhundert v. Chr. in Athen Bordelle einzurichten, und so die Keuschheit der Frauen und der freien Kinder beschützt hatte. Demselben Imperativ gehorchend, ruft eine Person bei Plautus aus: »Niemand verbietet dir, zu den Kupplern zu gehen [...] vorausgesetzt, du schlägst keinen Pfad durch Privatgelände, vorausgesetzt, du rührst keine verheiratete Frau, keine Witwe, keine Jungfrau, keinen jungen Mann und keine freigeborenen Kinder an, liebe, wen du willst!« Viele Jahrhunderte später zögert auch Augustinus trotz der durch die christliche Moral bedingten Vorurteile nicht zu behaupten: »Verbanne die Prostitution aus der Gesellschaft, und du stürzt diese Gesellschaft durch unbefriedigte Unzucht ins Chaos.«

Das heißt, daß Römer wie Griechen dem Besuch der gastfreundlichen Häuser von Subura oder von Aventinus keinerlei moralischen Riegel vorschoben. Als er einem jungen Adligen begegnet, der aus einem Lupanar kommt, beglückwünscht ihn Cato der Ältere, der gleichwohl nicht für seine übertriebene Freizügigkeit bekannt ist: »Bravo! Hier müssen die jungen Männer ihre Glut löschen, anstatt über verheiratete Frauen herzufallen!« Aber viel mehr noch werden die Prostituierten offiziell einmal im Jahr in Spiele einbezogen, die zum Schutz des römischen Volks abgehalten werden: Während der Floralia, die im April Flora, die archaische Gottheit der Vegetation, feiern, ist der »Clou« der Zeremonie das Defilé der Kurtisanen der Stadt, die nackt erotische Pantomimen darstellen und auf diese Weise, wie Ovid schreibt, »lehren, von der Schönheit der blühenden Jugend zu profitieren«.

Doch die Römer sind mehr als die Griechen besorgt, ihr Erbe zu schützen. Auch wenn sie keineswegs die Befriedigung der sexuellen Triebe kritisieren, hüten sie sich doch vor den unbesonnenen Kosten, die der Besuch der Freudenhäuser mit sich bringt. Sie zögern nicht, den zu leidenschaftlichen jungen Mann und den Greis zu tadeln, die nicht auf die Gesellschaft der Prostituierten verzichten können und das Familienvermögen in Gefahr bringen. Die Haupt-klage, die sie gegen die Kurtisanen und Kuppler erheben, ist ihre unersättliche Gier, ihre verheerende Habgier, die sich auf das Vermögen der Bürger richtet. Während die Griechen den eleganten Begriff der *Hetäre* (Gefährtin) gefunden hatten, um ihre Prostituierten zu bezeichnen, geben die Römer den ihren den trivialen Namen *meretrix*, »diejenige, die mit ihrem Körper Geld verdient«. Zu anderen Zeiten werden die Prostituierten »Unreine«, »verlorene Mädchen« oder »Sünderinnen« sein. In Rom sind sie »Raubvögel« oder »Vampire«!

Die Informationen, die wir über die Kurtisanen Roms besitzen, sind wie diejenigen über die griechischen vor allem literarischer Art. Die *meretrix* ist die weibliche Hauptfigur der Komödien von Plautus und Terenz, die im 2. Jahr-hundert v. Chr. aufgeführt wurden. Im Einklang mit den Regeln der *Palliata*-Komödie[1] ist sie Griechin, und ihre Umgangsformen werden als besonders »exotisch« dargestellt, Konventionen, die die nationale Eitelkeit der Römer schützen. Viele Eigentümlichkeiten dieser weiblichen Personen beweisen je-doch, daß die Autoren sich ihre Anregungen in den Straßen Roms geholt haben. Gestalten von Prostituierten durchziehen auch die Elegien oder die satirischen Epigramme und ermöglichen es, die spezifisch lateinischen Züge des Phänomens besser zu erfassen. Schließlich bewahren die archäologischen Funde in Pompeji und die an den Mauern der begrabenen Stadt gefundenen Graffiti das Bild der gelebten Realität der Prostitution ungeschminkter und realistischer als die Beschönigungen der literarischen Texte.

Eine vertraute Figur

Die Prostituierte ist eine vertraute Figur der römischen Straße. Zwei der elendesten Viertel der Stadt vor allem sind die Bühne ihrer Aktivitäten, Subura, im Norden des Forums, und die Gegend des Circus Maximus, im Süden ebendieses Forums. In den engen und übelriechenden Gäßchen, unter den Gewölben der öffentlichen Gebäude, in den engen, zur Straße offenen Ver-schlägen kann jeder »die nackte Sklavin« sehen, »die in dem stinkenden Bordell steht«, oder »Chione, auf ihrem hohen Schemel sitzend« (Iuvenalis). Die Ausgrabungen von Pompeji haben die Existenz dieser Verschläge ans Licht gebracht, die hinten ein gemauertes Bett hatten und einfach mit einem Vorhang

---

1 In Rom war die Komödie zuerst *palliata*, das heißt mit griechischem Sujet und gespielt von Schauspielern, die den *pallium* oder griechischen Mantel trugen, bevor sie *togata* war, mit rö-mischem Sujet und gespielt von Schauspielern, die die Toga trugen. Die Stücke von Plautus und Terenz gehören der »Palliata«-Gattung an.

geschlossen wurden, wenn ein Kunde da war, einem Vorhang, der, Martial (40-104 n. Chr.) zufolge, im allgemeinen von den Voyeuren mit Nadeln durchlöchert wurde.

Die Lupanare von Subura empfangen eine Kundschaft von Kleinverdienern, die Bewohner der volkstümlichen Viertel Roms und die Sklaven, die sich einen Augenblick ihres Arbeitstags stehlen, um sich hier für ein paar As[1] zu zerstreuen. Die Männer der wohlhabenden Schichten der Stadt haben es natürlich nicht nötig, sich unter die Menschenmenge dieses Viertels zu mischen, denn sie haben zu Hause Sklaven zur Verfügung – Frauen oder Kinder –, die es ihnen erlauben, ihre Begierden zu befriedigen, ohne Aufmerksamkeit zu erregen. Dennoch erblickt man nicht selten in den Straßen Suburas einen Sohn aus guter Familie, der sich hier, von seinem allzu sittenstrengen Erzieher unbemerkt, seine Unschuld nehmen läßt: »Geh doch zu einer Gewerbsmäßigen von Subura in die Lehre!« schleudert Martial dem jungen Victor entgegen, der, im Begriff zu heiraten, nur Erfahrungen mit den Günstlingen seines Hauses gemacht hat. Auch der Dichter der neronischen Zeit, Persius, ist in Subura in die Liebe eingeführt worden. Wird er jedoch entdeckt, setzt er sich zugleich den Beschuldigungen seiner Frau und der Verurteilung seiner Umgebung aus: »In deinem Alter ziemt es sich nicht, daß du solche Torheiten begehst!«. Die größte Gefahr für die Familie ist der verliebte Greis, der jede Vernunft verliert und das Erbe durchbringt: »Durch ein abscheuliches Testament bringt er seine Kinder um ihr Vermögen und trägt sein Hab und Gut zu Philiale, die so viele Jahre hindurch in der Zelle eines Bordells gestanden hat!« ruft Iuvenalis (2. Jahrhundert n. Chr.) aus.

Es gibt auch größere Etablissements, dessen gängigstes Modell vermutlich durch das Lupanar, das man in Pompeji besichtigen kann, verkörpert wird. Zwei Eingänge, dessen einer mit einer Klingel (für die dringenden Fälle?) versehen ist, führen zu den fünf Zimmern im Erdgeschoß, die lediglich ein gemauertes Bett und Kopfpolster enthalten. Über eine Außentreppe gelangt man zum Balkon des ersten Stocks, auf den sich fünf weitere geräumigere Zimmer öffnen. Über der Tür jeder Zelle zeigen Malereien die verschiedenen erotischen Spiele, die man von der *meretrix* verlangen kann. Zahlreiche Graffiti an den Wänden zeugen zugleich von der Kompetenz der Mädchen und den Heldentaten ihrer Kunden.

---

1 Das As ist die kleinste römische Münze. Der durchschnittliche Preis eines »Liebesabenteuers« ist zwei As, was zwei Rationen Tischwein am Tresen einer Taverne entspricht; er kann bis zu 8 oder 16 As betragen.

Andere Etablissements der Stadt sind ebenfalls traditionelle Orte der Prostitution: die Tavernen und die Herbergen. Viele von ihnen verfügen in der Tat über ein oder mehrere Zimmer. In Pompeji verstehen sich Iris, Bachis, Hedone sowie die drei Serviererinnen der Wirtin Asellina Maria, Aegle und Zmyrina ebensogut darauf, den Kunden den Wein zu servieren wie sie mit ihren Tänzen zu zerstreuen und in ihre Zimmer zu ziehen. Eine amüsante Inschrift von Isernia präsentiert die einzelnen Posten einer Hotelrechnung: »Wirt, rechnen wir zusammen. – Du hast einen Schoppen Wein gehabt: ein As; Ragout: zwei As. – In Ordnung. – Für das Mädchen: acht As. – Das ist korrekt. – Das Heu für das Maultier: zwei As. – Dieses Maultier wird mich noch ruinieren!« Die Atmosphäre in diesen von Würsten, die dort gegrillt werden, verräucherten Tavernen, die Anwesenheit von wenig scheuen Mädchen wirken auf viele Benachteiligte paradiesisch, wie diesen Sklaven bei Horaz, dem sein Herr vorwirft, daß er den gesunden Freuden des Landlebens »die Zellen der Lupanare und das fette Fleisch der Herbergen« vorziehe.

Viele Prostituierte indes begnügen sich nicht damit, passiv auf die Freier vor den elenden Löchern von Subura zu warten. Sie streifen durch die Straßen Roms auf der Suche nach Kunden. Auf der Via sacra oder auf der Via Toscana, unter den Säulengängen, wo sich die Menge der Spaziergänger drängt, in den Thermen unter den Badenden sieht man sie »mit schmutzigen Schuhen« kommen und gehen. Ihre exotische Kleidung, ihre blonden Perücken, ihre hohe Frisur orientalischer Herkunft sind bei den Gaffern wohlbekannt. Der Kundenfang wird auch von professionellen Anlockern praktiziert, wie von jener alten Händlerin, die den Helden des *Satiricon* in ein Gäßchen zieht, »wo Männer verstohlen zwischen Reihen von Tafeln und splitternackten Prostituierten kommen und gehen«. Erschütternder sind diejenigen, die die freien Gelände von Trastevere unsicher machen, dem traditionellen Zufluchtsort der Gesetzlosen, oder jene, die nachts die Via Appia entlangspazieren, zwischen den Gräbern, bemitleidenswerte »Wölfinnen der Gräber«, die den Grabschändern oder den Sklaven, die die Totenfeuer bewachen müssen, ihre Reize darbieten und ihre Kunden ins Innere der Grüfte ziehen. Wahrhaftiger menschlicher Abfall sind diese Mädchen, »ausgezehrt, hinkend, lahm, dreckig [...], bleiche Schnecken, fiebernd, bejammernswert, wahrhaftige Skelette, nach billigem Parfum stinkend, zum Erschrecken häßlich mit ihren deformierten Füßen und Beinen wie Bohnenstangen«, wie Plautus uns sagt.

Natürlich gibt es eine ganz andere Kategorie von Prostituierten, diejenigen, die es durch ihre Schönheit oder die Geschicklichkeit ihres Kupplers zu einem Leben vergleichbar der der berühmtesten Hetären der griechischen Geschichte gebracht haben. Dank des Vermögens, das sie anhäufen konnten, haben sie sich selbständig gemacht und bewohnen schöne Privathäuser, zumeist an den Hängen des Aventin. »Meine Nemesis soll«, schreibt Tibull, »im Luxus schwimmen und durch die Stadt spazieren und dabei durch meine Geschenke die Blicke auf sich ziehen. Sie soll durchsichtige, goldgestreifte Kleider tragen, die eine Frau aus Cos gewebt hat. Als Eskorte soll sie dunkle, von der Sonne Indiens verbrannte Sklaven haben. Mit vollen Händen soll sie das Scharlach Afrikas und das Purpur von Tyr erhalten.«[1] Diese Frauen der hohen Galanterie, »die in der Eleganz, der Genußsucht, des Luxus in Begleitung der hochgestelltesten Persönlichkeiten leben«, bevölkern die Komödien von Plautus und von Terenz. Wie die Kurtisanen der Belle Epoque empfangen sie bei sich eine glänzende Gesellschaft oder kommen zu den reichen Privatleuten nach Hause, um dort ihre Talente als Musikerinnen und Tänzerinnen zu entfalten.

Die Lebensbedingungen sind zwar verschieden, die Herkunft ist aber im allgemeinen die gleiche. Wölfinnen von Subura oder Schöne vom Aventin, fast alle verdanken ihr Los der Knechtschaft. Wie ihre griechische Schwester ist die römische Prostituierte ein Gegenstand, besessen von einem Herrn, der nach den allgemeinen Regeln der Sklaverei das unumschränkte Recht hat, nach Belieben über ihren Körper zu verfügen, sie zu kaufen, zu verkaufen oder zu verleihen. Die bei der Geburt von ihren Eltern ausgesetzten oder von den Piraten entführten und auf den Märkten der Mittelmeerstädte verkauften Kinder bilden die übliche Ware der Kuppler. Selbst wenn die meisten *meretrices* Roms oder Pompejis griechische Namen tragen, kommen sie doch nicht alle aus dem Osten des Mittelmeers, denn häufig haben sie modebedingte »Künstlernamen« angenommen, da Griechenland für die Römer die Heimat der Lust war.

Unter den *meretrices* gibt es auch freigelassene und sogar freie Frauen, denn in der antiken Gesellschaft hat eine Frau ohne natürliche Versorger (Vater, Bruder oder Ehemann) kaum eine andere Wahl, als das einzige Gut zu verkaufen, das sie besitzt, ihren Körper. Die Andria von Terenz (eine Schöne von der griechischen Insel Andros) hat, von ihrer Familie im Stich gelassen, durchaus versucht zu überleben, indem sie den harten Beruf der Weberei ausübte; aber sehr schnell mußte sie sich, außerstande, mit diesen Arbeiten ihr Überleben zu sichern, damit abfinden, eine *meretrix* zu werden. Junge Mädchen werden auch

---

1 In mehreren seiner im 1. Jahrhundert v. Chr. geschriebenen Elegien beschwört Tibull die Leidenschaft, die eine schöne und stolze Kurtisane in ihm geweckt hat, der er den fiktiven Namen von Nemesis, der schrecklichen Gottheit der Rache, gab.

von ihrer Mutter zur Prostitution abgerichtet: »Nicht aus Gleichgültigkeit habe ich aus meiner Tochter eine Kurtisane gemacht«, rechtfertigt sich eine kupplerische Mutter bei Plautus, »sondern um nicht zu verhungern!«

Als Sklavin (der häufigste Fall) genießt die Prostituierte natürlich keinerlei rechtlichen Schutz, und wenn sie eine freigelassene Sklavin ist, fehlt ihr ein Teil der den anderen Frauen zuerkannten Rechte. Da sie von Gesetz wegen keine Legate und Erbschaften annehmen und nicht vor Gericht aussagen darf, ist sie der Denunziation eines rachsüchtigen Kunden oder eines um die Tugend seines Sohnes besorgten Vaters ausgeliefert, die erreichen können, daß sie aus Rom ausgewiesen wird. Erst Ende des 1. Jahrhunderts n. Chr. verbietet ein Erlaß von Domitian die Prostitution der jungen Kinder. Wenn die Behörden sich für die Kurtisanen interessieren, versuchen sie eher, Gewinn aus ihnen zu ziehen, etwa durch diese Steuer, die Caligula auf die Einkünfte der *meretrices* oder ihrer Kuppler erhebt.

Die meisten dieser Frauen sind das Eigentum eines *leno*, zugleich Sklavenhalter und Kuppler. Er durchstreift die Märkte Roms oder des Mittelmeerbeckens und erkennt geschickt auf den Verkaufsestraden die Jünglinge oder jungen Knaben, die den Ruf seines Hauses erhöhen könnten. Als Herr hat er alle Rechte über seinen menschlichen Viehbestand, und er streicht den gesamten Gewinn aus den »Liebesabenteuern« ein. In der Gesellschaft Roms, gleichwohl einer Sklavengesellschaft, hat der *leno* einen sehr schlechten Ruf, denn man wirft ihm vor, nicht vom Körper seiner Sklavinnen zu leben, sondern sie auszunutzen, um die ehrbaren Bürger in den Ruin zu treiben. Daher wird die Person allgemein verachtet, und sein Gewerbe gehört zu den entehrenden Berufen. Er ist der Schande ausgesetzt, nicht die von ihm Abhängigen: »Eine Ansammlung von Schurkerei, Verbrechen, Vatermord, Meineid, ein Mann ohne Treu und Glauben, ohne Feingefühl, ohne jede Scham, um es mit einem Wort zu sagen, ein *leno*.« Diese bevorzugte Zielscheibe für den Spott der Römer ist eine pittoreske Figur des komischen Theaters, und sein Erscheinen ruft bei den Zuschauern derbe Späße und Beleidigungen hervor. Dieser *leno*, verabscheuenswürdig schon für die Kunden seines Hauses, verhält sich seinen Mädchen gegenüber wie ein Tyrann, der von ihnen verlangt, daß sie unablässig arbeiten, und sie zwingt, aus ihren Kunden zahlreiche Geschenke herauszulocken, von denen er profitiert. Mit zwei Argumenten verschafft er sich Gehorsam: der Hoffnung (denn er stellt seinen Sklavinnen eine unwahrscheinliche Freilassung in Aussicht) und der Drohung (er verspricht ihnen, sie in die *pergula* zu schicken, einen düsteren Schuppen, wo die ausgemergeltsten *meretrices* den Parias von Rom feilgeboten werden).

Der *leno* steht an der Spitze eines besonders einträglichen Geschäfts: Nicht zufrieden, bei sich all jene zu empfangen, die vom Ruf seiner Schützlinge angezogen werden, vermietet er diese an reiche Privatmänner, zu denen sie sich begeben, um ein Gastmahl angenehm zu gestalten. Freier können sich durch einen äußerst detaillierten Mietvertrag die Anwesenheit einer Gefährtin auch über einen langen Zeitraum sichern. Das gastfreundliche Haus des *leno* steht allen offen: Soldaten, Freigelassenen, Dieben, Sklaven, die dort ihre Ersparnisse ausgeben. Man trinkt, man amüsiert sich. Man versucht auch, diesen Räuber von *leno* nach besten Kräften auszunehmen und zögert nicht, ihn ebenfalls zu bestehlen: »Ich kenne sie gut, die Manieren unserer heutigen gemeinen jungen Leute«, beklagt sich die Dienerin eines *leno* in einer Komödie von Plautus. »Sie kommen zu fünft oder sechst zu den Nutten, um sich zu amüsieren. Sie haben sich ihren Plan zurechtgelegt. Sobald sie im Haus sind, bedeckt einer das Mädchen mit Küssen, während die anderen handeln. Wenn sie sehen, daß man sie beobachtet, machen sie Späße und Witze, um uns abzulenken. Häufig essen sie aber heimlich unser Essen und stopfen sich voll wie Blutwürste!«

Die Besitzer der Lupanare von Rom versäumen es nicht, sich jedes Jahr bei den Feiern einzudecken, die beim Tempel der Eryzinischen Venus stattfinden. Dieser Göttin orientalischer Herkunft, die während des Zweiten Punischen Kriegs in Rom eingeführt worden war, dienten in Eryx (auf Sizilien) wie in Korinth heilige Prostituierte. Ganz zu Anfang war dieser Aphrodite ein Tempel auf dem Kapitol geweiht worden, doch für die Römer kommt es nicht in Frage, im Zentrum ihrer Stadt die störenden Riten der heiligen Prostitution zuzulassen. Daher richtet man der Eryzinischen Venus einen zweiten Tempel außerhalb der Stadt bei der Porta Collina ein. Dieses Heiligtum wird Gegenstand eines besonderen Kults für die *meretrices* von Rom. Während der im April abgehaltenen Aphroditefeiern versammeln sich alle Prostituierten, um ihre Schutzheilige zu ehren, was alle Liebhaber schöner Frauen und die Kuppler der Stadt anlockt. Auch die römische Jugend ist da, erregt und spottlustig: Wehe dem armen Mädchen, das nicht das Glück hat, dieser Menge zu gefallen; die Burschen bombardieren sie mit Wurfgeschossen aller Art und beschmieren ihr das Gesicht mit Ruß.

Das Kapital Schönheit

Die Schönheit, das Hauptkapital der *meretrices*, bleibt ihre große Sorge. Ist diese erst einmal verflogen und das Alter gekommen, bleibt ihnen nichts mehr, um ihren Lebensunterhalt zu verdienen. In der republikanischen Epoche unterscheidet ihre Kleidung sie unstreitig von den anderen Frauen in den Straßen Roms. Es ist ihnen verboten, das lange Kleid der Matronen, der rechtmäßigen Ehefrauen der Bürger, zu tragen, und sie hüllen sich in eine braune Toga. Diese verbirgt die durchsichtigen Tuniken, die bestickten Kleider, die mit Fransen gesäumten Hemdblusen, deren exotische Stoffe, gewagte Ausschnitte und schillernde Farben (sie haben eine Vorliebe für Gelb und Grün) den reichsten Kurtisanen eine auffällige Eleganz verleihen. Sie kennen die Diäten, die es ihnen erlauben, eine schmale Taille zu behalten, und sie haben so manchen geheimnisvollen Trank, der sie vor Schwangerschaften bewahrt, die für ihre Figur verhängnisvoll wären. Sie verstehen sich darauf, die Kunstgriffe der von den griechischen Hetären übernommenen Schminkmittel anzuwenden: das Bleiweiß, das dem Teint einen weißen Schimmer verleiht, das *phykos*, das die Backenknochen dunkelrot färbt, das *stimmis* (khôl) oder das *absole* (Ruß, Rauchschwarz), die die Wimpern und die epilierten Brauen betonen, die sie durch das Schwarz zu einem einzigen Bogen über den Augen vereinen. Die meisten von ihnen haben sich die Haare »à la bretonne«, das heißt blond oder rot, färben lassen und türmen komplizierte Frisuren aus Löckchen und Rollen auf, die nichts mit den strengen Knoten der Matronen zu tun haben. Reich mit Edelsteinen besetzte Halsketten, breite Goldringe um Arme, Schenkel und Knöchel, Ohrgehänge aus Perlen vervollständigen die Aufmachung der Halbweltdamen. »Seit Tagesanbruch«, erklärt eine *meretrix* im *Karthager* von Plautus, »haben wir uns unablässig gewaschen, eingerieben, abgetrocknet, geschmückt, wieder und wieder auf Hochglanz gebracht, geschminkt, herausgeputzt [...] Denn die Frauen unserer Art haben einen schlechten Geschmack und sind reizlos, wenn sie nicht eine kostspielige Eleganz an den Tag legen.« Künstliche oder natürliche Schönheit, Anmut, ausgezeichnete Umgangsformen, gute Kenntnis der Künste des Gesangs, des Tanzes und der Musik sind die Trümpfe dieser Frauen, die die Königinnen der Galanterie sind.

Im übrigen achten sie sehr darauf, sich von den armen »Wölfinnen« zu distanzieren, die an der Tür ihrer Zelle auf Kunden lauern. »Eine Kurtisane darf sich nicht allein auf der Straße aufhalten, das tun nur diejenigen, die auf den Strich gehen«, erklärt eine von ihnen in einem Stück von Plautus, und eine andere fürchtet, gleichgesetzt zu werden mit diesen »jämmerlichen Huren, diesen Freundinnen der Bäckerjungen, diesem Abfall, gerade gut genug für die mehlbedeckten Gesellen, diesen ausgehungerten Mädchen, klebrig von billigem Parfum, abstoßende Lustbefriedigung für den Sklavenabschaum. Sie stinken nach dem Misthaufen ihres elenden Lochs, wo sie auf ihrem Schemel hocken. Niemals hat auch nur ein freier Mann sie anrühren oder zu sich mitnehmen wollen, die alten Nutten, die die stinkendsten Sklaven sich für ein paar Pfennige besorgen.«

Aber bestehen wirklich so viele Unterschiede zwischen der Wölfin von Subura und der eleganten Kurtisane vom Aventin? Hervorgegangen aus demselben Elend der Sklaverei, meist dazu bestimmt, wieder in dieses Elend zurückzusinken, sobald ihre flüchtige Schönheit verflogen sein wird (es sei denn, eine von der Vorsehung gesandte Heirat macht sie zu einer achtbaren Frau), verbergen sie unter ihrem Luxus die Stigmata ihres zweideutigen und prekären Standes: »Wenn sie auf der Straße sind, findet man nichts Gepflegteres, Zurechtgemachteres, Eleganteres. Wenn sie mit ihren Liebhabern zu Abend essen, rühren sie das Essen kaum an. Aber man muß ihre Unreinlichkeit, ihre nachlässige Kleidung, ihre Mittellosigkeit sehen, wenn sie allein bei sich sind, man muß sehen, wie abstoßend und ausgehungert sie sind und wie sie einen in die Sauce vom Vortag getunkten Brotkanten verschlingen.«

In diese ganz von den Ansprüchen der Männer und den Notwendigkeiten des täglichen Unterhalts beherrschte Existenz dringt die Hoffnung auf dem Umweg über die Religion. Ausländerinnen im allgemeinen, in volkstümlichen Vierteln lebend, wo die exotischen Kulte, heimlich oder nicht, Gegenstand großer Inbrunst sind, gehören die Prostituierten zu den treuesten Anhängern dieser »orientalischen Riten«, die schon im 2. Jahrhundert v. Chr. in Rom Eingang gefunden haben. Den meisten dieser Religionen ist gemeinsam, daß sie denen das Seelenheil und das Glück im Jenseits versprechen, die sich den komplizierten Reinigungsritualen unterwerfen, unabhängig von der gesellschaftlichen Stellung des Gläubigen. Es ist keineswegs überraschend, daß die einzig und allein als »käufliche Körper« betrachteten Frauen die Beruhigung der Heilsversprechen dieser Kulte gesucht haben. Der Skandal der Bacchanalien 186 v. Chr. und die unerbittliche Verfolgung, die daraufhin einsetzte, wurden verursacht durch die Denunzierung einer Kurtisane, Hispala, die ihre Herrin in die bacchantischen Riten eingeweiht hatte. Die ägyptische Gottheit Isis rekrutiert zahlreiche Anhängerinnen unter den *meretrices*, denn die »Gute Mutter«, deren »hilfreiche Hand« Apuleius (125-170 n. Chr.) gerühmt hat, fühlt mit den Unglücklichen und verspricht ihnen die Erlösung. Daher gehören sie zu den treuesten Anhängerinnen, die sich den Reinigungsriten und den rituellen zehntägigen Perioden der Keuschheit unterwerfen, was recht häufig Klagen der Dichter hervorgerufen hat, die während dieser Dekaden der Enthaltsamkeit aus dem Bett ihrer schönen Freundinnen verbannt wurden. Der Tempel der Isis erwirbt sich im übrigen dadurch einen zweideutigen Ruf, und die »Kupplergöttin« wird beschuldigt, die Liebesrendezvous zu begünstigen.

Musen? Aber keineswegs!

Niemals haben die Kurtisanen in Rom wie die griechischen Hetären die Rolle aufgeklärter Musen der Politiker gespielt. Keine *meretrix* hat mit Aspasia, Phryne oder Thaïs rivalisiert, indem sie sich in das öffentliche Leben der Stadtgemeinde einmischte. Gewiß halten die Römer es nicht für unehrenhaft, vor der Tür eines Lupanars gesehen zu werden, aber in den heroischen Zeiten der Republik kommt es für sie nicht in Frage, die Meinung einer Frau, sei sie nun die rechtmäßige Ehefrau oder eine zufällige Freundin, einzuholen. 185 v. Chr. läßt Cato der Ältere Flaminius aus dem Senatsalbum streichen, da er sich, um eine Kurtisane zu zerstreuen, schuldig gemacht hatte, in ihrer Gegenwart einen schuldigen Soldaten hinrichten zu lassen, wobei das Hauptmotiv für seine Degradierung war, daß er den Wünschen einer Frau so bereitwillig nachgegeben hatte.

Mit der allgemeinen Emanzipation der Frauen am Ende der Republik und der Hellenisierung der römischen Sitten nehmen manche Politiker die Gewohnheit an, sich in der Öffentlichkeit mit schönen Kurtisanen zu zeigen. Dieses Verhalten wird von den konservativen Römern jedoch scharf kritisiert und ist der Hauptgegenstand der Anklagen, die gegen diese Politiker von ihren Gegnern erhoben werden. Cicero zeichnet ein schonungsloses Porträt der schönen Chelidon, die die Beraterin von Verres während seiner Prätur in Sizilien ist, einer Prostituierten, die »nicht nur das römische Volk repräsentierte, indem sie den Vorsitz bei den Zivilprozessen führte, sondern auch allmächtig bei der Instandsetzung der öffentlichen Bauten war«. Auf die gleiche Weise brandmarkte der Redner seinen Feind Antonius, der überall von der berühmten Cytheris begleitet wurde. Mit mehr Mäßigung macht Plutarch auf den vorübergehenden Einfluß von Flora auf Pompeius aufmerksam. Viele weitere verführerische Frauen haben in der Umgebung bedeutender Männer Roms gelebt, aber ihr Einfluß ist kaum in der Öffentlichkeit sichtbar geworden, und man findet in der römischen Geschichte nichts, was den Anekdoten entspräche, die von den griechischen Hetären überliefert sind.

Dafür hat sich die Literatur der Halbweltdamen Roms angenommen: Dank der Elegien kennen wir den Einfluß, den die blonde Delia, die Musikerin Phyllis oder die stolze Corinna auf Tibull, Horaz und Ovid ausgeübt haben. Durch die Gedichte, die ihnen gewidmet sind, wird die ganze Welt der hohen Galanterie Roms geschildert, eine Welt des Luxus und der Sinnlichkeit, die nichts zu tun hat mit dem Elend der Löcher von Subura.

Mit der Lockerung der weiblichen Umgangsformen unterscheiden sich die

Erscheinung der schönen »Irregulären« und die der rechtmäßigen Ehefrauen kaum mehr voneinander. Seit dem 2., 1. Jahrhundert v. Chr. haben römische Ehefrauen die exzentrischen Kleider, die grelle Schminke und den auffälligen Schmuck übernommen, die ursprünglich den Prostituierten vorbehalten waren. Die Matronen lernen die Unterhaltungskünste Tanz und Musik; sie führen ein äußerst freies Leben und wählen ganz offen Liebhaber, weswegen die Konservativen sie eines ausschweifenden Lebens beschuldigen. Die Grenze zwischen diesen emanzipierten Frauen und den Prostituierten wird so dünn, daß sie bisweilen verwechselt werden. Wendet sich Ovids *Liebeskunst*, eine wertvolle Sammlung erotischer Ratschläge, nur an die Halbweltdamen, wie der Dichter tugendhaft versichert, oder wünscht er sich nicht in Wirklichkeit, daß zu seinen Leserinnen auch die Frauen der Oberschicht Roms gehören? Mit Gewißheit ist das kaum zu entscheiden.

Ein zusätzlicher Schritt scheint zu Beginn des Kaiserreichs gemacht worden zu sein. Verlockt durch die große sexuelle Freiheit der *meretrices* und in dem Wunsch, den strengen Strafen zu entgehen, die den Erwachsenen drohen, zögern manche Matronen nicht, sich in die Listen der Prostituierten eintragen zu lassen, die die Polizeibehörden führen. So fordert 19 n. Chr. Vistilia, die Frau des Proconsuls der Provinz Gallia Narbonensis, vor den Ädilen die Freiheit, ihren Körper zu verkaufen, ein Ansinnen, das nicht nach dem Geschmack des Kaisers Tiberius ist: Vistilia wird auf eine Insel deportiert, und ein *senatus consultum*, ein Senatsbeschluß, wird eigens verkündet, um den Frauen des Senatoren- und Ritterstands zu verbieten, sich zu prostituieren.

In dieser gewalttätigen und ausschweifenden Gesellschaft üben die Randaktivitäten eine bestimmte Faszination auf die Privilegierten aus. Caligula richtet auf dem Palatin ein wahrhaftiges Lupanar ein, in dessen Zellen er Matronen und freie Kinder setzt, und seine Sklaven schwärmen über die Plätze und durch die Basiliken auf der Suche nach Kunden. 64 richtet der Präfekt der Prätorianer Tigellin für Nero ein prächtiges Festmahl aus auf einem auf dem Agrippa-See auf dem Marsfeld errichteten Floß: Zu den zahlreichen Attraktionen gehören beleuchtete Lupanare an den Ufern des Weihers, in denen Frauen der höchsten Gesellschaft zur Schau gestellt waren, während rundherum gewerbsmäßige Prostituierte splitternackt obszöne Tänze aufführten. Das Fest endet in einer allgemeinen Orgie.

Erwähnen wir zum Abschluß dieser knappen Beschreibung der Verführungen der durch die Prostitution personifizierten freien Liebe den vielleicht zu Unrecht erworbenen Ruf der allzu berühmten Kaiserin Messalina, von der Iuvenalis das folgende grausame Porträt entwirft: »Nachts verläßt die kaiserliche Hure, mit einem Kapuzenmantel bekleidet, heimlich den Palatin mit einer einzigen Dienerin. Ihr schwarzes Haar unter einer blonden Perücke verbergend, tritt sie in die angenehme Wärme des Lupanars mit dem verschlissenen Vorhang. Sie hat eine eigens für sie reservierte Zelle, ein Schild bezeichnet sie mit dem Pseudonym Lycisca. Dort prostituiert sie sich, die Brüste mit einem Goldnetz bedeckt, und bietet ihren Bauch dar, der dich getragen hat, edler Britannicus. Sie täuscht dem Kunden Zärtlichkeit vor und verlangt ihren Lohn. Wenn der *leno* seine Mädchen entläßt, geht sie traurig weg. Alles, was sie tun kann, ist, als letzte ihre Zelle zu verlassen [...], vom Mann erschöpft, aber immer noch nicht befriedigt. Ekelerregend, häßlich, mit vom Rauch der Lampe geschwärzten Wangen trägt sie ins kaiserliche Bett den Gestank des Lupanars.«

Unnuanciertes Phänomen einer Gesellschaft, in der die Extreme sich berühren, ungeschminktes Bild einer Lebensauffassung, in der das Gefühl dem Eigennutz untergeordnet ist, beschränkt sich die Prostitution in Rom nicht auf die schlüpfrige und allzu häufig idealisierte Darstellung, die die lateinischen Dichter von ihr gegeben haben. Die satirische Grausamkeit, die dem römischen Temperament eigen ist, hat schon früh unter der Eleganz der Freudenmädchen die weniger bestechende Realität ihrer Situation entdeckt. Zugleich Frau und Sklavin, die keine andere rechtliche Anerkennung als den Marktwert ihres Körpers und ihre elementare Funktion in der Ordnung der Stadtgemeinde hat und ihre Existenz nur einer vergänglichen Schönheit und Jugend verdankt, verdeutlicht die römische »Wölfin« unerbittlich die Widersprüche der »Hauptstadt der Welt«.

Literaturhinweise:

Antike Texte:
Antike Komödien, Plautus und Terenz, herausgegeben von W. Ludwig, 2 Bde., München 1966, 2. Aufl. 1976
Plautus, Titus Maccius, *Die Komödien des Plautus*, übersetzt von Ludwig Gurlitt, 4 Bde., Berlin 1920-1922
– *Lustspiele*, deutsch von Wilhelm Binder, 4 Bde., Berlin 1930
Terenz, *Werke*, übersetzt von D. Ebener, Berlin/Ost 1988
Horaz, *Die Gedichte des Horaz*, übersetzt von R. Helm, Stuttgart 1954; die Übersetzungen von Rudolf Alexander Schröder finden sich in R. A. Schröder, *Gesammelte Werke* Bd. 5, Berlin, Frankfurt/M., 1952
Iuvenalis, *Satiren*, übersetzt von W. Plankl, München, o. J. (*Goldmanns Gelbe Taschenbücher*)
Martial, *Epigramme*, übersetzt von H. C. Schnur, Stuttgart 1966 (*Reclams Universal-Bibliothek*)
Ovid, *Die Liebeselegien*, übersetzt von F. W. Lenz, Darmstadt 1965; eine weitere Übersetzung von V. v. Marnitz in *Kröners Taschenausgaben*, Stuttgart, 1958
Persius, *Die Satiren*, übersetzt von O. Seel, München 1950 (lat./dt.)

Properz, Tibull, *Liebeselegien*, herausgegeben und übersetzt von G. Luck, Zürich, Stuttgart 1964
Tibull, *Gedichte*, übersetzt von F. W. Lenz, Stuttgart 1966 (*Reclams Universal-Bibliothek*)

Moderne Untersuchungen:
Charbonnier, C., »La Courtisane de Plaute à Ovide«, in: *Bulletin de l'Association Guillaume Budé*,
   Bd. XXVIII, 1969
Grimal, P., *L'Amour à Rome*, Paris, Hachette, 1963; dt.: *Liebe im alten Rom*, übers. v. Ulla schuler,
   Frankfurt/M., Societäts-Verlag, 1981
Lefkowitz, M. R., Fant, M. B., *Women's Life in Greece and Rome*, London 1982; vgl. auch dies.,
   Die Töchter des Zeus. Frauen im alten Griechenland, München, Beck, 1922 (engl.: *Woman in
   Greek Myth*, Baltimore 1986).
Salles, C., *Les Bas-Fonds de l'Antiquité*, Paris, R. Laffont, 1982
Veyne, P. (Hg.), *Histoire de la vie privée*, Bd. 1: *De l'Empire romain à l'an mil*, Paris, Le Seuil,
   1985; dt.: *Geschichte des privaten Lebens*, hrsg. v. Philippe Ariès u. George Duby, Frank-
   furt/Main, Fischer, 1991

In der Zeitschrift *L'Histoire*:
Mossé, C., »Splendeur et misère de la courtisane grecque«, Nr. 56, S. 32
Schmidt, J., »La contraception à Rome«, Nr. 8, S. 65
Veyne, P., »L'avortement à Rome«, Nr. 16, S. 30
Grimal, P., »L'affaire des Bacchanales«, Nr. 60, S. 22
Chuvin, P., »Clefs pour une coutume: l'épilation«, Nr. 82, S. 94

JACQUES SOLÉ

Der Troubadour und die Liebe als Passion

Höflichkeit: ein reichlich abgegriffenes Wort. Und dennoch, seine Entstehung in den Hochzeiten des Mittelalters geht auf ein fulminantes Abenteuer zurück: die ›höfische‹ Liebe (*amour ›courtois‹*)[1], eine Überhöhung und
Verklärung der Beziehungen zwischen Mann und Frau, geistig wie körperlich,
eine für Literatur und Gesellschaft gleicherweise bedeutende Innovation. Zu
verdanken ist sie ein paar hundert occitanischen Troubadours, die während des
12. und 13. Jahrhunderts im Schoße einer blühenden Feudalaristokratie lebten,
in dem Gebiet, das dem heutigen Midi, dem Süden Frankreichs, entspricht.

Das bedeutet nun nicht, daß anderen Zivilisationen das Liebesgefühl völlig
unbekannt gewesen wäre – ein Gedanke, auf den man bei Lektüre der berühmten, 1939 erstmals veröffentlichten Studie von Denis de Rougemont *L'Amour
et l'Occident*[2] durchaus verfallen könnte. Ganz im Gegenteil: in die Konzeption der höfischen Erotik gehen verschiedenste Elemente ein, die sowohl ihrem
Herkunftsmilieu entstammen als auch benachbarten Kulturen und Gesellschaften entlehnt sind. Der Einfluß der neulateinischen Dichtung der Vaganten, der ›fahrenden Schüler‹ (*clerici vagi*) des 10. Jahrhunderts, dürfte dabei
noch eher gering zu veranschlagen sein. Weitaus bedeutender sind die – freilich
sehr unterschiedlichen – Impulse, die von der südländischen Folklore, von der

---

1 An der französischen Bezeichnung ›*courtois*‹ (›höfisch‹, aber auch ›höflich‹) ist dieser enge etymologische Zusammenhang deutlicher abzulesen. Zudem liegt *courtoisie* sprachlich noch sehr
dicht am provenzalischen *cortezia*, dem von den Troubadours aufgestellten Tugendideal. In der
deutschen Forschungsliteratur wird dieser Begriff – gerade um eine Verwechslung mit dem
umgangssprachlich verflachten Ausdruck ›Höflichkeit‹ zu vermeiden – meist mit ›Höfischkeit‹
wiedergegeben. (A. d. Ü.)

2 Vgl. Denis de Rougemont, *L'Amour et L'Occident*, Paris, Plon, 1972 (Éd. définitive), dt.: *Die
Liebe und das Abendland*, übers. von Friedrich Scholz, Köln/Berlin, Kiepenheuer und Witsch,
1966. Denis de Rougemont scheint außerstande, Spuren des Liebesgefühls außerhalb der von
den Troubadours ins Leben gerufenen Tradition wahrzunehmen. Aber kann man den ungeheuren Themenkomplex etwa der chinesischen Liebesauffassung wirklich auf einer einzigen,
vom Informationsgehalt her dürftigen Seite abhandeln?

Hochzeitskästchen aus dem 12. Jahrhundert, heute im Kirchenschatz der Kathedrale von Vannes. Auge in Auge mit dem Troubadour scheint eine Frau (seine Dame?) eine Tanzbewegung anzudeuten. Ihre sehr langen Manschetten, die in dieser Art im Orient auch heute noch gebräuchlich sind, unterstreichen durch ihre Windungen die Gesten ihrer Arme.

großartigen arabischen Kultur Andalusiens sowie vom Rittertum und seinen Moralvorstellungen ausgingen.[1]

Zunächst zu den folkoristischen Traditionen. Jedes Jahr im Mai machen sich Jungen und Mädchen auf in die Wälder, um grüne Zweige zu schneiden, mit denen die Kirche geschmückt werden soll. Sie tanzen über die Felder und hoch fliegen die Röcke. *»Voici le joli mois de mai, chaque galant change d'amie«* (»Nun ist er da, der Wonnemonat Mai, ein neues Mädchen nimmt sich jeder Galan«), heißt es in einem alten Volkslied aus dem Languedoc. Mai ist der Monat der sinnlichen Liebe, der Monat des vorehelichen Poussierens und Hofierens. Die Hochzeit findet zu einem späteren Zeitpunkt statt. Für die Verheirateten dann gibt es einen weiteren Brauch, der aus dem Norden stammt und noch weit frivoler ist: die sogenannte ›Valentinage‹. Einen Tag lang – wenn nicht sogar länger – ist es den Frauen gestattet, sich vor den Augen ihrer Ehemänner jede nur erdenkliche Vertraulichkeit mit einem ›Valentin‹ (ein anderes Wort für *galantin*: stutzerhafter Liebhaber) herauszunehmen, einem ganz nach dem Zufallsprinzip dafür ausgesuchten Junggesellen. *»Vous m'aurez demain; cette nuit est à mon amant«* (»Morgen bin ich wieder die Ihre; diese Nacht aber gehört meinem Geliebten«), sagt die Ehefrau zu ihrem Gatten im französischen Volkslied. Ein Ehebruch, wohl eher symbolisch als real.

Das sind natürlich noch alles Belustigungen derb-bäurischer Art. Schon

---

1 Die beste Einführung in dieses Themengebiet gibt immer noch das Werk des vor einigen Jahren leider verstorbenen René Nelli, dem auch wir hier wichtige Anregungen verdanken. Vgl. besonders seine Dissertation *L'Érotique des troubadours*, Toulouse, Privat, 1963; neuaufgelegt in der *Collection 10/18*, Paris, Union générale d'éditions, 1975 (2 vol.).

ganz anders geht es im andalusischen Kulturkreis zu, der im 11. Jahrhundert noch direkt vor den Pforten des Languedoc – oder zumindest doch Kataloniens – liegt. Sinnlichkeit findet hier unmittelbaren Ausdruck. So, wenn eine Frau ausruft:

»Die Bedingung, unter der ich dich liebe? Wenn's dir gelingt, die Reifen um meine Knöchel mit meinen Ohrringen zu verbinden!«

Die arabischen Dichter aber verklären die Liebe und die Frau, der sie gilt. Das Gefühl einer Seelenverwandtschaft der Herzen, die demütige Ergebenheit des Liebenden seiner Dame gegenüber, eine mystische Überhöhung der Keuschheit: all diese Motive, die sich später dann in Aquitanien wiederfinden sollten, stammten aus dem Süden. Als Beleg einige Verse von Ibn Zaidūn aus Cordoba:[1]

»Zwischen dir und mir, wenn du nur wolltest, könnte etwas bestehen, was sich nie verliert, ein Geheimnis, das, während alles sonst ans Licht kommt, für immer gewahrt bleiben würde, [...]

Genügen sollte dir zu wissen, daß, wenn meinem Herzen du auferlegtest, was andere Herzen nicht zu tragen vermöchten – das meine würde es können.

Sei stolz, ich werde es hinnehmen; laß mich warten, ich werde geduldig sein; sei hochmütig, ich werde mich demütigen; wende dich ab von mir, ich werde dir folgen; sprich, ich werde dir lauschen; befiehl, ich werde gehorchen!«

Zwei Stuten habe ich

Auf eine letzte Quelle für die provenzalische Erotik sei noch verwiesen: die ritterliche Liebesauffassung, wie sie zu der Zeit, als die Troubadours auf den Plan traten, schon bestand. Sie forderte vom Liebenden Ergebenheit gegenüber seiner Dame und führte in den Bereich der Liebe eine Reihe ›mannhafter‹ Tugenden ein: Mut, Aufrichtigkeit, Freigebigkeit. Diese Liebeskonzeption jedoch bezog sich ganz real auf Beziehungen zwischen Personen gleichen Ranges, also auf legitime oder doch zumindest (durch Scheidung und Wiederheirat) legitimierbare Verbindungen. Gerade in diesem Punkt stand sie in krassem Widerspruch zu den Verhaltensweisen, die von den Troubadours von nun an propagiert werden sollten. Der entscheidende Wandel vollzog sich im

---

1 Vgl. Henri Irénée Marrou, *Les Troubadours*, Paris, Seuil, 1971, S. 124. (Die deutsche Übersetzung folgt der von Marrou zitierten französischen Übertragung von Ibn Zaidūn; weitere deutsche Übertragungen finden sich bei Herbert Kolb, *Der Begriff der Minne und das Entstehen der höfischen Lyrik*, Tübingen, Niemeyer, 1958, S. 355, und bei Janheinz Jahn, *Diwan aus Al-Andalus. Nachdichtungen hispano-arabischer Lyrik*, Kassel, Schleber, 1949. S. 77; d. Ü.).

Verlauf des 12. Jahrhunderts, und zwar in drei aufeinanderfolgenden Etappen, parallel zum Rhythmus der Transformationen, denen die provenzalische Gesellschaft damals ausgesetzt war.

An der Spitze der ersten Generation stand Wilhelm IX., Herzog von Aquitanien und Graf von Poitiers (1071 – 1127), ein Dichter und bedeutender Feudalherr zugleich. Er galt als *tricheur de femmes* (›Frauenbetrüger‹) und repräsentierte eine noch recht traditionelle Form männlicher Erotik, eine geradezu ›gallische‹, also derb-schlüpfrige Erotik. In einem humorvollen Gedicht erklärt er seinen Freunden, er habe »zwei Stuten.«[1] »Die eine war unter den Pferden aus den Bergen das schnellste, [aber dann wurde sie] störrisch und wild. [Die andere wurde], als sie noch ein Füllen auf der Weide war, [von Wilhelm an einen anderen Herren abgetreten], dort unten, bei Confolens. Aber genügend Rechte an ihr habe ich mir gesichert«, fügt er hinzu. Nun gut... sehen wir weiter. Immerhin findet sich bei ihm auch eine sublimere Vorstellung von der Liebe, wenn er an anderer Stelle nach Art der Araber ein Loblied anstimmt auf das Glück, das im sehnsüchtigen Begehren liegt, und den der angebeteten Frau geschuldeten Gehorsam betont. Aber diese Idealisierung der ritterlichen Liebe ist noch keinesfalls gleichbedeutend mit ›Höfischkeit‹.

Sie erscheint voll ausgeprägt erst mit der zweiten Generation occitanischer Dichter. Außer Jaufre (Geoffroi) Rudel gehören ihr noch einige weitere Troubadours und Ritter niedrigeren Ranges an. Cercamon, Marcabru, Bernart Marti bringen die Wünsche und Vorstellungen ihrer Alters- und Standesgenossen zum Ausdruck, die von den Damen des höheren Adels mit Geringschätzung behandelt werden. Anstoß nehmen sie an dem damals weitverbreiteten Phänomen der ehelichen Untreue.[2] In diese unter den Feudalherren und ihren Ehefrauen gängige Praxis des Ehebruchs nämlich waren die jungen Ritter nicht mit einbezogen und schon gar nicht die Spielmänner, die sogenannten ›Jongleure‹. Deshalb wohl zielen Spott und Tadel dieser Ausgeschlossenen auf die ›unmoralischen‹ Frauen und deren körperliches Verlangen nach den hohen Herren; sie verfechten dagegen eine verfeinerte Form von Liebe, wobei sie auf den Einklang der Herzen und Gefühle, auf die Dauerhaftigkeit und Bedeutung

1 Das Gedicht im Original ist abgedruckt in Erhard Lommatzsch, *Leben und Lieder der provenzalischen Troubadours*, Bd. II, Berlin: Akademie-Verlag, 1959. S. 3.; die der Übersetzung zugrundegelegte französische Übertragung bei René Nelli, *Écrivains anticonformistes du Moyen Age occitan*, Tome I: *La Femme et l'amour. Anthologie bilingue*, Paris, Phébus, 1977.
2 Eine Bemerkung von Robert Fossier (*Le Moyen Age*, Tome II, Paris, A. Collin, 1982, S. 324) geht in dieselbe Richtung: »Es hat ganz den Anschein, als würde das 12. Jahrhundert dem ausgehenden 19. Jahrhundert den zweifelhaften Titel, Champion im Ehebrechen zu sein, streitig machen.«

Die Musik, eine der herausragenden Künste der prachtvollen arabischen Kultur des Mittelalters. Hier die Füllung eines Holzkästchens, ein Schnitzwerk aus dem 12. Jahrhundert, gefertigt in Bagdad. Solche Preziosen spielten eine große Rolle bei der Übertragung einer verfeinerten Lebensweise vom Orient auf den Okzident.

des ›Minnedienstes‹, wie ihn der Liebende seiner Dame gegenüber leistet, besonderes Gewicht legen. Dieses Liebesideal wird zum Inbegriff aller Tugenden. Die huldvolle Geste der Höfischkeit, die der groben Sinnlichkeit der Mächtigen wie der einfachen Bauern unversöhnlich gegenübersteht und dabei fast immer etwas träumerisch-versonnen wirkt, richtet sich nichtsdestotrotz an ganz reale Frauen und trennt somit die Liebe nicht ab von ihrer sinnlichen Basis.

Die Theorie, erst einmal aufgestellt, verlangte förmlich nach ihrer Umsetzung in gesellschaftliche Praxis. Genau dies vollzog sich gegen Ende des 12. Jahrhunderts. Die ritterliche Haltung ging vollends in der Troubadour-Erotik auf, und das innerhalb einer aristokratischen Gesellschaftsordnung, die sich unter dem Druck der noch unverheirateten und nach Einfluß strebenden jungen Ritter auffällig gewandelt hatte. In Scharen versammelt am Hofe des Feudalherrn, lebten sie in der Erwartung, daß dessen Gattin ihnen die Gunst erweisen und sie mit ihrer aufrichtigen und selbstlosen Liebe auszeichnen würde. Das Tugendideal der Höfischkeit, dem nun der hohe Adel und die Emporkömmlinge gleicherweise verpflichtet waren, wurde so zu einem Instrument, mit dem sich die Spannungen zwischen den verschiedenen Lagern der Feudalaristokratie verringern ließen. Indem sie eine sublime Form der Sinnenlust verkündete, vermochte die klassische Poesie der Troubadours – trotz der Ausdehnung ihres Wirkungskreises – die kulturellen Privilegien des höheren Adels unangetastet aufrechtzuerhalten.[1]

Ihren Erfolg verdankte sie nicht zuletzt der Durchsetzungskraft der Adelsdamen, die sich von nun an bereit fanden, mit Rittern von niedrigerem Rang ein Liebesverhältnis einzugehen. Dabei kamen alle auf ihre Kosten. Die Würde der Damen von Stand blieb gewahrt, ihr Stolz wurde befriedigt. Die reine, edle Liebe (*fin'amor*), in ihrem Wesen weder bloß sinnlich noch bloß platonisch, predigte zwar die Enthaltsamkeit, behielt aber dennoch eine sinnliche Komponente bei, und gerade dadurch fand auch der Hochadel an ihr Gefallen. Der lustvoll-keusche Enthusiasmus des von der angebeteten Frau entflammten Begehrens nahm eine geradezu mystische Färbung an und befriedigte ohne größeren Aufwand die Wunschphantasien der unteren Schichten.

So bildete also das Liebesgefühl lange Zeit die Grundlage aller Tugenden. Seinen Ausdruck fand es in einem ›Minnedienst‹ von eindeutig feudalem Typus: einem Verhältnis zwischen Lehnsherrin und Vasall, mit einer Reihe von Abstufungen, die eine Methode zur Läuterung des Begehrens darstellten. Gemeinhin blieb es bei einem züchtigen Kuß. Beim intimen Zusammensein wie in Gesellschaft war also der perfekte Liebhaber im Grunde nichts anderes als schlicht der Diener seiner Dame. Seine Pflichten bestanden darin, ihr gefällig zu sein, keine andere zu lieben als sie, ihren Ruhm zu mehren, immer taktvoll zu sein. Umgekehrt war ihm seine Herrin, die ganz in der Rolle der Angebeteten aufzugehen hatte, ihrerseits Rechenschaft schuldig über ihr Verhalten.

Alles war erlaubt, bis auf das eine...

Über einen Kuß hinaus konnte der Liebhaber zwei weitere Belohnungen erhalten, die die eigentliche Würze dieses subtil ehebrecherischen Spiels ausmachten. Da war zunächst als besonderer Gunstbeweis die Erlaubnis, seine Dame nackt zu sehen. Und dann die sogenannte ›Probe‹ (*asag*; das Wort hat dieselbe Herkunft wie *essai*, Versuch, Probe), wobei fast alles erlaubt war – nur das eine nicht: der Geschlechtsakt selbst. Die charmante Comtessa de Dia hat diese Zeremonie für die Nachwelt in einem poetischen Bild festgehalten:

---

1 Zu den gesellschaftlichen Ursprüngen der höfischen Dichtung vgl. André Vauchez, *Une normalisation sévère*, in: Robert Fossier, a. a. O., Bd. II., S. 383ff. Vgl. dazu auch die Ausführungen von Georges Duby, *Le chevalier, la femme et le prêtre*, Paris, Hachette, 1981 (dt.: *Ritter, Frau und Priester. Die Ehe im Frankreich des 11. und 12. Jahrhunderts*, übers. von Michael Schroeter, Frankfurt/M., Suhrkamp, 1985).

hingestreckt auf ihr Bett, ihren Ritter in ihren nackten Armen haltend, läßt sie ihn an ihrer Brust ruhen, während sie ihn liebevoll küßt. Glücklich darüber, ihn statt des Gatten an sich zu ziehen, konnte sie zugleich doch sicher sein, daß ihr Geliebter niemals weitergehen würde, als sie es ihm gestattete.[1]

Diese Szene, eher keusch als lasziv, erinnert erneut daran, daß als wichtigstes Element des Liebeszaubers, den die höfische Dichtung beschreibt, der Austausch der Herzen, der Gefühle anzusehen ist – weil allein darüber Gleichheit sich herstellen konnte. Mag man sich auch wundern über die etwas verkrampfte Anspannung, die von den Troubadours beim körperlichen Ausdruck der Gefühle an den Tag gelegt wurde, so muß man doch keineswegs die Auffassung Denis de Rougemonts teilen, der in diesem schwärmerischen Enthusiasmus ein Prinzip des Todes und Verderbens am Werke sieht. Im Gegenteil: es handelt sich hier um eine Erotik, die, wenn auch bestimmt nicht ohne jeden Makel, so doch zumindest streng auf die Moral bedacht und bemerkenswert reglementiert war. Gewiß war ihre Ausrichtung anti-christlich, trotzdem aber verstand sie sich als Quell aller Tugenden.[2]

Das also war die große Entdeckung des 12. Jahrhunderts auf dem Gebiet der Liebe und der Gefühle. Freilich berechtigt dies nun nicht zu der Annahme, die Liebe zwischen den Geschlechtern in ihrer psychologischen Dimension sei eine Erfindung der abendländischen Kultur, denn die sozialen Konstellationen, aus denen dieser Wandel hervorging, sind in anderen Zivilisationen genauso anzutreffen. Dagegen können die Impulse, die von den Adelsdamen der damaligen Zeit ausgingen, in ihrer Bedeutung gar nicht hoch genug angesetzt werden: Sie nutzten den günstigen Augenblick, um im Rahmen des Feudalsystems über die Wertvorstellungen männlicher Freundschaft, wie sie seit eh und je die Bruderschaften der Krieger beherrschten, den Sieg davonzutragen. Den occitanischen Aristokratinnen gelang es, in einer misogynen Gesellschaft eine überaus hohe Wertschätzung all ihrer Qualitäten durchzusetzen und mehr noch: ein leidenschaftliches Werben um ihre Gunst.

Die beiden untereinander rivalisierenden Religionen, die katholische und die der Katharer, stimmten doch immerhin darin überein, daß sie sich zumindest ursprünglich um die Emanzipation der Frau herzlich wenig scherten, und

---

1 Vgl. dazu René Nelli, a. a. O., S. 202ff.
2 Völlig eingenommen von seinen Hypothesen über mögliche Verbindungen zwischen Troubadours und Katharern und über den Einfluß des Tristan-Mythos, hat Denis de Rougemont die provenzalische Erotik in ein düsteres Licht getaucht, um sie desto besser einem imaginären christlichen Heil gegenüberstellen zu können.

noch weit weniger war ihnen an einer Aufwertung der Liebe zur Dame gelegen. In der Blütezeit der provenzalischen Kultur nun hatten die Adelsdamen einen – ganz offenkundig anti-christlichen – Erfolg insofern zu verzeichnen, als sie einer einseitigen erotischen Verehrung, die ihnen den Mann unterwarf, zum Durchbruch verhalfen. Indem die Troubadours und ihre zahllosen Nachahmer nach dem traditionellen Muster, das die arabische Poesie vorgegeben hatte, diese unterwürfige Haltung einnahmen, ermöglichten sie es der Frau aus der gesellschaftlichen Oberschicht, ein in der abendländischen Kultur bis dahin unbekanntes, von psychischer Intimität und Familiarität geprägtes Verhältnis zur Männerwelt zu gewinnen. Die für den europäischen Raum charakteristische Liebe in ihrer voll entfalteten Form stellt somit nichts anderes dar als eine Übertragung der Wertvorstellungen, die zunächst nur für die Männerfreundschaft galten, auf die Ebene der Beziehungen zwischen Mann und Frau.

Die Doktrin der Höfischkeit als solche erfuhr dann aber dennoch während des 13. und 14. Jahrhunderts einen rapiden Niedergang. Im Verlauf der ersten dieser beiden Epochen waren es die Dichter Peire Cardenal und Montanhagol, die von jenem Verfall – auf einen Doppelangriff von seiten der römischen Kirche und der französischen Feudalaristokratie zurückzuführen – Zeugnis ablegten, einem historischen Prozeß, der schließlich mit dem Kreuzzug gegen die Katharer (1209-1229) zum Untergang der provenzalischen Kultur selbst führte. Diese Katastrophe ließ jede Hoffnung auf das praktische Überleben einer Erotik, die doch im Grunde nichts anderes war als ein moralisches Postulat, endgültig zunichte werden.

Aus katholischer Sicht stellte die höfische Erotik zweifellos eine Häresie dar – wenn auch bestimmt eine ganz andersgeartete Häresie als die der Katharer. Aus diesem Grund verurteilte der Bischof von Paris 1277 den Traktat *De amore* (*Über die Liebe*; 1185) von Andreas Capellanus im selben Atemzug wie eine Reihe theologischer Thesen. Aber mußte es nicht geradezu zwangsläufig dazu kommen, daß das Liebesideal, wie es den Troubadours vorschwebte, von einer völlig verkrusteten christlichen Orthodoxie unter Beschuß genommen wurde? Der Kirche gelang es schließlich, indem sie die Liebesehe propagierte, die mit ihrem Menschenbild unvereinbare Verherrlichung der außerehelichen Liebesleidenschaften erfolgreich zu bekämpfen. Mit einiger Genugtuung konnte sie verfolgen, wie jene Liebesauffassung nun mehr und mehr verschwand, eine erotische Inspiration, die zu Beginn des 14. Jahrhunderts in Katalonien dann endgültig zum Erliegen kam.

Vive la passion!

Die provenzalische Poesie mit ihren Neuentdeckungen auf dem Gebiet der Gefühle und Empfindungen sollte sich historisch dennoch als äußerst fruchtbar erweisen. Ihre Themen, feministisch, sinnlich und spiritualistisch zugleich, beeinflußten nachhaltig die Liebeskonzeptionen der abendländischen Literatur. Von Petrarca über den Neuplatonismus der Renaissance bis hin zu den ›Précieuses‹ [literarischer Kreis im Paris des 17. Jahrhunderts; d. Ü.] konnte sich kaum eine literarische Strömung diesem Einfluß völlig entziehen. Zudem trugen solche hochherrschaftlichen Liebesspiele entscheidend dazu bei, innerhalb der europäischen Aristokratie die enge Verbindung zwischen ritterlicher Haltung und der Idee der Liebe aufrechtzuerhalten. Daneben belegen auch die – Keuschheit und Leidenschaft unauflöslich miteinander vereinenden – sexuellen Bräuche im ländlich-folkloristischen Bereich, daß die Erinnerung an die Troubadours über die Zeiten hinweg bewahrt blieb. Die Lektion, die sie erteilt hatten, breitete sich ab 1800 über die ganze westliche Welt aus, im triumphalen Rhythmus der Eroberungen, die die ›Liebe als Passion‹ (›*amour-passion*‹) für sich verbuchen konnte. Aus diesem Grund verdient die Erotik provenzalischer Provenienz, die heute – unter welch entstellten Formen auch immer – globale Verbreitung gefunden hat, die volle Aufmerksamkeit dessen, der unsere modernen Gesellschaften untersucht.

Das Gefühl der Seelenverwandtschaft als Voraussetzung für einen sexuellen Reiz hat der Ehe von einst einen weniger heftigen Schlag versetzt, als es zunächst den Anschein nehmen mag, denn trotz aller Scheidungen und Trennungen werden Liebesverhältnisse doch immer wieder aufs neue eingegangen. Die Liebenden von heute erhalten so die wohl tiefste und unbestreitbarste Einsicht der Troubadour-Erotik am Leben: daß es ein unverzeihliches Verbrechen ist – ein Verbrechen gegen die Liebe –, miteinander zu schlafen, ohne sich wirklich zu lieben.

Literaturhinweise:

Troubadourlyrik im Original und in Übertragungen:
Rudolf Borchardt, *Die großen Trobadors*, München, Bremer Presse, 1924; auch in: *Gesammelte Werke in Einzelbänden*, Bd. 5: *Übertragungen*, Stuttgart, Klett, 1958, S. 211-264
Friedrich Diez, *Die Poesie der Troubadours*, Hildesheim, Olms, 1966 (Reprogr. Nachdruck der 2. Ausg., Leipzig 1883)
Erhard Lommatzsch, *Leben und Lieder der provenzalischen Troubadours*, Bd. I: *Minnelieder*; Bd II: *Lieder verschiedener Gattung*, Berlin, Akademie-Verlag, 1957-1959

ders., *Provenzalisches Liederbuch. Lieder der Troubadours mit einer Auswahl biographischer Zeugnisse, Nachdichtungen und Singweisen*, Berlin, Weidmann, 1917

René Nelli, *Écrivains anticonformistes du Moyen Age occitan*, Tome I: *La femme et l'amour. Anthologie bilinque*, Paris, Phébus, 1977

René Nelli et René Lavaud (Éd. et trad.), *Les Troubadours*, Bruges, Desclée de Brouwer, 1966

Dietmar Rieger, *Mittelalterliche Lyrik Frankreichs I. Lieder der Trobadors*, Provenzalisch/Deutsch, Stuttgart, Reclam, 1980

Franz Wellner, *Die Troubadours. Leben und Lieder*, verdeutscht und eingeleitet von F. Wellner, Leipzig, Dieterich'sche Verlagsbuchhandlung, 1942

Weiterführende Literatur,

Rudolf Baehr (Hrsg.), *Der provenzalische Minnesang. Ein Querschnitt durch die neuere Forschungsdiskussion*, Darmstadt, Wiss. Buchges., 1967

Georges Duby, *Le Chevalier, la femme et le prêtre*, Paris, Hachette, 1981; dt.: *Ritter, Frau und Priester. Die Ehe im Frankreich des 11. und 12. Jahrhunderts*, übers. von Michael Schroeter, Frankfurt/Main, Suhrkamp, 1985

Robert Fossier (Éd.), *Le Moyen Age*, 3 vol., Paris, A. Colin, 1982-1983

Erich Köhler, *Trobadorlyrik und höfischer Roman. Aufsätze zur französischen und provenzalischen Literatur des Mittelalters*, Berlin, Rütten & Loenig, 1962

Herbert Kolb, *Der Begriff der Minne und das Entstehen der höfischen Lyrik*, Tübingen, Niemeyer, 1958

Henri Irénée Marrou, *Les Troubadours*, Paris, Seuil, 1971

Ulrich Mölk, *Trobadorlyrik. Eine Einführung*, München/Zürich, Artemis, 1982

ders., *Trobarclus, trobar leu. Studien zur Dichtungstheorie der Trobadors*, München, Fink, 1968

René Nelli, *L'Érotique des troubadours*, Toulouse, Privat, 1963

Denis de Rougemont, *L'Amour et l'Occident*, Paris, Plon, 1972 (Éd. définitive; erstmals 1939); dt.: *Die Liebe und das Abendland*, übers. von Friedrich Scholz, Köln und Berlin, Kiepenheuer und Witsch, 1966

Jacques Solé, *L'Amour en Occident à l'époque moderne*, Paris, Albin Michel, 1976; dt.: *Liebe in der westlichen Kultur*, übers. von Henriette Beese, Frankfurt/Main u. a., Ullstein Propyläen, 1979

André Vauchez, »Une normalisation sévère«, in: Robert Fossier, a. a. O., Tome II: *L'Eveil de l'Europe*, S. 375-408

FRANÇOIS LEBRUN

Die Anfänge der Geburtenbeschränkung

Die Geschichte der Anfänge der Geburtenbeschränkung in Frankreich ähnelt einem verstreuten Puzzle, von dem die Historiker nur ein paar Teile wiederzufinden und an ihren Platz zu setzen vermochten. Während die historische demographische Forschung über das Frankreich des Ancien Régime, die in den sechziger Jahren einsetzte, sehr rasch gesicherte Erkenntnisse über grundlegende Gegebenheiten wie die Kindersterblichkeit oder das Durchschnittsalter der Mädchen bei der ersten Heirat erbrachte, gibt es bisher nur wenige statistische Arbeiten zur Geburtenrate und ihren eventuellen Rückgang. Der Grund ist leicht zu verstehen: Während die Berechnung der Kindersterblichkeit oder des Heiratsalters auf der Grundlage der alten standesamtlichen Register relativ einfach ist, ist diejenige der Geburtenrate langwierig und mühsam. Sie erfordert in der Tat eine genaue namentliche Durchsicht der Tauf-, Trau- und Totenscheine, eine Rekonstruktion der Familien von jeder einzelnen Heirat aus und schließlich eine Reihe von Berechnungen anhand der so erstellten Familienkarten, aus denen sich die durchschnittliche Kinderzahl pro Familie, die Abstände zwischen den Geburten, die Geburtenrate pro Altersstufe und das Durchschnittsalter der Mütter bei der letzten Geburt ergeben. Um zu gewährleisten, daß die ermittelten Zahlen auch aussagekräftig sind, muß eine ausreichend große Anzahl von Familien erfaßt werden, vor allem, wenn man die gesellschaftlichen Gruppen untereinander vergleichen will.

All dies setzt enorme Auswertungsarbeiten in bezug auf Pfarrgemeinden oder Gruppen von Pfarrgemeinden voraus, die groß genug sein müssen, um die Gefahr zu vermeiden, daß die Ergebnisse – präsentiert nach Jahrzehnten, um Entwicklungen erkennen zu können –, zufällig sind. Außerhalb der großen gemeinsamen Untersuchung, die das INED (Institut national d'études démographiques) 1962 gestartet hat, hat es nur wenige einzelne Forscher gegeben, die den Mut hatten, sich auf ein derartiges Unternehmen einzulassen.

Auf der Grundlage der veröffentlichten Ergebnisse der INED-Untersuchung und einer gewissen Anzahl von Monographien über Pfarrgemeinden[1] hat Jacques Dupâquier 1979 eine Gesamtbilanz gezogen, aus der hervorgeht, daß die eheliche Geburtenrate in Frankreich von 1740 an ganz leicht und nach 1770 etwas deutlicher zurückzugehen beginnt. Doch dieser, je nach Region unterschiedliche, Rückgang entspricht wohl weniger einer radikalen Änderung im Fortpflanzungsverhalten, als einer diffusen Geburtendrosselung durch größere Abstände in den ehelichen Beziehungen, um die Familie vor allem in Zeiten wirtschaftlicher Schwierigkeiten nicht zu kinderreich werden zu lassen. Von der Revolution an geht die Geburtenrate dagegen rapide zurück. Zwischen 1773 und 1783 und zwischen 1790 und 1803 geht das Verhältnis Anzahl der Geburten zu Anzahl der Eheschließungen in den ländlichen Gebieten Frankreichs von 4,55 auf 3,87 zurück – ein Rückgang um 15%. In den Städten geht es zur gleichen Zeit von 4,53 auf 3,13 zurück, was einem noch deutlicheren Rückgang um 21% entspricht. Zwei wesentliche Tatsachen werden aus dieser Bilanz deutlich: Einerseits ist die Revolution auch unter diesem Gesichtspunkt ein Wendepunkt gewesen, und andererseits sind die Städte stärker als die ländlichen Gebiete betroffen gewesen.

Die Arbeiten von Marcel Lachiver über die Region von Paris und diejenigen von Jean-Pierre Bardet über Rouen erlauben eine sehr viel direktere Annäherung an die realen Verhältnisse. 1969 schlägt Marcel Lachiver zusammen mit Jacques Dupâquier eine eigene Methode zur Untersuchung der Geburtenbeschränkung vor, die darin besteht, die Familien nach der Geburtenhäufigkeit in vier Gruppen einzuteilen. Nach dem Quotienten *Dauer des Ehelebens in Monaten/Anzahl von Geburten* werden vier Typen von Familien definiert:

Typ 1: Familien mit kurzen Abständen von bis zu 18 Monaten;

Typ 2: Familien mit mittleren Abständen zwischen 19 und 30 Monaten;

Typ 3: Familien mit langen Abständen zwischen 31 und 48 Monaten;

Typ 4: Familien mit Abständen von mehr als 48 Monaten oder vier Jahren, die unfruchtbar oder geburtenbeschränkend genannt werden, da derartige Abstände nur mit natürlicher Unfruchtbarkeit oder mit Geburtenbeschränkung zu erklären sind.

Marcel Lachiver wandte diese Methode auf die Kleinstadt Meulan an. Im wesentlichen ergibt sich aus seiner Untersuchung, daß die Familien des Typs 4

---

1 Die Monographie über eine Pfarrgemeinde besteht in der systematischen Durchsicht der Tauf-, Heirats- und Sterberegister (nach der von Louis Henry entwickelten Methode) und der anschließenden Auswertung im Rahmen einer bestimmten Pfarrgemeinde (im allgemeinen mit tausend oder zweitausend Einwohnern) über einen mehr oder weniger langen Zeitraum (meist 1670-1789) hinweg.

in Meulan zwischen 1660 und 1739 10%, zwischen 1740 und 1789 21% und zwischen 1790 und 1814 46% ausmachen, was (unter Berücksichtigung der Tatsache, daß die natürliche Unfruchtbarkeit etwa 10% der Paare trifft) den Schluß erlaubt, daß es vor 1740 keine Geburtenbeschränkung gab, daß sie zwischen 1740 und 1789 (bei etwa 10% der Paare) praktiziert wird und zwischen 1790 und 1814 massiv (bei 36%, das heißt einem Drittel der Paare) verbreitet ist.

Eine Untersuchung desselben Typs mehrerer Marktflecken und ländlicher Pfarrgemeinden in der Region von Paris bestätigen, mit einigen Nuancen, die Entwicklung von Meulan. Bis etwa 1760 scheint die Geburtenbeschränkung praktisch unbekannt zu sein; in den zehn Jahren von 1760 bis 1769 beginnt sie sich zu verbreiten, wie die Verringerung des Prozentsatzes der Familien mit kurzen und mittleren Abständen und die sehr starke Zunahme der Familien mit langen Abständen und Abständen von mehr als vier Jahren bezeugt. Von 1790 an ändert sich die Situation radikal: Die Familien mit kurzen Abständen verschwinden oder verschwinden beinahe, die geburtenbeschränkenden Familien werden die Regel. Die Anfänge der Geburtenbeschränkung in der Region von Paris sind damit zwar eindeutig geklärt, aber dennoch bleiben viele Fragen offen. Wer hat begonnen? Die Städter oder die Bauern? Die Reichen oder die Armen? Die Winzer oder die Landwirte? Und weist andererseits die Einteilung in Jahrzehnte der Periode der Revolution (1790-1799) nicht eine übertriebene Bedeutung innerhalb der eventuellen Erklärungsfaktoren zu? Die Dissertation, die Marcel Lachiver den Winzern der Ile-de-France des 17. bis 19. Jahrhunderts gewidmet hat, gibt eine teilweise Antwort auf diese Fragen.

Zunächst bestätigt sie, gestützt auf Zahlenmaterial, daß »der Wunsch, die Geburten zu unterbinden, entstanden am Ende der Herrschaft Ludwigs XV.[1] [1774], in den ländlichen Pfarrgemeinden der Region von Paris, weinanbauend oder nicht, innerhalb einiger Jahrzehnte zugenommen hat, wobei die Revolution den großen Bruch bringt [...] Wie man es auch dreht, eines ist ganz offensichtlich: In weniger als fünfzig Jahren ist die Geburtenrate um die Hälfte gesunken.« Die Untersuchung zeigt nicht weniger deutlich, daß dieser Rückgang der Geburten sich zuerst im Mittelstand der ländlichen Marktflecken bemerkbar machte, dem bald die Winzer und Landwirte nacheiferten, unter denen er lebte. Und sie zeigt, daß die Winzer schließlich ab 1810 ein eigenständiges Verhalten an den Tag legten: Während bei den anderen Bauern die Geburtenrate weiterhin langsam zurückgeht, sackt sie bei den Winzern buch-

---

1 Das heißt zwischen ungefähr 1760 und 1774.

stäblich in den Keller. Dieses wahrhaft selbstmörderische Verhalten muß im Zusammenhang mit den Schwierigkeiten »einer Weingegend auf dem absteigenden Ast« gesehen werden, »die die Umstellung auf andere landwirtschaftliche Aktivitäten, die weniger Arbeitskräfte erfordern, zu einer drakonischen Bevölkerungspolitik zwingt.«

Die jüngst veröffentlichte Dissertation von Jean-Pierre Bardet über Rouen im 17. und 18. Jahrhundert fügt neues Material hinzu. Nach einer Rekonstruktion von mehr als 10 000 Familien, von denen 6000 ausgewertet werden konnten, gelangt Bardet zu einem, wie er es nennt, »unnuancierten Schluß: Während des ganzen 18. Jahrhunderts haben die Einwohner von Rouen immer stärker versucht, ihre Nachkommenschaft zu verringern.« Der Rückgang scheint sogar schon im Zeitraum zwischen 1670 und 1699 begonnen zu haben, und zwischen 1760 und 1789 vollzieht er sich in immer rasanterem Tempo. Grob gesagt, sackt die Geburtenrate in Rouen zwischen 1670 und 1800 trotz einiger zaghafter Versuche, die Entwicklung aufzuhalten, in den Keller: »Acht Kinder (theoretisch) 1670, kaum vier 1800. Die Einwohner von Rouen haben es in weniger als hundertfünfzig Jahren zu einer erstaunlichen Meisterschaft in den unheivollen Geheimnissen[1] gebracht. Wie ist es ihnen in vier oder fünf Generationen gelungen, die Zahl ihrer Nachkommen zu verringern?«

Die Analyse der Bevölkerung antwortet zum Teil auf diese Frage, indem sie erlaubt, die Modalitäten der Geburtenbeschränkung zu präzisieren. Das deutlich geringere Durchschnittsalter der Mütter bei der letzten Geburt beweist, daß es sich um eine Geburtenbeschränkung durch Aufhören nach zwei, drei oder vier Schwangerschaften und nicht um eine Geburtenbeschränkung durch größere Abstände zwischen den Geburten handelt. Schließlich zeigt Jean-Pierre Bardet, der die Möglichkeiten der differentialen gesellschaftlichen Analyse nutzt, die seine beeindruckende Kartei ihm bot, daß gerade die Oberschicht seit dem 17. Jahrhundert eine systematische Geburtenbeschränkung vorexerzierte, während die Volksschichten – Handwerker, Arbeiter – lange Zeit an einem Typ von Fruchtbarkeit festhielten, der eine diffuse Geburtendrosselung in Krisenzeiten mit einem traditionellen Verhalten ohne direkte Kontrolle mischt (siehe Graphik).

---

1 Anspielung auf die häufig zitierten Ausführungen von Moheau in seinen *Recherches et Considérations sur la population de la France* (Paris 1778): »Schon sind die unheilvollen Geheimnisse, die jedem Tier mit Ausnahme des Menschen unbekannt sind, in die ländlichen Gebiete gedrungen: Man betrügt die Natur bis in die Dörfer hinein.«

Die Oberschicht gibt das Beispiel

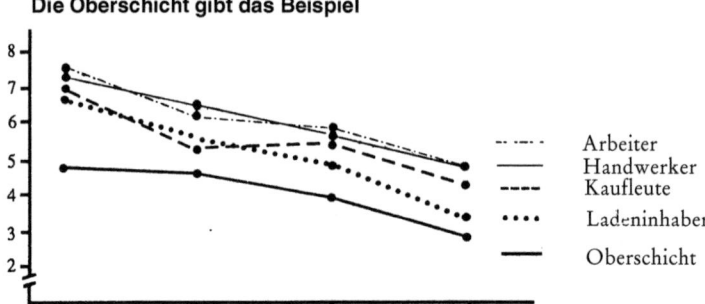

Diese Kurven der theoretischen Nachkommenschaft der verheirateten Frauen zwischen 15 und 49 lassen klar die Vorreiterrolle der Oberschicht hinsichtlich der Geburtenbeschränkung seit dem Ende des 17. Jahrhunderts erkennen. Das Phänomen verstärkt sich im 18. Jahrhundert.

Die Falle der Wörter

J.-P. Bardet fragt jedoch nach der Bedeutung des geburtenbeschränkenden Verhaltens der Einwohner von Rouen: »Handelt es sich wirklich um erwünschte und taktische Ausmaße mit sicheren Resultaten? Vielleicht wäre es besser, das Ergebnis der Geburtenbeschränkung darzustellen, indem man den immer stärkeren Wunsch nach Geburtenvermeidung hervorhebt. Es wäre wenig realistisch, sich vorzustellen, daß die Paare von Anfang an eine klare Vorstellung von der idealen Größe einer Nachkommenschaft hatten. Diese Sicht stünde im Widerspruch mit der damaligen Sterblichkeitsrate. In Wirklichkeit waren die Ehepaare keineswegs in der Lage vorauszusehen, wieviele ihrer Kinder überleben würden. In einem fortgeschrittenen Stadium ihrer Geschichte konnten sie allenfalls versuchen, ein ungünstiges Schicksal zu korrigieren, indem sie ein gestorbenes geliebtes Kind ersetzten. Mehr konnten sie nicht tun.« Man ermißt die Falle der Wörter und den Abgrund, der die Geburtenbeschränkung in ihren Anfängen von derjenigen unseres zu Ende gehenden 20. Jahrhunderts trennt.

Fassen wir zusammen. Die freiwillige Geburtenbeschränkung taucht am Ende des 17. Jahrhunderts in den Städten und in den oberen Gesellschaftsschichten auf, ohne daß in manchen Familien der Volksschichten eine zaghafte Kontrolle in Krisenzeiten ausgeschlossen werden könnte. Das Modell freiwilliger Beschränkung dadurch, daß man die Geburtätigkeit nach einigen Geburten einstellt, anstatt die Abstände zwischen diesen zu vergrößern, greift nach und nach, aber zunächst noch sehr zaghaft, in der zweiten Hälfte des 18. Jahrhunderts von der Stadt auf die ländlichen Gebiete und von der Oberschicht auf die Handarbeiter über, wobei das Jahrzehnt der Revolution überall eine entscheidende Beschleunigung mit sich bringt. Die Entwicklung verläuft nicht ohne bedeutende regionale Nuancen, über die wir noch sehr wenig wissen. Jacques Dupâquier, der sich auf die Untersuchung des INED stützt, meint zu Beginn des 19. Jahrhunderts »ein geburtenbeschränkendes Frankreich« erkennen zu können, »das in etwa den Becken der Seine, der Loire und der Garonne entspricht, und ein Widerstand leistendes Frankreich, das sich auf die peripheren Massive stützt.« Aber wir verfügen noch über zu wenige Teile des Puzzles, um etwas sagen zu können, was über diesen globalen Eindruck hinausginge.

Bleibt die Frage nach dem Wie und die sehr viel wichtigere nach dem Warum. Für die meisten Zeitgenossen erklärt sich die Geburtenbeschränkung durch den Geschmack am Luxus, der von der korrumpierenden Stadt auf die ländlichen Gebiete übergegriffen hätte. 1762 prangert der Marquis de Turbilly »die verbrecherische und gefährliche Kunst, die Geburt der Kinder zu unterbinden, ohne auf den Verkehr mit den Frauen zu verzichten«, an und fügt hinzu: »Dieser Mißbrauch ist heute nur allzu üblich geworden unter den Bauern, obwohl er den großen Städten vorbehalten schien, in denen Geschäftigkeit und unmäßiger Luxus dominieren.« In bezug auf die Schichten des Volks wirkt dieses Argument, das im 19. Jahrhundert immer wieder vorgebracht wurde, absolut lächerlich. Im übrigen steht es in diametralem Gegensatz zu der auf den ersten Blick sehr viel stichhaltigeren Erklärung der Geburtenbeschränkung als Folge von Elend und wirtschaftlichen Schwierigkeiten. Die Winzer von Argenteuil schränken zwar ab 1810 auf drastische Weise ihre Nachkommenschaft ein, aber nur insoweit sie sich der schrecklichen Krise des Weinbaus auf der Ile-de-France bewußt sind. Manche Historiker haben die Anfänge der Geburtenbeschränkung mit dem neuen Interesse für das Kind in Verbindung gebracht, das zur gleichen Zeit aufkommt: Man wünscht sich weniger Kinder, um sich besser um jedes einzelne von ihnen kümmern zu können. Die Erklärung trifft gewiß für die oberen Gesellschaftsschichten zu, aber sehr viel weniger für die Schichten des Volkes, in denen sich die Einstellung zum Kind im 18. Jahrhundert kaum verändert.

Schließlich ist es verführerisch, eine Verbindung zwischen Geburtenbeschränkung und Irreligiosität herzustellen. Die römische Kirche verurteilt zwar jeden ehelichen Akt, der bewußt nicht der Zeugung dient, vor allem denjenigen, bei dem der *coitus interruptus* praktiziert wird, das Verbrechen Onans der Theologen. Aber kann man deswegen sagen, daß alle Paare, die sich zu einer derartigen Praxis entschlossen, dem Glauben ihrer Väter den Rücken kehrten? Die Oberschicht von Rouen des 17. und 18. Jahrhunderts, die früh die Geburtenbeschränkung praktizierte, scheint nicht weniger gottesfürchtig gewesen zu sein als der Rest ihrer Mitbürger. Die Frage ist, wie man die Tatsache bewerten soll, daß das Gebot der Kirche hinsichtlich dieses wichtigen Punktes mehr oder weniger regulär mißachtet wurde. Eine größere Unabhängigkeit dem Klerus und manchen ihrer Vorschriften gegenüber? Gewiß. Nachlassen der Frömmigkeit und des religiösen Eifers? Vielleicht. Gleichgültigkeit dem Glauben gegenüber? Nichts ist weniger sicher. Im übrigen ist die Geburtenbeschränkung mit positiven Werten verbunden, die die nachtridentinische Kirche (1563) lehrte: dem Gefühl für Selbstverantwortlichkeit und Selbstbeherrschung, der ehelichen Liebe, die einen Ehemann veranlassen kann, seiner Frau wiederholte und stets gefürchtete Schwangerschaften ersparen zu wollen, Zuneigung für die Kinder, die man um so mehr umsorgen kann, je weniger sie sind. Dennoch ist es sicher kein Zufall, daß das Jahrzehnt zwischen 1790 und 1799 die entscheidende Wende bringt: Die tiefe Erschütterung der Werte durch die Revolution begünstigt gewiß die Verbreitung, in allen Schichten der Gesellschaft, von Praktiken, die in der zweiten Hälfte des 18. Jahrhunderts noch einer Minderheit vorbehalten waren.

So mündet die Frage nach dem Warum also, mit Bardets Worten, in »Komplexität und Perplexität«. Und wie könnte es auch anders sein? Das Bevölkerungsverhalten ist ganz besonders unberechenbar und widersetzt sich jeder Analyse. Während die Demographen und Soziologen große Mühe haben, den *Babyboom* der vierziger Jahre und den aktuellen Geburtenrückgang befriedigend zu erklären, der mitten im Wohlstand begonnen hat und in der Krise andauert, wäre es überraschend, wenn die Demographen unter den Historikern in der Lage wären, vollständig Licht in die Motivationen dieses großen kollektiven Verhaltens zu bringen, das die freiwillige Geburtenbeschränkung im 18. Jahrhundert war, und dessen nicht geringstes Geheimnis es ist, daß es zuerst in Frankreich in Erscheinung trat, bevor es, mit mehr oder weniger großer Verspätung, die Nachbarländer erreichte.

Literaturhinweise:

Bardet, J.-P., *Rouen aux XVIIe et XVIIIe siècles. Les mutations d'un espace social*, Paris 1983
Dupâquier, J., (Hg.), *Histoire de la population française*, Bd. II: *De la Renaissance à 1914*, Paris 1988
Lachiver, M., *Vin, Vigne et Vignerons en région parisienne du XVIIIe au XIXe siècle*, Pontoise 1982
Lebrun, F., *La Vie conjugale sous l'Ancien Régime*, Paris 1975
Quéniart, J., *Les Hommes, l'Église et Dieu dans la France du XVIIIe siècle*, Paris 1978

PHILIPPE ARIÈS

Empfängnisverhütung einst

Die Fakten sind bekannt: Bis zum Ende des 18. Jahrhunderts und trotz der Schwankungen von Jahrhundert zu Jahrhundert bleibt die Bevölkerung fast stabil, wenn auch mit leicht ansteigender Tendenz; Geburten- und Sterblichkeitsrate sind gleichermaßen hoch und liegen recht nahe beisammen. Es hat den Anschein, als sei die Geburtenziffer in etwa konstant und als sei die Bevölkerung vor allem durch Krieg, Hungersnöte und Epidemien stark dezimiert worden. In geringerem Maße wirkte sich auch die Zahl der Eheschließungen aus, die nach den gleichen Parametern schwankte. Doch die Geburtenrate veränderte sich nicht, die Abstände zwischen den Geburten blieben die gleichen. Auch wenn die Historiker der Bevölkerungsentwicklung das Wort nicht mögen (sie ziehen den Ausdruck »ehemalige Bevölkerungsentwicklung« vor), werden wir von »natürlicher« Bevölkerungsbewegung sprechen: Die Abstände zwischen den Geburten regelten sich nach den natürlichen Gegebenheiten und Umständen, wie Stillzeiten, Amenorrhöe (Ausbleiben der Regel), Fehlgeburten oder auch Zeiten religiös motivierter »kultureller« Enthaltsamkeit wie Advent oder Fastenzeit. Liest man die Statistiken naiv, so weist nichts auf eine willentliche Einflußnahme des Menschen auf den sexuellen Akt zum Zweck der Geburtenkontrolle hin. Sollte es sie gegeben haben, so tritt sie nicht hervor. Im Gegenteil, mit dem 19. Jahrhundert tritt recht unvermittelt eine andere Bevölkerungsentwicklung auf den Plan, gekennzeichnet durch den Rückgang der Sterblichkeit in ganz Westeuropa sowie einen allgemeinen Rückgang der Geburtenziffer: in Frankreich seit dem Ende des 18. Jahrhunderts und im übrigen Europa seit dem Ende des 19. Jahrhunderts.

Der zeitliche Abstand zwischen dem Rückgang der Sterblichkeit und dem der Geburtenziffer in Europa (mit Ausnahme Frankreichs) ist von großer historischer und politischer Bedeutung, weil er eine beträchtliche Zunahme der europäischen Bevölkerung erlaubt und die Auswanderung in andere Welten gefördert hat. Er ändert jedoch nichts an den wesentlichen psychologischen Gegebenheiten des Problems, die Frankreich und dem übrigen Europa gemeinsam sind: Welcher Zusammenhang besteht zwischen den Bewegungen der Geburtenziffer und denjenigen der Sterblichkeit und, was die Frage betrifft, die uns hier interessiert, wodurch wird der Eingriff des menschlichen Willens in die Geburtenkontrolle möglich? Ein Phänomen von entscheidender Bedeutung ist in der Tat auf den Plan getreten: Der Mensch greift aktiv ein, um die lebenzeugenden Folgen seiner eigenen Sexualität zu kontrollieren. Unserem naiven Leser der Statistiken kann das keinesfalls entgehen: Die Entwicklung der Empfängnisverhütung springt in die Augen. Das Problem ist also: Auf welche Weise vollzog sich innerhalb eines Jahrhunderts, zwischen 1780 und 1880, der Übergang von einer mehr oder weniger natürlichen Geburtenziffer zu einer mehr und mehr willentlichen und kontrollierten Geburtenziffer?

Ein undenkbares Verbrechen

Das Problem ist von entscheidender Bedeutung, denn seine Lösung impliziert, wie wir sehen werden, die Anerkennung eines radikalen Mentalitätswandels. Wir sagten eingangs, die Fakten seien bekannt: In Wahrheit werden sie erst seit etwa dreißig Jahren als ein zusammenhängender Komplex wahrgenommen. Damals hat man nach Erklärungen gesucht, und noch heute kann man von diesen früheren Erklärungen nicht absehen, da sie eine ganze Kette von Kritiken, Diskussionen und neuen Vorschlägen hervorgerufen haben.

Der erste Versuch, ein Korpus von Daten über die Empfängnisverhütung zusammenzustellen, stammt aus dem Jahr 1936 und ist das Werk eines amerikanischen Arztes, N. Himes, dessen *Medical History of Contraception* eine, damals wertvolle, Summe von Rezepten und Kunstgriffen der bisweilen drolligsten und unbrauchbarsten Art darstellt. In meiner *Histoire des populations françaises et de leurs attitudes devant la vie* aus den vierziger Jahren und in den Artikeln in *Populations* und den Sammelwerken des INED[1] hatte ich einigermaßen kühn, der Dürftigkeit des Belegmaterials zum Trotz, eine Theorie der *Undenkbarkeit* entwickelt, der zufolge die empfängnisverhütenden Praktiken entweder in unseren traditionellen Gesellschaften nicht bekannt waren oder in ihnen zumindest als esoterische Praktiken angesehen wurden, die außerhalb des alltäglichen mentalen Universums stehen. Dieser Hypothese zufolge war es damals nicht möglich, daß man in den Ablauf des sexuellen Aktes eingriff. Dieser war etwas Natürliches und gehörte einem Bereich der Natur an, in den eingreifen zu können für den Menschen damals noch unvorstellbar war. Denn

---

1 H. Bergues et al., »La prévention des naissances«, INED, in: *Cahier* 35, Paris, PUF, 1960.

ich hatte sehr wohl begriffen, daß aus dem ganzen Arsenal von Tränken, Phallusüberzügen, Scheidenstöpseln, Pessaren und anderen von N. Himes aufgelisteten Praktiken einzig der *coitus interruptus*, »das Verbrechen Onans«, für die ungeheure Umkehrung der zeitgenössischen Bevölkerungsentwicklung und den Rückgang der Geburtenrate verantwortlich war, der im 20. Jahrhundert schwindelregende Ausmaße angenommen hat. Der Rückzug des brünstigen Mannes auf dem Höhepunkt der Lust schien mir bei dieser Art von Mentalität nicht vorstellbar. Das sexuelle Fieber implizierte ein Aussetzen der vorausschauenden Fähigkeiten. Im Gegenteil, das Fortbestehen einer aufmerksamen Vorsicht in jenem Moment war nur in einem völlig andersgearteten mentalen Universum möglich, in dem die Selbstbeherrschung über die Verwirrung der Sinne obsiegte oder eine Askese der Lust nicht mehr erlaubte, eine vorher festgesetzte Schwelle zu überschreiten. Dieses Universum ist unser heutiges. Der Unterschied in den Einstellungen dem Leben gegenüber rührte also nicht daher, daß die Kirche oder die Religion in den traditionellen Gesellschaften eine Macht ausübte, die sie anschließend verloren hatte. Er rührte auch nicht von einer hedonistischen Befreiung der zeitgenössischen Gesellschaft in bezug auf die sexuellen Tabus her. Dieser Unterschied beruhte wesentlich auf einem spezifischen Verhalten. In einer bestimmten Mentalität ist nicht alles möglich – insbesondere auf dem Gebiet der Sexualität und der tiefen, intimen, geheimen Beziehungen zur Natur. Eine Umwälzung in den Beziehungen zur Natur war nötig, damit vorstellbar und möglich wurde, was vorher undenkbar und unmöglich war, ebenso im Kampf gegen den Tod übrigens wie in der Kontrolle des Lebens: Der Körper war nicht länger Element einer gefürchteten, wachsamen und rachsüchtigen Natur, sondern wurde, wie der Rest dieser Natur, ein Gegenstand, den die Technik des Menschen von nun an manipulieren und verändern konnte.

Die Rolle der Kirche

Ich bemerke, während ich meine Theorie von 1948 ausbreite, daß ich ein bißchen mogele und sie eher so darstelle, wie ich sie heute sehe. Damals hatte ich nicht nur die Undenkbarkeit vorgebracht, sondern auch die Unkenntnis, was die empfängnisverhütenden Methoden betrifft, und damit hatte ich der Kritik Angriffsfläche geboten. Es war in der Tat leicht, mir einen Haufen Zitate entgegenzuhalten, die zu einem geringen Teil aus der erotischen Literatur und größtenteils aus den Bußbüchern und aus der religiösen, theologischen oder moralischen, kanonischen Literatur, den Beichtspiegeln usw. herausgepickt waren, die sexuelle Praktiken beschrieben, die von meinen Gegnern als empfängnisverhütend interpretiert wurden. Die Empfängnisverhütung war demnach unzweifelhaft bekannt und Gegenstand subtiler Kontroversen, aus denen man die genauen und dennoch anfechtbaren Gründe bestimmen konnte, die die Kirche veranlaßten, sie zu verurteilen. Eine andere Hypothese tauchte also auf, der zufolge das Verbot der Kirche genügt hatte, die Empfängnisverhütung zu ächten, außer in den Fällen – die im 17. und vor allem im 18. Jahrhundert immer häufiger werden –, in denen der wirtschaftliche Druck am stärksten war: Die immer verfeinerteren Techniken der Historiker der Bevölkerungsbewegungen in Frankreich und England wiesen Spuren dieser Praktiken nach (beispielsweise in Wrigleys berühmtem Colyton).

Bis in unsere Tage hinein sollte die Diskussion von einem bemerkenswerten Buch beherrscht werden, das 1966 in den USA unter dem Titel *Contraception. A History of its Treatment by the Catholic Theologians and Canonists* erschien und 1969 unter dem Titel *Contraception et mariage* ins Französische übersetzt wurde.[1] Sein Autor, der amerikanische katholische Jurist J. T. Noonan, hatte seine Forschungen durchgeführt und diese bemerkenswerte Gesamtdarstellung geschrieben im Geist des *aggiornamento* des Zweiten Vatikanischen Konzils. Der Untertitel, den der Dominikaner-Verlag Editions du Cerf der französischen Version hinzufügte, drückt sehr gut den Hintergedanken des Autors aus: *Évolution ou contradiction dans la pensée chrétienne? (Entwicklung oder Widerspruch im christlichen Denken?)*. In der Tat ging es darum, ein ernsthaftes und eindeutiges Dossier zusammenzustellen, das für die feindliche Einstellung der Kirche zur Empfängnisverhütung einen Ursprung entdeckte, der nicht biblisch, sondern in der Hauptsache heidnisch oder für ein paar Individuen wie Augustinus charakteristisch ist oder auch von situationsabhängigen Schutzreaktionen gegen diese oder jene Häresie hervorgerufen wurde; ein Dossier, das die Widersprüche in der Lehre aufdeckte, die schwankende Haltung und sogar, zu gewissen Zeiten, eine Tendenz zur Nachsicht, die im 20. Jahrhundert durch die Verhärtung der Lehre und die Unnachgiebigkeit der antimodernistischen Päpste abbrach. Das Buch gab auf diese Weise den Anhängern einer liberaleren Haltung zur Empfängnisverhütung im Rahmen der vom Zweiten Vatikanischen Konzil angestrebten großen Aussöhnung zwischen der Kirche und der modernen Welt dokumentarisches Material an die

---

1 1969 auch auf deutsch erschienen unter dem Titel: *Empfängnisverhütung. Geschichte ihrer Beurteilung in der katholischen Theologie und im kanonischen Recht*, übers. v. Nikolaus Monzel, Mainz, Matthias-Grünewald-Verlag. (A. d. Ü.)

Hand. Dieses dicke, substanzreiche Buch hat unverzüglich das Interesse der Historiker gefunden, und J.-L. Flandrin hat es sofort in einem kleinen intelligenten Buch analysiert und kommentiert, in dem die wesentlichen Aspekte der Diskussion verständlich dargestellt sind.[1]

Empfängnisverhütung oder Erotik?

Wir werden dieses sehr komplexe Dossier hier nicht öffnen, das uns zwingen würde, einen Blick auf die ganze Sexualmoral der Kirche, ihre Einstellung zur Jungfräulichkeit usw. zu werfen. Wir entnehmen dem Dossier Noonan-Flandrin lediglich das, was die Existenz und die Natur der empfängnisverhütenden Methoden im Mittelalter und in der Neuzeit betrifft. Zunächst ist es nicht immer leicht, zwischen den Praktiken der Empfängnisverhütung und der Abtreibung zu unterscheiden: einen unfruchtbar machenden Trank beispielsweise von einem Gift. Weiterhin werden manche sterilisierenden Methoden gar nicht von den Nutznießern selbst gesucht, sondern sind im Gegenteil Akte von Hexerei, die sich gegen Opfer richten, die ihre Zustimmung nicht gegeben haben. Schließlich, und dies ist der Hauptpunkt, den ich ansprechen möchte, weiß man meist nicht, ob ein steriles sexuelles Verhalten, das zu einer Insemination *extra vas* führt, praktiziert und verurteilt wurde, weil es steril und dazu bestimmt war, die Zeugung zu vermeiden, oder ob die Sterilität nicht das Ergebnis einer erotischen Strategie war, die subtiler ist als der einfache Koitus. Und diese Verwirrung ist entscheidend. Der gute Mr. Noonan scheint zu glauben, daß man Sodomie trieb, daß man sich *more canum* – nach Art der Hunde – vereinigte, nur weil man keine Kinder wollte! Eine solche Sicht ignoriert die grundlegende, in allen alten Kulturen übliche Unterscheidung zwischen der Ehe, in der nicht alles erlaubt war, die der Ort des sogenannten natürlichen Koitus war, und der Erotik, in der im Gegenteil alles erlaubt war: alle homo- oder heterosexuellen Handlungen. Über diese Laxheit empört, erklären die alten religiösen Autoren lang und breit, warum diese erotischen Praktiken zu verurteilen sind, weil sie eben nicht »natürlich« sind und weil sie den Samen »außerhalb der Mauern« vergeuden.

Die Doktrin veranlaßt daher die damaligen Juristen, auch die unfruchtbaren Beziehungen zu verurteilen, selbst wenn sie »natürlich« sind, wie der Verkehr zwischen Eheleuten während der Schwangerschaft oder der Regel. Das Beharren auf der Zeugungsfunktion ist jedoch ebenso durch die Ablehnung der

---

1 J.-L. Flandrin, *L'Église et le contrôle des naissances*, Paris, Flammarion, 1970

Erotik wie durch diejenige der Empfängnisverhütung motiviert. Daher über-zeugen mich die Argumente nicht, mit denen man versucht hat, die Meinung durchzusetzen, das Arsenal der empfängnisverhütenden Mittel sei in den Gesellschaften des Ancien Régime *vertraut* (eher als »bekannt«) gewesen. Ich bleibe dabei, daß sie, selbst wenn sie vage bekannt waren, esoterisch waren und daß man nicht auf die Idee kam, sie gewohnheitsmäßig zu benutzen, selbst wenn sie gute Dienste geleistet hätten.

Es ist jedoch möglich, daß das wiederholte Verwechseln der Historiker (sittsame Leute im allgemeinen!) zwischen Erotik und Empfängnisverhütung, unstatthaft für einen Verfechter der Geburtendrosselung des 19. und beginnen-den 20. Jahrhunderts (in stärkerem Maße verständlich jedoch für einen heuti-gen Leser des *Playboy*), eine geheime Verwandtschaft zwischen beiden Strate-gien zu Beginn der Empfängnisverhütung im 17. und 18. Jahrhundert verrät. Aus diesem Grund ist der neuere Beitrag der Sexualhistoriker zu diesem Thema sehr interessant. Wir werden darauf zurückkommen.

Wenn das Kind erscheint

Ich halte also an der Hypothese der »Undenkbarkeit« der Empfängnisverhü-tung in den traditionellen Gesellschaften (denjenigen des Abendlands gestern wie denjenigen der Entwicklungsländer heute) fest. Womit korrespondiert also die zweite Stufe der Bevölkerungsentwicklung, die Übernahme der Geburten-kontrolle durch die zeitgenössischen Gesellschaften in der Klandestinität, gegen den Widerstand der Kirche, in der eher feindlichen Gleichgültigkeit der Staaten?

In meiner Hypothese liegt die Ursache für den Übergang von natürlicher Schicksalsfügung zu einer kontrollierten Geburtenziffer im Wandel der Fami-lie, in der Entwicklung der Affektivität innerhalb der Familie und in ihrer Konzentration auf das Kind. Die Erziehung und Förderung des Kindes sind im 19. Jahrhundert der Hauptzweck der Familie geworden. Es ging nicht mehr an, es wie Samenkörner in den Wind zu säen. Es wurde zu kostbar, zu einzigartig. Er war Teil eines Plans, entworfen in den geflüsterten Gesprächen um den Tisch oder auf dem Kopfkissen. Die Verminderung der Anzahl der Kinder gehört zum neuen Modell einer bürgerlichen oder kleinbürgerlichen Familie, die sich vornimmt, ihr Ziel zu erreichen, indem sie den Aufstieg des Sohns (eher als der Tochter) zu dem, was der Vater selbst zu erreichen hoffte, fördert. All diese Vorausschau, all diese Anstrengungen können nicht auf zu viele Köpfe verteilt werden. Dieser Typ von gesellschaftlicher Aufsteigerfamilie muß notgedrungen die Geburten drosseln. Wo dieser Ehrgeiz noch nicht vorhanden ist, hat sich das alte Modell der Sorglosigkeit gehalten, besonders in den »proletarischsten« Bereichen der Schichten des Volkes. Die Familie, die die Geburten drosselt, ist ein bürgerliches, kleinbürgerliches oder bäuerliches Phänomen. In den Industrieproletariaten findet man sie seltener, zumindest in denjenigen, die ganz neu zu Beginn des 19. Jahrhunderts entstanden sind.

Gewiß, die hier dargelegte Hypothese ist nicht von allen anerkannt, und hier und da wird immer noch geschrieben, daß der Rückgang der Geburtenziffer ein mysteriöses, schlecht erklärtes Phänomen sei (während es für mich sehr klar ist), oder man erklärt es durch eine lange Reihe gesellschaftlicher, geographischer und wirtschaftlicher Ursachen: Wenn man Ihnen sagt, ein Phänomen erkläre sich durch n Ursachen, so müssen Sie daraus schließen, daß man es überhaupt nicht erklärt. Aber kommen wir auf meine Hypothese der »gesellschaftlichen Kapillarität« und der Förderung der Kinder zurück: Sie trägt den psychologischen Motiven Rechnung, die die Eheleute beseelt haben; sie erklärt jedoch nicht, wie man in der konkreten Realität des Alkovens von einem rücksichtslosen sexuellen Akt ohne Hintergedanken zum *coitus interruptus* gekommen ist. Es gab da eine Lücke in meiner Theorie. Dank der jüngeren Historiker der Sexualität, vor allem dank des besten unter ihnen in Frankreich, J.-L. Flandrin, kann ich sie jetzt schließen.

Was trieben sie vor der Heirat?

Lassen wir also für einen Augenblick das Problem der Empfängnisverhütung beiseite und wenden wir uns der Frage der Sexualität zu. Bisher haben wir ganz allgemein, ohne zu unterscheiden, über die traditionellen Gesellschaften gesprochen. Nun haben aber die Historiker der Bevölkerungsbewegungen (P. Goubert, Hajnal und die Gruppe von Cambridge um P. Laslett und E. Wrigley) gezeigt, daß zwischen den Gesellschaften im Nordwesten Europas und den anderen ein wesentlicher Unterschied besteht: Es ist eines der großen Verdienste der jungen Geschichte der Bevölkerungsbewegungen, daß sie auf diese Weise die Eigenständigkeit dieses Kulturraums unterstrichen hat, der die Wiege der zukünftigen industriellen Revolution und bereits seit dem Mittelalter Ort landwirtschaftlicher Neuerungen (Niederlande) ist. Die Eigenständigkeit ergibt sich im wesentlichen aus dem Heiratsalter. P. Chaunu hat auf der Grundlage der Daten eine umfassende Synthese[1] versucht, in der er die kleine westli-

---

1 P. Chaunu, *Histoire, science sociale*, Paris, Sedes, 1974.

che Gruppe der Länder, in denen vor allem die Frau erst spät heiratet (manchmal erst mit über 25), der großen Masse von Bevölkerungen gegenüberstellt, in denen sich ältere Gewohnheiten gehalten haben und bereits kurz nach der Pubertät geheiratet wird. Man weiß nicht, wann die kleine Schar der Länder mit späten Heiraten sich von der großen Masse derjenigen mit postpubertären Heiraten getrennt hat, es geschah jedoch im ausgehenden Mittelalter. Es stellte sich sofort die Frage, was die Jungen und Mädchen während der langen Zeit ihrer Adoleszenz zwischen ihrer Pubertät (die allerdings weniger früh einsetzte als heute) und ihrer späten Heirat trieben. Nun, anscheinend trieben sie nichts, zumindest nichts, was Spuren hinterließ; das späte Heiraten ist nicht mit einem Ansteigen der unehelichen Geburten Hand in Hand gegangen: Diese waren sehr selten. Also?

Zwei Erklärungen, die nicht im Widerspruch zueinander stehen, sind gegeben worden: eine keusche, von P. Chaunu, der die Abwesenheit der unehelichen Geburten der Abwesenheit von Beziehungen zuschreibt, und eine erotische, von J.-L. Flandrin, der dasselbe Phänomen durch häufig auftretende voreheliche Sexualität zwischen Jugendlichen erklärt; diese kann einsam, sodomitisch, homosexuell, heterosexuell sein, aber sie ist stets *absque coitu*, auf englisch das *non coital pattern*. Beide Thesen sind weniger voneinander entfernt, als man glauben könnte, denn es gibt in dieser vorehelichen Erotik einen Anteil von Askese (wie vielleicht in jeder echten Erotik). Die religiös motivierte Enthaltsamkeit steht weniger im Gegensatz zu gewissen ausgefeilten Formen der Erotik als zur heftigen, aber rasch beendeten Krise des traditionellen ehelichen Koitus (oder der Vergewaltigung).

Zwei Arten der Liebe

Es ist hier nicht der Ort, diese Gedanken zu entwickeln oder eine Geschichte der modernen Sexualität zu versuchen. Dennoch verblüfft uns die Nähe dessen, was wir hier soeben über die Existenz einer allgemeinen vorehelichen Sexualität *absque coitu* ausgeführt haben, zu dem, was wir vorhin an den »widernatürlichen« Praktiken hervorgehoben haben, die die Kirche verurteilte, weil sie *extra vas* zum Ende kommen. Ein Fall ist besonders bemerkenswert, der des *amplexus reservatus*, den man einen verlängerten Verkehr ohne Ejakulation nennen könnte. Die Methode ist jüngst von dem französischen katholischen Sexualforscher Paul Chanson einem langen Vergessen entrissen worden und hat allgemeines Gelächter oder Empörung ausgelöst, Reaktionen, die lediglich unsere Unkenntnis in erotischen Dingen und unsere große Naivität beweisen.

Tatsächlich entstammt die Methode dem sehr alten, sehr reichhaltigen und sehr weitgefächerten Repertoire Indiens. Man versteht sehr gut, daß die Inder dieser hochentwickelten Epochen auf diese Weise nicht aus Furcht, anschließend ihre Kinder nicht aufziehen zu können, *in vas* verweilten, bei gleichzeitiger Vermeidung der Ejakulation. Die empfängnisverhütende Vorsicht war ihnen fremd: Für sie war nur die Lust maßgeblich.

Nun hat Noonan seit dem 19. Jahrhundert (und sogar schon früher) einen beträchtlichen Sinneswandel bei manchen Moralisten wie dem Jesuiten Sanchez festgestellt. Dieser räumt die Existenz und sogar die Legitimität, im Fall von armen, allzu kinderreichen Familien, unfruchtbarer sexueller Beziehungen ein und holt (nach anderen) aus dem erotischen Arsenal des heidnischen und diabolischen Indien den *amplexus reservatus*, bei dem sich alles ganz im Sinne der Doktrin *in vas* abspielt. Wir befinden uns hier allerdings auf dem Feld der reinen Spekulation, denn es ist wenig wahrscheinlich, daß sich die Bauern, deren Sexualität E. Shorter in vier Punkten zusammengefaßt hat (der Mann oben, keinerlei Vorbereitung, rasche Ejakulation, keinerlei Rücksicht auf die Lustbefriedigung der Partnerin) dieser Disziplin der Kunst unterworfen haben. Interessant ist jedoch, daß die gelehrte Reflexion die Erotik *absque coitu* bewußt mit der Empfängnisverhütung in Verbindung bringt. Dieselbe Verbindung wurde auch in den kollektiven Mentalitäten hergestellt.

Mit Sicherheit übernahm seit dem Ende des Mittelalters (das sich durch eine andersgeartete Sexualität auszeichnet, die J. Roussiaud in einem blendenden Artikel teilweise beschrieben hat) bis zum 18. Jahrhundert jedes Individuum, Mann und Frau, nach und nach zwei Typen von Sexualität, eine *absque coitu* vor der Heirat und die andere *nisi coitu* anschließend. Noch einmal ist es J.-L. Flandrin, der darauf hingewiesen hat, daß es in allen Kulturen – außer in der unseren, der des zeitgenössischen Abendlands – zwei deutlich voneinander unterschiedene Arten der Liebe gegeben hat, die leidenschaftliche Liebe außerhalb der Ehe und die eheliche Liebe, und daß es höchst unschicklich war, beide miteinander zu vermengen.

»Romantic love«

Im 18. Jahrhundert hat sich jedoch in den oberen Gesellschaftsschichten des Abendlands (und nicht nur in Frankreich) ein bemerkenswertes Phänomen herausgebildet, dasselbe übrigens, das wir weiter oben im Zusammenhang mit der Konzentration auf das Kind einer von nun an weniger kinderreichen Familie angesprochen haben: der Wandel der Affektivität im Rahmen der

Familie. Die Gesellschaft hat jetzt in der Ehe die Liebe gefordert, die früher den Liebenden vorbehalten war: *romantic love* (und bisweilen die Wechselseitigkeit im Ehebruch). Ich nehme an, daß die voreheliche Sexualität damals zaghaft Eingang in die Ehe gefunden hat, diesmal jedoch eher zu empfängnisverhütenden als erotischen Zwecken, in Gestalt des *coitus interruptus*. Eine Wahl aus dem Arsenal empfängnisverhütender Mittel, die sich nicht anbot, eine Wahl jedoch, die äußerst wirksam gewesen ist, selbst wenn sie 20% nicht erwünschter Geburten hat durchgehen lassen (heute oder morgen durch die vollkommene Waffe der Pille oder der Spirale beseitigt). Im 18. Jahrhundert kannten die kundigen Moralisten ihn und prangerten ihn an als das gefürchtetste der »unheilvollen Geheimnisse«, mit denen man die Natur betrügt. Heute wird er von der öffentlichen Meinung als archaisch und reaktionär abgelehnt, nicht nur weil er nicht sicher ist, sondern weil er eine Disziplin voraussetzt, eine Askese, die nicht mehr geduldet wird. Und die Analyse des zeitgenössischen Hedonisten ist genauer als die des Moralisten der Aufklärung!

Die armen, nicht verwestlichten Populationen Afrikas oder Asiens liefern uns einen Beweis *a contrario*. Die Bemühungen der Entwicklungshilfeorganisationen, der USA, der Vereinten Nationen, die Geburtenkontrolle durchzusetzen, stoßen auf bisweilen unüberwindliche Hindernisse, weil diese Populationen, in denen sehr früh, kurz nach der Pubertät, geheiratet wird, einst diese lange Praxis, diese halb verbotene Lehre einer Mischung aus Enthaltsamkeit und Sexualität *absque coitu* vor einer späten Heirat nicht gekannt haben.

Die abendländische Empfängnisverhütung kann also durch zwei Ursachen erklärt werden. Zunächst ein tiefsitzendes psychologisches Motiv: die Konzentration aller Liebe und des ganzen Ehrgeizes des Paares auf das Kind; und zweitens ein sexuelles Instrument: der *coitus interruptus*, dessen Anwendung durch die frühere voreheliche unfruchtbare Sexualität vorbereitet worden ist.

Die industrielle Liebe

Wir hatten, für die Zeit vor der Industrialisierung und der damit verbundenen Umwälzung in der Bevölkerungsentwicklung, die östlichen und mediterranen Länder mit postpubertären Heiraten den Ländern Nordwesteuropas mit späten Heiraten gegenübergestellt. Während der Industrialisierung und der Übergangzeit in der Bevölkerungsentwicklung, das heißt während der ersten beiden Drittel des 19. Jahrhunderts, drängt sich eine andere Unterscheidung auf: auf der einen Seite Frankreich und auf der anderen das übrige Europa. Die Unterscheidung beruht im wesentlichen auf der Tatsache, daß Frankreich mit einem Vorsprung von mehr als einem halben Jahrhundert den Rückgang der Geburtenziffer in die Wege geleitet hat. In Frankreich setzt diese Entwicklung im ausgehenden 18. Jahrhundert ein und beschleunigt sich ab 1830. Auch England wird von ihr erfaßt, zwischen 1810 und 1880 ist sie jedoch kaum wahrnehmbar; erst ab 1880 kommt sie richtig in Schwung, allerdings liegt die Fortpflanzungsrate bis nach dem Ersten Weltkrieg immer über derjenigen Frankreichs; dann verringert sich der Abstand zwischen den Bevölkerungsentwicklungen beider Länder, bis sie identisch werden.

Sollten wir zugeben, daß unsere Analyse der psychologischen Ursachen für den Geburtenrückgang nur auf Frankreich zutrifft? Natürlich nicht, sie trifft ebenso auf die oberen und die bürgerlichen Gesellschaftsschichten Englands und der anderen westeuropäischen Länder zu, die dem Kulturraum der Länder mit später Heirat angehören: Die Statistiken lassen in ihnen sehr wohl eine, wenn auch bisweilen kaum merkliche, Tendenz zu schwachen Geburtenziffern ahnen, eine Tendenz, für die das zunehmende Verhältnis von vorausschauenden Paaren verantwortlich ist. Nur geht diese Tendenz nicht bis zum Rückgang, während dieser in Frankreich von 1800 bis 1939 andauerte. Wir werden die Länder, die im Süden oder Osten der geographischen Grenze der Länder mit später Heirat und früher Industrialisierung oder wirtschaftlicher Modernisierung liegen, außer acht lassen, die mediterranen Länder beispielsweise. Es ist normal, daß sich in ihnen die Merkmale der alten Bevölkerungsenwicklung wie starke Geburtenziffern gehalten haben.

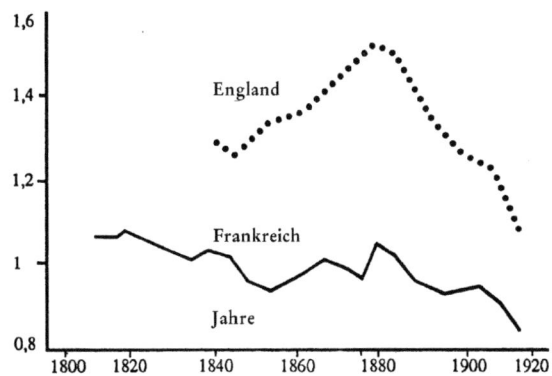

Nettofortpflanzungsrate

Die wirkliche Anomalie tritt im Vergleich zwischen Frankreich und England hervor: das Stagnieren und Altern der französischen Bevölkerung im 19. Jahrhundert und, zur gleichen Zeit, die auffällige Zunahme der Jugend in der englischen Bevölkerung. Warum dieser Unterschied in den Geburtenziffern? Anders ausgedrückt, warum hat das geburtendrosselnde bürgerliche Modell, bereits am Ende des 18. Jahrhunderts entstanden, so lange gebraucht, um sich in England zu verbreiten, während es in Frankreich sehr rasch übernommen worden ist? Ich denke, daß der Unterschied in der Hauptsache auf der Schnelligkeit und Dichte der Industrialisierung in England und ihrer durchschnittlichen Langsamkeit in Frankreich beruht. In der Tat wissen wir bis jetzt nur wenig über die Stadtbevölkerung des 19. Jahrhunderts: lediglich ein paar Ahnungen hier und da. In einem kürzlich veröffentlichten Buch[1] hat E. Shorter ein allgemeines Phänomen des ausgehenden 18. und beginnenden 19. Jahrhunderts hervorgehoben, »ein[en] erneute[n] sehr starke[n] Anstieg der unehelichen Geburten und der vorehelichen Schwangerschaften«, deren Zahl »schwindelerregend ansteigen und drei- oder viermal so hoch wie zuvor sein wird«, und damit »eines der markantesten Phänomene der modernen Geschichte«.

Alle zeitgenössischen Zeugnisse, wie das von Villermé, dessen *Tableau de l'état physique et moral des ouvriers...* aus dem Jahre 1840 stammt, bestätigen diese Meinung, der eine statistische Untersuchung zugrundeliegt: Die Beobachter waren sehr erstaunt über die große Anzahl von unehelichen Kindern in den neuen Arbeitersiedlungen. Im übrigen wurden die Kinder damals, ehelich oder nicht, zu Arbeitskräften für die Werkstatt oder die Fabrik und infolgedessen zu einer Einnahmequelle für die Eltern, die sie schon im zartesten Kindesalter (»Der kleine unermüdliche Arbeiter«[2]) arbeiten schickten und ihren Lohn kassierten. Diese Eltern hatten eher Interesse daran, ihre Fruchtbarkeit zu steigern!

Das bedeutet, daß es zu Beginn des 19. Jahrhunderts neben dem Modell der geburtendrosselnden bürgerlichen Familie ein anderes fruchtbares Modell im Volk gab, das aus einem unbeständigen, in wilder Ehe lebenden Paar und seinen sehr zahlreichen Kindern besteht: Dieses Modell ist dank einer auf sittliche Besserung hinwirkenden Einflußnahme des Staates und von Philanthropen aus den oberen Gesellschaftsschichten (wie Villermé) zugunsten des ersteren verschwunden, einer Einflußnahme, deren Untersuchung heute eine neue Gene-

---

1 E. Shorter, *Naissance de la famille moderne*, Paris, Le Seuil, 1977.
2 L. Murard, P. Zylberman, »Le petit travailleur infatigable«, in: *Recherches* 28, 1977

ration von Forschern fasziniert: J. Donzelot, Ph. Meyer, I. Joseph[1]. Aber vielleicht haben die letzten Muster dieses Modells in den asozialen und Randmilieus überlebt, die man die »vierte Welt«[2] nennt. Auf diese Weise haben wohl die wildwuchernden Zusammenballungen, die die industrielle Revolution manchmal auf dem Land, meist in der Stadt hervorgerufen hat, die Entwicklung dieses Volksmodells fruchtbarer wilder Ehen erlaubt, die im übrigen immer häufiger zu einem späteren Zeitpunkt ihre Verhältnisse ordnen und ihre Kinder anerkennen.

Die Entwicklung dieses Modells hat die Tendenz zur Geburtendrosselung, die im Bürgertum und im Bauernstand des ausgehenden 18. Jahrhunderts bereits eingesetzt hatte, ausgeglichen und manchmal sogar vollständig umkehren können. Dies gilt für einen großen Teil Englands, aber nur für einige wenige Regionen Frankreichs, für diejenigen beispielsweise, die Villermé beobachtet hat (Lille und Rouen), und dieser Unterschied könnte die ungleichen Bevölkerungsentwicklungen erklären. In Frankreich hat das bürgerliche und bäuerliche Modell sofort die Oberhand gewonnen; in England ist es dem industriellen Volksmodell gelungen, solange es sich hielt, eine hohe Geburtenziffer aufrechtzuerhalten und den langsamen Vormarsch des bürgerlichen Modells zu verschleiern.

Der Babyboom

Die Ungleichheiten des 19. Jahrhunderts verschwanden nach dem Ersten Weltkrieg, und die gesamte westliche Welt folgte von da an derselben sinkenden Kurve der Geburtenziffern und übernahm dasselbe Modell der vorsichtigen, berechnenden, vorausschauenden Familie, die ganz darin aufging, ein oder zwei Kindern die beste Zukunft zu sichern. Unter diesen Umständen war die Drosselung der Geburten keine Antwort auf irgendein Aufflammen von Hedonismus. Sie entsprach im Gegenteil einer asketischen Lebensgestaltung, in der alles, einschließlich der sexuellen Lust, der geduldigen Aufzucht der nächsten Generation geopfert wurde. Die Erfordernisse des Kindes und seiner Zukunft waren damals sehr viel zwingender als zu anderen Zeiten der Druck der Religionen und der Kirchen. Die Epoche war geprägt von der zugleich moralischen und wirtschaftlichen Bedeutung der Sparsamkeit: Sparsamkeit

---

1 J. Donzelot, *La Police des familles*, Paris, Editions de Minuit, 1977; Ph. Meyer, *L'Enfant et la Raison d'Etat*, Paris, Le Seuil, 1977; I. Joseph, Ph. Fritsch, »Disciplines à domicile«, in: *Recherches* 28, 1977.
2 Siehe den Verein »Aide à toute détresse« (107, avenue du Général-Leclerc, 95480 Pierrelaye).

und Erziehung der Kinder sind die beiden wesentlichen Zukunftspläne, und gewiß die zwei Seiten derselben Medaille.

Mit dem Zweiten Weltkrieg bricht diese Welt von Berechnung, Vorsicht und Vorausschau auseinander. Es hat den Anschein, als habe der westliche Mensch damals das Vertrauen in die Wirksamkeit seiner individuellen Anstrengung verloren: In einer Welt, die begonnen hatte, sich nach allen Richtungen zu bewegen, war es nicht mehr möglich, langfristig zu »programmieren«. Zur gleichen Zeit aber wurde das Selbstvertrauen durch einen neuen Glauben ersetzt, dem alle einmütig und leidenschaftlich anhingen und der dieses individuelle Vertrauen überflüssig machte: den Glauben an den technischen und wissenschaftlichen Fortschritt, an die grenzenlose Steigerung des Wohlstands. Gewiß, die Idee des Fortschritts stammte aus der Aufklärung, aber erst in den Nachkriegsjahren wurde sie populär und Allgemeingut, begünstigt im übrigen durch einen langanhaltenden wirtschaftlichen Aufschwung und eine allgemeine Verbreitung der Technologien, wie es sie zuvor nie gegeben hatte. Dieser Glaube erfaßte nicht alle gleichermaßen. Ihm verschrieben sich insbesondere die sogenannten Führungskräfte, eine Mittelschicht, die sich sehr rasch ausweitete. Es trat damals ein ungewöhnliches Phänomen auf, das die Beobachter der Bevölkerungsbewegungen anfänglich verwirrte, ja, dem sie sogar ungläubig gegenüberstanden: Diese Führungskräfte begannen mehr Kinder als ihre Eltern zu haben, und mehr als die auf mehr als ein Jahrhundert Beobachtung gestützten Prognosen vorhersehen ließen. Dieser überraschende Abbruch einer hundertjährigen Entwicklung ist der *Babyboom*. Ich komme hier abschließend auf ihn zu sprechen, weil er zeigt, wie sehr die Einstellung zum Leben eine Mentalitätssache ist. Das empfängnisverhütende Verhalten des 19. Jahrhunderts hatte sich in einem besonderen psychologischen Klima entwickelt, das in den vierziger Jahren verschwand. Es wurde abgelöst von einem anderen Klima, in dem die vorausschauenden Berechnungen der vorhergegangenen Periode keinen Platz mehr hatten, zerstreut von einem Klima des Vertrauens in eine Schlaraffenzukunft. Nichts hinderte jetzt mehr daran, eine Familie ein wenig zu vergrößern, die zum Ort des Glücks geworden war: »die glückliche Familie«.

Der *Babyboom* hat nicht, wie die Demographen meinten, einen Morgen gedauert, sondern eine Generation, diejenige, die zwischen 1910 und 1920 geboren wurde, eine Generation, deren Geschichte man schreiben müßte, so sehr unterscheidet sie sich von der vorhergehenden (der letzten des Jahrhunderts) und der folgenden, über die zu urteilen es noch zu früh ist. Man weiß lediglich sehr geau, daß diese neue Generation seit den sechziger Jahren die sinkende Kurve der Geburtenziffer dort wieder aufnimmt, wo ihre Eltern sie 1939 verlassen hatten. Die Empfängnisverhütung ist jetzt aus der Klandestinität des 19. Jahrhunderts herausgetreten, die im übrigen weder ihrer Wirksamkeit noch ihrer Verbreitung im Wege gestanden hat. Doch sie hat sich in ihrem Wesen vollständig verändert. Sie ist ein ganz anderes Phänomen, das unsere heutige Jugend nur widerstrebend mit der Askese ihrer Großeltern in Verbindung bringt.

Literaturhinweise:

Neben den bereits zitierten Büchern und Aufsätzen von P. Chaunu, J. Donzelot, J.-L. Flandrin, I. Joseph und Ph. Fritsch, Ph. Meyer, J.-T. Noonan und E. Shorter seien noch die folgenden Veröffentlichungen genannt:

Ariès, Ph., *Histoire des populations françaises et de leurs attitudes devant la vie depuis le XVIIIe siècle*, Paris, Le Seuil, 1948, 1971, insbesondere: »Les techniques de la vie«, S. 344-372, und »Populations anglaise et française«, S. 201-240

Burguière, A., »L'Ancien Régime démographique: un modèle? une stratégie?«, in: *Mélanges Braudel*, 1973

Dupâquier, J., *Introduction à la démographie historique*, Gamma, 1974; vom selben Autor, in Zusammenarbeit mit M. Lachiver: »Les débuts de la contraception en France au XVIIIe siècle: les deux malthusianismes«, in: *Annales ESC*, Nov./Dez. 1969, S. 1391-1406

Flandrin, J.-L., *Les Amours paysannes*, Paris, Juillard, 1974, Coll. »Archives«; *Familles*, Paris, Hachette, 1976; dt.: *Familien. Soziologie, Ökonomie, Sexualität*, übers. v. Eva Bruckner-Pfaffenberger, Frankfurt/M., Ullstein, 1978; »Contraception, mariage et relations amoureuses dans l'Occident chrétien«, in: *Annales ESC*, Nov./Dez. 1969, S. 1370-1390; »Mariage tardif et vie sexuelle«, in: *Annales ESC*, Nov./Dez. 1972, S. 1351-1378; »L'attitude à l'égard de l'enfant«, in: *Annales de démographie historique*, 1973

Gauthier, E., Henry, L., »La population de Crulai«, INED, in: *Cahier* 33, 1958, S. 118-122

Hajnal, J., *European Marriage Pattern*, London, 1965

Shorter, E., »Female emancipations, birth control and fertility in european history«, in: *The American historical Review*, vol. 78, Nr. 3, S. 605-640

Wrigley, E.-A., *Société et population*, Paris, Hachette, 1969, Coll. »Univers des connaissances«; vgl. a. ders., *Bevölkerungsstruktur im Wandel. Methoden und Ergebnisse der Demographie*, aus dem Engl. v. Renate Kamp u. Horst Ensslen, München, Kindler, 1969

ALAIN CORBIN

Die Faszination des Ehebruchs

Die Geschichte der Mätresse im 19. Jahrhundert ist zweifellos im Kontext einer langfristigen und bereits früher einsetzenden Entwicklung zu sehen. In Nantes zeigen sich die Angehörigen des gehobenen Bürgertums schon in der Zeit um 1775 nicht mehr so recht angetan von den bis dahin goutierten Freuden der *amour ancillaire*, den Liebeseskapaden mit ihren Dienstmädchen[1]. Sie ziehen es nun vor, eine Geliebte auszuhalten und ihr eine Wohnung einzurichten. An die Stelle jenes Bestürmens ohne eigentliche Eroberung, wie es schlicht aufgrund des Herrschaftsverhältnisses zwischen dem Hausherrn und der Bediensteten möglich war, tritt allmählich eine Beziehung, die, so sehr sie auch auf Bezahlung basiert, doch etwas halbwegs Respektables besitzt und zudem – soviel läßt sich unterstellen – mit einer gewissen Prise Gefühl gewürzt ist. So etwa hat man sich das Modell der ausgehaltenen Geliebten vorzustellen, wie es sich im 19. Jahrhundert herauskristallisiert, während andererseits unter den verarmten und entwurzelten Jugendlichen der ständig expandierenden Großstädte das, was der Historiker Edward Shorter als »romantische Liebe«[2] bezeichnet, immer mehr Verbreitung findet.

Rein schematisch könnte man unter dieser Perspektive jenes überlange 19. Jahrhundert, eine Epoche, die doch eigentlich schon mit der Französischen Revolution beginnt und bis zum Ersten Weltkrieg hinführt, in zwei Perioden aufteilen. Bis in die Zeit des Zweiten Kaiserreichs hinein bleibt der Einfluß des althergebrachten Modells, stabilisiert von einem Reglementarismus, der abweichende Verhaltensformen unter Kontrolle zu bringen versucht, noch sehr bestimmend. Die städtischen Behörden verkennen durchaus nicht den instrumentell-utilitaristischen Charakter, den die käufliche Liebe unzweifelhaft besitzt. Am liebsten sähen sie es, wenn sie die Funktion einer Art ›Samenkanali-

---

1 Jacques Depauw, »Amour illégitime et société à. Nantes au XVIIIᵉ siècle«, in: *Annales ESC*, Juli-Oktober 1972.
2 Edward Shorter, *The Making of the Modern Family*, New York, Basic Books, 1975; dt.: *Die Geburt der modernen Familie*, übers. von Gustav Kilpper, Reinbek b. Hbg., Rowohlt, 1977.

sation‹ erfüllen würde. In der *maison de tolérance*, dem Bordell, wie es der Polizeipräfektur vorschwebt und später dann von einem Experten auf diesem Gebiet, von Parent-Duchâtelet[1], beschrieben worden ist, gibt es keine Promiskuität, keinen Gruppensex, keine erotischen Finessen und ebensowenig sentimentale Anwandlungen. Der Kunde, dem hier Erleichterung verschafft wird, soll unbescholten und voll funktionsfähig seiner Familie und der Gesellschaft zurückgegeben werden, nachdem er einige Minuten in den Armen der ›leichten Mädchen‹ verbracht hat. Wobei man sich im übrigen mehr oder weniger erfolgreich darum bemüht, den Prostituierten durch eine sorgfältige Überwachung und eine kunstvolle Körperdressur ein gesittetes Benehmen anzuerziehen.

Im gleichen Zeitraum nimmt die Verbreitung des Konkubinats, der wilden Ehe, außerordentlich zu, zumindest in den Großstädten. Aber entgegen der Auffassung, die Edward Shorter hier vertritt, und in Übereinstimmung mit Louis Chevalier[2] läßt sich sagen, daß diese Verhaltensstruktur nicht ausschließlich für Paare aus dem einfachen Volk charakteristisch ist. Eine neuere Studie[3] versammelt hinreichend Belege dafür, daß illegitime Beziehungen nicht nur dort zu registrieren sind: Häufig sind es Angehörige des Kleinbürgertums und des Mittelstands, ob Studenten, Künstler, Handwerkermeister oder Ladenbesitzer, die solche Verbindungen mit Mädchen aus dem einfachen Volk eingehen, den sog. Grisetten, meist Putzmacherinnen, Näherinnen oder Ladenmädchen. Ein Konkubinat auf Zeit, von vornherein geprägt von gegenseitigem Nichtverstehen und verurteilt dazu, für beide Seiten unbefriedigend zu bleiben und irgendwann mit einem plötzlichen Bruch, der sich oft genug in ritualisierter Form vollzieht, zu enden; eine sexuelle Beziehung über die Klassenschranken hinweg, die immerhin als untrügliches Zeichen für die Anfälligkeit der Ehe, bei der doch die Kluft zwischen den gesellschaftlichen Schichten im allgemeinen respektiert bleibt, betrachtet werden kann und die deren weitere Entfaltung merklich beeinträchtigt. Die rapide ansteigende Zahl ausgehaltener Frauen, besonders unter der Julimonarchie, geht auf die gleiche Verhaltensstruktur

---

1 Alexandre Parent-Duchâtelet, *La Prostitution à Paris au XIXe siècle*, présenté et annoté par Alain Corbin, Paris, Seuil, 1981 (erstmals veröffentlicht 1826); dt.: *Die Sittenverderbnis und Prostitution des weiblichen Geschlechts in Paris unter Napoleon I.*, übers. von Gottfried Wilhelm Becker, durchgesehen von Walter Serner, Berlin: Dr. Potthof, Verlag für Sexualwissenschaft und Literatur, 1914.
2 Louis Chevalier, *Classes laborieuses et classes dangereuses à Paris pendant la première moitié du XIXe siècle*, Paris, Plon, 1958
3 Michel Frey, »Du mariage et du concubinage dans les classes populaires à Paris en 1846-1847«, in: *Annales ESC*, Juli-August 1978

Die Belle Époque hat dem ordinären Bordell eine Absage erteilt und dafür der Maison de rendez-vous zum Durchbruch verholfen. Eine Verschiebung, die einiges aussagt über den Wandel der Sitten, der Wunschphantasien und der gesellschaftlichen Zielvorstellungen.
Oben: Ende des vorigen Jahrhunderts werden die nackten, vulgären Geschöpfe des Stadtteil-Bordells durch den Typus der gehobenen, gutsituierten Prostituierten verdrängt. Herausgeputzt mit Unmengen von Schmuck und umgeben von Blumen, empfängt sie die Herren ›comme il faut‹ in einem intimen Ambiente, dessen Polsterpracht an das bürgerliche Interieur erinnert.

zurück. Balzac hat ein eindrucksvolles Bild entworfen von den Freuden und Schrecken, die solche unstandesgemäßen Beziehungen mit sich brachten; sogar zu zwei getrennt nebeneinander bestehenden Familien konnte das führen (*Une double famille*; dt.: *Eine doppelte Familie*).

Das Konkubinat und die Form sexueller Käuflichkeit, wie sie für jene Periode charakteristisch sind, nehmen ihren Aufschwung parallel zu dem der bürgerlichen *privacy*; sie werden nun offenbar als unverzichtbares Ventil für die von den Strategien der Ehe unterbundenen männlichen Leidenschaften angesehen. Die wissenschaftliche Theorie, die sich jetzt vehement gegen den weiblichen Orgasmus[1] im Rahmen der Ehe ausspricht; der romantische Angelismus, der die junge Frau aus dem Bürgertum vergessen machen will, daß sie

---

1 Vgl. Alain Corbin, *Die kleine Bibel für junge Eheleute*; in diesem Band, S. 216-228

Ein romantischer junger Mann wird in die ›bessere Gesellschaft‹ eingeführt und begegnet der Frau. Das elitäre Modell der ›éducation sentimentale‹, der Erziehung des Herzens, findet in der Folgezeit bis ins Kleinbürgertum hinein Verbreitung

einen Körper besitzt; die innerhalb desselben gesellschaftlichen Milieus sich mehr und mehr herausbildende Intimität eines ganz auf die Kindererziehung zentrierten Familienlebens – all das hat eine beträchtliche Zunahme jener illegitimen, die Erwartungen wohl meist enttäuschenden Sexualität zur Folge, die zwar toleriert wird, aber einer mehr oder weniger diskreten Überwachung durch die Behörden und die öffentliche Meinung unterliegt.

Im Verlauf des letzten Drittels des vorigen Jahrhunderts, sofern auf diesem Sektor von einem auch nur annähernd präzisen chronologischen Einschnitt überhaupt die Rede sein kann, führt die Entfaltung der Sensibilität, der Wandel in den Formen des Begehrens zu einer allmählichen Verhaltensmodifikation und zum Durchbruch des Modells der Mätresse, so wie es dann das Vaudeville der Belle Époque popularisieren sollte.

Zahlreiche Faktoren sind es, die diesem Modell Auftrieb verleihen, und eine gewichtige Rolle spielt dabei wohl vor allem der Nachahmungsdrang (*souci d'imitation*), dem gegen Ende des Jahrhunderts der Soziologe Gabriel de Tarde eine so überaus große Bedeutung zuschreiben sollte[1]. Allem Anschein nach übt ab dem Zweiten Kaiserreich das Vorbild der Aristokratie eine ganz besondere Faszination auf das gehobene und selbst auf das Kleinbürgertum aus. Es geht diesen Schichten darum, ihre Position zur Geltung zu bringen. Sich in Begleitung einer Mätresse, zumal, wenn es sich um eine *femme à la mode* handelt, in

---

1 Gabriel de Tarde (1843-1904), frz. Philosoph und Soziologe. Zum Begriff der Nachahmung vgl. sein Hauptwerk *Les Lois d'imitation. Étude sociologique*, Paris, Alcan, 1895 (A. d. Ü.).

der Öffentlichkeit zu zeigen, sich mit einer berühmten Kurtisane sehen zu lassen, ja sogar – aber das gilt eher für die Provinz – mit einer Sängerin vom *caf-conç* [*café-concert*, eine Art Variété; d. Ü.] oder vom *beuglant* (Tingeltangel), geht ein in jene Strategie der Akkumulation symbolischer Werte, die sich auch darin äußert, daß es nunmehr fast schon zum guten Ton gehört, holländische Meister zu sammeln oder in den noblen Restaurants zu verkehren. Die zunehmende gesellschaftliche Verbreitung – und der damit einhergehende Werteverfall – der Gastronomie, der Galanterie, des Ehebruchs und des Kunstsammelns ist auf ein und dieselbe Grundintention zurückzuführen. Die ›*éducation sentimentale*‹ des kleinen Provinzlers Frédéric Moreau wäre undenkbar ohne die Erfahrungen mit der aristokratischen Mätresse und mit der Kurtisane; nicht zuletzt läßt sie den Helden des Romans auch mit dem Ehebruch, wie er in bürgerlichen Kreisen praktiziert wird, in Berührung kommen.[1]

In diesem Zusammenhang muß die Bedeutung jener Halbweltdamen hervorgehoben werden, für die Alexandre Dumas d.J. ein geradezu obsessives Interesse aufbrachte; jener »Demimonde« also, die am unteren Rand der ›großen Welt‹ angesiedelt ist, wo sich junge Mädchen ohne Mitgift, lebenslustige Witwen und geschiedene Frauen, kurzum: die Opfer der sozialen Ächtung der alleinstehenden Frau, allzuschnell wiederfinden können – in Gesellschaft von einigen Kokotten und den sog. *grandes horizontales*, denen ein paar glückliche Zufälle oder auch nur eine helle und seidenweiche Haut zu einem kometenhaften Aufstieg verholfen haben. Der »Demimonde« als einem weitgehend phantasmatischen Schmelztiegel, als undefinierbarer Grenze kommt die Funktion eines faszinierenden Gegenmodells zu.

Es scheint überdies ganz so, als würde zu diesem Zeitpunkt die ›romantische Liebe‹, von der Shorter spricht, die Gefühlswelt des Bürgertums immer mehr durchdringen und damit die ausgeklügelten Strategien der Ehe, die bis dahin in diesem gesellschaftlichen Milieu vorherrschend waren, einer wachsenden Gefahr aussetzen. Die Kritik an der Praxis der Mitgift und an der merkantilen Einstellung auf seiten der Eltern, wie sie gegen Ende des Jahrhunderts aufkommt, und das nicht nur innerhalb der sozialistischen Gruppierungen, verweist deutlich auf diesen Umbruch.

Die Entwicklungstendenz läßt sich aber auch an jenem fruchtbaren und äußerst vielgestaltigen Diskurs ablesen, der das Idealbild eines neuen Paares entwirft: ein eher geschwisterliches und ausgewogenes Verhältnis zwischen

---

1 Gustave Flaubert, *L'Éducation sentimentale*; erstmals erschienen 1869; dt.: *Die Erziehung des Herzens* (mehrere Übersetzungen unter verschiedenen Titeln).

einem aufgeklärten und kultivierten jungen Mädchen und einem Bräutigam, der nun nicht mehr dem Stereotyp des Junggesellen entspricht, der langsam in die Jahre kommt und seine Jugendzeit endgültig begraben will. Eine neue Paarbeziehung, in der sich Ansätze zu einer familialen Demokratie abzeichnen, Symbol dessen, was die siegreiche Dritte Republik dann auf nationaler Ebene während der letzten zwei Jahrzehnte des Jahrhunderts zu verwirklichen sucht.

Genau zu jenem Zeitpunkt – und diese Gleichzeitigkeit gilt es hervorzuheben – gehen einige, innerhalb ihres Berufsstandes gewiß noch in der Minderheit bleibende Mediziner daran, für die verheiratete Frau das Recht auf die Manifestation des Begehrens und auf den Orgasmus einzufordern; und genau zu jenem Zeitpunkt auch setzt innerhalb der französischen Gesellschaft auf breiter Basis die Anwendung kontrazeptiver Praktiken ein, zum Entsetzen des Episkopats und der Wortführer der populationistischen Verbände (vgl. den Beitrag von Françoise Thébaud in diesem Band, S. 265-275).

Im Jahre 1884 wird die Scheidung wiedereingeführt (vgl. den Beitrag von Arlette Lebigre in diesem Band, S. 229-235); einige Stimmen erheben sich nun, die selbst für die wilde Ehe plädieren, besonders innerhalb des libertär-anarchistischen Lagers. 1907 stellt Léon Blum ein neues Modell des Ehebündnisses zur Diskussion, das auf vorehelichen sexuellen Erfahrungen beider Geschlechter basiert; Madeleine Pelletier redet nun vehement der sexuellen Emanzipation der Frau das Wort; die neomalthusianistische Propaganda findet bis in die Arbeiterschichten hinein Resonanz[1]. Und selbst diejenigen, die Marcel Prévost mit dem Begriff *demi-vierges* [›Halbjungfrauen‹: Mädchen, die sich trotz sexueller Kontakte ihre Jungfräulichkeit erhalten; d. Ü.] bezeichnet hat, sind jetzt ganz und gar versessen auf Flirts, und nichts mehr kann sie davon abhalten, Fahrrad zu fahren, Tennis zu spielen und Liebkosungen aller Art über sich ergehen zu lassen; kurzum: die Anzeichen häufen sich für jene Umbrüche, die kurz nach dem Ersten Weltkrieg den Frauentyp der Garçonne entstehen lassen sollten.

Vor diesem Hintergrund wird die Faszination, die der Ehebruch auf die bürgerlichen Kreise ausübt, schon eher verständlich; ein wahrhaft obsessives Thema, das im Roman wie im Vaudeville jener Epoche wuchernd überhandnimmt. Die mit neuen Freiheiten ausgestattete Frau aus dem Bürgertum, die von den Zentren der Großstädte Besitz ergriffen hat, sich bedenkenlos ohne männliche Begleitung dort bewegt und sich ebenso selbstverständlich auf den Terrassen der renommierten Cafés den Blicken der Menge aussetzt, sie wird zu

---

1 Vgl. Francis Ronsin, *La grève des ventres*, Paris, Aubier, 1980

einer geradezu enigmatischen Gestalt. Die freie Zeit, über die sie in ihrem Tagesablauf verfügt, der neue Freiraum, der ihr mit der Möglichkeit, sich in Bade- und Kurorten aufzuhalten, zugestanden wird, die überall sich bietenden Gelegenheiten zu Begegnungen und Rendezvous: all das beschäftigt unablässig die Phantasie der Männer, die davon zugleich fasziniert und zutiefst beunruhigt sind. Wenn man nun allenthalben über Feydeaus Figuren lacht, dann deshalb, um so von der Angst loszukommen, die diese neue Form der Erotik auslöst.

Die historische Demographie ist offensichtlich nicht imstande, über die Häufigkeit, mit der es zur ehelichen Untreue kommt, exakte Angaben zu liefern; darüber hinaus sind durch den Aufschwung, den die Verhütungspraktiken zu verzeichnen haben, alle wissenschaftlichen Anstrengungen, das quantitative Ausmaß der außerehelichen Sexualität genauer zu bestimmen, zum Scheitern verurteilt. Der auf diesem Gebiet arbeitende Historiker sieht sich also zwangsläufig darauf beschränkt, über wahrscheinliche Entwicklungen Spekulationen anzustellen und seine Aufmerksamkeit ganz auf die Vorstellungssysteme, die Formen des Begehrens, die sich wandelnden Wunschphantasien zu richten oder aber auch eine Typologie der diversen Liebesbeziehungen zu entwerfen. Was letzteres betrifft, weist eine neuere Studie[1] überzeugend nach, daß die außereheliche Paarbeziehung, wie sie nun innerhalb des Bürgertums entsteht, von der herkömmlichen Form des Konkubinats radikal abweicht. In diesem Fall nämlich gehören die beiden Partner demselben gesellschaftlichen Milieu an; deutlich sind sie im gleichen Alter und lassen das gleiche kulturelle Niveau erkennen. Offenbar ist nunmehr die gegenseitige Anziehung Grundlage einer solchen Liaison: vom bloßen Abreaktions-Mechanismus hat sie sich damit weit entfernt.

Einigermaßen erstaunlich, zumindest auf den ersten Blick, ist die Tatsache, daß innerhalb dieses gesellschaftlichen Milieus die beschriebene Faszination durch den Ehebruch einhergeht mit einer wieder ansteigenden Tendenz, sich auf Liebschaften mit dem Dienstpersonal einzulassen, einer Versuchung, der man zweifellos häufig auch nachgab. Man denke nur an die ausgesprochene Neigung von Trublot, der Figur aus *Pot-Bouille*[2], für die netten, kleinen Stubenmädchen seiner Freunde; und jedem werden hier sofort die Enthüllun-

---

1 Anne-Marie Sohn, »Les rôles féminins dans la vie privée: approche méthodologique et bilan de recherches«, in: *Revue d'histoire moderne et contemporaine*, Oktober-Dezember 1981.
2 Roman von Émile Zola, erschienen 1882; dt.: *Ein feines Haus* (A. d. Ü.)

gen aus dem *Journal d'une femme de chambre*[1] in den Sinn kommen. Bei
Maupassant nimmt dieses Thema dann obsessive Formen an, während der
Psychiater Krafft-Ebing im selben Zusammenhang von einem ›Schürzen-Fe-
tischismus‹ spricht[2]. Die Verbannung der Dienstmädchen in ein Kämmerchen
im sechsten Stock erleichtert nur noch die Seitensprünge, die sich Monsieur
und sein Sohn nun erlauben.

Die Maison de rendez-vous

Parallel dazu zeichnet sich eine Neuorientierung der Verhaltensformen auf
dem Sektor der käuflichen Liebe ab: die ›Samenkanalisation‹, auf die es die
Reglementaristen in der Zeit des Konsulats und des Ersten Kaiserreichs abgesehen haben, genügt nicht mehr recht den neu aufkommenden Wünschen und
Bedürfnissen. Das Stadtteil-Bordell steckt in einer tiefen Krise. Die vulgären
und in ihrer Nacktheit schockierenden Geschöpfe solcher Freudenhäuser
sowie die dort praktizierte Massenabfertigung schrecken die aus Büroange-
stellten, Handelsreisenden, Verkäufern und Studenten sich rekrutierende
Kundschaft ab; und selbst die Soldaten, die bislang den Bordellbesitzerinnen
zu einem einträglichen Geschäft verholfen haben, beginnen dieser Verhältnisse
überdrüssig zu werden. Der Wunschtraum des kleinbürgerlichen Junggesellen
wie auch des verheirateten Mannes besteht nun darin, die Frau eines anderen
zu besitzen; die mit barer Münze erkaufte eheliche Untreue gewinnt ein ganz
neues Prestige, seitdem man allgemein zu der Erkenntnis gelangt ist, daß – um
eine Formulierung des Arztes Louis Fiaux aufzugreifen – »le pot-au-feu est
désormais cantharidé.«[3]

Im Bemühen um eine affektive Bindung, um eine erotisch gefärbte und
dennoch auf einem gewissen Grad von Vertrautheit, auf dem intensiven Austausch von Blicken und Worten basierende Beziehung deutet sich eine neue

---

1 Satirischer Gesellschaftsroman von Octave Mirbeau erschienen 1900; dt.: *Tagebuch einer Kam-
 merzofe*. Rückhaltlos werden in diesem fiktiven Tagebuch die Laster und Perversionen der
 bürgerlichen Gesellschaft des Fin de siècle aufgedeckt. (A. d. Ü.)

2 Richard von Krafft-Ebing, *Psychopathia sexualis* (Nachdruck der Ausg. Stuttgart, 1912), mit
 Beiträgen von Georges Bataille u. a., München, Matthes & Seitz, 1984; vgl. dort S. 198f. (A. d.
 Ü.)

3 Unübersetzbares Wortspiel: *pot-au-feu*, der Fleischtopf, bezeichnet im Argot auch etwas Häusliches, Spießiges; *cantharide* ist die spanische Fliege, ein grün schimmerndes Getier, aus dessen
 getrocknetem Körper man ein als Aphrodisiakum geltendes Pulver gewann. Gemeint ist also
 sinngemäß, daß der heimischen Atmosphäre nun eine durchaus aphrodisierende Qualität ab-
 gewonnen wird. (A. d. Ü.)

Art von Prostitutionsverhältnis an – so sehr auch dieses notgedrungen und per definitionem auf Illusion und bloßem Schein beruht. Ein stillschweigendes Übereinkommen aber nötigt beide Seiten, den Anschein zu wahren; und nichts kann den Kunden davon abhalten, sich in der ständigen Hoffnung zu wiegen, daß durch das Spiel der Verführung aus dem Schein doch eines Tages Wirklichkeit werden könnte. Gerade dieses komplexe Schattenspiel ist charakteristisch für die Institution der *Maison de rendez-vous*, die zahlreichen Zeugnissen zufolge gegen Ende des Jahrhunderts einen unerhörten Aufschwung erfährt, zumindest in Paris und in den größeren Städten.

Die erotischen Begegnungen finden dort in der Regel am Nachmittag statt. Die Frauen, die in dieser Art von Etablissements ein und aus gehen, zeichnen sich durch gediegene Umgangsformen aus; sie sind *en chapeau*, d. h. sie geben sich bürgerlich. Einander vorgestellt wird man im Salon bei einer Tasse Tee, nicht selten mit den Klängen eines Pianos im Hintergrund. Der entspannte Konversationston, die bequemen Fauteuils, die sichtliche Ungezwungenheit der Kupplerin, die dieses Treffen organisiert: all das trägt dazu bei, die Illusion aufrechtzuerhalten, es gehe hier ganz so zu wie in einer bürgerlichen Ehe. Der ansehnliche Preis, den solche Frauen verlangen, und die längere Dauer dieser amourösen Vergnügungen – wenn man hier den Agenten der Sittenpolizei Glauben schenken darf – lassen erkennen, daß alles darauf angelegt ist, sich vom herkömmlichen Bordell, ja selbst vom luxuriösen ›Fin de siècle‹-Bordell deutlich abzuheben. Und von Kennern des Milieus aus der Polizeipräfektur hört man, daß professionelle Prostituierte bei weitem nicht die einzigen sind, die sich zu solchen Rendezvous bereit finden. Die extreme Behutsamkeit, zu der der Präfekt Lépine die Polizeibeamten, die diese Etablissements in aller Diskretion überwachen, verpflichtet, spricht in der Tat für diese Annahme.

Der sprunghafte Anstieg der Zahl heimlicher Prostituierter, die immer häufiger zu beobachtenden ›Laufmädchen‹ mit durchaus gepflegten Manieren, die sich so trefflich darauf verstehen, die Passanten auf den großen Boulevards in ihr Kielwasser zu ziehen, und sich anders als die registrierten Freudenmädchen früherer Zeiten nun nicht mehr scheuen, sich in der Öffentlichkeit zu präsentieren und die schicksten Lokale aufzusuchen – in all dem kommt der Wandel im Bereich des erotischen Empfindens zum Ausdruck. Der durchschlagende Erfolg, den die in Bars und Kneipen heimlich ihrem Gewerbe nachgehenden Prostituierten in der Zeit nach dem Gesetz von 1880, das die Vorschriften für solche Lokale weitgehend liberalisierte, für sich verbuchen konnten, ist ein weiteres Indiz für die starke Nachfrage nach dieser Art Schein-Sentimentalität.

Eine Reihe weiterer Faktoren spricht für das Modell der ›Mätresse‹; nur einer noch sei abschließend hier erwähnt: die innerhalb des Bürgertums aufkommende Angst, die durch den in der Zeit von 1880 bis 1914 weitverbreiteten Mythos von der Heredosyphilis[1] hervorgerufen wird (vgl. den Beitrag von Anne Marie Moulin und Robert Delort in diesem Band, S. 249-264). Die Furcht davor, die eigene Nachkommenschaft durch aus dem niederen Volk und aus dem Sündenpfuhl des Lasters aufsteigende Keime einer Gefahr auszusetzen, spricht für diese Form des – ob nun bezahlten oder unbezahlten – außerehelichen Geschlechtsverkehrs. Zu Recht oder zu Unrecht: schon die respektable äußere Erscheinung der Sexualpartnerin hat offensichtlich etwas Beruhigendes. Und wie man hört, tun sich jetzt gelegentlich sogar einige Herren zusammen, um sich gemeinsam in einer Art Kommanditgesellschaft die Dienste einer Mätresse zu sichern, der jeder sexuelle Kontakt außerhalb des auserwählten Kreises strengstens untersagt ist – mit der unverkennbaren Absicht, sich so vor einer möglichen Ansteckung zu schützen.

Charakteristisch für die Sexualität im Fin de siècle insgesamt ist eine allmählich einsetzende Konfusion, ein Ineinanderfließen der Modelle. Die verheiratete Frau aus dem Bürgertum entfaltet nach und nach ihre erotischen Qualitäten, während andererseits immer mehr Prostituierte bemüht sind, sich in ihrem Habitus den ehrbaren Frauen anzugleichen. Selbst die Herren von der Sittenpolizei sind angesichts dieser Situation mit ihrem Latein am Ende; es fällt ihnen zunehmend schwerer, eindeutig zwischen einem Seitensprung und gewerbsmäßig betriebener Prostitution zu unterscheiden. Die strenge Rollenverteilung bricht allmählich auf: die verheiratete Frau erhebt nun ihrerseits einen Anspruch auf Genuß und ermöglicht es so der Prostituierten, ihr immer ähnlicher zu werden. Die Kupplerin der *Maison de rendez-vous* versteht es, von dieser konfusen Lage zu profitieren. Denn der Lust auf ein Liebesabenteuer verspürende Bürger muß stets damit rechnen, in ihrem Haus statt seiner Mätresse – zumindest sind solche Gerüchte im Umlauf und allein das schon genügt, um für Verwirrung zu sorgen – seiner Ehefrau oder seiner Tochter über den Weg zu laufen.

Literaturhinweise:

Alain Corbin, *Les filles de noce. Misère sexuelle et prostitution aux XIXe et XXe siècles*, Paris: Aubier, 1978, und Paris, Flammarion, 1982

---

1 Heredosyphilis: Syphilis als Erbkrankheit (A. d. Ü.)

ders., »L'Hérédosyphilis ou l'impossible rédemption«, in: *Romantisme* Nr. 31, 1981

Michel Frey, »Du mariage et du concubinage dans les classes populaires à Paris en 1846-1847«, in: *Annales ESC*, Juli-August 1978

Anne Martin-Fugier, *La Bourgeoise. La femme au temps de Paul Bourget*, Paris, Grasset, 1983

Edward Shorter, *The Making of the Modern Family*, New York, Basic Books, 1975; dt.: *Die Geburt der modernen Familie*, übers. von Gustav Kilpper, Reinbek b. Hbg., Rowohlt, 1977

Alexandre Parent-Duchâtelet, *La Prostitution à Paris au XIXe siècle*, présenté et annoté par Alain Corbin, Paris, Seuil, 1981 (erstmals veröffentlicht 1826); dt.: *Die Sittenverderbnis und Prostitution des weiblichen Geschlechts in Paris unter Napoleon I.*, übers. von Gottfried Wilhelm Becker, durchgesehen von Walter Serner, Berlin, Dr. Potthof, Verlag für Sexualwissenschaft und Literatur, 1914

Anne-Marie Sohn, »Les rôles féminins dans la vie privée: approche méthodologique et bilan de recherches«, in: *Revue d'histoire moderne et contemporaine*, Oktober-Dezember 1981

Eduard Fuchs, *Illustrierte Sittengeschichte vom Mittelalter bis zur Gegenwart*, Band 3: *Das bürgerliche Zeitalter*, mit 500 Textillustrationen und 63 Beilagen, Berlin, Verlag Klaus Guhl, o. J.

Peter Gay, *Die zarte Leidenschaft. Liebe im bürgerlichen Zeitalter*, übers. von Holger Fließbach, München, C. H. Beck, 1987

Regina Schulte, *Sperrbezirke. Tugendhaftigkeit und Prostitution in der bürgerlichen Welt*, Frankfurt/M., Syndikat, 1979

2.

Das Paar

Ein Mann, eine Frau

JEAN BOTTÉRO

Adam und Eva: das erste Paar

Ob wir nun wollen oder nicht, ob wir sie selbst gelesen haben oder ob sie uns im Laufe unserer Kindheit erzählt worden ist, noch immer ist es die Geschichte, mit der das erste Buch der Bibel beginnt (vgl. *Der Schöpfungsbericht*, S. 144-152), die bei vielen von uns die Vorstellung von den Ursprüngen des Menschengeschlechts prägt: jenes in grauer Vorzeit angesiedelte Schicksal von Adam und Eva, dem ›ersten Menschenpaar‹ am Anfang der unendlich langen Geschlechterreihe, deren letztes Glied wir sind.

Zu den Zeiten, da die Bibel als das Buch Gottes galt, als Buch, das ER selbst geschrieben oder doch zumindest dem Menschen in die Feder diktiert habe in der Absicht, ihm damit einen Katechismus an die Hand zu geben, der ebensowenig anzuzweifeln war wie sein ›Autor‹, sind über fast zwei Jahrtausende hinweg endlose Wortkaskaden und Ströme von Tinte vergossen worden, um die wörtliche Auslegung dieser Erzählung zu verteidigen: man tadelte und verurteilte das ›Weib‹, jenen »überzähligen Knochen des Mannes«, wie Bossuet[1] wohl einmal sagte, man spekulierte darüber, auf welche Art sich die Schlange fortbewegte, bevor sie zum Kriechen verdammt wurde, und man trauerte dem uranfänglichen, dem ach so kurzen Goldenen Zeitalter nach, das durch den Sündenfall unserer Stammeltern jäh zu Ende gegangen war. All das wurde historisch gedeutet – d. h. als tatsächlich so geschehen, wie es die Erzählung vorgibt – und diese faktische, ›ereignishafte‹ Wahrheit galt als von Gott persönlich verbürgt: mit dem Kirchenbann belegt und mehr als einmal auch gleich auf den Scheiterhaufen geworfen – wurde, wer immer die Schöpfungserzählung in Zweifel zu ziehen wagte!

An der Grundauffassung hatte sich bis in die fünfziger Jahre unseres Jahrhunderts hinein noch nicht allzuviel geändert. Zwar räumte man jetzt bereit-

---

1 Jacques-Bénigne Bossuet (1627-1704), kath. Theologe und Prediger zur Zeit Ludwigs XIV., der mit seinen Kanzelreden einen Höhepunkt geistlicher Eloquenz und Rhetorik in Frankreich darstellt. (A. d. Ü.)

Hieronymus Bosch, Der Garten der Lüste (Ausschnitt)

willig ein, daß es im Handlungsverlauf dieser Geschichte einige mehrdeutige oder undurchsichtige Stellen gebe, die unterschiedliche Interpretationen zuließen, wobei jeder Theologe seine eigene Hypothese aufstellte und diese dann lautstark verteidigte. Doch noch immer bestand man apodiktisch auf der ›historischen Wahrheit‹ der wesentlichen Momente dieser Erzählung: darauf, daß es das erste Menschenpaar wirklich gegeben und es tatsächlich jene Sünde begangen habe, durch die seine gesamte Nachkommenschaft zu drastisch verschlechterten Existenzbedingungen, zu einem Leben voller Mühen und Qualen verdammt wurde.

Wie hat nun ein Historiker an die Schöpfungsgeschichte heranzugehen? Um sie wirklich beurteilen zu können, müßte er sie zunächst einmal auf ihren historischen Ort (vgl. unten *Zeittafel zur Bibel*, S. 141f.) und auf die spezifische Denkweise ihres ›Autors‹ zurückbeziehen. Dabei wird er sich ins Gedächtnis rufen, daß der eigentlich narrative Teil der Bibel, besonders die ersten sechs Bücher von der *Genesis* bis zum *Buch Josua*, die eine gewisse literarische Einheit bilden, in Wirklichkeit – das hat man in den letzten gut hundert Jahren durch eine Analyse der Sprache, des Vokabulars, der Ausdrucksweise und der dahinterstehenden Weltanschauung herausgefunden – aus mehreren miteinander verwobenen, schon vorab existierenden Darstellungen der biblischen Geschichte besteht, die man ehrfurchtsvoll bewahren wollte, indem man sie zu einem einzigen Strang zusammenflocht. Daraus erklärt sich beispielsweise auch, weshalb im überlieferten Text oftmals zwei, mitunter sogar voneinander abweichende Schilderungen von ein und derselben Begebenheit auftauchen.

Wir wissen von diesen sehr frühen Werken natürlich nicht, wer sie verfaßt hat, wobei man im übrigen nicht einmal sagen kann, ob es sich hier jeweils um eine Einzelperson handelte oder eher um einen ganzen Clan. Daher verwenden wir für sie der Einfachheit halber willkürliche Kurzbezeichnungen, die sich an bestimmten Stilmerkmalen oder an der ihnen eigenen Weltsicht orientieren. Die älteste Quellenschrift, der *Jahwist* genannt, weil hier gerne der Ausdruck ›Jahwe‹ zur Bezeichnung Gottes gebraucht wird (vgl. dazu *Die Namen für Gott und Mensch*, S. 142), wirft ein Licht auf die Zustände und die Gedankenwelt, die etwa im 9. Jahrhundert vor unserer Zeitrechnung in Israel vorherrschten, und läßt dabei eine noch recht konkrete, figurative und ›naive‹ Auffassung von der übernatürlichen Welt und von Gott erkennen: Man hatte eher die Vorstellung von einem Gott, der persönlich auf Erden interveniert und sozusagen selbst mit Hand anlegt. Die jüngste Erzählung, die ganz von einem ›theologischen‹, klerikalen und skrupulösen Geist durchdrungen ist – man hat ihr aus diesem Grund den Namen *Priesterkodex* bzw. *Priesterschrift* gegeben – ist um gut 300 Jahre jünger und spiegelt den tiefgreifenden geistigen und religiösen Wandel wider, der durch die für das Babylonische Exil verantwortlichen Ereignisse und denn durch dieses Exil selbst in Gang gebracht wurde; vgl. dazu *Zeittafel zur Bibel*, S. 141f.): damals hatte sich der absolute Monotheismus in Israel für alle Zeiten durchgesetzt, mit seiner erhabenen Idee von der radikalen Transzendenz Gottes, eines Gottes, der hoch über den Dingen dieser Welt steht, auch wenn er immer noch als deren oberster Herr und

Gebieter galt. Der *Jahwist* und die *Priesterschrift* sind die beiden einzigen Quellen, aus denen sich die biblische Erzählung von der Erschaffung der Welt und des Menschen zusammensetzt.

Die berühmteste Passage, die mehr oder weniger jedem bekannt ist, weil sie am Anfang der Bibel steht (1. Mos. 1,1-2,4a), gehört zur *Priesterschrift*. Sie bewegt sich von vornherein auf einer höheren, kosmischen und geradezu abstrakten Ebene: Gott schafft allein durch sein Wort das Universum und all die großen Bereiche, aus denen es sich zusammensetzt, mit denen es angefüllt ist, ohne sich dabei weiter mit Details, den Lebewesen im einzelnen abzugeben. Zuletzt erschafft er die verschiedenen Arten der Tierwelt und schließlich die Gattung Mensch als solche : bestehend aus »Mann und Weib« (1. Mos. 1,27), so, wie das sein muß.

Der *Jahwist* hingegen (1. Mos. 2,4b-3,24) hat eine ganz andere Art, die Dinge zu sehen, viel unbefangener, konkreter, anschaulicher und auf den Menschen als Mittelpunkt bezogen. Die Welt, die Gott »macht« und »fertigt«, in der Art eines Handwerkers also, ist nicht mehr der Kosmos, sondern »ein Garten«: der Lebensraum eines Bauern, wie es zu jener Zeit so viele in Israel gab. Daraufhin »formt« er aus Tonerde den Menschen, einzig in seiner Art und allein. Damit er so allein nicht bleibe, »formt« er dann auf die gleiche Weise die Tiere.

Da aber keines von ihnen in der Lage war, dem Menschen als wirklicher Gegenpart zu dienen, den er brauchte, um seine Einsamkeit zu überwinden und um sich fortpflanzen zu können, »baut« Gott ein Weib aus einem Stoff, den er in diesem Fall jedoch von eben diesem Menschen nimmt, und rechtfertigt so – durch die Identität des Ursprungs: aus einem »Bein und Fleisch« (1. Mos. 2,23) – die spätere Wiederzusammenfügung beider zu einem einzigen Körper, »*einem* Fleisch« (1. Mos. 2,24), womit ganz offenbar die Vereinigung im Liebesakt gemeint ist: die Paarung setzt das Paar voraus. Und weil zu den Zeiten des *Jahwisten* das monogame Paar in Israel das Grundelement, die Keimzelle der Gesellschaft darstellte – wir wissen das sehr gut aus anderen Quellen –, konnte sich dieser frühe Autor ganz im Gegensatz zur ›abstrakten‹ *Priesterschrift* die ersten Repräsentanten und Stammeltern des Menschengeschlechts kaum anders denken denn als ein an allem Anfang stehendes Paar, ebenso wie er sich für sie keine anderen Lebensverhältnisse vorstellen konnte als die eines Landwirtes, eines Ackerbauern.

Bleibt noch ein weiterer Punkt, der seit eh und je die Neugierde der Gläubigen und Bibelleser erregt hat: der ›Sündenfall‹, der von diesem ersten Paar begangen wurde und der das Schicksal des Menschen auf Erden zum Schlechten gewendet, ja sogar – folgt man der traditionellen christlichen Theologie – den Menschen seinem Wesen und seiner Bestimmung entfremdet haben soll. Da solche Folgen offenbar in keinem Verhältnis stehen zu dem, was uns konkret als eine aus Naschsucht und Neugier erfolgte Handlung geschildert wird, hat man sich natürlich immer wieder gefragt, was sich hinter jenem »Baum« und jener verbotenen »Frucht« (1. Mos. 2,17 und 3,6), hinter der Einmischung der Schlange (1. Mos. 3,1f.), der Schwachheit des Weibes und der Verführung des Mannes (1. Mos. 3,6) wohl verbergen könne. Der erste, der an ein Vergehen sexueller Natur gedacht zu haben scheint, ist der jüdische Theologe Philon von Alexandria, der um den Beginn unserer Zeitrechnung lebte. Zwei, drei namhafte Vertreter der christlichen Lehre in der Antike sind ihm darin gefolgt, um das Jahr 200 n. Chr. zum Beispiel Clemens, auch er aus Alexandria, der hierbei von einem vorzeitigen Vollzug der Ehe ausging. Die christliche Theologie, das muß zu ihrer Ehrenrettung gesagt werden, hat einer derart naiven Auslegung niemals sonderlich viel abgewinnen können; so führt der bedeutendste Theologe der katholischen Kirche, der hl. Thomas von Aquin, in seiner *Summa theologica* (Bd. I., 2. Artikel der 98. Untersuchung) aus, daß der Mensch in der Zeit vor dem Sündenfall von seinen Fortpflanzungswerkzeugen selbstverständlich entsprechend Gebrauch machen konnte. Aber neuerdings, nachdem dieser infantile Interpretationswahn der Psychoanalyse und der stupide Pansexualismus, den sie – in Ermangelung eines Besseren – propagiert, verheerend um sich gegriffen hat, mußte es geradezu zwangsläufig dahin kommen, daß zumindest diejenigen, die sich nicht professionell mit der Bibel und dem Orientalismus beschäftigen, schnell dazu verführt werden, die Erzählung vom ›Sündenfall‹ unter ›erotischer‹ Perspektive zu deuten.

Das hieße aber, nicht nur an dieser Erzählung selbst, sondern auch an der Lebensanschauung, die ihren antiken Autoren und Lesern eigen war, völlig vorbeizugehen. Denn letztere hatten gegenüber der Sexualität und deren Praktiken – davon kann man sich, zumindest was ihre Zeitgenossen und Nachbarn in Babylon betrifft, anhand des Textes »Alles begann in Babylon« (vgl. diesen Band S. 17ff.) ein Bild machen – durchaus nicht dieselben Einstellungen und Vorbehalte wie wir, die wir in der Tradition des pastoralen Christentums mit seiner Diskreditierung und Verteufelung der fleischlichen Begierden stehen: in Israel wie auch in Babylon (man muß sich dazu nur einmal das *Hohelied Salomos* ansehen; vgl. unten S. 39-42) galt der Liebesakt – vorausgesetzt, man fügte dabei niemandem Schaden zu – als eine ganz natürliche, vergnügliche und das Leben bereichernde Angelegenheit und der *Jahwist* hätte sich auf merkwürdige Weise selbst widersprochen, wenn er darin eine ›Sünde‹ gesehen hätte, wo er zuvor doch dargestellt hatte, daß Mann und Frau, so, wie der Schöpfer selbst es eingerichtet hatte, von vornherein dazu ausersehen waren, sich im Liebesakt zu vereinigen.

In Wirklichkeit, sofern man nur bei der Interpretation des Textes die Denkweise seines Verfassers entsprechend berücksichtigt, ist der hinter dem Sündenfall von Adam und Eva stehende konkrete Tatbestand: das Verzehren einer verbotenen, aber »gut zu essenden und lieblich anzusehenden« (1. Mos. 3,6) Frucht, von völlig nebensächlicher Bedeutung. Das Wesentliche daran – und dies haben die traditionellen Bibelexegeten und Theologen genauestens erkannt – ist die Verbotsübertretung, der Verstoß gegen den göttlichen Willen, den eine solche Handlung darstellte; es ist der darin zum Ausdruck gelangende Geist der Hybris: der Wunsch, sich über die Stellung, die dem Menschen von allem Anfang her zugewiesen ist, zu erheben; zu »sein wie Gott, und zu wissen, was gut und böse ist« (1. Mos. 3,5), also letztlich »klüger« (vgl. 1. Mos. 3,6), im Besitz der Erkenntnis zu sein.

Vor allem aber hatte diese erste Übertretung des Menschen den Effekt, seinen Daseinsstatus zum Bewußtsein zu bringen – die seit grauester Vorzeit konstante Grundverfassung menschlicher Existenz, die jedoch, folgt man dem Gedanken des *Jahwisten* nicht seine ursprüngliche gewesen sein konnte. Wenn der Mensch nach dem Sündenfall »klüger« geworden ist, dann heißt das, daß er von da an »außer um das Gute auch um das Böse« weiß und beides unterscheiden kann. Nun bedeutet in den Augen der alten Semiten ›wissen‹ immer auch eine gewisse komplizenhafte Vertrautheit: also nicht nur ›sehen‹, ›erkennen‹, sondern auch ›Geschmack finden‹, ›teilhaben‹, ›involviert sein‹ in das, was man erkennt. Mit anderen Worten, der Mensch hat sich die Arglist, die ›Boshaftigkeit‹ erworben, wie wir das bei einem etwas frühreifen, mit den Schlichen der Erwachsenen vertrauten Kind nennen würden: Er weiß um die bösen Anteile im Sein und Handeln jedes einzelnen; er ist sich der dunklen und lasterhaften Triebe bewußt, denen er nun freien Lauf lassen kann. Daher schämt er sich jetzt auch sogleich jenes anstößigen, schockierenden und in der semitischen Tradition, besonders aber in Israel, immer mit einem Tabu belegten Zustandes, nämlich der Nacktheit (vgl. 1. Mos. 3,7f.).

Und mehr noch: Der Mensch hat dadurch, daß er »wie Gott« werden und sich über seine ursprüngliche Stellung erheben wollte, seine Lage in Wirklichkeit, und zwar durch seinen Sündenfall, verschlimmert und verschlechtert. Ist es denn nicht auch nachgerade absurd, daß – ohne hier davon zu reden, wie befremdlich allein schon ein so seltsam aussehendes und sich fortbewegendes Tier wie die Schlange (vgl. 1. Mos. 3,14f.) für die von den Merkwürdigkeiten dieser Welt noch in Erstaunen versetzten Menschen jener Zeit sein mußte – das spontane Verlangen, das jede Frau ihrem Manne gegenüber empfindet, dann doch nichts anderes sein soll – so jedenfalls war es Tradition in der alten semitischen Welt, wo die Frau *de jure* kaum mehr als das ›Objekt‹ ihres Ehemannes darstellte – als blinde Unterwerfung unter eine Art von Tyrannen? Und daß sie, die doch von ihrem ganzen Körper her dazu bestimmt ist, Kinder zur Welt zu bringen, dies nur unter qualvollen Schmerzen bewerkstelligen kann (vgl. 1 Mos. 3,16)? Daß es dem Menschen nur unter beständigen und schrecklichen Anstrengungen möglich sein soll zu leben und sich zu ernähren, daß er sich schließlich am Ende seines Lebens unausweichlich in dieselbe Erde, von der er »genommen« ist, zurückverwandeln muß (1. Mos. 3,17ff.)?

Eine solche, in gewisser Weise doch absurde Lage der Dinge stellte damals ein geistig schwer zu bewältigendes Problem dar. Wir Menschen der Neuzeit mit unseren wissenschaftlichen Disziplinen, unserem Instrumentarium von Begriffen, Abstraktionen und ›Gesetzen‹ haben die Möglichkeit, auf der Ebene der Prinzipien und Allgemeinbegriffe darauf, eine Antwort zu finden. Menschen aber, die in ihrem Denken noch nicht auf reine Ideen, sondern nur auf ihre Einbildungskraft zurückgreifen konnten – und das war bei den alten Völkern des Vorderen Orients, also auch bei den Israeliten, der Fall – blieb hier kaum ein anderer Ausweg, als auf eben jene Einbildungskraft zu rekurrieren. Dabei handelte es sich jedoch um eine gleichsam ›kalkulierte‹ Einbildungskraft: Um einen problematischen Sachverhalt gedanklich in den Griff zu bekommen, ersann und kombinierte man sich eine Folge von Handlungsabläufen, die zu jener unbegreiflichen Situation geführt haben könnten – etwa so, wie sich die Fabeldichter ihre kleinen Geschichten mit Blick auf die Moral, die sie daraus ableiten wollen, zurechtkonstruieren. Genau das ist es, was man einen Mythos nennt. Die Literatur des Alten Vorderen Orients ist voll solcher Mythen, und die Geschichte vom Schicksal des ersten Paares ist einer von ihnen. Das heißt also, daß ihre Absicht nicht darin besteht, etwas zu erzählen, sondern darin, etwas zu erklären.

Man versteht diesen Mythos weit besser, wenn man ihn vor dem Hintergrund der Gedankenwelt des *Jahwisten* betrachtet. Dessen eigentliches Anliegen war es, die Geschichte seines Volkes *ab ovo* nachzuzeichnen. Jahwe hatte dieses Volk geschaffen und auserwählt, als er Abraham zu seinem Ahnherrn und Stammvater bestimmte (1. Mos. 11,27ff.). Denn er war enttäuscht worden von den übrigen Menschen, bei denen seit Kain, dem Mörder seines eigenen Bruders (1. Mos. 4), und Lamech, einem noch weit finstereren Rohling (1. Mos. 4,23f.), das Böse und die ›Arglist‹ immer mehr zugenommen hatten; »der Menschen Bosheit« war so groß geworden »auf Erden« (1. Mos. 6,5), daß er sich gezwungen sah, dieses verkommene Geschlecht durch die Sintflut auszu-tilgen (1. Mos. 6f.). Doch auch das alsbald von einem neuen Stammvater ausgehende Menschengeschlecht (1. Mos. 9) beging wiederum Missetaten und trachtete schließlich sogar danach, »den Himmel zu erstürmen« und sich mit Gott auf die gleiche Stufe zu stellen (1. Mos. 11). Was aber nun konnte der Urgrund, die *prima causa* eines derart konstant auftretenden, dem Menschen anscheinend angeborenen, jedenfalls tief in seinem Wesen verwurzelten Bösen sein? Nach der Überzeugung des *Jahwisten* und all derer, die an den von ihm gepriesenen Gott glaubten, war es völlig undenkbar, Jahwe als den Schöpfer einer *conditio humana* anzusehen, die nicht durchweg makellos und vollkom-men war. Also mußte jenes Böse im Menschen selbst seinen Ursprung haben, und zwar von den Urzeiten seines Wandelns auf Erden, vom allerersten Menschenpaar an, so sehr war doch das Böse offenbar ein fundamentaler und ursprünglicher Bestandteil der menschlichen Natur.

Das also ist die tiefere Bedeutung der Erzählung vom ›Sündenfall der ersten beiden Menschen‹, von der ›Erbsünde‹. Man hat es hier mit einem Mythos zu tun, der erdacht wurde, um für den universalen Hang des Menschen zum Bösen eine Erklärung zu finden und zugleich für die offen zutage tretende Depravie-rung des menschlichen Daseins im Verhältnis dazu, wie es ausgesehen hätte, wenn der Schöpfer allein dafür verantwortlich gewesen wäre: wie es also eigentlich hätte ausfallen *müssen*, sofern er wirklich allein dafür verantwortlich gewesen wäre. Das erste Paar steht nicht nur am Ursprung des Menschenge-schlechts, es steht auch am Ursprung all unserer Schwächen und Fehler, des traurigen Schicksals der Menschheit.

In den Mythen spiegelt sich oft eine uralte Weisheit und eine tiefe philoso-phische Einsicht wider, selbst wenn diese auf sehr einfache, naive Weise zum Ausdruck gebracht wird. Mich jedenfalls wird so leicht niemand davon abbrin-gen, diesem frühen Denker aus Israel meine Bewunderung zu zollen und mich ihm anzuschließen, einem Denker, der vor nunmehr fast drei Jahrtausenden schon so gut und sicher erkannte, daß der Mensch niemals aufhört, und vermutlich auch kaum jemals aufhören wird, sein Unglück selbst heraufzube-schwören.

Literaturhinweise:

Das mehrbändige Werk *Introduction à la Bible*, Paris, Desclée de Brouwer, 1973, stellt innerhalb des französischen Sprachraums ein unverzichtbares Kompendium dar für jeden, der sich ernsthaft dem Studium der Bibel widmen will. Eine Fülle brauchbarer Hinweise wird dort geliefert.

In dem umfangreichen Fotoband *Vérité et poésie de la Bible*, Paris, Hatier, 1969, findet man unter dem Titel »Le message universel de la Bible« (»Die universelle Botschaft der Bibel«) einen kurzen Abriß zur Geschichte der Religion Israels, so wie sie uns vornehmlich in den biblischen Schriften überliefert ist.

Um sich über die ersten Kapitel der Genesis, allerdings nur, was die Erschaffung der Welt und des Menschen betrifft, sachkundig zu machen, seien empfohlen die Seiten 187-234 im Sammelband *La Naissance du Monde: Sources orientales*, t. I., Paris, Seuil, 1959; dt.: *Die Schöpfungsmythen. Ägypter, Sumerer, Hurriter, Hethiter, Kanaaniter und Israeliten*, mit einem Vorwort von Mircea Eliade, übers. von Elisabeth Klein et. al., unveränderter reprogr. Nachdruck der 1. Aufl. Köln 1964, Darmstadt, Wissenschaftliche Buchgesellschaft, 1980 (= Quellen des alten Orients 1).

Die Frage der ›Erbsünde‹ wird, zumindest aus katholischer Sicht, behandelt bei Joseph Coppens, *La Connaissance du Bien et du Mal et le Péché du Paradis*, Brügge/Paris, Nauwelaerts, 1948, und mehr noch bei André-Marie Drzbarle, *Le Péché originel dans l'Écriture*, Paris, Le Cerf, 1958; dt.: *Unter die Sünde verkauft*, Düsseldorf, Patmos Verlag, 1963. Vom selben Autor ist außerdem erschienen: *Le Péché originel. Perspectives théologiques*, Paris, Le Cerf, 1983.

Ergänzende Literatur zur Bibel (allgemein):
André Robert/André Feuillet, *Introduction à la Bible*; I. *Introduction générale. Ancien Testament*, par P. Auvray et. al., Paris, Desclée, 1959; dt.: *Einleitung in die Heilige Schrift*, Bd. 1, übers. von Konstanz Faschian, Wien/Freiburg/Basel, Herder, 1963
Gaalyahu Cornfeld/G. Johannes Botterweck (Hrsg.), *Die Bibel und ihre Welt. Eine Enzyklopädie zur Heiligen Schrift. Bilder – Daten – Fakten*, mit einem Geleitwort von H.-R. Müller-Schwefe, 2 Bde., Bergisch Gladbach, Gustav Lübbe Verlag, 1969

Literatur zur Geschichte Israels:
Siegfried Herrmann, *Geschichte Israels in alttestamentlicher Zeit*, München, Kaiser, 1980
Yohanan Aharoni, *The Land of the Bible. A Historical Geography*, London, Burns & Oates, 1967; dt.: *Das Land der Bibel. Eine historische Geographie*, mit einem Vorwort von Volkmar Fritz, übers. von Almut Loew, Neukirchen-Vluyn, Neukirchener Verlag, 1984

Literatur zur Genesis:
Hermann Gunkel, *Genesis*, übers. und erklärt von Hermann Gunkel, mit einem Geleitwort von Walter Baumgartner, Göttingen, Vandenhoek & Ruprecht, 1966
Josef Scharbert, *Genesis*, (= Die Neue Echter Bibel, Bd. 1), Würzburg, Echter Verlag, 1983

Zeittafel zur Bibel

Hier im kurzen Abriß die wichtigsten Ereignisse aus der Geschichte des Volkes Israel, ein Raster, in das sich sowohl die Entstehungsgeschichte der Bibel mit ihren verschiedenen aufeinanderfolgenden Komponenten als auch die Herausbildung des biblischen Denkens einfügen.

Vor dem 13. Jhdt. v. Chr.: die nicht exakt zu begrenzende Zeit der »Patriarchen«, von denen es nur vage mündliche Überlieferungen gibt, die wohl erst sehr viel später schriftlich fixiert wurden. Es handelt sich hierbei gleichsam um die Prähistorie Israels und der Bibel.

Anfang, dann Ende des 13. Jhdts. v. Chr.: Moses, der Begründer der Religion Israels, dann Einzug der Israeliten in Palästina: Aus dieser Zeit stammen die ältesten Textstücke, die später in die Bibel Eingang finden sollten.

Ende des 11. Jhdts. v. Chr.: David und das Reich Israel.

Zweite Hälfte des 10. Jhdts. v. Chr.: Spaltung und Bildung der zwei israelitischen Königreiche, eines im Süden (Jerusalem) und eines im Norden (Samaria). Erste biblische Schriften im eigentlichen Sinn.

9. Jhdt. v. Chr.: Die ersten großen Propheten.

Ende des 8. Jhdts. v. Chr.: Niedergang und Auflösung des nördlichen Königreichs.

Anfang des 6. Jhdts. v. Chr.: Zerfall des südlichen Königreichs, dann das Babylonische Exil.

Ende des 6. Jhdts. v. Chr.: Beginn der Rückkehr der Exilanten

Zweite Hälfte des 5. Jhdts. v. Chr.: Reorganisation der israelitischen Religion im ›Judaismus‹.

Erste Hälfte des 4. Jhdts. v. Chr.: Zusammenstellung der Hauptbibelschriften zu ihrer definitiven Gestalt, mit Ausnahme einiger erst später verfaßter Texte wie etwa dem *Hohelied Salomos*.

Die Namen Gottes und des Menschen

Im Hebräischen bedeutet *ĕlōhīm* ›Gott‹, und *Jahwe* (›Jehova‹) ist der ›Eigenname‹ des Gottes Israels. Auch für *l'homme* gibt es zwei verschiedene Bezeichnungen. Geht es um die Gattung Mensch (lat. *homo*; griech. *anthropos*), verwendet man das Wort *ādām*, wobei dessen phonetische und wahrscheinlich auch semantische Nähe zu *ădāmā*, ›ockerbraune Erde‹ (aus der der Mensch gemacht und ›geformt‹ wurde), die in meiner Übersetzung absichtlich gewählte Assonanz: *homme / humus* (1. Mos. 2,5-6) rechtfertigt. In den Kapiteln 2 und 3 ist diese Bezeichnung für ›Mensch‹ im Hebräischen immer mit dem bestimmten Artikel versehen, der daraus quasi einen Eigennamen macht: Aus diesem Grund habe ich hier jeweils (angelehnt an Personennamen wie Leverrier, Lefevre etc.) mit *Lhomme* übersetzt (statt wie üblich einfach *Adam* zu schreiben). Wenn es sich um das männliche Exemplar der Gattung Mensch handelt (lat. *vir*; griech. *anèr*), sagt man im Hebräischen *īš*, das Femininum davon ist *iššāh* (1. Mos. 2,24). Bei dem der ersten Frau gegebenen Eigennamen: *hawwāh* (›Eva‹), der nach einer volkstümlichen Erklärung (vgl. 1. Mos. 3,20) etymologisch mit *haj*, ›lebend‹, in Zusammenhang gebracht wird, ist in Wirklichkeit weder der Ursprung des Wortes noch seine Grundbedeutung geklärt.

J. B.

Platon: Die ursprüngliche Bestrafung

Das »Paar« oder die Nostalgie einer verbotenen Vereinigung

[...] unsere Natur war ehemals nicht so wie jetzt, sondern anders. Am Anfang gab es dreierlei Geschlechter von Menschen, nicht nur zwei wie heute, ein männliches und ein weibliches, sondern dazu noch ein drittes, das gemeinsam zu diesen beiden gehörte; sein Name ist noch geblieben, während es selbst verschwunden ist. Das androgyne war dieses eine, das es damals noch gab, und Gestalt und Name waren aus den beiden anderen, dem männlichen und dem weiblichen, zusammengesetzt; [...] Ferner war damals die Gestalt eines jeden Menschen völlig gleichmäßig; rundherum gingen Rücken und Seiten im Kreis. Vier Hände hatte er und ebenso viele Beine wie Hände, und auf einem runden Hals zwei Gesichter, die einander abgewandt waren, nur einen Schädel, ferner vier Ohren und doppelte Schamteile und alles übrige so, wie man sich das dementsprechend vorstellen kann. Sein Gang aber war nicht nur aufrecht wie heute, nach Belieben vorwärts oder rückwärts, sondern wenn einer rasch laufen wollte, so machte er es, wie man ein Rad schlägt, indem man die Beine senkrecht in die Luft wirft und sich so im Kreis dreht: so stießen sie mit ihren damaligen acht Gliedmaßen ab und bewegten sich rasch im Kreise. [...] Zeus und die anderen Götter berieten nun, was man gegen sie unternehmen sollte, und sie wußten keinen Rat; denn sie konnten sie doch nicht einfach umbringen und ihr Geschlecht wie die Giganten mit Blitzen vernichten (damit wären ja auch die Ehrungen und Opfer der Menschen zunichte gemacht worden), noch konnte man sie weiter so freveln lassen. Endlich kam Zeus doch auf einen Gedanken und rief: ›Ich glaube, ich habe jetzt ein Mittel, wie es weiterhin Menschen geben kann und sie doch mit ihrer Zügellosigkeit aufhören müssen, weil sie dazu zu schwach geworden sind. Denn jetzt‹, sagte er, › will ich einen jeden in zwei Hälften schneiden. So werden sie schwächer sein und gleichzeitig nützlicher für uns, weil sie dann zahlreicher sind. Und sie werden aufrecht auf zwei Beinen gehen. Sollte es aber den Anschein machen, daß sie wieder freveln und keine Ruhe halten wollen, so werde ich sie‹, sagte er, ›noch einmal entzweischneiden; dann mögen sie sich auf einem Beine hüpfend fortbewegen.‹ [...]
Jeder von uns ist also Bruchstück eines Menschen, da wir zerschnitten sind wie Flundern, aus einem zwei; es sucht denn auch ein jeder immerfort sein anderes Stück. Alle Männer nun, die ein Teilstück jenes Ganzen sind, das damals Mannweib genannt wurde, sind Liebhaber der Weiber [...]; und andererseits kommen auch die Weiber, welche Männer lieben, [...] aus diesem Geschlecht. Alle Weiber dagegen, die Teilstück eines Weibes sind, richten ihre Sinne keineswegs auf die Männer, sondern mehr den Weibern zugewendet [....]. Die aber Teilstück eines Mannes sind, die trachten nach dem Männlichen; solange sie Knaben sind, lieben sie – als Teilstück des Mannes – die Männer und freuen sich, wenn sie bei Männern liegen und sie umarmen können. Und es sind dies die besten unter den Knaben und Jünglingen, da sie die männlichsten sind von Natur [...].
Wenn nun auch er, der Liebhaber von Knaben oder jeder andere, seiner eigenen Hälfte begegnet, dann werden sie wundersam ergriffen von einem Gefühl der Freundschaft

und Zusammengehörigkeit und Liebe, und sie wollen sich sozusagen nicht mehr voneinander trennen, auch nicht für kurze Zeit. Und wenn sie dann ihr ganzes Leben miteinander verbunden bleiben, dann könnten sie nicht einmal sagen, was sie voneinander erwarten. Denn es wird kaum jemand glauben, daß es der gemeinsame Liebesgenuß sei, weswegen sich der eine so leidenschaftlich darüber freut, mit dem anderen zusammen zu sein. Sondern es ist klar, daß die Seele von beiden etwas anderes will, das sie nicht nennen kann, sondern sie ahnt nur, was sie will, und läßt es dunkel erraten. Und wenn nun, während sie beisammen liegen, Hephaistos mit seinen Werkzeugen zu ihnen träte und sie fragte: ›Was wollt ihr denn eigentlich voneinander, ihr Menschen?‹ – und wenn sie dann verlegen wären und er sie wiederum fragte: ›Möchtet ihr etwa das: einander so nah wie möglich zu sein, daß ihr Tag und Nacht nicht voneinander ablassen müßt? Wenn ihr das begehrt, so bin ich bereit, euch zusammenzuschmelzen und aneinanderzuschweißen, daß ihr aus zweien einer werdet und, solange ihr lebt, beide gemeinsam als einer lebt und, wenn ihr gestorben seid, auch dort im Hades statt zweien einer seid, in gemeinsamem Tode. So seht denn, ob ihr das wünscht und ob ihr zufrieden seid, wenn ihr das bekommt.‹ Wenn er das hört, wissen wir, wird keiner ablehnen oder einen anderen Wunsch zu erkennen geben, sondern jeder wäre der festen Meinung, er habe gerade das gehört, wonach er schon längst begehrte, nämlich mit dem Geliebten vereint und verschmolzen und aus zweien einer zu werden.

(Platon, Symposion, 189d-192e; aus: Platon, Sämtliche Werke, Bd. III: Meisterdialoge, eingel. von Olof Gigon, übertragen v. Rudolf Rufener, Zürich/München 1974, S. 130ff.)

Der Schöpfungsbericht

Premier récit
(*«Document sacerdotal»*)

Erster Schöpfungsbericht

1. Le chaos initial.
I (1) Lorsqu'Elôhîm commença de créer le ciel et la terre, (2) la terre était déserte et vide: les ténèbres s'étendaient sur l'Abîme, et le Souffle d'Elôhîm planait sur les eaux.

Im Anfang schuf Gott den Himmel und die Erde. / Die Erde aber war Irrsal und Wirrsal. / Finsternis über Urwirbels Antlitz. / Braus Gottes sehwingend über dem Antlitz der Wasser.

2. La création de la lumière.
(3) Elôhîm dit alors: «Qu'il y ait la lumière!» Et la Lumière il y eut. (4) Elôhîm constata que la Lumière était une bonne chose. Puis Elôhîm sépara la Lumière des Ténèbres, (5) et Elôhîm appela la Lumière «Jour», et les Ténèbres, II les appela «Nuit». Puis il y eut un soir, et, après, un matin: le premier jour.

Gott sprach: Licht werde! Licht ward. / Gott sah das Licht, daß es gut war. / Gott schied zwischen dem Licht und der Finsternis. / Gott rief dem Licht: Tag! und der Finsternis rief er: Nacht! / Abend ward und Morgen ward: Ein Tag.

3. La séparation des eaux et du ciel.
(6) Ensuite, Elôhîm dit: «Qu'il y ait une Voûte entre les Eaux, pour séparer les Eaux en deux! Et ainsi en fut-il: (7) Elôhîm constitua cette Voûte et sépara les Eaux inférieures à la Voûte des Eaux supérieures à la Voûte. (8) Elôhîm appela cette Voûte «Ciel». Et Elôhîm constata que c'était là une bonne chose. Puis il y eut un soir, et, après, un matin: le deuxième jour.

4. La séparation de la terre et de la mer.
(9) Ensuite, Elôhîm dit: «Que les Eaux inférieures au Ciel se rassemblent en un emplacement unique, pour qu'apparaisse l'Étendue-sèche!» Et ainsi en fut-il. (10) Elôhîm appela l'Etendue-sèche «Terre», et le Rassemblement des eaux, Il l'appela «Mer». Et Elôhîm constata que c'était là une bonne chose.

5. Les végétaux.
(11) Ensuite, Elôhîm dit: «Que la Terre verdoie de Verdure, d'Herbages portant semences et d'Arbres fruitiers faisant des fruits, de toute espèce, qui aient chacun sa semence en soi, sur la Terre!» Et ainsi en fut-il: (12) la Terre poussa de la Verdure, des Herbages portant semences, de toute espèce, et des Arbres faisant des fruits, avec chacun sa semence en soi, de toute espece. Et Elôhîm constata que c'était là une bonne chose. (13) Puis il y eut un soir, et, après, un matin: le troisième jour.

6. Les astres.
(14) Ensuite Elôhîm dit: «Qu'il y ait des Luminaires à la Voûte du Ciel, pour séparer le Jour de la Nuit et pour servir de marques, tant aux fêtes qu'aux jours et aux années! (15) Et qu'ils servent aussi, à la voûte du Ciel, de Luminaires pour éclairer la Terre!» Et ainsi en fut-il: (16) Elôhîm constitua les deux grands Luminaires - le plus grand pour commander au Jour, le

Gott sprach: / Gewölb werde inmitten der Wasser / und sei Scheide von Wasser und Wasser! / Gott machte das Gewölb / und schied zwischen dem Wasser das unterhalb des Gewölbs war und dem Wasser das oberhalb des Gewölbs war. / Es ward so. / Dem Gewölb rief Gott: Himmel! / Abend ward und Morgen ward: zweiter Tag.

Gott sprach: Das Wasser unterm Himmel staue sich an einen Ort. / und das Trockne lasse sich sehn! / Es ward so. / Dem Trocknen rief Gott: Erde! und der Stauung der Wasser rief er: Meere! / Gott sah, daß es gut war. / Gott sprach: / Sprießen lasse die Erde Gesproß, / Kraut, das Samen samt, Fruchtbaum, der nach seiner Art Frucht macht darin sein Same ist, auf der Erde! / Es ward so. / Die Erde trieb Gesproß, / Kraut, das nach seiner Art Samen samt, Baum, der nach seiner Art Frucht macht darin sein Same ist. / Gott sah, daß es gut war. / Abend ward und Morgen ward: dritter Tag.

Gott sprach: Leuchten seien am Gewölb des Himmels, zwischen dem Tag und der Nacht zu scheiden, / daß sie werden zu Zeichen, so für Gezeiten so für Tage und Jahre / und seien Leuchten am Grwölb des Himmels, über die Erde zu leuchten!

plus petit pour commander à la Nuit; et aussi les étoiles. (17) Puis Elôhîm les distribua sur la Voûte du Ciel pour éclairer la Terre, (18) pour commander au Jour et à la Nuit, et pour séparer la Lumière des Ténèbres. Et Elôhîm constata que c'était là une bonne chose. (19) Puis il y eut un soir, et, après, un matin: le quatrième jour.

7. Les animaux d'origine aquatique.

(20) Ensuite Elôhîm dit: «Que les eaux grouillent d'un grouillement d'Animaux et de Volatiles volant au-dessus de la Terre, et à la face de la Voûte du Ciel!» Et ainsi en fut-il. (21) Elôhîm créa donc les Dragons géants et tous les Animaux reptateurs dont les eaux grouillent, de toute espèce. Et Elôhîm constata que c'était là une bonne chose. (22) Après quoi, Elôhîm les bénit en ces termes: «Soyez féconds et multipliez-vous, jusqu'à remplir les eaux de la Mer! Que les Oiseaux également se multiplient au-dessus de la Terre!» (23) Puis il y eut un soir, et, après, un matin: le cinquième jour.

8. Les animaux d'origine terrestre.

(24) Ensuite, Elôhîm dit: «Que la Terre produise des Animaux de toute espèce: Bestiaux, Animalcules et Bêtes sauvages de toute espèce!» Et ainsi en fut-il: (25) Elôhîm fit les Bêtes sauvages de toute espèce, les Bestiaux de toute espèce, et tous les Animalcules du sol, de toute espèce. Et Elôhîm constata que c'était là une bonne chose.

9. L'Homme.

(26) Enfin, Elôhîm dit: «Faisons l'Humanité à Notre image, et comme une réplique de Nous, pour qu'ils régissent les Poissons de la Mer et les Oiseaux du Ciel, les Bestiaux et toutes les Bêtes sauvages et tous les Animalcules qui se traînent sur la Terre!» (27) Elôhîm créa donc l'Humani-

/ Es ward so. / Gott machte die zwei großen Leuchten, / die größre Leuchte zur Waltung des Tags und die kleinre Leuchte zur Waltung der Nacht, / und die Sterne. / Gott gab sie ans Gewölb des Himmels, / über die Erde zu leuchten, des Tags und der Nacht zu walten, zu scheiden zwischen dem Licht und der Finsternis. / Gott sah, daß es gut war. / Abend ward und Morgen ward: vierter Tag.

Gott sprach: / Das Wasser wimmle, ein Wimmeln lebenden Wesens, und Vogelflug fliege über der Erde vorüber dem Antlitz des Himmelsgewölbs! / Gott schuf die großen Ungetüme / und alle lebenden regen Wesen, von denen das Wasser wimmelte, nach ihren Arten, / und allen befittichten Vogel nach seiner Art. / Gott sah, daß es gut war. / Gott segnete sie, sprechend: / Fruchtet und mehrt euch und füllt das Wasser in den Meeren, / und der Vogel mehre sich auf Erden! / Abend ward und Morgen ward: fünfter Tag.

Gott sprach: / Die Erde treibe lebendes Wesen nach seiner Art, / Herdentier, Kriechgerege und das Wildlebende des Erdlandes nach seiner Art! / Es ward so. / Gott machte das Wildlebende des Erdlands nach seiner Art und das Herdentier nach seiner Art und alles Gerege des Akkers nach seiner Art. / Gott sah, daß es gut war. /

Gott sprach: / Machen wir den Menschen in unserem Bild nach unserem Gleichnis! Sie sollen schalten über das Fischvolk des Meeres, den Vogel des Himmels, das Getier, die Erde all, und alles Gerege, das auf Erden sich regt. / Gott schuf den Menschen in seinem Bilde, / im Bilde Gottes

té: «A l'image d'Elôhîm Il la créa: / Il les créa mâles et femelles! (28) Après quoi, Elôhîm les bénit en ces termes: «Soyez féconds et multipliezvous; remplissez la Terre et soumettez-la! Régissez les Poissons de la Mer et les Oiseaux du Ciel, et tous les Animaux qui se traînent sur la Terre!» (29) «Maintenant, dit encore Elôhîm, Je vous donne tous les Herbages portant semences de dessus la surface entière de la Terre, et tous les Arbres faisant des fruits garnis de graines: ce sera votre nourriture! (30) De même à toutes les Bêtes sauvages, à tous les Oiseaux du Ciel, à tout ce qui se traîne sur la Terre et qui détient le Souffle-de-Vie, Je donne pour nourriture toute la Verdure des Plantes!»

schuf er ihn, / männlich, weiblich schuf er sie. / Gott segnete sie, / Gott sprach zu ihnen: / Fruchtet und mehrt euch und füllet die Erde und bemächtigt euch ihrer! / schaltet über das Fischvolk des Meers, den Vogel des Himmels und alles Lebendige, das auf Erden sich regt! / Gott sprach: / Hier gebe ich euch / alles samensäende Kraut, das auf dem Antlitz der Erde all ist, / und alljeden Baum, daran samensäende Baumfrucht ist, / euch sei es zum Essen, / und allem Lebendigen der Erde, allem Vogel des Himmels, allem was auf Erden sich regt, darin lebendes Wesen ist, / alles Grün des Krauts zum Essen. / Es ward so. /

10. Achèvement de la création.
(31) Elôhîm considéra alors tout ce qu'Il avait fait et constata que tout était excellent. Puis il y eut un soir, et, après, un matin: le sixième jour.
Il (I) (Ainsi) furent parachevés le Ciel et la Terre avec tout leur équipage.

Gott sah alles, was er gemacht hatte: / ja, es war sehr gut. / Abend ward und Morgen ward: der sechste Tag.
Vollendet waren der Himmel und die Erde, und all ihre Schar.

11. Le repos terminal.
(2) Et Elôhîm, ayant achevé, au septième jour, l'ouvrage qu'Il avait fait, se reposa, ce septième jour, de tout le travail qu'Il avait accompli. (3) Aussi Elôhîm consacra-t-Il le septième jour et en fit-Il une chose sainte: c'est en effet ce jour-là qu'Il s'était reposé de tout Son travail accompli lors de la Création.
(4a) Telle est la généalogie du Ciel et de la Terre, lorsqu'ils furent créés.

Vollendet hatte Gott am siebenten Tag seine Arbeit, die er machte, / und feierte am siebenten Tag von all seiner Arbeit, die er machte. / Gott segnete den siebenten Tag und heiligte ihn, / denn an ihm feierte er von all seiner Arbeit, die machend Gott schuf.
Dies sind die Zeugungen des Himmels und der Erde: ihr Erschaffensein.

Deuxième récit *(«Yahwiste»)*

Zweiter Schöpfungsbericht

1. Le désert initial.
(4b) Lorsque Yahweh fit le Ciel et la Terre, (5) nulle broussaille de la lande n'existait encore sur la Terre, et nul gazon de la lande

Am Tag, da Er, Gott, Erde und Himmel machte, / noch war aller Busch des Feldes nicht auf der Erde, / noch war alles Kraut

n'avait encore poussé, parce que Yahweh n'avait pas encore fait pleuvoir sur la Terre et qu'il n'y avait pas d'homme pour travailler l'humus.

des Feldes nicht aufgeschossen, / denn nicht hatte regnen lassen Er, Gott, über die Erde, / und Mensch, Adam, war keiner, den Acker, Adama, zu bedienen: /

2. Premiers éléments.

(6) Yahweh fit donc monter un flot de la Terre, pour arroser la surface entière de l'humus. (7) Puis Yahweh modela Lhomme [vgl. *Die Namen Gottes und der Menschen*, S. 142] avec de la glèbe tirée de l'humus, et lui insuffla aux narines l'haleine-de-vie, si bien que Lhomme devint un être vivant.

aus der Erde stieg da ein Dunst und netzte all das Antlitz des Ackers, / und Er, Gott, bildete den Menschen, Staub vom Acker, / er blies in seine Nasenlöcher Hauch des Lebens, / und der Mensch wurde zum lebenden Wesen.

3. Le premier Jardin.

(8) Yahweh planta alors un Jardin à Éden, (là-bas) vers l'Orient, et Il y plaça Lhomme qu'Il avait modelé. (9) Yahweh fit donc pousser de l'humus toute sorte d'arbres agréables à voir et bons à manger, y compris l'Arbre-de-Vie, au milieu du Jardin, et aussi l'Arbre-du-Discernement-du-Bien-et-du-Mal.

Er, Gott, pflanzts einen Garten in Eden, Üppigland, ostwärts, / und legte darein den Menschen, den er gebildet hatte. / Er, Gott, ließ aus dem Acker allerlei Bäume schießen, / reizend zu sehn und gut zu essen, / und den Baum des Lebens mitten im Garten und den Baum der Erkenntnis von Gut und Böse.

4. Hydrographie du Jardin.

(10) Or, un cours d'eau sortait d'Éden, arrosant le Jardin; après quoi, il se divisait et formait quatre bras. (11) Le premier s'appelait le Pîshôn: c'est celui qui contourne tout le pays de Khawîlâ, où (l'on trouve) de l'or (12) - l'or de ce pays est d'excellente qualité - et également du bdellium et de la pierre de Shôham. (13) Le second s'appelait le Ghikhôn: c'est celui qui contourne tout le pays de Koush. (14) Le troisième fleuve s'appelait le Tigre: c'est celui qui coule juste devant la ville d'Assur. Quant au quatrième fleuve, c'était l'Euphrate.

Ein Strom aber fährt aus von Eden, den Garten zu netzen, / und trennt sich von dort und wird zu vier Flußköpfen. / Der Name des einen ist Pischon, der ists der alles Land Chawila umkreist, wo das Gold ist, / gut ist das Gold des Lands, dort ist das Edelharz und der Stein Karneol. / Der Name des zweiten Stroms ist Gichon, der ists der alles Land Kusch umkreist. / Der Name des dritten Stroms ist Chiddekel, der ists der im Osten von Assyrien hingeht. / Der vierte Strom, das ist der Euphrat.

5. Lhomme, «fermier» de Dieu.

(15) Yahweh prit alors Lhomme et l'établit au Jardin d'Éden, pour qu'il le travaillât et le gardât. (16) Et Yahweh donna cet

Er, Gott, nahm den Menschen und setzte ihn in den Garten von Eden, / ihn zu bedienen und ihn zu hüten. / Er, Gott,

ordre à Lhomme: «Tu peux manger à ton gré de tous les arbres du Jardin, (17) mais tu ne mangeras point de l'Arbre-du-Discernement-du-Bien-et-du-Mal: si tu en mangeais, tu mourrais, TU MOURRAIS!»

gebot über den Menschen, sprechend: / Von allen Bäumen des Gartens magst essen du, essen, / aber vom Baum der Erkenntnis von Gut und Böse, / von dem sollst du nicht essen, / denn am Tag, da du von ihm issest, mußt sterben du, sterben.

6. Les compagnons de Lhomme: a) les animaux.

(18) Puis Yahweh (Se) dit: «Ce n'est pas bon que Lhomme reste tout seul! Je vais lui faire un compagnon qui lui convienne!» (19) Et Yahweh modela d'humus tous les animaux de la lande et les oiseaux du Ciel; puis Il les conduisit devant Lhomme pour voir comment il les appellerait: quelque appellation que leur donnerait Lhomme à chacun, elle serait son nom. (20) Lhomme épela ainsi les noms de tous les animaux domestiques, de tous les oiseaux du Ciel et de toutes les bêtes sauvages. Quant à Lhomme, pourtant, il ne trouva point, parmi eux, de compagnon qui lui convînt.

Er, Gott, sprach: / Nicht gut ist, daß der Mensch allein sei, / ich will ihm eine Hilfe machen, ihm Gegenpart. / Er, Gott, bildete aus dem Acker alles Lebendige des Feldes und allen Vogel des Himmels / und brachte sie zum Menschen, zu sehn wie er ihnen rufe, / und wie alles der Mensch einem rufe, / als einem lebenden Wesen, das sei sein Name. / Der Mensch rief mit Namen allem Herdentier und dem Vogel des Himmels und allem Wildlebenden des Feldes. / Aber für einen Menschen erfand sich keine Hilfe, ihm Gegenpart. /

7. b) La Femme.

(21) Alors Yahweh fit choir une torpeur sur Lhomme, qui s'endormit. Il lui prit une côte et reboucha (le vide en mettant) de la chair à sa place; (22) et, de cette côte qu'Il avait prise à Lhomme, Yahweh façonna une femme, qu'Il conduisit à Lhomme. (23) Et Lhomme s'exclama: «Celle-ci, pour le coup, c'est un os de mes os, de la chair de ma chair! / On l'appellera Femme [Ishshâ], celle-ci parce qu'elle a été tirée de Lhomme [Ish]!» / (24) Voilà pourquoi (chaque) homme abandonne père et mère pour s'attacher à sa femme, à ne former ensemble qu'un seul corps.

Er senkte auf den Menschen Betäubung, daß er entschlief, / und nahm von seinen Rippen eine und schloß Fleisch an ihre Stelle./ Er, Gott, baute die Rippe, die er vom Menschen nahm, zu einem Weibe und brachte es zum Menschen. / Der Mensch sprach: / Diesmal ist sies! / Bein von meinem Gebein, / Fleisch von meinem Fleisch! / Die sei gerufen / Ischa, Weib, / denn von Isch, vom Mann, ist die genommen. / Darum läßt ein Mann seinen Vater und seine Mutter und haftet seinem Weibe an, / und sie werden zu Einem Fleisch.

8. État primitif du premier couple.

(25) Or tous les deux étaient nus. Lhomme et sa femme ; mais ils n'(en) avaient mutuellement nulle honte.

Die beiden aber, der Mensch und sein Weib, waren nackt, und sie schämten sich nicht.

9. Le Serpent tente la Femme.

III (1) Mais le Serpent, le plus rusé de tous les animaux sauvages que Yahweh avait faits, s'adressa à la Femme: «Elôhîm a bien dit: Vous ne mangerez d'aucun des arbres du Jardin?» (2) Et la Femme répondit au Serpent: «Des fruits de tous les arbres du Jardin nous pouvons manger; (3) c'est seulement du fruit de l'Arbre qui est au milieu du Jardin qu'Elôhîm a dit: Vous n'en mangerez pas! Vous n'y toucherez pas! Autrement, vous mourrez!» (4) Et le Serpent de répondre à la Femme: «Mais non! Vous ne mourrez pas du tout! (5) Seulement, Elôhîm sait bien que lorsque vous en mangerez, vos yeux s'ouvriront et vous serez comme Elôhîm, capables de discerner Bien et Mal!»

Die Schlange war listiger als alles Lebendige des Feldes, das Er, Gott, gemacht hatte. / Sie sprach zum Weib: / Ob wohl Gott sprach: Eßt nicht von allen Bäumen des Gartens...! / Das Weib sprach zur Schlange: / Von der Frucht der Bäume im Garten mögen wir essen, / aber von der Frucht des Baums, der mitten im Garten ist, / hat Gott gesprochen: / Ihr sollt davon nicht essen und nicht daran rühren, sonst müßt ihr sterben. / Die Schlange sprach zum Weib: / Sterben, sterben werdet ihr nicht, / sondern Gott ists bekannt, / daß am Tag, da ihr davon esset, eure Augen sich klären / und ihr werdet wie Gott, erkennend Gut und Böse.

10. La Femme succombe.

(6) Et la Femme, voyant que (cet) arbre était agréable à manger et tentant au regard, et qu'il était avantageux, ce même arbre, pour devenir (plus) intelligent, prit donc de ses fruits, et en mangea; elle en donna aussi à son homme, auprès d'elle, lequel (en) mangea.

Das Weib sah, / daß der Baum gut war zum Essen / und daß er eine Wollust den Augen war / und anreizend der Baum, zu begreifen. / Sie nahm von seiner Frucht und aß / und gab auch ihrem Mann bei ihr, und er aß.

11. Les suites de la Faute.

(7) Alors, leurs yeux s'ouvrirent, et ils comprirent qu'ils étaient nus: aussi attachèrent-ils des feuilles de figuier pour se faire des pagnes.
(8) Ils entendirent alors le bruit (des pas) de Yahweh-Elôhîm, qui se promenait dans le Jardin, à la brise du jour: et devant Yahweh-Elôhîm, Lhomme et sa femme se cachèrent entre les arbres du jardin. (9) Mais Yahweh-Elôhîm interpella Lhomme: «Où es-tu?», lui dit-Il. (10) Et lui de répondre: «J'ai entendu le bruit (de) Tes (pas) dans le Jardin, et j'ai eu peur, parce que je suis nu. Aussi me suis-je caché!» (11) «Mais (lui répondit-Il), qui donc t'a expliqué que tu étais nu? Aurais-tu mangé

Die Augen klärten sich ihnen beiden, / und sie erkannten, – / daß sie nackt waren. Sie flochten Feigenlaub und machten sich Schurze.
Sie hörten Seinen Schall, Gottes, der sich beim Tageswind im Garten erging. / Da versteckte der Mensch und sein Weib sich vor Ihm, Gott, mitten unter den Bäumen des Gartens. / Er, Gott, rief den Menschen an und sprach zu ihm: / Wo bist du? / Er sprach: / Deinen Schall habe ich im Garten gehört und fürchtete mich, weil ich nackt bin, / und ich versteckte mich. / Er sprach:/ Wer hat dir gemeldet, daß du nackt bist? / hast du vom Baum, von dem nicht zu essen ich dir gebot, gegessen? /

de (cet) Arbre dont Je t'avais interdit de manger?» (12) Et Lhomme (répondit): «La Femme que Tu avais mise auprès de moi, (c'est) elle (qui) m'a donné de l'Arbre, (dont) j'ai mangé!» (13) Yahweh-Elôhîm dit alors à la Femme: «Qu'as-tu fait là?» Mais la Femme: «C'est le Serpent (qui) m'a appâtée, dit-elle, et j'ai mangé!»

Der Mensch sprach: / Das Weib, das du mir beigegeben hast, sie gab mir von dem Baum, und ich aß. / Er, Gott, sprach zum Weib: / Was hast du da getan! / Das Weib sprach: / Die Schlange verlockte mich, und ich aß.

12. Le Châtiment.

(14) Et Yahweh-Elôhîm dit au Serpent: «Puisque tu as fait cela: Sois maudit entre tous les animaux et bêtes sauvages! / Sur ton ventre tu marcheras / Et de terre te nourriras / Tous les jours de ta vie.
(15) J'établis une hostilité entre toi et la Femme, / Entre ta descendance et la sienne. / Elle te visera à la tête, / Et toi tu la viseras au talon!»
(16) Puis à la Femme. Il dit: «Je multiplierai considérablement les peines de tes grossesses! / Dans la douleur tu mettras tes enfants au monde! / Ton élan te portera vers ton homme / Mais lui te tyrannisera!»
(17) Puis Il dit à Lhomme: «Puisque tu as écouté l'appel de ta femme et que tu as mangé de l'Arbre dont Je t'avais ordonné: „N'en mange pas!": Soit maudite la terre à cause de toi: / (Ce n'est que) dans le travail-pénible (que) tu en tireras de quoi manger, / Tous les jours de ta vie. / (18) Elle te produira seulement des ronces et des épines. Et tu (n')auras à manger (que) l'herbe de la lande. / (19) Tu (ne) mangeras de pain (qu')à la sueur de ton visage, / Jusqu'à ton retour à la Terre, / Puisque (c'est) d'elle (que) tu as été tiré! / Oui! Tu es argile, et argile tu redeviendras!»
(20) Lhomme donna alors à sa femme le nom de Khawwâ: car c'est la Mère de tous les Vivants (Khaw)! (21) Et Yahweh-Elôhîm fit à Lhomme et à sa femme des tuniques de peau et les en revêtit.

Er, Gott, sprach zur Schlange: / Weil du das getan hast, / sei verflucht vor allem Getier und vor allem Lebendigen des Feldes, / auf deinem Bauch sollst du gehn und Staub sollst du fressen alle Tage deines Lebens, / Feindschaft stelle ich zwischen dich und das Weib, zwischen deinen Samen und ihren Samen, / er stößt dich auf das Haupt, du stößest ihm in die Ferse.
Zum Weibe sprach er: / Mehren, mehren will ich deine Beschwernis, deine Schwangerschaft, / in Beschwer sollst du Kinder gebären. / Nach deinem Mann sei deine Begier, er aber walte dir ob. / Zu Adam sprach er: / Weil du auf die Stimme deines Weibes gehört hast / und von dem Baum gegessen hast, den ich dir verbot, sprechend: Iß nicht davon!, / sei verflucht der Acker um deinetwillen, / in Beschwer sollst du von ihm essen alle Tage deines Lebens. / Dorn und Stechstrauch läßt er dir schießen, / so iß denn das Kraut des Feldes! / Im Schweiß deines Antlitzes magst du Brot essen, / bis du zum Acker kehrst, / denn aus ihm bist du genommen. Denn Staub bist du und zum Staub wirst du kehren.

Der Mensch rief den Namen seines Weibes: Chawwa, Leben! / Denn sie wurde Mutter alles Lebendigen. / Er, Gott, machte Adam und seinem Weibe Röcke aus Fell und kleidete sie.

13. Le premier couple chassé du Jardin.
(22) Et Yahweh-Elôhîm (Se) dit: «Voici (donc) Lhomme devenu comme l'un d'entre Nous en matière de Discernement du Bien et du Mal. Pourvu que désormais il n'aille pas plus loin, ne prenne, en sus, de l'Arbre-de-Vie, n'en mange et ne vive à jamais ?» (23) Aussi le chassa-t-Il du Jardin d'Eden pour travailler la terre dont il avait été tiré. (24) Et ayant expulsé Lhomme, Il établit, à l'Orient du Jardin d'Éden, les Kerûbim et la Flamme-du-Glaive-flambloyant pour garder le chemin de l'Arbre-de-Vie...

(Übersetzt aus dem Hebräischen von Jean Bottéro.)

Er, Gott, sprach: / Ja, / der Mensch ist geworden wie unser einer im Erkennen von Gut und Böse. / Und nun / könnte er gar seine Hand ausschicken / und auch vom Baum des Lebens nehmen und essen/ und in Weltzeit leben! / So schickte Er, Gott, ihn aus dem Garten von Eden, den Acker zu bedienen, daraus er genommen war. / Er vertrieb den Menchen / und ließ vor dem Garten von Eden ostwärts die Cheruben wohnen / und das Lodern des kreisenden Schwerts, / den Weg zum Baum des Lebens zu hüten.

(Die fünf Bücher der Weisung, verdeutscht von Martin Buber, gemeinsam mit Franz Rosenzweig, Köln/Olten 1954)

links: Lucas Cranach (1472-1553): Venus.
Frankfurt/Main, Städelsches Kunstinstitut

PAUL VEYNE

Die Ehe des römischen Paars

Im römischen Italien sind, ein Jahrhundert vor oder ein Jahrhundert nach unserer Zeitrechnung, fünf oder sechs Millionen Männer und Frauen frei und Bürger. Sie leben auf Hunderten von ländlichen Gebieten, deren Mittelpunkt eine Stadt mit ihren Baudenkmälern und ihren »Privathäusern« oder *domus* ist. Diese Gebiete heißen »Stadtgemeinden«.

Man zählt auch ein oder zwei Millionen Sklaven: Hausgesinde oder landwirtschaftliche Arbeiter, hauptsächliche oder zusätzliche Arbeitskräfte für die Bewirtschaftung. Über ihre Sitten und Gebräuche wissen wir nicht viel, außer daß ihnen die Heirat, damals eine private Institution, verboten ist und bis zum 3. Jahrhundert bleiben wird. Dieser Herde wurde nachgesagt, sie lebe im Zustand sexueller Promiskuität, mit Ausnahme einer Handvoll Sklaven, die besonderes Vertrauen genossen: Verwalter ihres Herrn oder Sklaven des Kaisers selbst – die damaligen Beamten. Diese Privilegierten nahmen auf Dauer eine einzige Konkubine oder empfingen sie aus den Händen ihres Herrn.

Beschränken wir uns also auf die freien Männer. Die einen sind die freigeborenen Kinder eines Bürgers und einer Bürgerin, die rechtmäßig miteinander verheiratet sind, die anderen sind uneheliche Kinder (einer Bürgerin); und wiederum andere schließlich sind als Sklaven geboren, später jedoch freigelassen worden. Alle sind sie Bürger, und ihnen steht die bürgerliche Institution der Ehe offen.

Warum heiratete man?

Diese Institution ist paradox in unseren Augen. Tatsächlich ist die römische Ehe ein privates Abkommen, ein Akt, den keine staatliche Behörde abzusegnen hat: Man erscheint nicht vor dem Äquivalent eines Bürgermeisters oder Pfarrers. Sie ist ein nicht schriftliches Abkommen (es gibt lediglich einen Aussteuervertrag, vorausgesetzt, die Verlobte hat eine). Sie ist sogar ein informelles Abkommen: Es bedurfte keines symbolischen Aktes, was immer man auch

Psyche und Amor, im Kuß vereint, Ostia, Haus des Amor und der Psyche, 2. Jh. n. Chr.

darüber gesagt haben mag. Kurz, die Ehe war ein privates Ereignis wie bei uns die Verlobung. Aber wie konnte dann ein Richter im Fall eines Erbstreits entscheiden, ob ein Mann und eine Frau rechtmäßig miteinander verheiratet waren? Nun, er entschied aufgrund von Indizien, wie es die Gerichte tun, um einen Tathergang festzustellen. Es gibt zum Beispiel eindeutige Tatbestände: eine Mitgift oder Handlungen, die beweisen, daß der mußmaßliche Ehemann die Frau, die mit ihm lebte, stets als Ehefrau angesehen hatte. Oder auch Zeugen, die bestätigen konnten, daß sie an einer kleinen Zeremonie teilgenommen hatten, deren hochzeitlicher Charakter offenkundig war. Im Grenzfall konnten nur die beiden Eheleute wissen, ob sie, in ihren Gedanken, verheiratet waren.

Gleichwohl war es von entscheidender Wichtigkeit festzustellen, ob die Eheleute rechtmäßig miteinander verheiratet waren, da die Ehe – eine private, nicht schriftliche, ja nicht einmal förmliche Institution – eine faktische Situation war, die sehr wohl Rechtsfolgen hatte. Die Kinder, die aus dieser Ehe entstehen, sind ehelich; sie nehmen den Namen ihres Vaters an und setzen das Geschlecht fort. Nach dem Tod des Vaters geht das Erbe in ihren Besitz über... falls er sie nicht enterbt hat.

Um die Vorstellung der Spielregeln abzuschließen, eine letzte Präzisierung: Die Scheidung ist rechtlich ebenso leicht und ebenso informell wie die Heirat. Für eine Trennung genügt es, daß allein der Ehemann oder allein die Ehefrau sich scheiden lassen will. Man ist auch nicht ausdrücklich verpflichtet, den Ex-Ehepartner in Kenntnis zu setzen, und es gab in Rom Ehemänner, unter ihnen Kaiser Claudius, die geschieden waren, ohne es zu wissen. Verstoßen oder aus eigener Initiative geschieden, verläßt die Ehefrau ungehindert ihren Mann und nimmt ihre Mitgift mit sich, falls sie eine hat. Eventuelle Kinder dagegen bleiben bei ihrem Vater. Warum also heiratete man? Um ein Erbe weiterzugeben? Nicht einmal das: Der Erblasser hatte fast uneingeschränkte Freiheit, und er konnte seine Güter demjenigen vermachen, den er zu seinem geistigen Nachfolger wählte. Um das Geschlecht fortzusetzen? Die Adoption war gängige Praxis und erlaubte, einen Fortsetzer zu wählen. Um miteinander zu schlafen? Die Keuschheit war keine männliche Tugend, und die Dienerinnen oder die freigelassenen Sklavinnen waren ein potentieller Harem. Alles in allem heiratete man nur aus zwei Gründen: um sich zu bereichern, indem man eine Mitgift heiratete (die Ehe galt als vollkommen ehrenhaftes Mittel, um seine Einkünfte und das Erbe seiner Erben zu vermehren), und vor allem, weil... es Brauch war: einen fundierteren und funktionelleren Grund braucht man nicht zu suchen.

Ein Heim gründen

Allerdings hat der römische Staat es nach und nach, in der Person seiner Führer, der Senatoren – die auch seine maßgeblichen politischen Denker waren –, nicht versäumt, diesem Brauch eine rationale Funktion zu geben. Die Bürger hatten die Pflicht zu heiraten, um in rechtmäßiger Ehe Kinder zu zeugen, die, da sie ehelich waren, die Bürgerschaft oder Gesamtheit der Bürger erhalten würden. Man sprach nicht von Geburtenförderung, Erhalt der Rasse, künftigen Arbeitskräften und künftigem Kanonenfutter, sondern von Erhalt des Kernbestands von Bürgern, die im Prinzip das Gemeinwesen fortbestehen ließen, indem sie den »Beruf des Bürgers« ausübten.

In Wirklichkeit war diese Rationalisierung der Ehe so verlogen, daß einer der gedankenreichsten Senatoren, Plinius der Jüngere, in dieser Sache bemerkte, es gäbe noch ein zweites Mittel, den bürgerlichen Kern zu stärken: nämlich die verdienten Sklaven freizulassen und aus ihnen Bürger zu machen. Man stelle sich vor, ein Geburtenminister würde bei uns die Gastarbeiter naturalisieren...

Ob nun rechtmäßige Ehe oder legitimes Konkubinat (ein gewagter Begriff), unter den freien Menschen herrscht ausschließlich die Monogamie. Aber Monogamie und Paar sind keineswegs dasselbe. Wir werden uns hier nicht fragen, wie das alltägliche Leben wirklich ablief, sondern als was der Mann nach der herrschenden Moral zu den verschiedenen Zeiten seine Frau zu betrachten hatte: als eine ihm gleichgestellte Person oder als eine unbedeutende, ewig unmündige Kreatur, die keine andere Bedeutung hatte, als die Institution zu personifizieren? Die Antwort ist in der oben gestellten Antwort enthalten:

Warum heiraten? Hält man es in einer Männergesellschaft für opportun, eine Bürgerpflicht unter anderen zu erfüllen? Oder geschieht es, um zu zweit »ein Heim zu gründen«, selbst wenn die scheinheilige tägliche Realität dieses noble Ideal Lügen strafen muß?

Schließlich, welche Illusionen durfte ein verheirateter Mann sich über sein Verhalten machen, um als Ehrenmann zu gelten? Hier fällt die Antwort leicht: Im 1. Jahrhundert vor unserer Zeitrechnung muß er sich als ein Bürger betrachten, der all seine Bürgerpflichten erfüllt hat; im 1. Jahrhundert danach muß er sich, wenn er zeitgemäß leben will, als ein guter Ehemann betrachten und seine Frau offiziell achten. Mit anderen Worten, der Augenblick ist gekommen, in dem man die monogame Ehe moralisch interiorisiert hat. Woher dieser Wandel? Ich habe nicht die geringste Ahnung. Alles, was man eindeutig sagen kann, ist, daß die neue Moral des Paars ausgiebig vom Stoizismus gepredigt wurde, der bekanntesten jener Weisheits- oder »Philosophiesekten«, deren Einfluß ebenso groß war wie bei uns derjenige der Ideologien und der Religion. Leider wissen wir nicht, ob die Verfechter des Stoizismus eine neue Moral verbreitet haben, die sich von der Lehre herleitet, oder ob sie nicht eher eine entstehende Moral, die in der Luft lag, übernommen und ihren Theorien angepaßt haben. Das gleiche kann man im übrigen auch von den Christen sagen. Es hat also nacheinander mehrere Ehemoralen im Stoizismus gegeben, so wie anschließend im antiken Christentum.

Und noch eine ganz wichtige Präzisierung: Was wir erzählen werden, gilt lediglich für ein Zwanzigstel oder Zehntel der freien Bevölkerung, für die reiche Klasse, die kultiviert sein will. Mehr gibt die Quellenlage nicht her. In den ländlichen Gebieten Italiens waren die freien Bauern, die Kleinbauern oder die Pächter der Reichen zwar verheiratet, aber das ist auch alles, was man darüber weiß: Bürgersinn oder Stoizismus, die Optionen galten für sie nicht.

Geburt...

Die erste Moral sagte: »Heiraten ist eine Bürgerpflicht.« Die zweite: »Wenn man ein Ehrenmann sein will, darf man mit einer Frau nur schlafen, um Kinder zu haben; der Ehestand dient nicht der geschlechtlichen Lust.« Die erste Moral stellt die Wohlbegründetheit der Regelung nicht in Frage: Da nur die rechtmäßige Ehe die ordnungsgemäße Zeugung der Bürger erlaubt, muß man gehorchen und heiraten. Die zweite, weniger kämpferische, sucht eine Begründung für die Institutionen: Da die Ehe existiert und ihre Dauer die Pflicht des Kinderkriegens bei weitem überschreitet, muß sie eine andere Daseinsberech-

Römischer Sarkophag aus Gallien (ca. 260 n. Chr.): Die Eheleute im Zentrum. Die Ehe: eine Sache zwischen den Familien – ernst, aber ohne Beteiligung der Sinne. Neapel, Nationalmuseum.

tigung haben; da sie zwei vernünftige Wesen ihr ganzes Leben hindurch zusammenleben läßt, handelt es sich also um Freundschaft, um dauerhafte Zuneigung zwischen zwei ehrenhaften Personen.

Diese rührende Mischung aus gutem Willen und Konformismus hat den Mythos des Paars entstehen lassen. In der alten bürgerlichen Moral war die Ehefrau nur ein Werkzeug des Berufsbürgers und Familienoberhaupts: Sie machte Kinder und vergrößerte das Erbe. In der zweiten Moral ist die Frau »die Gefährtin eines ganzen Lebens« geworden. Ihr bleibt nichts anderes übrig, als vernünftig zu sein, das heißt, da sie ihre natürliche Minderstellung kennt, zu gehorchen; ihr Ehemann wird sie respektieren, wie ein echter Chef seine ergebenen Hilfskräfte, das heißt seine niedrigerstehenden Freunde respektiert. Im Abendland ist das Paar entstanden.

Die Formulierung der neuen Moral lautete: »So sieht die Pflicht eines verheirateten Mannes aus.« Die bürgerliche Moral sagte dagegen: »Heiraten ist eine Bürgerpflicht.« Gegen 100 vor unserer Zeitrechnung erklärt ein Zensor in der Bürgerversammlung: »Die Ehe ist eine Quelle des Ärgers, das wissen wir alle; dennoch muß man heiraten, aus Bürgersinn.« Die Ehe verstand sich nicht von selbst, und sie gab es zu verstehen; das hat bei den Römern und dann bei ihren Historikern dazu geführt, daß sie an eine Krise, was die Zahl der Eheschließungen betrifft, und an eine Verbreitung der Ehelosigkeit glaubten (man kennt, durch das aktuelle »Problem der Unsicherheit«, diese kollektiven Obsessionen, die kein statistischer Beweis zu verscheuchen vermag), und Kaiser Augustus wird Sondergesetze erlassen, um die Bürger dazu zu bringen zu heiraten. Die Ehe war also gleichsam eine Option, für die man sich entschied oder die man zurückwies. Sie ist nicht die »Gründung eines Heims«, die Achse eines Lebens, sondern eine der zahlreichen dynastischen Entscheidungen, die ein vornehmer Herr zu treffen haben wird: eine öffentliche Karriere einschlagen oder Privatmann bleiben, um das Erbe zu vergrößern, Soldat oder Redner zu werden, usw. Die Ehefrau wird weniger die Gefährtin dieses vornehmen Herrn sein als der Gegenstand einer seiner Optionen. Sie wird sogar so sehr ein Gegenstand sein, daß zwei vornehme Herren sie sich freundschaftlich hin und her reichen können: Cato Uticensis, ein Muster an Tugend, lieh seine Frau an einen Freund aus und heiratete sie später wieder, wobei er im Vorbeigehen ein unermeßliches Erbe einstrich; ein gewisser Nero »verlobte« (das war das gängige Wort) seine Gemahlin Livia mit dem künftigen Kaiser Augustus.

Die Ehefrau ist nur eines der Elemente der Hausgemeinschaft, die auch die Söhne, die Freigelassenen, die Klienten und die Sklaven umfaßt. »Wenn dein Sklave, dein freigelassener Sklave, deine Frau oder dein Klient dir zu widersprechen wagen, wirst du wütend«, schreibt Seneca. Die vornehmen Herren verhandelten die Dinge unter sich, zwischen Mächtigen, und wenn einer von ihnen eine wichtige Entscheidung zu treffen hat, ruft er eher den »Rat seiner Freunde« zusammen, als es mit seiner Frau zu besprechen.

Gleichwohl herrscht die Frau über das Hausgesinde. Besitzt sie auch die Schlüssel der Geldtruhe? Ja, wenn ihr Herr und Meister sie als dessen würdig erachtet, und sie wird sich dadurch geschmeichelt fühlen. Mätresse und Dienerin zugleich, hält sie sich einerseits bescheiden im Hintergrund und erträgt schweigend die Liebesabenteuer ihres Mannes mit den jungen Sklaven beiderlei Geschlechts und ist andererseits eine gehorsame, aber mutige Frau, die stolz ist auf ihre vornehme Herkunft. Wie Colomba im neuen Korsika Mérimées wird sie imstande sein, das Schicksal und das Überleben des Clans in die Hand zu nehmen, wenn die Männer nicht da sind. Daß sie eine Mitgift und ein persönliches Vermögen hat, das nicht auf ihren Mann übergeht, erklärt alles.

Keine Gehörnten

Letztlich aber bleibt die Frau untergeordnet, und man nimmt an, daß sie nur die Fähigkeiten ihrer Rolle besaß. Sie ist ein großes Kind, das man aufgrund seiner Mitgift und seines vornehmen Vaters rücksichtsvoll zu behandeln gezwungen ist. Cicero und seine Briefpartner tratschen über die Launen dieser lebenslangen jungen Mädchen, die beispielsweise die Abwesenheit eines Ehemanns, der eine ferne Provinz regiert, nutzen, um sich von ihm scheiden zu lassen und sich wiederzuverheiraten. Diese entwaffnenden Kindereien haben gleichwohl Konsequenzen in den politischen Beziehungen zwischen vornehmen Herrn.

Es versteht sich von selbst, daß das molièresche Thema des Gehörntseins unbekannt war; wäre es bekannt gewesen, würden Cato, Cäsar und Pompeius zu den berühmten Gehörnten zählen. Ein Ehemann ist Herr über seine Frau wie über seine Töchter und sein Hausgesinde. Daß seine Frau untreu ist, ist keine Lächerlichkeit, sondern ein Unglück, nicht mehr und nicht weniger, als wenn seine Tochter sich schwängern ließe oder einer seiner Sklaven sich seiner Pflicht entzöge. Wenn die Frau ihn betrügt, wird man dem Ehemann, eventuell vor versammeltem Senat, vorwerfen, er habe es an Wachsamkeit oder an Stärke fehlen und auf diese Weise den Ehebruch in der Stadt aufblühen lassen. (Ebenso wirft man bei uns Eltern vor, sie seien zu schwach und verwöhnten ihre Kinder, die in die Kriminalität abgleiten werden.)

Die Ehe ist also eine Bürgerpflicht und ein häusliches Arrangement. Alles, was die alte Moral fordert, ist die Erfüllung einer bestimmten Aufgabe: Kinder haben und die Hausgemeinschaft in Gang halten. Folglich wird die Moral zwei Ebenen einbeziehen: diese strenge Pflicht und eine fakultative Ebene, die ein zusätzlicher Vorzug oder ein glücklicher Zufall sein wird, nämlich ein einträchtiges Paar zu bilden. Hier wird das Paar erstmals Einzug im Abendland halten, allerdings noch nicht richtig. In der Tat, wenn man in Rom auch glücklich war zu hören, daß zwei Eheleute sich gut verstanden – wie Philemon und Baucis der Legende nach –, so wußte man doch, daß es nicht überall so war, und konnte öffentlich die Uneinigkeit in einer Ehegemeinschaft zur Sprache bringen, ohne den Eindruck zu erwecken, seinem Nächsten etwas Schlechtes nachzusagen. Die Realität der Ehe war nicht identisch mit dem Glück des Paars, denn die Ehe wurde von der Moral nicht als Leben eines Paars interiorisiert.

Die eheliche Liebe war ein glücklicher Zufall, und die Zwietracht wurde für vorhersehbarer als die Eintracht gehalten. In zahllosen Grabschriften spricht der Ehemann von seiner »sehr lieben Gemahlin«, aber in anderen, nicht weniger zahlreichen, sagt er eher: »Meine Gemahlin, die mir niemals einen Grund gegeben hat, mich über sie zu beklagen (*querela*).« Die Historiker stellten Listen von Paaren auf, die bis zum Tod in Eintracht lebten. Und dennoch, wenn man einem frischgebackenen Ehemann zu gratulieren hatte, sagte man ihm, wie Ovid: »Möge deine Frau ihrem Gemahl in unermüdlicher Gutmütigkeit gleichkommen! Möge nur selten ein Ehekrach eure Verbindung trüben!« Mit diesen Worten unterlief Ovid, einem gewandten und höflichen Dichter, kein Ausrutscher, brachte er die Leute nicht in Verlegenheit.

Da nicht verpflichtend, ist es ein um so größeres Verdienst, seine Frau gut zu behandeln, »ein guter Nachbar, ein liebenswürdiger Gastgeber, sanft zu seiner Gemahlin und nachsichtig seinem Sklaven gegenüber« zu sein, schreibt der Moralist Horaz. Das Ideal der Zärtlichkeit zwischen Eheleuten war seit Homer stets zur ehelichen Verpflichtung im strengen Sinn hinzugekommen. Basreliefs zeigen Mann und Frau, die sich die Hand reichen, und das war, was immer man auch darüber sagen mochte, kein Symbol der Ehe, sondern eben dieser wünschenswerten zusätzlichen Eintracht. Der verbannte Ovid ließ seine Frau in Rom zurück, wo sie das Erbe des Dichters verwalten und versuchen wird, sein Wohlwollen zu erhalten. Er schreibt ihr, daß zwei Dinge sie verbinden: der »Ehevertrag« und »die Liebe, die aus uns zwei Verbündete macht«. Hat das Paar wirklich schon das Abendland betreten? Nein: Ein Verdienst ist keine Pflicht! Wichtige Nuance! Man preist das Einvernehmen dort, wo man es feststellt, man setzt es nicht als Norm, deren Erfüllung von der Institution vorausgesetzt wird.

Mit den Stoikern dagegen wird das, was ein zufälliges Verdienst war, eine strikte Pflicht. Ergebnis: Alle Welt wird die Illusion haben, dieser Pflicht nachzukommen, da sich ihr anscheinend niemand entziehen kann. Das Symptom, das erlauben wird, die Parteigänger der neuen Moral zu erkennen, wird ein erbaulicher und schwülstiger Sil sein. Wenn Seneca oder Plinius von ihrem Eheleben sprechen werden, wird dies in einem rührseligen, sittsamen, exemplarischen Ton geschehen. Praktische Konsequenz: Von nun an ist der Platz, der der Ehefrau theoretisch zugestanden wird, nicht mehr der gleiche. In der alten Moral wurde sie zum Hauspersonal gerechnet, über das sie im Auftrag des Ehemanns befehligt. In der neuen wird sie in den Rang der Freunde erhoben, die eine so große Bedeutung im griechisch-römischen Gesellschaftsleben haben. Für Seneca ist das Band der Ehe absolut mit dem Freundschaftspakt vergleichbar. Hatte es aber wirklich praktische Konsequenzen? Ich bezweifle es. Was sich wohl geändert hat, ist der Stil, in dem die Ehemänner mit ihren Frauen sprachen und in dem man über die Ehefrauen sprach: Die Höflichkeit dient der Illusion.

Mit dieser weitgehenden moralischen Umwälzung verhält es sich wie mit der ganzen Geschichte der Ideen: Nach einem Jahrhundert der Soziologie der Kultur geben immer mehr Historiker zu, daß sie außerstande sind, die kulturellen Veränderungen zu erklären, und daß sie nicht die geringste Ahnung haben, wie eine kausale Interpretation auf diesem Gebiet aussehen könnte.[1]

---

1 Siehe P. Thuillier, »Le temps des astrologues«, *L'Histoire* 50, April 1983.

Stellen wir lediglich fest, daß die Ursache dafür nicht nur der Stoizismus war; die neue Moral hat auch Verteidiger unter den Feinden der Stoiker und unter denen, die sich neutral verhielten, gehabt.

Der platonische Philosoph Plutarch (45-125 n. Chr.) grenzte sich sehr sorgfältig vom Stoizismus ab, diesem immer noch triumphierenden Rivalen, dessen *challenger* der neue Platonismus war. Nichtsdestoweniger verdankt sich ihm die Theorie der ehelichen Liebe, betrachtet als eine höhere Spielart der Freundschaft. Der Senator Plinius (62 – ca. 113) gehörte keinerlei Sekte an. Er hatte eher die Literatur als die Weisheit gewählt. Er betrachtet sich als Ehrenmann und als vorbildlichen Senator und entscheidet alle Dinge mit Autorität; für ihn ist eine Wiederheirat lobenswert, selbst wenn einer der Ehepartner so alt ist, daß die Fortpflanzung nicht das Ziel sein kann, denn der Zweck der Ehe ist die Hilfe und die Freundschaft, die die Eheleute sich gegenseitig entgegenbringen. Er selbst gibt vor, mit seiner Frau ausgezeichnete, gefühlsbetonte Beziehungen zu haben, sie mit größter Achtung und tiefer Freundschaft zu behandeln und ein Beispiel für alle Tugenden zu sein. Wenn man dies liest, muß der moderne Leser sich anstrengen, um sich zu erinnern, daß besagte Gemahlin, verheiratet aus Karriere- und Erbschaftsgründen, eine Kindfrau war, so jung geheiratet, daß ihre erste Schwangerschaft in einer Fehlgeburt endete.

Tatsächlich waren die Stoiker die Betrogenen, da nichts sie zwang, die Unterwerfung unter die herrschende Moral zu predigen, im Gegenteil. In seiner ersten Version lehrte der Stoizismus das Individuum, das sterbliche Ebenbild der Götter zu werden, autark und unempfindlich den Schicksalsschlägen gegenüber, wie sie. Er sollte sich den gesellschaftlichen Rollen nur dort unterwerfen, wo sie mit dem Streben nach Autarkie und der nicht weniger natürlichen Sympathie vereinbar waren, die jeden Menschen dazu bringt, sich für seine Mitmenschen zu interessieren. Das führte eher zu einer Kritik an den politischen und familiären Institutionen, und das war anfänglich auch der Fall. Aber der Stoizismus ist in einem Milieu reicher und mächtiger Gebildeter das Opfer seines eigenen Erfolgs gewesen und eine gelehrte Version der gängigen Moral geworden. Die Zeit ist recht fern, da die Stoiker über das Verlangen nach Schönheit und die Knabenliebe spekulierten.

Über diesen voluntaristischen Konformismus hinaus, zu dem der Stoizismus geworden war, gab es eine echtere Affinität zwischen ihm und der neuen Ehemoral. Diese schrieb nicht mehr vor, folgsam eine gewisse Anzahl von ehelichen Aufgaben zu erfüllen, sondern als ein ideales Paar zu leben, in einem dauerhaft echten Gefühl, das genügen würde, Pflichten zu diktieren. Nun war der Stoizismus eine Lehre der moralischen Autonomie, der Steuerung des vernünftigen Individuums durch sich selbst, vorausgesetzt, er achtet stetig auf alle Details der Straße des Lebens. Zwei Konsequenzen daraus: Der stoische Konformismus wird die Eheinstitution in ihrer ganzen Strenge wiederaufnehmen. Er wird sie sogar verschärfen, indem er von den Ehepartnern verlangt, ihre geringste Handlung zu kontrollieren und, bevor sie dem Verlangen nachgeben, zu beweisen, daß dieses Verlangen auf Vernunft gegründet ist.

Aufrechterhaltung der Institution: Ehebruch ist Diebstahl, lehrt Epiktet, seinem Nächsten die Frau wegzunehmen ist ebenso unfein wie sich bei Tisch von der Portion Schweinefleisch zu bedienen, die seinem Nachbarn serviert wurde. Die Ehe, sagt Seneca, ist ein Austausch von Verpflichtungen, ungleicher vielleicht, aber eher unterschiedlicher, da es diejenige der Frau ist zu gehorchen. Im 2. Jahrhundert n. Chr. beglückwünscht sich der stoische Kaiser Marc Aurel, in der Kaiserin »eine so gehorsame Gemahlin« gefunden zu haben. Da beide Ehepartner Vertreter der Moral sind und ein Vertrag gegenseitig ist, wird der Ehebruch des Ehemanns als ebenso schwerwiegend wie der der Ehefrau angesehen (im Gegensatz zur alten Moral, die die Verfehlungen nicht nach dem moralischen Ideal, sondern nach der bürgerlichen Realität beurteilte, in die das Vorrecht der Männer eingeschrieben war).

Verschärfung der Institution, wie man sieht. Da die Ehe Freundschaft ist, dürfen die Eheleute nur miteinander schlafen, um Kinder zu haben, und sich nicht zu sehr liebkosen; man darf seine Frau nicht wie eine ordinäre Mätresse behandeln, behauptet Seneca (den der Heilige Hieronymus zustimmend zitieren wird). Sein Neffe Lukan war derselben Ansicht. Er schrieb ein Epos, das eine Art realistischer historischer Roman ist, in dem er auf seine Art den Bürgerkrieg zwischen Cäsar und Pompeius erzählt. Er zeigt Cato, Modell eines Stoikers, wie er sich von seiner Frau (ebender, die er zeitweilig einem Freund geliehen hat) verabschiedet, bevor er in den Krieg zieht. Am Vorabend einer derartigen Trennung lieben sie sich dennoch nicht. Lukan legt Wert auf diese Präzisierung und erklärt die Bedeutung dieses Faktums nach der Lehre. Auch Pompeius, ein halb bedeutender Mann, schläft im Augenblick des Abschieds nicht mit seiner Frau; und er ist kein Stoiker. Es handelt sich letztlich weniger um Askese als um Rationalismus: Die Vernunft fragt sich: »Wozu das?« Es ist gegen ihre planende Natur, sich zu sagen: »Doch warum eigentlich nicht?« Die stoische Planwirtschaft hat also eine trügerische Ähnlichkeit mit der christlichen Askese.

Wie man sieht, kann man nicht summarisch urteilen und die Moral des Heidentums der christlichen Moral gegenüberstellen. Die wahren Einschnitte verlaufen woanders: zwischen einer Moral der ehelichen Pflichten und einer interiorisierten Moral des Paars. Und letztere, über deren Entstehung man nichts weiß, ist dem Heidentum – seit dem 1. Jahrhundert vor unserer Zeitrechnung – und dem vom Stoizismus beeinflußten Teil des Christentums gemeinsam. Zu Recht die Identität der späten heidnischen Moral und fast der gesamten christlichen Moral zu behaupten, läuft nicht darauf hinaus, Heidentum und Christentum gleichzusetzen, sondern beide zum Verschwinden zu bringen. Man muß über diese dicken Pappmaché-Automaten nicht Überlegungen anstellen, sondern sie aufschlitzen, um in ihrem Inneren feinere Mechanismen funktionieren zu sehen, die nicht mit den traditionellen Einteilungen übereinstimmen.

Mehr noch: Eine Moral reduziert sich nicht auf das, was sie zu tun befiehlt. Heiden und Christen haben zu einer bestimmten Epoche gesagt: »Schlaft nur miteinander, um Kinder zu haben.« Aber dieser Aufruf hat nicht dieselben Konsequenzen, je nachdem, ob er von einer Weisheitslehre gemacht wird – die freien Individuen Ratschläge gibt, die sie befolgen werden, wenn sie überzeugt sind –, oder ob derselbe Aufruf von einer allmächtigen Kirche ergeht, die die Gewissen für ihr Heil im Jenseits schulmeistern und allen Menschen ohne Ausnahme, überzeugt oder nicht, ihren Willen aufzwingen will.

JACQUES LE GOFF

Die Verfemung der Lust

»Ich liebe das Grauen, jungfräulich zu sein.«
MALLARMÉ

Der gängigen Auffassung zufolge hat sich in der Spätantike eine entscheidende Wende in den Vorstellungen und Praktiken abendländischer Sexualität vollzogen. Nach einer Epoche der griechisch-lateinischen Antike, in der Sexualität und Fleischeslust positiv bewertet wurden und eine große sexuelle Freiheit herrschte, griffen eine generelle Verdammung der Sexualität und eine strikte Reglementierung des sexuellen Verhaltens um sich. Die treibende Kraft dieser Umwälzung war das Christentum.

Nun ist kürzlich die These aufgestellt worden – von Paul Veyne (vgl. S. 162ff. in diesem Band) und von Michel Foucault (siehe unten *Literaturhinweise*) –, daß es diese Wende sehr wohl gegeben habe, daß sie aber dem Christentum vorausgegangen sei. Man müsse sie auf die Blütezeit des Römischen Kaiserreichs (1. und 2. Jahrhundert n. Chr.) datieren; und es habe bei den heidnischen Römern, lange Zeit vor der Ausbreitung des Christentums, einen ›Puritanismus der Virilität‹ gegeben.

Auch was den Bereich der Sexualität betrifft, ist das Christentum von Traditionen und Einflüssen (jüdischen, griechisch-lateinischen, gnostischen) sowie vom geistigen Klima der Zeit geprägt. Es hat teil an der breiten Umwälzung der ökonomischen, sozialen und ideologischen Strukturen während der ersten vier Jahrhunderte des christlich genannten Zeitalters, wobei es – wie so oft in der Geschichte – zugleich als Produkt wie als Motor der Ereignisse erscheint. Die Rolle, die ihm dabei zukam, war jedenfalls eminent.

Wie Paul Veyne zeigt, hat das Christentum eine transzendente Legitimation geliefert, die sich auf die Theologie wie auch auf die Hl. Schrift stützt (Auslegung der Genesis und des Sündenfalls, Lehre des Paulus und der Kirchenväter) – und dies ist gewiß von großer Bedeutung. Darüber hinaus aber ist es ihm gelungen, den Verhaltenskodex einer Minderheit zum ›normalen‹ Verhalten der großen Mehrheit werden zu lassen, jedenfalls innerhalb der herrschenden, der aristokratischen und/oder städtischen Bevölkerungsschicht; es hat für die neuen Verhaltensweisen auch einen neuen begrifflichen Rahmen (Vokabular, Definitionen, Klassifikationen, Begriffsoppositionen) geschaffen und eine rigide soziale und ideologische Kontrolle errichtet, die von der Kirche und der in ihren Diensten stehenden weltlichen Macht ausgeübt wurde. Und schließlich bot es eine mustergültige Gemeinschaft an, die im idealen Fall das neue Modell von Sexualität verwirklichte: das Mönchswesen.

Den Beweggründen, die schon die heidnischen Römer zur Keuschheit, zur Beschränkung des Sexuallebens auf den Rahmen der Ehe, zum Verbot der Abtreibung, zur Ablehnung der ›Liebesleidenschaft‹ und zur Ächtung der Bisexualität hatten veranlassen können, fügten die Christen ein neues und zwingendes Motiv hinzu: das nahe Ende der Welt, welches Keuschheit zum Gebot werden läßt. Paulus warnt sie: »Das sage ich aber, liebe Brüder, die Zeit ist kurz [...]. Die da Weiber haben, daß sie seien, als hätten sie keine.« (1. Kor. 7,29). Einige Keuschheitsfanatiker entmannten sich sogar, zum Beispiel Origenes: »Und es sind etliche verschnitten, die sich selbst verschnitten haben um des Himmelreichs willen«, hatte schon Matthäus verkündet (Matth. 19, 12).

Das sündige Fleisch

Was mit dem Christentum zunächst einmal neu aufkam, war die enge Verbindung, die zwischen dem Fleisch und der Sünde hergestellt wurde. Nicht etwa, daß der Ausdruck ›Sünde des Fleisches‹ im Mittelalter so häufig Verwendung gefunden hätte. Aber es läßt sich hier doch ein Mechanismus erkennen, der darin besteht, daß das ganze Mittelalter hindurch mit entsprechenden Bedeutungsverschiebungen die höchste Instanz, die Bibel, bemüht wird, um die Unterdrückung eines Großteils der sexuellen Praktiken zu rechtfertigen. Nach dem Johannesevangelium wird das Fleisch durch Jesus erlöst, weil »das Wort Fleisch ward« (Joh. 1,14) und weil Jesus beim letzten Abendmahl sein Fleisch in das Brot des ewigen Lebens verwandelt: »[...] das Brot, das ich geben werde, ist mein Fleisch, welches ich geben werde für das Leben der Welt. [...]. Werdet ihr nicht essen das Fleisch des Menschensohns, und trinken sein Blut, so habt ihr kein Leben in euch. Wer mein Fleisch isset, und trinket mein Blut, der hat das ewige Leben.« (Joh. 6, 51-54). Aber bereits Johannes setzt Geist und Fleisch einander entgegen und betont: »Der Geist ist's, der da lebendig macht; das Fleisch ist nichts nütze.« (Joh. 6,63). Paulus nimmt wiederum eine leichte Bedeutungsverschiebung vor: »Gott [...] sandte seinen Sohn in der Gestalt des sündlichen Fleisches und der Sünde halben, und verdammte die Sünde im Fleisch [...]. Aber fleischlich gesinnet sein, ist der Tod [...], denn wo ihr nach dem Fleisch lebet, so werdet ihr sterben müssen.« (Röm. 8, 3-13). Gregor der Große verwendet den Begriff zu Beginn des 7. Jahrhunderts dann ganz unzweideutig: »Was sonst ist der Schwefel, wenn nicht die Nahrung des Feuers? Was also verzehrt das Feuer, auf daß es einen so gräßlichen Gestank verströmt? Was also meinen wir mit dem Schwefel, wenn nicht die Sünde des Fleisches?« (*Moralia* XIV, 19).

In frühchristlicher Zeit allerdings ist eher von einer Vielzahl fleischlicher Sünden die Rede und nicht von einer einzigen Sünde des Fleisches allein. Der Zusammenschluß und die Konzentration auf die Verdammung der Sexualität vollzieht sich um drei Begriffe herum:

1) den der *fornicatio* [›Unzucht‹, ›Ehebruch‹ in der Lutherübersetzung: ›Hurerei‹; d. Ü.], der im Neuen Testament auftaucht und – geheiligt durch das sechste Gebot Gottes: »Du sollst nicht ehebrechen« – vor allem ab Ende des 13. Jahrhunderts gebräuchlich wurde; gemeint waren damit alle illegitimen sexuellen Verhaltensweisen (auch die innerhalb der Ehe);

2) den der *concupiscentia* (Konkupiszenz, Begehrlichkeit), dem man vor allem bei den Kirchenvätern begegnet, der fleischlichen Begierde also als dem Quell der Sexualität;

3) den der *luxuria* (Wollust), in dem, als sich vom 5. bis zum 12. Jahrhundert das System der Haupt- oder Todsünden herausbildete, alle Sünden des Fleisches zusammengefaßt wurden.

Die biblische Überlieferung hatte, was sexuelle Restriktionen anbelangt, der christlichen Lehre keine allzu große Bürde aufgeladen. Das Alte Testament, in diesem Punkt oft recht nachsichtig, beschränkt sich bei der Unterdrückung der Sexualität auf die rituellen Verbote, die im Levitikus, 15 und 18, aufgezählt sind. Die wichtigsten davon betreffen den Inzest, die Nacktheit, die Homosexualität und die Sodomie sowie den Beischlaf zur Zeit der Menstruation. Das Mittelalter greift diese Verbote wieder auf. Der Ekklesiastikus ist äußerst frauenfeindlich eingestellt: »Die Sünde kommt her von einem Weibe, und um ihretwillen müssen wir alle sterben.« (Jes. Sir. 25,32) Das Hohelied Salomos hingegen ist eine Hymne auf die eheliche Liebe, bebend vor Liebestrunkenheit und sogar durchglüht von erotischem Feuer. Das Christentum hat sich jedoch, darin einer bestimmten jüdischen Tradition folgend, alsbald bemüht, dem Hohelied eine allegorische Ausdeutung zu geben. Die glorifizierte Vereinigung, unter der zunächst die Jahwes mit Israel verstanden worden war, sollte nun die von Gott mit der gläubigen Seele, von Christus mit der Kirche darstellen. Als man sich

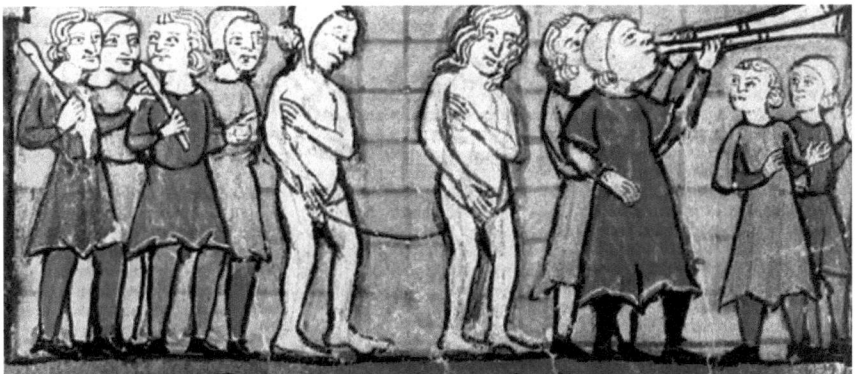

Öffentliche Anprangerung des Ehebruchs. Ein Mann und eine Frau, die sich des Ehebruchs schuldig gemacht haben, werden, bevor eine noch härtere Strafe sie erwartet, nackt durch die Straßen geführt: die Sünde des Fleisches als Objekt des Voyeurismus (›Livre des statuts et coutumes de la ville d'Agen.. ‹, auch ›Livre juratoire‹ genannt, 13. Jahrhundert, Stadtbibliothek Agen)

im 12. Jahrhundert, dem Jahrhundert der Wiederentdeckung Ovids und der Geburt der höfischen Liebe, erneut dem Hohelied zuwandte – es war zu jener Zeit das meistkommentierte Buch des Alten Testaments –, betonte die Kirche, allen voran Bernhard von Clairvaux, daß einzig eine spirituelle, allegorische Auslegung dieses Textes zulässig sei.

Im Neuen Testament nehmen die Evangelien nur sehr zurückhaltend zur Sexualität Stellung. Sie stimmen ein Loblied auf die Ehe an, vorausgesetzt, daß diese monogam und unauflöslich ist. Von daher die Verurteilung des Ehebruchs (Matth 5,27ff.) und der einem Ehebruch gleichkommenden Scheidung (Matth. 19,3-9; Mark. 10,2-12; Luk. 16,18). Aber Maria bleibt auch in der Ehe jungfräulich, und Jesus bleibt ledig, ein Zölibatär. Diese ›Lebensmodelle‹ spielen später eine bedeutende Rolle im ehefeindlich gesinnten Schrifttum des Mittelalters, obschon dieses vor allem reich an paulinischen Texten ist. Nun wird sicherlich bei Paulus das Fleisch nicht direkt gleichgesetzt mit der sündigen sexuellen Handlung: es steht, wie im Johannesevangelium, im Grunde nur für die menschliche Natur. Aber Paulus legt doch Wert auf die Entgegensetzung von Fleisch und Geist, sieht im Fleisch den Urgrund der Sünde und akzeptiert die Ehe nur als eine Notlösung, die es jedoch tunlichst zu umgehen gilt:

»Es ist dem Menschen gut, daß er kein Weib berühre [man beachte die frauenfeindliche Haltung]. Aber um der Hurerei willen habe ein jeglicher sein eigen Weib, und eine jegliche habe ihren eignen Mann. Der Mann leiste dem Weibe die schuldige Freundschaft, desselbigengleichen das Weib dem Manne

[...]. Ich sage zwar den Ledigen und Witwen: Es ist ihnen gut, wenn sie auch bleiben wie ich. So sie aber sich nicht mögen enthalten, so laß sie freien; es ist besser freien, denn Brunst leiden [melius est enim nubere quam uri] [...]. Demnach, welcher verheiratet, der tut wohl; welcher aber nicht verheiratet, der tut besser.« (1. Kor. 7, 1-38). Denn das Leben im Fleische führt zur ewigen Verdammnis: »Offenkundig sind aber die Werke des Fleisches [...] und ich sage noch einmal voraus: die solches tun, werden das Reich Gottes nicht erben.« (Gal. 5, 19-21).

Bei Paulus ist dieser Aufruf zur Jungfräulichkeit und zur Enthaltsamkeit noch ganz in der Hochachtung vor dem menschlichen Körper, dem »Tempel des Heiligen Geistes«, verwurzelt. Im Mittelalter hingegen wird mit der Verteufelung des Fleisches und des Leibes, die beide nur mehr als Ort der Ausschweifung, als Brutstätte des Lasters gelten, dem Körper jeglicher Wert aberkannt.

Sündenfall und Sexus

Paulus hatte damit ein Schema vorgezeichnet, das höchst bedeutsam werden sollte für den Versuch, das gesellschaftliche Ganze als eine über die Sexualität definierte Hierarchie zu beschreiben. Auf eine kaum zu rechtfertigende Art und Weise interpretierte die Kirche dabei das Gleichnis vom Sämann (Matth. 13, 8 und 23; Mark. 4, 8 und 20), dem zufolge das Samenkorn je nach der Güte des Bodens, auf den es fällt, dreißig-, sechzig- oder hundertfach Früchte bringt: sie stufte den Wert und die ›Fruchtbarkeit‹ von Männern und Frauen danach ein, ob sie unberührt (*virgines*, die hundertfach Früchte bringen), enthaltsam lebend wie die Verwitweten (*continentes*, sechzigfach) oder verheiratet (coniugati, dreißigfach) sind. Ambrosius brachte im 4. Jahrhundert diese Hierarchie für die Folgezeit auf die Formel: »Es gibt drei Formen von Keuschheit: die Ehe, den Witwenstand, die Jungfräulichkeit« (*Über die Witwen*, 4,23).

Von der Zeit der Evangelisten bis zum Siegeszug des Christentums im 4. Jahrhundert sorgten zwei Entwicklungen für die erfolgreiche Durchsetzung der neuen Sexualethik: auf theoretischem Gebiet die zunehmende Verwendung einer neuen Begrifflichkeit: Fleisch, Unzucht, Konkupiszenz, und die sexuelle Deutung des Sündenfalls; auf praktischem Gebiet das Aufkommen eines Jungfrauenstandes bei den Christen und die Realisierung des Keuschheitsideals im Mönchstum der Eremiten.

Was den Begriff des Fleisches angeht, so ist das Wesentliche die Verhärtung des Gegensatzes Fleisch/Geist, die Bedeutungsverschiebung von *caro* als der

Die Frau als Opfer der Sexualunterdrückung: der Keuschheitsgürtel. Dieses Accessoire gehört zu den vom kanonischen Recht anerkannten Strafen und Gebräuchen. Eine Handschrift aus dem 13. Jahrhundert, und zwar aus dem ältesten und bedeutendsten Gesetzbuch des kanonischen Rechts, dem Decretum Gratiani (um 1140), illustriert einen Rechtsfall, bei dem ein Keuschheitsgürtel im Zentrum des Interesses steht (Stadtbibliothek Laon)

von Christus mit der Inkarnation angenommenen Menschengestalt hin zum schwachen, zur Sünde verführbaren Fleisch sowie die semantische Gleichsetzung von ›fleischlich‹ und ›sexuell‹. Die Bezeichnung der menschlichen Natur mit dem Wort *caro* verändert sich ebenfalls in Richtung einer sexuellen Auffassung dieser Natur und läßt – im Zuge einer auch an der nicht-christlichen Ethik zu beobachtenden Entwicklung – den Begriff der ›Sünde wider die Natur‹ aufkommen, der dann im Mittelalter mit der Erweiterung des Begriffsumfangs von ›Sodomie‹ (Homosexualität, Analverkehr mit Frauen, Beischlaf *a tergo* oder die Position ›Mann unten, Frau oben‹: all das verfiel damit der Ächtung) große Verbreitung finden sollte.

Die Unzucht (*fornicatio*) wird in der Bibel verurteilt, insbesondere im Neuen Testament (Paulus, 1. Kor. 6,18). Später führen die Erfahrungen des Mönchstums dazu, drei Formen solcher Unzucht zu unterscheiden: die unerlaubte sexuelle Vereinigung; die Masturbation; Erektionen und unwillkürliche Samenergüsse (vgl. Johannes Cassianus: *Collationes patrum* XII,3). Es ist dann Augustinus, der über die Konkupiszenz, die sexuelle Begierde, Reflexionen anstellt. Aber das Wort, im Plural, findet sich schon bei Paulus: »So laßt nun die Sünde nicht herrschen in eurem sterblichen Leibe, und leistet seinen Begierden keinen Gehorsam.« (Röm. 6,12)

Bedeutender noch ist der langwierige Prozeß, der dazu geführt hat, den Sündenfall mit der Sünde des Fleisches zusammenzubringen. In der Genesis ist der Sündenfall eine Sünde des Geistes, die darin besteht, ›Hunger nach Erkenntnis‹ zu verspüren und Gott den Gehorsam zu verweigern (vgl. Jean

Bottéro in diesem Band S. 138ff.). In den Evangelien finden sich keinerlei Äußerungen von Christus über den Sündenfall. Clemens von Alexandria (um 150-215) war der erste, der den Sündenfall mit dem Geschlechtsakt in Zusammenhang brachte. Zwar nennt schon die Genesis als Hauptkonsequenzen aus dem Sündenfall den Verlust des vertraulichen Umgangs mit Gott, die sinnliche Begierde, das Leiden (unter der Arbeit beim Manne, die Schmerzen des Gebärens bei der Frau) und den Tod. Aber erst bei Augustinus werden Sündenfall und Sexualität über das Verbindungsglied der Begierde eindeutig miteinander verknüpft. In den Jahren von 395 bis 430 erwähnt er dreimal ausdrücklich, daß sich die Erbsünde über die Begierde weiter fortpflanzt. Seit den unmittelbaren Nachkommen von Adam und Eva überträgt sich die Erbsünde durch den Zeugungsakt von einer Menschengeneration auf die nächste. Diese Auffassung wird im 12. Jahrhundert Allgemeingut, Abaelard und seine Schüler einmal ausgenommen. Mit der von den meisten Predigern, den Beichtvätern und den Verfassern von Moralschriften betriebenen Vulgarisierung geht die Bedeutungsverschiebung bis hin zur Identifizierung der Erbsünde mit der sexuellen Sünde. Das Menschengeschlecht ist in Sünde gezeugt worden, einer Sünde, die fortan mit jedem Zeugungsakt aufgrund der Begierde, die sich hier deutlich manifestiert, einhergeht.

Eine breite Bewegung – auf dem theoretischen Sektor wie in der Praxis – hatte sich inzwischen formiert, deren zentrales Anliegen die Bewahrung der Jungfräulichkeit war. Tertullian (Anfang des 3. Jahrhunderts) und Cyprian leiteten eine ganze Serie von Schriften ein, die, angefangen bei Methodios von Olympos (2. Hälfte des 3. Jahrhunderts), als regelrechte Traktate über die Jungfräulichkeit gelten können. Die geweihten Jungfrauen lebten separat in eigens dazu ausersehenen Häusern, inmitten einer Gemeinschaft. Man dachte sie sich wirklich als Bräute Christi. Aline Rousselle (vgl. unten *Literaturhinweise*) hat sehr überzeugend dargestellt, daß die breite Bewegung der christlichen Askese von Frauen, die sich zur Jungfräulichkeit verpflichteten, ausging und erst ab Ende des 3. Jahrhunderts n. Chr. auch die Männer mit einbezog, die lediglich zu Enthaltsamkeit angehalten wurden.

Es ist die Zeit der großen Flucht in die Wüste, in das Eremitendasein, eine Suche nach sexueller Reinheit noch weit mehr als nach Einsamkeit. Sie ist oftmals gerade zu Beginn von Fehlschlägen begleitet, insbesondere aufgrund von homosexuellen Kontakten mit den jungen Knaben, die einem Verwandten oder ihrem Meister in die Einöde gefolgt sind. Und für lange Zeit sollten mit ihr jene sexuellen Versuchungen auf der Ebene der Einbildungskraft assoziiert werden, die mittlerweile zum feststehenden Topos geworden sind (die Versuchungen des hl. Antonius). Sieg über die Sexualität, Sieg über den Nahrungstrieb. Seit den Zeiten der Wüstenväter und das ganze Mittelalter hindurch war der Kampf gegen die sexuelle Begierde fast immer vom Kampf gegen die Lust am Essen und Trinken, einem Triumphieren über die Schwelgerei (*crapula*, *gastrimargia*) und den Rausch begleitet. Als sich im Mönchswesen des 5. Jahrhunderts ein Katalog von Haupt- bzw. Todsünden herauskristallisierte, waren Wollust und Völlerei (*luxuria et gula*) sehr oft miteinander gekoppelt. Die Wollust geht so manches Mal aus unmäßigem Essen und Trinken hervor... Aline Rousselle zufolge führte dieser doppelte Kampf beim Mann zur Impotenz, bei der Frau zur Frigidität – als dem Effekt, dem Endresultat der asketischen Lebensweise.

Die Bekehrung des Augustinus

Jene neue Sexualethik war letztlich nichts anderes als die spektakuläre und breit angelegte Wiederauflage eines stoischen Gedankens, den das Christentum aufgriff, um ihn »achtzehn Jahrhunderte lang« (J.-L. Flandrin) dem Abendland aufzuoktroyieren: dem der Verneinung der Lust. Es begann damit die Epoche der großen Verdrängung, unter deren Konsequenzen wir noch immer zu leiden haben, denn die These Max Webers, der zufolge die Unterdrückung des Sexualtriebs für den Aufstieg des Abendlandes grundlegend sei, wird durch jede ernstzunehmende historische Untersuchung entkräftet.

Um zu sehen, wie sich das neue Ideal bei den Glaubenskonvertiten der Spätantike durchsetzte, gibt es kein geeigneteres Zeugnis als das des Augustinus in den *Confessiones*. Zunächst einmal bekennt er, daß die Frau, und ganz besonders diejenige, mit der er zusammenlebte, das größte Hindernis für seine Bekehrung gewesen sei. Seine Mutter Monika hatte die von ihr so sehr gewünschte Konversion ihres Sohnes immer an dessen Verzicht auf sein Sexualleben geknüpft. Zwei größere Erörterungen befassen sich dann mit dem Problem des Fleisches. Die Interessantere findet sich in Buch VIII. Man erfährt hier, wie Augustinus, zu diesem Zeitpunkt noch nicht bekehrt, vor dem Fleisch als dem Sitz der Gewohnheit, des Nachgebens gegenüber den Gelüsten Abscheu entwickelt. »Das ›Gesetz der Sünde‹ ist nämlich die Zwängnis der Gewohnheit, von der [...] der Geist gezogen und gebunden wird.« Eine Gewohnheit, die im Körper verwurzelt ist, »das Gesetz der Sünde, das in meinen Gliedern war« (VIII, V,12). Insofern ist die Unterdrückung sexueller Impulse nur eine Form jener Willensfreiheit, jenes Voluntarismus, der den neuen Menschen – erst Heide, dann Christ – charakterisiert. Im Mittelalter dann, in einer

Gesellschaft von Kriegern, galt eben dies als höchster Ausdruck heldenhafter Tugend.

Hinzu kommt bei Augustinus das Streben nach Keuschheit, die er bereits als Jugendlicher herbeiwünschte, vor der er aber vorerst noch zurückschreckte: »Gib mir Keuschheit und Enhaltsamkeit, nur gib sie nicht schon jetzt!« (VIII, VII,17). Die Partie scheint nun schon fast gewonnen: »Auf jener Seite, nach der ich mein Auge gewendet hatte, aber den Weg zu gehen zitterte, trat in reiner Würde die Keuschheit hervor, heiter, doch nicht ausgelassen fröhlich, in Züchten liebewerbend, daß ich käme ohne Säumen [...]. Und wiederum die Keuschheit, so als sagte sie: ›Gib nicht Gehör deinen unreinen Gliedern, die da erdhaft sind...‹« (VIII, XI,27). Schließlich, als er eine Stimme vernimmt, die zu ihm sagt: »Nimm und lies!«, und das Buch des Apostels aufschlägt, fällt sein Blick auf folgende Zeilen: »Lasset uns wandeln nicht in Fressen und Saufen, nicht in Kammern und Unzucht, nicht in Hader und Neid, sondern ziehet an den Herrn Jesus Christus, und wartet des Leibes, doch also, daß er nicht geil werde.« (VIII, XII,29). Und die ganze Geschichte der Bekehrung endet schließlich mit der Freude Monikas, »viel köstlicher und keuscher als die an Enkeln aus meinem Fleische, die sie erwartet hatte.« (VIII, XII,30).

Als das Hauptopfer der neuen Sexualethik ist letztlich die Ehe zu sehen (vgl. Michel Sot in diesem Band S. 181-191). Denn auch wenn sie als das geringere Übel galt, so war sie doch immer von der Sünde geprägt, von der sinnlichen Begierde, die den sexuellen Akt begleitet. Hieronymus, ein Zeitgenosse des Augustinus und Verfasser einer heftigen Attacke gegen die Ehe in seiner Schrift *Adversus Jovinianum* (die im 12. Jahrhundert einen großen Erfolg zu verbuchen hatte und damals sogar dazu diente, die außereheliche ›höfische Liebe‹ zu legitimieren), zitiert einen Text des Philosophen Sextus Empiricus, der zwei Jahrhunderte vor ihm gelebt hatte: »Ehebrecherisch ist auch die allzu brennende Liebe für die eigene Frau.« Gregor der Große (590-604) spricht in seinem Brief an Augustinus von Canterbury von der Schändlichkeit der ehelichen Lust: eheliche Sexualität kann sich somit in Unzucht verkehren. Noch in der ersten Hälfte des 12. Jahrhunderts heißt es bei dem bedeutenden Pariser Theologen Hugo von St. Viktor: »Der Geschlechtsakt der Eltern vollzieht sich nicht ohne fleischliche Begierde [*libido*]; Kinder bekommt man also nicht, ohne Sünde zu begehen.« Im Ehestand zu leben – wie dem Stand der Kaufleute anzugehören – bedeutet im Mittelalter, daß es schwerlich gelingen kann, ein gottgefälliges Dasein zu führen.

Das Mittelalter (hat man darin ein Zeichen von ›Barbarisierung‹ zu sehen?) objektiviert mehr und mehr die Sünden des Fleisches, unterwirft sie einem immer enger werdenden Netz von Definitionen, Verboten und Sanktionen. Was die Bestrafung der Sünden betrifft, so stellen Kirchenmänner (oft sind es irische Mönche, die radikalsten Vertreter der Askese) Bußbücher (*libri poenitentiales*) zusammen, Auflistungen der Sünden und Bußen, in denen sich der Geist archaischer Kodizes wiedererkennen läßt. Die Sünden des Fleisches nehmen darin – den Vorstellungen und Phantasien der streitbaren Klosterbrüder entsprechend – einen außerordentlich breiten Raum ein. Verachtung alles Weltlichen, Erniedrigung des Fleisches: das monastische Modell hat mit Sicherheit die Sitten und Mentalitäten des Abendlandes entscheidend geprägt. Auch das benediktinische Modell eines ausgewogen-gemäßigten Mönchswesens sollte den Geist und die Praktiken des abendländischen Eremitentums, der Wald- oder Inseleremiten, nicht völlig zum Verschwinden bringen.

Die Verfemung der Lust

Als Weiterführung dieser Tradition und der Verbote des Levitikus sei hier ein Text von Burchard von Worms zitiert, eines deutschen Kanonisten aus dem 11. Jahrhundert, dessen *Decretum collectarium* seinerzeit große Beachtung fand, und zwar die Ausführungen zum Thema ›Mißbrauch der Ehe‹:
»Hast du dich mit deinen Weibe oder mit einer anderen von hinten vereinigt, nach Art der Hunde? Wenn du solches getan hast, so sollst du zehn Tage Buße tun bei Wasser und Brot. Hast du deinem Weibe beigewohnt zur Zeit ihrer Blutung? Wenn du solches getan hast, so sollst du zehn Tage Buße tun bei Wasser und Brot. Wenn dein Weib die Kirche betreten hat nach der Niederkunft, bevor sie noch von ihrem Blute gereinigt war, so soll sie Buße tun so viele Tage, wie sie noch der Kirche hätte fernbleiben müssen. Und wenn du dich mit ihr vereinigt hast in jenen Tagen, so sollst du zwanzig Tage lang Buße tun bei Wasser und Brot.
Hast du dich vereinigt mit deinem Weibe, nachdem sich das Kind in ihrem Leibe schon gerührt hat? Oder nicht einmal vierzig Tage vor ihrer Niederkunft? Wenn du solches getan hast, so sollst du zwanzig Tage Buße tun bei Wasser und Brot.
Hast du dich vereinigt mit deinem Weibe, nachdem eine Emfängnis bei ihr offenbar war? So sollst du zehn Tage Buße tun bei Wasser und Brot.
Hast du dich vereinigt mit deinem Weibe am Tage des Herrn? So mußt du vier Tage Buße tun bei Wasser und Brot. Hast du Unkeusches getan mit deinem Weibe während der Fastenzeit? So mußt du vierzig Tage Buße tun bei Wasser und Brot; oder ein Almosen geben von sechsundzwanzig Hellern. Wenn

Bosch in der Tradition der mittelalterlichen Sündenauffassung. Zwei Liebespaare unter einem Zelt, Anspielungen auf den Wahnsinn, auf Tafelfreuden und Musik: die geheimnisvolle Welt Boschs ist mit einer gesittet-aristokratischen Vorstellung von der Wollust verknüpft. Ein Frühwerk des Malers, weit entfernt davon, ein infernalisches Bild von der Wollust zu zeichnen (Der Tisch der sieben Todsünden, Ausschnitt, Madrid, Prado)

solches geschehen ist, während du trunken warst, so sollst du zwanzig Tage Buße tun bei Wasser und Brot. In Keuschheit sollst du leben in den zwanzig Tagen vor Weihnachten, an allen Sonntagen, an allen vom Gesetz bestimmten Fasttagen, am Geburtstage der Apostel, an den Hauptfeiertagen und auf öffentlichen Plätzen. Wenn du aber nicht keusch geblieben bist, so sollst du vierzig Tage Buße tun bei Wasser und Brot.«[1]

Diese Kontrolle über das Sexualleben verheirateter Paare prägte den Alltag der Mehrheit der männlichen und weiblichen Bevölkerung und unterwarf die

---

1 Vgl. dazu J.-L. Flandrin, *Un temps pour embrasser. Aux origines de la morale sexuelle occidentale (VI-XIe siècle)*, Paris, Seuil, 1983. S. 8f.

Sexualität einem Rhythmus mit vielfachen Auswirkungen (auf die demographische Entwicklung, auf die Beziehungen der Geschlechter zueinander, auf die Mentalitäten), einem Kalendarium, das völlig ›wider die Natur‹ war, wie Jean-Louis Flandrins eingehende Analysen aufgezeigt haben (vgl. unten *Literaturhinweise*). Im 8. Jahrhundert hätten demnach die Verbotsvorschriften den ›gottesfürchtigen Eheleuten‹ an höchstens 91-93 Tagen im Jahr den Beischlaf erlaubt, die sog. unreinen Zeiten bei der Frau (Menstruation, Schwangerschaft, die Zeit *post partum*) nicht einmal mitgerechnet. J.-L. Flandrin hält eine lediglich an den Wochenenden geübte Enthaltsamkeit für wahrscheinlicher, was eine Anzahl von 184 oder 185 Tagen im Jahr, an denen ehelicher Geschlechtsverkehr möglich war, bedeuten würde. Er stellt außerdem eine allmähliche Umstrukturierung fest, was die Zeiten der Enthaltsamkeit betrifft. Die Gesamtanzahl der Verbotstage bleibt dabei nahezu die gleiche, aber die Verteilung über das Jahr hinweg verändert sich: an die Stelle von drei langen Fastenzeiten pro Jahr (Weihnachten, Ostern, Pfingsten) tritt eine Vielzahl kürzerer Perioden des Fastens, der Entsagung und der Enthaltsamkeit.

Die Liebe bringt dem Volk nur die Lepra ein

Zwischen den Verhaltensmaßregeln und der gängigen Praxis bestand zweifelsohne eine gewaltige Kluft. Allein schon, wie nachdrücklich der Beichtvater Ludwigs des Heiligen – als Beweis der Heiligkeit – Ludwig IX. das strikte (wenn nicht übertriebene) Befolgen des Gebots ehelicher Enthaltsamkeit abverlangte, zeigt, daß solche Vorschriften eher selten eingehalten wurden. J.-L. Flandrin ist jedoch der Ansicht, daß die Weisungen der Kirche mit bestimmten fundamentalen Ausrichtungen der Kultur und der Mentalität der Massen zusammengingen: Zu nennen wäre hier der Begriff der heiligen Zeit, wie man ihn von den Bauernkalendern her kennt, die Vorstellung vom Unreinen das Befolgen von Regeln. Man könne somit von einer Konvergenz von gelehrter Ethik und ›populärer‹ Kultur sprechen. Allerdings läßt sich auch für den Bereich der Sexualität feststellen, daß es – zumindest aus dem Blickwinkel der feudalen Kirche – eine soziale und kulturelle Trennungslinie gab, und zwar einerseits zwischen Klerikern und Laien (Adlige mit eingeschlossen), andererseits zwischen den beiden Ständen der Kleriker und Ritter und dem der arbeitenden Bevölkerung, in der Hauptsache Bauern. Ausdruck findet dies in einem Denkmuster, das im Mittelalter häufig auftauchte, wenn es darum ging, eine Erklärung für die Lepra zu geben. Daß das Aussätzigsein von der Sünde herkomme, war bei einigen Theologen des Mittelalters tatsächlich mit der

Auf die Pest, die Florenz (im Jahre 1348) zerstörerisch heimsucht, auf das Schreckensbild der Zeit, reagiert Boccaccio sogleich mit einem geistreichen und anmutigen Werk, dem Decamerone, etwa 1350 erschienen. Einhundert Geschichten, manche davon recht freizügig, die von drei jungen Männern und sieben jungen Damen erzählt werden. Die mittelalterliche Schlüpfrigkeit erscheint hier in neuem Gewand, mit dem Ziel einer Wiedererweckung der Lust (Miniatur aus einer Übersetzung des Decamerone, 15. Jahrhundert, Bibliothek des Arsenal)

Vorstellung von einem Unterschied im Sexualverhalten der herrschenden Gesellschaftsschichten gegenüber dem der unteren Schichten verknüpft. Gab es also eine Sexualität der ›Eliten‹ und eine Sexualität des gemeinen Volkes? Auf jeden Fall fand die Verachtung für den Menschen niedriger Herkunft in der Sexualität weitere Nahrung. Schon in der ersten Hälfte des 6. Jahrhunderts ermahnt Cäsarius, der Bischof von Arles, in einer Predigt seine Zuhörer. Die nicht enthaltsam lebenden Ehepaare würden Kinder bekommen, die »aussätzig oder epileptisch, oder vielleicht sogar besessen« seien. »Kurzum, all die, die aussätzig sind, stammen für gewöhnlich nicht von gebildeten Menschen, die das Keuschheitsgebot an den verbotenen und an den Feiertagen einhalten, sondern vor allem von gemeinen Bauern, die nicht imstande sind, Enthaltsamkeit zu üben.«

Man hat es hier mit zwei Vorstellungen zu tun, die das ganze Mittelalter hindurch von Bedeutung sind. Zum einen wird die Lepra, jene mit Angst- und

Schuldgefühlen besetzte Krankheit, jene schreckenerregende Landplage, die Mitte des 14. Jahrhunderts dann von der Pest abgelöst wurde, auf sündhafte Sexualität – auch und vielleicht sogar in erster Linie der von Ehepartnern – zurückgeführt, wobei die Schande der im Fleische begangenen Sünde der Unzucht gleichsam an der Körperoberfläche zutage tritt. Und da sich die Erbsünde durch das Fleisch weiter fortpflanzt, haben die Kinder für die Verfehlungen der Eltern zu büßen. Zum anderen gibt es jene feste Zuordnung der sexuellen Zügellosigkeit zum Milieu der ›Ungebildeten‹, der Armen, der Bauern. Nicht zufällig also erscheint in der mittelalterlich-christlichen Gesellschaft die Leibeigenschaft als eine Folge der Erbsünde. Wenn die Leibeigenen mehr als andere Sklaven ihrer fleischlichen Begierden sind, so verdienen sie es nicht anders, als auch die Sklaven ihrer Feudalherren zu sein. Mit dieser fragwürdigen Uminterpretation der von der Spätantike überlieferten Ideale des freien Willens, der Selbstbeherrschung und des spirituellen Ringens werden die Angehörigen der niederen Stände der Gesellschaft als schwache, haltlose Individuen hingestellt, bar jeder Vernunft und jeder Willenskraft. In dieser Gesellschaft von Kriegern gelten die Menschen niederer Herkunft als Quasi-Tiere, als machtlose Werkzeuge ihrer schlimmen Begierden.

Sex verdammt zur Hölle

Von dieser neuen Sexualethik wurde das Abendland jahrhundertelang beherrscht. Nur durch die *amour-passion* in Frage gestellt, die für die Geschlechterbeziehung und die Ehe mehr und mehr an Bedeutung gewann, beginnt sie sich erst in der heutigen Zeit allmählich zu wandeln. Während des ganzen Mittelalters besaß sie uneingeschränkt Geltung, war dabei jedoch keineswegs starr und unbeweglich. In der Zeit des großen Aufstiegs des Abendlandes vom 10. bis zum 14. Jahrhundert waren es m. E. drei bedeutende Ereignisse, die sich bestimmend auf sie auswirkten: die Gregorianische Reform mit der Unterscheidung zwischen dem sexuellen Status der Kleriker und dem der Laien, die Durchsetzung des Modells der unauflöslichen, monogamen und exogamen Ehe und die begriffliche Zusammenfassung der Sünden des Fleisches in der Sünde der Wollust (*luxuria*) als einer der sieben Hauptsünden.

Was man als Gregorianische Reform bezeichnet, war im Grunde ein großangelegtes *aggiornamento* der mittelalterlichen Gesellschaft, in Gang gebracht von der Kirche und bei ihr ansetzend, ab etwa 1050 bis 1215 (viertes Laterankonzil). Zunächst einmal instituiert sie die Unabhängigkeit der Kirche gegenüber den Laien. Wie ließe sich besser eine Barriere zwischen Klerikern und

Laien aufrichten als über die Sexualität? Für die letzteren gibt es die Ehe, für erstere die Jungfräulichkeit, das Zölibat und die Enthaltsamkeit. Eine Mauer trennt das Reine vom Unreinen. Die unreinen Körpersäfte werden bei den einen gänzlich unterdrückt (bei den Angehörigen des Klerus soll weder Blut noch Samen fließen, und die Erbsünde darf nicht durch Fortpflanzung weitergegeben werden), bei den anderen werden sie lediglich kanalisiert. Die Kirche wird damit zu einer Gemeinschaft von Zölibatären. Den Laien hingegen, dem weltlichen Teil der Gesellschaft, zwingt sie das Korsett der Ehe auf. Wie Georges Duby eindrücklich gezeigt hat, verhilft die Kirche im 12. Jahrhundert ihrem Modell der Ehe – also dem des Evangeliums: der monogamen, unauflöslichen Ehe – zum endgültigen Durchbruch.

Dieses Ehemodell kann die Kirche bei der Gesamtheit der Laien durchsetzen. In den Beichtspiegeln, die im 13. Jahrhundert an die Stelle der früheren Bußbücher treten und in denen sich eine neue Auffassung von der Sünde und von der – nun auf die Erforschung der Motive des Sünders ausgerichteten – Beichte ausdrückt, sind die im Rahmen der Ehe begangenen Sünden meist in einem besonderen Abschnitt »Über die Ehe« aufgeführt. Wenn auch die Kasuistik die Ehe in theoretischer wie in praktischer Hinsicht verfeinert, so bleibt diese doch vom Prozeß der Erneuerung und der relativen Anpassung des religiösen Lebens an die allgemeine gesellschaftliche Entwicklung weitgehend unberührt. Das hat seine Gründe. Wie dies auch Michel Sot aufzeigt (vgl. diesen Band S. 181ff.), stellt die christliche Ehe im 13. Jahrhundert noch ein Novum dar.

Aber die Sexualunterdrückung betrifft nicht ausschließlich die Ehe. J. Boswell (vgl. unten *Literaturhinweise*) hat darauf aufmerksam gemacht, daß die Kirche in bezug auf die Homosexualität bis zum 12. Jahrhundert große Nachsicht hatte walten lassen, zumindest in der Praxis. Eine *gay culture* konnte sich im Schatten der Kirche entwickeln, und oft sogar in ihren eigenen Reihen. Von diesem Zeitpunkt an jedoch ist es mit der toleranten Haltung in der Regel vorbei. Die Homosexualität wird bekämpft, mit der Häresie in Zusammenhang gebracht und in dieser Vermengung verteufelt. Die sexuellen Sünder werden im Zuge der Strategie der Ausgrenzung, die für das 13. Jahrhundert kennzeichnend ist, zu gesellschaftlichen Parias abgestempelt. Die wegen sexueller Sünden Verfemten aber profitieren schwerlich oder zumindest höchst selten von dem neuen Jenseits, das in der Anderen Welt als zusätzlicher Ort (und eine Zeit) der Läuterung vorgesehen ist: dem Purgatorium. Der Sex ist und bleibt eine Beute des Teufels.

Mit dem System der sieben Hauptsünden schließlich gelingt, was bis dahin nicht erreicht worden war: die Zusammenfassung der Sünden des Fleisches zu einer einzigen. Die ›Sünde des Fleisches‹ erhält nun einen Gattungsnamen: Wollust. Freilich steht die Wollust auf der Liste der Todsünden selten ganz oben, anders als die Hoffart (*superbia*) oder der Geiz (*avaritia*), die einander den ersten Platz immer wieder streitig machen. Dafür aber ist sie in anderer Hinsicht überlegen. Im gängigen Topos von den ›Töchtern des Satans‹, jenen Personifizierungen der Sünden, die Satan mit den Menschen verheiratet, wobei er jede von ihnen mit einer bestimmten sozialen Schicht verkuppelt, bleibt die Wollust ledig, eine Hure, die Satan »allen offeriert.« Vielleicht mag ihr die Toleranz, die Kirche und weltliche, vor allem städtische Autoritäten nunmehr den Prostituierten entgegenbringen, zugute gekommen sein. Die Zwangsjacke der Ehe führt zur Verbreitung des Bordells und sorgt für den Erfolg der Badestuben. Die Sünde des Fleisches hat ihr Terrain auf Erden ebenso wie in der Hölle. Die Darstellung der Wollust auf dem Tympanon von Moissac – eine nackte Frau, der Schlangen ins Geschlecht und in die Brüste beißen – hat jedenfalls noch lange die sexuelle Vorstellungswelt des Abendlandes beherrscht.

Literaturhinweise:

Philippe Ariés, »Saint Paul et la chair«, in: *Communications* Nr. 35 (1982), Sonderheft *Sexualités occidentales*, S. 34-36; dt.: »Paulus und das Fleisch«, in: Philippe Ariés/André Béjin/Michel Foucault u.a., *Die Masken des Begehrens und die Metamorphosen der Sinnlichkeit. Zur Geschichte der Sexualität im Abendland*, hrsg. von Philippe Ariés und André Béjin, übers. von Michael Bischoff, Frankfurt/M., Fischer, 1984, S. 51-54

John Boswell, *Christianity, Social Tolerance and Homosexuality. Gay People in Western Europe from the Beginning of the Christian Era to the XIVth Century*, Chicago/London, The University of Chicago Press, 1980

Peter Brown, *The Body and Society. Men, Women and Sexual Renunciation in Early Christianity*, New York, Columbia University Press, 1988; dt.: *Die Keuschheit der Engel. Sexuelle Entsagung, Askese und Körperlichkeit am Anfang des Christentums*, München, Hanser, 1991

James A. Brundage, *Law, Sex and Christianity in Medieval Europe*, Chicago/London, Chicago University Press, 1987

John Bugge, *Virginitas. An Essay in the History of a Medieval Ideal*, Den Haag, Martinus Nijhoff, 1975

Francesco Chiovaro, »XI-XIIIe siècles. Le mariage chrétien en Occident«, in: Jean Delumeau (Éd.), *Histoire vécue du peuple chrétien*, Toulouse, Privat, 1979, Bd. I, S. 225-255

Georges Duby, *Le Chevalier, la femme et le prêtre. Le mariage dans la France féodale*, Paris, Hachette, 1981; dt.: *Ritter, Frau und Priester. Die Ehe im Frankreich des 11. und 12. Jahrhunderts*, übers. von Michael Schroeter, Frankfurt/M., Suhrkamp, 1985

Jean-Louis Flandrin, *Le Sexe et l'Occident. Évolution des attitudes et des comportements*, Paris, Seuil, 1981

Jean-Louis Flandrin, *Un Temps pour embrasser. Aux origines de la morale sexuelle occidentale (VI-XIe siècle)*, Paris, Seuil, 1983

Michel Foucault, »Le Combat de la chasteté«, in: *Communications* Nr. 35 (1982), Sonderheft *Sexualités occidentales*, S. 15-33; dt.: »Der Kampf um die Keuschheit«, in: Ariès/Béjin/Foucault u. a. (vgl. oben). S. 25-39

Danielle Jacquart/Claude Thomasset, *Sexualité et savoir médical au Moyen Age*, Paris, PUF, 1985

John T. Noonan, *Contraception. A History of its Treatment by the Catholic Theologians and Canonists*, Cambridge (Mass.), Harvard University Press, 1967; dt.: *Empfängnisverhütung. Geschichte ihrer Beurteilung in der katholischen Theologie und im kanonischen Recht*, übers. von Nikolaus Monzel, Mainz, Matthias-Grünewald-Verlag, 1969

Aline Rousselle, *Porneia. De la maîtrise du corps à la privation sensorielle (IIe-IVe siècles de l'ère chrétienne)*, Paris, PUF, 1983

Paul Veyne: »La Famille et l'amour sous le Haut-Empire romain«, in: *Annales ESC*, 1978. S. 35-63

MICHEL SOT

Die Entstehung der christlichen Ehe

Die christliche Ehe ist nicht so alt wie das Christentum. Tatsächlich ist sie eine mittelalterliche Erfindung, und sich von einem Priester trauen zu lassen, ist erst im 13. Jahrhundert gängige Praxis geworden. Mehr als ein Jahrtausend lang ist es für eine große Zahl von Christen nicht selbstverständlich gewesen, daß die Ehe monogam, unauflöslich und auf das gegenseitige Einverständnis zweier Individuen gegründet sein mußte.

Die Lehre der Kirche auf diesem Gebiet ist erst nach und nach ausgearbeitet worden, und sie hat sich nicht ohne Konflikte durchgesetzt. Aber dennoch ist es der Kirche, der einzigen Institution, die überall im mittelalterlichen Abendland präsent war, gelungen, die sehr unterschiedlichen Bräuche zu vereinheitlichen, die sie in ihr Ehemodell integriert hat.

Wie und warum ist die christliche Ehe die Norm geworden, die uns vertraut geblieben ist? Das ist nicht leicht zu sagen. Der größte Teil unserer Quellen geht aus der Kirche selbst hervor, und sie sind lange Zeit nur von den Theologen und den auf das kanonische Recht (religiöses Recht) spezialisierten Juristen studiert worden. Stimuliert von den Fragen der Anthropologen, hat sich die historische Forschung auf diesem Gebiet seit einigen Jahren erneuert, indem sie sich insbesondere auf die genealogische Literatur stützte, die in Frankreich auf kundige Weise von Georges Duby ausgewertet worden ist. Daher kann man jetzt versuchen, die heikle Verbindung zwischen der Lehre der Theologen, den von den Priestern vollzogenen Riten und dem Verhalten der Gläubigen herzustellen.

Ehe und Jungfräulichkeit

»Die Hochzeit bevölkert die Erde; die Jungfräulichkeit das Paradies.« Dieser Satz des Heiligen Hieronymus, häufig zitiert im Mittelalter, wirft das entscheidende Problem der Bedeutung der Ehe im Vergleich mit der der Jungfräulichkeit auf. Im Alten Testament enden die beiden Schöpfungsberichte mit Szenen,

die die Institution der Ehe begründen. Gott schafft dem Mann eine Gefährtin, »Bein von seinem Bein und Fleisch von seinem Fleisch«, damit sie ein Fleisch sein sollen und fruchtbar seien und sich vermehren. Das Neue Testament scheint dagegen das Zölibat zu bevorzugen. Männer werden zu »freiwilligen Eunuchen«, sagt Matthäus, und Paulus betont den Vorrang der Jungfräulichkeit, die die Parusie vorwegnimmt: Indem er sich an den Herrn hängt, um nur ihm zu gefallen, bezeugt der Gläubige, daß die gegenwärtige Welt, zu der die Ehe gehört, ihrem Ende entgegengeht. Mehr noch als in den Worten wird die Keuschheit in den Taten durch das exemplarische Zölibat Christi und die Jungfräulichkeit Marias verherrlicht.

Gestützt auf diese Texte hält die Reflexion der Kirchenväter ein schwieriges Gleichgewicht. Sie prangern diejenigen als Häretiker an, die die Ehe verurteilen. Aber sie unterwerfen sich selbst so sehr der Jungfräulichkeit, daß sie häufig, vom Mittelalter bis heute, als Verächter der Ehe gelesen worden sind. Augustinus, der größte der abendländischen Kirchenlehrer, gibt gleichwohl eine positive Definition der Ehe: Sie ist ein Gut, da sie von Gott gleich am Anfang der Welt eingesetzt und später von Jesus in die erhabene Rolle erhoben worden ist, seine eigene Verbindung mit der Kirche zu versinnbildlichen.

Die grundlegende Schwierigkeit aber ist der Stellenwert der Sexualität in der Ehe. Notwendig für die Fortpflanzung, ist der eheliche Akt ein Gut; dennoch haftet ihm stets der Makel der sinnlichen Begierde (Streben nach der Lust) an, die ein Übel ist. Die Eheleute müssen sich also von letzterer freimachen, und es gibt eine Keuschheit für die Eheleute wie es eine Keuschheit für die Enthaltsamen gibt. Dennoch ist »die Keuschheit der Enthaltsamkeit besser als die Keuschheit der Ehe, obwohl beide Güter sind.«

Die Sexualität erscheint also stets auf der Seite der Unreinheit, Widersacher des Heiligen. Hieronymus verlangte von den Eheleuten einige Tage der Enthaltsamkeit vor der Kommunion, und Gregor der Große meint, daß der Mann, der mit seiner Frau Verkehr gehabt hat, eine Weile die Kirche aus Respekt vor dem heiligen Ort nicht betreten sollte. Von dieser zugleich positiven und zögernden Haltung gegenüber der Ehe und der Sexualität legt der älteste und beständigste der Riten der christlichen Ehe in Gallien Zeugnis ab. Seit dem 6. Jahrhundert segnet man das Paar an der Tür oder im Hochzeitszimmer, ja sogar, wie ein Pariser Meßbuch des 15. Jahrhunderts präzisiert, »Sitzend und liegend in ihrem Bett«. Indes ging diesem Segen manchmal ein Reinigungsritus voraus, in dem Salz verstreut wurde, und manche Riten untersagten den Eheleuten, sich vor Ablauf von drei und sogar dreißig Tagen körperlich zu vereinigen. Eine Liturgie, die die Lehre widerspiegelt: Die Sexualität in der Ehe wird gesegnet, aber sie verlangt nach Reinigung.

Dennoch ist der Hochzeitssegen, der in Rom schon im 5. Jahrhundert bekannt war, in den ersten zehn Jahrhunderten der Geschichte des Christentums niemals als eine Verpflichtung für die Christen angesehen worden. Für alle ist die Ehe zunächst eine weltliche Verpflichtung, und als solche beruht sie auf den verschiedenen juristischen Traditionen, die sich das Abendland teilen. Für das römische Recht, das von den Kanonisten des 12. Jahrhunderts wiederaufgenommen wurde, *consensus facit nuptias*: die Einwilligung beider Parteien begründet die Ehe. Im germanischen Recht unterschied man zwei Arten von Ehe: diejenige, die wir heute »die wahre Ehe« nennen würden, bei der der Ehemann vom Vater oder von der Familie die Vormundschaft über seine Frau erhält. In diesem Fall gab es sozusagen einen »Ehekauf«: Der Ehemann bezahlte die Übertragung der Vormundschaft durch die Aushändigung eines Wittums. Dies mußte öffentlich und nach einem bestimmten Zeremoniell geschehen. Neben dieser wahren Heirat gab es jedoch einen zweiten, ebenfalls rechtlich anerkannten Typ von Verbindung, der nicht mit einer Vormundschaftsübertragung verbunden war: Der Ehemann wies dieser zweitrangigen Ehefrau kein Wittum zu. Er konnte sich also leicht wieder von ihr trennen.

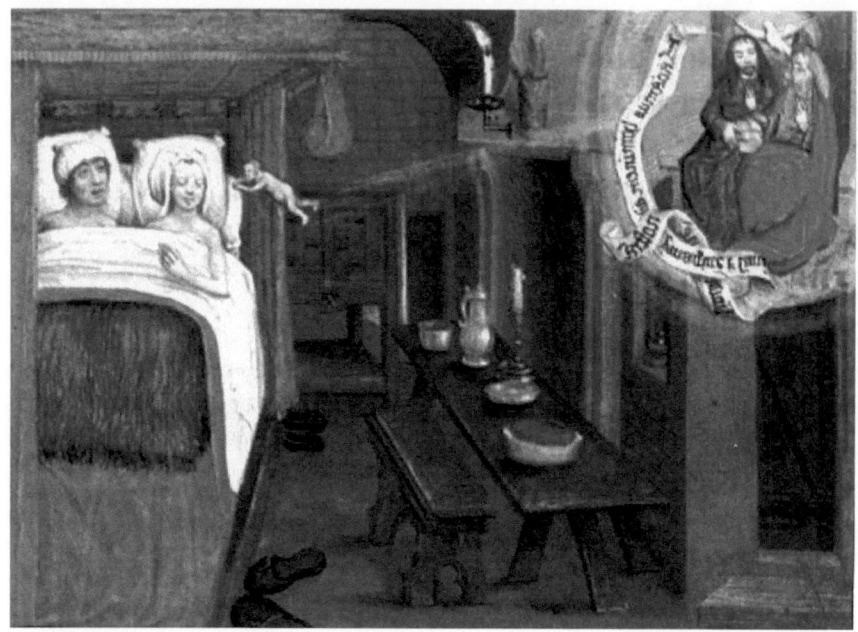

Nach Augustinus ist einer der Zwecke der Ehe die Fortpflanzung. Das Ehepaar liegt vereint im Bett, und die Hl. Dreifaltigkeit selbst schenkt ihnen das Kind, das die Sexualität als Teil des göttlichen Heilsplans legitimiert. (Miniatur des 15. Jahrhunderts)

Vom 9. bis 12. Jahrhundert ist der strategische Ort der Diskussion, des Konflikts zwischen den Lehren und zwischen Lehren und Praktiken der Grundsatz der Unauflöslichkeit des ehelichen Bandes, und folglich die Frage des Zustandekommens dieses Bandes selbst. Begründet die Einwilligung (wessen?) die Ehe? Ist dafür ein Ritual nötig? Welchen Stellenwert hat die sexuelle Vereinigung beim Zustandekommen der Ehe?

Als das Karolingerreich zwischen 820 und 830 zerfällt, behauptet die von Karl dem Großen reformierte und reorganisierte Kirche ihre Macht. Das Episkopat versteht sich als Erbe der kaiserlichen Verantwortung. Da das Reich geschwächt ist, ist es an der Kirche, seinen Auftrag zu erfüllen: den Frieden zu sichern und das Volk zum Heil zu führen. In dieser Perspektive mischen sich die großen Prälaten wie der Erzbischof von Reims Hincmar (845-882) in die Eheangelegenheiten ein: Für sie geht es darum, den traditionellen Ehebräuchen Achtung zu verschaffen und Streitigkeiten zwischen Familien, Quelle von Unruhen, zu vermeiden. Der Priester greift also zuallererst als Richter ein.

Der Baum der Blutsver-
wandtschaft, gerahmt von
einem Ehepaar. Das Sche-
ma zeigt die Fälle verbote-
ner Ehebeziehungen auf.
(Decretum Gratiani, Mi-
niatur des 14. Jahrhun-
derts.)

Insbesondere überprüft er, ob es nicht eine Entführung des jungen Mädchens gegeben hat (was eine Verletzung der Rechte seiner Familie wäre) und ob nicht zwischen den Eheleuten das Hindernis der Blutsverwandtschaft vorliegt. Er segnet auch die Eheleute und betet mit ihnen. Damit werden ein Recht und Handlungen, die bis dahin weltlich waren, kirchlich. Das Eherecht liegt von nun an in der Zuständigkeit der Kirche. Sie will auf diesem Gebiet allein gesetzgebende und richterliche Instanz sein, was nicht ohne Schwierigkeiten abgehen wird.

Die gregorianische Reform, eine Wiederaufnahme der Pläne der karolingischen Prälaten unter bestimmten Aspekten, begründet in der zweiten Hälfte des 11. Jahrhunderts die Kirche endgültig als um den Papst in Rom zentralisierte Monarchie. Nun erlebt das römische Recht, das seit der Antike recht und schlecht weitergegeben worden war, in Italien eine glänzende Renaissance, deren Mittelpunkt seit 1090 Bologna ist. Wie wir oben gesagt haben, für das römische Recht *consensus facit nuptias*. Das zentrale Problem ist nun, welche Beziehung zwischen dem *consensus* einerseits und der Vereinigung der Körper andererseits besteht. Für den bedeutenden Kanonisten Gratian, der sein *Dekret* in der Mitte des 12. Jahrhunderts verfaßt, ist der *consensus* nicht von der sexuellen Vereinigung getrennt, die allein die Ehe vollendet.

Das wird schließlich die gültige Lehre sein. Dennoch zögerte man im fruchtbaren theologischen Gären des 12. Jahrhunderts. Hugues de Saint-Victor (gestorben 1141) gibt die erste große theologische Darstellung der Ehe: »Die spontane und rechtmäßige Einwilligung, durch die Mann und Frau sich als gegenseitige Schuldner einsetzen: das macht die Ehe.« Es handelt sich hier um die Einwilligung der Individuen, was der ganzen Tradition und der gesellschaftlichen Praxis widerspricht, wie wir sehen werden. Doch der Theologe unterscheidet in der Einwilligung deutlich die Übereinkunft der Nächstenliebe, die allein für die Ehe notwendig ist, von der Übereinkunft des Fleisches: Letztere kann erlöschen, erstere bleibt bestehen.

Dennoch bedeutet diese Vergeistigung der ehelichen Liebe, »Sakrament der geistigen Liebe zwischen Gott und der Seele«, wie wiederum Hugues de Saint-Victor sagt, nicht zwangsläufig Entkörperlichung der ehelichen Liebe. Eine kürzlich erschienene Untersuchung von Jean Leclercq über die Predigten von Bernard de Clairvaux zeigt, daß die körperliche Vereinigung völlig als Metapher für die Liebe Gottes anerkannt ist. Die Spiritualität hat den Körper gerettet, den die Theologie eliminieren wollte. Als Pierre Lombard in seinen *Sentences* (um 1150) die Ehe endgültig unter die sieben Sakramente aufnimmt, erkennt er zwischen den Eheleuten eine doppelte Verbindung an, »gemäß der Einwilligung der Seelen und gemäß der Verschmelzung der Körper«.

Im 11. und 12. Jahrhundert hat man also wieder an die Diskussion zwischen den Kirchenvätern über den Stellenwert der Sexualität in der Ehe und, im Hintergrund, die Diskussion über die relative Bedeutung der Ehe und der Jungfräulichkeit angeknüpft. Beide Diskussionen sind durch die kolossale Entwicklung des Klosterlebens im 11. Jahrhundert und durch die zunehmende Verklösterlichung des Klerus wiederaufgenommen worden Die führenden Männer der kirchlichen Institution sind also in dem Augenblick, da diese ihre dauerhafte Vormachtstellung im Abendland begründet, enthaltsam. Und in der gregorianischen Reform schafft der Kampf gegen die Priesterehe keine günstigen Voraussetzungen für eine Reflexion, die die Ehe aufwertet. Andererseits lehnt eine Reihe von ehefeindlichen Häresien nach der Jahrtausendwende die körperliche Vereinigung und die Segnung der Ehe absolut ab. Diese radikalen Angriffe haben die Theologen gezwungen, unmißverständlich zwei Disziplinen festzulegen: für die Geistlichen die Enthaltsamkeit; für die Laien die Ehe.

Von dieser kanonischen und theologischen Ausarbeitung legt die Geschichte der Liturgie Zeugnis ab. Bis zum 11. Jahrhundert gibt es zwei Eheriten. Der römische Ritus findet im Rahmen einer Messe statt, in deren Mittelpunkt die Segnung der Eheleute unter einem einzigen Schleier steht, der häufig über den Kopf der Ehefrau und die Schultern des Ehemanns gelegt wird. Dem gallischen (und westgotischen) Ritus der Segnung der Eheleute im Hochzeitszimmer gehen andere Familienriten voraus: das Heiratsversprechen des Ehemanns; die Übergabe der Ehefrau durch ihren Vater an den Ehemann und im Gegenzug die Übergabe von Geschenken durch letzteren. Wenn der Priester anwesend ist, seit dem 9. Jahrhundert, so deswegen, um zu überwachen, daß die Riten auch respektiert werden.

Am Ende des 11. Jahrhunderts jedoch werden, zunächst in den anglonormannischen Ländern, die Familienriten (Übergabe der Ehefrau, Übergabe des Wittums, Segen), die bis dahin zu Hause zelebriert wurden, an den Eingang der Kirche verlegt. Ihnen kann, muß aber nicht, die römische Messe folgen. Die Rolle des Priesters wird allmählich größer: Im 11. Jahrhundert urteilt er über die Freiheit der Einwilligung und erteilt den Segen, ab dem 12. Jahrhundert nimmt er an der Übergabe der Ehefrau teil. Bis dahin übergab der Vater die Ehefrau, indem er die Neuvermählten aufforderte, ihre rechten Hände ineinanderzulegen. Nun tritt der Priester immer häufiger an die Stelle des Vaters, und dies mündet im 15. Jahrhundert in das *ego coniugo vos* (›ich gebe euch zusammen‹), das der Priester in dem Augenblick spricht, da die Hände sich vereinigen.

Der sehr alte Ritus des Rings wird ebenfalls in die christliche Liturgie integriert. Seit der karolingischen Zeit ist er zum »Symbol der Treue und der Liebe und Band der ehelichen Einheit« geworden, »damit der Mensch nicht diejenigen scheidet, die Gott zusammengeführt hat« (Hincmar).

Die Ehe liegt also am Ende des 11. Jahrhunderts juristisch in der Zuständigkeit des kanonischen Rechts. Sie ist ganz in der Theologie begründet. Sie hat ihre Liturgie in der Kirche, in der der Priester eine Hauptrolle spielt. Die Einwilligung, die sie gültig macht, ist im Prinzip nicht mehr diejenige zweier Familien, sondern diejenige zweier Personen: Das ist eine radikale Neuerung, gefährlich für die Gesellschaftsordnung.

Verlassen wir nun die normativen Texte und die liturgischen Quellen, um uns klar zu machen, wie die Ehe praktisch gelebt wurde. Diese Untersuchung

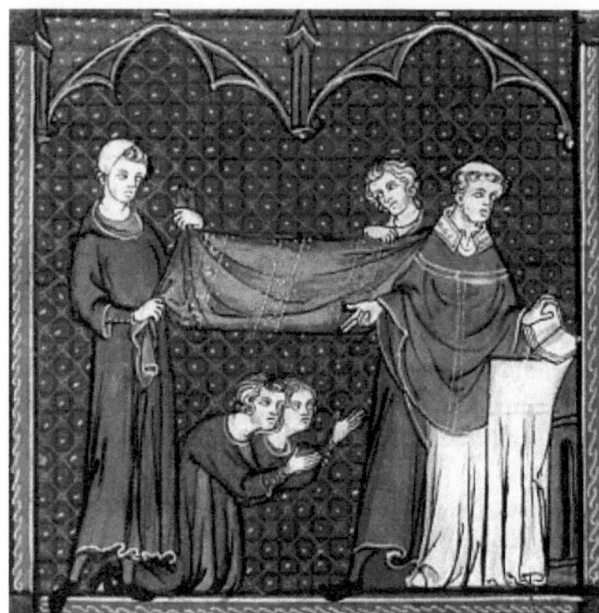

Die Segnung unter dem Schleier. Dieser Ritus war Teil der ältesten christlichen Heiratsliturgie, die seit dem 5. Jahrhundert in Italien bekannt war. Die Segnung fand während einer Messe statt. Man findet sie in der westgotischen Liturgie wieder, die in Spanien und in Südfrankreich praktiziert wurde. Die karolingische Liturgie ersuchte diesen Ritus zu verbreiten, doch erst im 13. Jahrhundert wurde er allgemeinverbindlich.

ist leider nur für die Familien des Hochadels möglich, da wir nur für sie über ausreichende Quellen verfügen.

So etwa die Familie Karls des Großen. Den Grundstock zu ihrem Vermögen legt die Heirat von Begga, der Tochter des Hausmeiers des Palastes von Austrasien, Pippin des Älteren, und Ansegisel, dem Sohn von Arnulf, dem Bischof von Metz. Eine Verbindung, die der Familie einen festen Platz in Austrasien sichert. Um ihre Klientel zu erweitern, knüpfen die Karolinger Eheverbindungen mit den meisten Adelsfamilien. Die Girards und die Guillaumes stammen von Karl Martell ab, dem Vater von Pippin dem Jüngeren (dem Kurzen) und Großvater von Karl dem Großen; die Schwester von Pippin dem Jüngeren ist mit Odilo von Bayern verheiratet; die Mutter Karls des Großen handelt die Heirat ihres Sohns mit der Tochter des Königs der Lombarden aus; durch die Heirat mit Fastrada gewinnt er die alemannischen Fürsten für sich... Wir könnten fortfahren! In dieser Gesellschaft, zumindest auf der höchsten Ebene, ist die Heiratsstrategie eine Machtstrategie. Die Heirat wird ausgehandelt, sie kann aber auch durch Entführung, die die Einwilligung der Familie erzwingt, durchgesetzt werden. So entführt etwa ein Vasall von Karl dem Kahlen 846 eine Tochter von Lothar; oder ein Berater von Karl dem Dicken läßt reiche Erbinnen aus Alemannien und Italien entführen, um sie mit seinen Verwandten zu verheiraten. Die Frage der Einwilligung der Frau stellt sich nicht: gesucht, ausgehandelt oder durch Entführung erzwungen wird diejenige ihrer Familie.

Neben den rechtmäßigen Ehefrauen gibt es zahlreiche Konkubinen und infolgedessen zahlreiche uneheliche Kinder. Karl Martell war der Sohn einer Konkubine. Karl der Große hatte zahlreiche uneheliche Kinder; der Aufstand eines von ihnen, Pippins des Buckligen, traf ihn sehr. Karl der Dicke versuchte seine Krone an seinen unehelichen Sohn Bernhard weiterzugeben, und Arnulf, unehelicher Sohn von Karlmann, wird 887 König der Ostfranken. Diese Beispiele zeigen, daß es sowohl hinsichtlich der Monogamie wie hinsichtlich der rechtmäßigen Abstammung ein Schwanken gibt; das Konkubinat war in der bereits erwähnten germanischen Tradition anerkannt.

Philipp I.

Erst im 11. Jahrhundert wird das Kind aus wilder Ehe als uneheliches Kind im seitdem üblichen Sinn angesehen werden. Noch im 9. Jahrhundert hinterläßt der Vater, der keinen »rechtmäßigen« Erben hat, sein Erbe normalerweise seinem unehelichen Sohn. Der Mann, dessen Frau unfruchtbar ist, verstößt sie ebenso normal zugunsten der fruchtbaren Konkubine. So König Lothar II. 855. Ihm tritt jedoch Erzbischof Hincmar entgegen, der inmitten dessen, was man als Ehewirren betrachtet, im Namen der Tradition der Kirche entschieden an der Lehre von der Unauflöslichkeit der Ehe festhält. Der Konflikt zwischen weltlichen Praktiken und kirchlicher Lehre ist ausgebrochen.

Überspringen wir eineinhalb Jahrhunderte. Der König der Kapetinger Philipp I. hat mit zwanzig (1072) Bertha von Friesland geheiratet. Er hat mit ihr nur einen Sohn, neun Jahre später. Dieser Sohn kränkelt, und die Thronfolge ist bedroht. 1092 verstößt Philipp seine Ehefrau, die ihm keinen anderen Erben geschenkt hat, und verheiratet sich sofort wieder mit Bertrade de Montfort, die bis dahin die Frau des Grafen von Anjou war. Für uns überraschend, wird diese neue Verbindung vom Bischof von Senlis in Anwesenheit aller Bischöfe des königlichen Herrschaftsgebiets gesegnet. Zwei Bemerkungen hierzu: Einerseits untersteht die Ehe am Ende des 11. Jahrhunderts der Gewalt der Kirche; aber andererseits ist die Lehre der Kirche nicht einheitlich. Dem kirchlichen Modell, dessen Entstehung wir aufgezeigt haben, steht ein eher weltliches Modell gegenüber, das aber von einem Teil des Klerus gebilligt wird.

Die Bischöfe, die den König umgeben, haben dieselbe Erbfolgeauffassung von der Ehe wie er: Das Familienoberhaupt ist verantwortlich für ein Erbe, das aus Grundbesitz besteht, mehr noch aber aus einer gewissen Anzahl immaterieller Elemente, die zum Ruhm seines Geschlechts beitragen. Er hat dieses Erbe von seinem Vater erhalten; er muß es an einen rechtmäßigen, das heißt aus einer echten Heirat hervorgegangenen Sohn weitergeben. Die Wahl einer Ehefrau, ihr eventueller Ersatz werden von dieser Forderung bestimmt. Da Philipp I. von seiner unfruchtbaren Frau keinen anderen Sohn erwarten konnte, mußte er sie fortschicken, um auf sicherere Weise den Fortbestand der Familie zu sichern. Er konnte dies ohne Gefahr tun, da sich der Graf von Flandern, der ihm zwanzig Jahre zuvor Bertha übergeben hatte, in ein Kloster zurückgezogen hatte und daher nicht mehr unter Waffen stand. Er tat es zum größten Nutzen seines Erbes und seiner Familie: Amaury, der Bruder seiner neuen Frau, besaß in Montfort die wehrhafteste Festung zur Verteidigung des königlichen Herrschaftsgebiets mit Blick auf die Normandie; Bertrade stammte mütterlicherseits von den normannischen Fürsten ab und trug dadurch zum Ruhm des königlichen Geschlechts bei; schließlich hatte sie ihre Fruchtbarkeit dadurch unter Beweis gestellt, daß sie dem Grafen von Anjou Söhne geschenkt hatte. Er handelte richtig, da Bertrade ihm drei Kinder, darunter zwei Söhne, schenkte. Aber Philipp und Bertrade mußten regulär verheiratet sein. Das waren die Gedanken der Bischöfe des königlichen Herrschaftsbereichs. Der König hatte seine Pflicht getan.

Nun wurde Philipp I. aber 1094 und 1095 vom Papst trotz des Segens der Bischöfe des Herrschaftsgebiets wegen seiner Scheidung und Wiederheirat exkommuniziert. Das ist ein Zeichen für die Fortschritte der kirchlichen Lehre nach der gregorianischen Reform. Es ist auch ein Zeichen für die zunehmende Gewalt der geistlichen über die weltliche Macht: Die Könige sind den Prälaten unterstellt, die ihrerseits wieder der einenden Autorität des Papstes unterstellt sind.

Die Ehe als Disziplin

Es wäre leichtfertig, das Heiratsverhalten unter Fürsten und Königen für die mittelalterliche Gesellschaft insgesamt zu verallgemeinern. Zumindest erlaubt es uns aber eine klare Sicht der Probleme und ein Erkennen der Konfliktelemente. Die Erbfolgeauffassung der Ehe hat sich in der ersten Hälfte des 11. Jahrhunderts, zur Zeit der »feudalen Revolution«, auf die Adelsfamilien ausgedehnt, die sich als Fürstendynastien konstituieren, gegründet auf nebeneinandergestellte Patrimonien. Der Verheiratung der Töchter ist ein Instrument der Allianz und Implantation, die derselben Strategie gehorcht wie die Fürstenheiraten. Wie steht es mit den niederen Schichten der Gesellschaft? Diese Frage läßt sich nur schwer beantworten. Eines aber ist sicher: Man kann seinen Ehegatten nicht wählen. Er wird bei den Freien von den Eltern ausgesucht und gewiß von den Herren bei den Leibeigenen. Die Freiheit des individuellen *consensus*, die die Kirche im 12. Jahrhundert verlangt, widerspricht der gesellschaftlichen Praxis. Die christliche Ehe steht der traditionellen Auffassung der Familie entgegen.

Um 1200 jedoch scheint sich diese Opposition allmählich aufzulösen. Die christliche Lehre nimmt immer differenziertere Gestalt an und verbreitet sich immer mehr bis zu den großen Synthesen des 13. Jahrhunderts. Ihr Erfolg ist jedoch nicht unabhängig von der wirtschaftlichen, gesellschaftlichen und politischen Entwicklung zu verstehen. Im 11. Jahrhundert haben die Adelsfamilien (die einzigen, über die wir ausreichende Kenntnisse haben) sich enger zusammengeschlossen, um Patrimonien zu verteidigen, die die Staatsgewalt nicht mehr zu schützen vermochte; dieser Zusammenschluß hat die Familien dazu gebracht, eine strenge Kontrolle über die Heirat der Kinder zu behalten, um die Ländereien nicht aufteilen zu müssen. Um 1200 scheinen die Heiratseinschränkungen jedoch zu zerbrechen. Jüngere Geschwister heiraten ungehindert und begründen Lehnsherrschaften in der Nebenlinie. Der allgemein wachsende Wohlstand des Abendlands – teilweise ein Ergebnis der Vermögenskonzentration in den vorhergehenden Generationen – und die Behauptung der großen politischen Gebilde garantieren die Privilegien der Adligen. Jede Familie ist von nun an weniger von ihrem Patrimonium abhängig, dessen Verteidigung weniger verpflichtend wird. Die Mitglieder der Aristokratie fügen sich in den Rahmen, den die Kirche allen Laien zuwies: die Disziplin der christlichen Ehe. Der wirtschaftliche und familiäre Druck hatte sich zunächst dem kirchlichen Ehemodell entgegengestellt; als er nachläßt, kann die christliche Ehe sich entfalten.

Literaturhinweise:

Der Artikel »Mariage« des *Dictionnaire de théologie catholique* (Bd. IX, Paris, 1927) von G. Le Bras ist eine Fundgrube an Texten, die mit Präzision und Klarheit der Entwicklung der juristischen und theologischen Lehre der christlichen Ehe folgt. Alle späteren Studien sind ihm verpflichtet (ohne es immer zu sagen).
Molin, J.-B., Mutembé, P., *Le Rituel de mariage en France du XIIe siècle au XVIe siècle*, Paris, Beauchesne, 1974
Ritzer, K., *Formen, Riten und religiöses Brauchtum der Eheschließung in den christlichen Kirchen des ersten Jahrtausends*, Münster, Aschendorff, 1962, 2. verb. u. erg. Aufl. bearb. v. Ulrich Hermann u. Willibrord Heckenbach, 1981

Flandrin, J.-L., *L'Église et le contrôle des naissances*, Paris, Flammarion, 1970

Noonan, J. T., *Contraception et mariage*, Paris, Cerf, 1969 (engl. Originalausgabe 1966); dt.: 1969, vgl. S. 108, Anm.

Duby, G., *Le Chevalier, la femme et le prêtre. Le mariage dans la France féodale*, Paris, Hachette, 1981 (als Taschenbuch in der Coll. »Pluriel«); dt.: 1985, vgl. S. 179

Gaudemet, J., *Le Mariage en Occident. Les mœurs et le droit*, Paris, Cerf, 1987

Leclercq, J., *Le Mariage vu par les moines au XIIe siècle*, Paris, Cerf, 1983

Die Bücher von G. Duby und J. Leclercq, die sich auf verschiedene Quellen stützen, kommen am Ende eines im ersten Fall mehr anthropologischen, im zweiten mehr geistig-literarischen Ansatzes zu scheinbar widersprüchlichen Schlußfolgerungen, die sich jedoch vielleicht ergänzen.

Verwandtschaft als Ehehindernis

Bis zum 6. Jahrhundert war die Heirat nur bis zum vierten Grad der Blutsverwandtschaft (Vettern ersten Grades) verboten. Vom 6. bis 8. Jahrhundert wird das Verbot schrittweise auf »die gesamte Verwandtschaft« ausgedehnt, die, im römischen Recht, bis zum siebten Grad ging. In der Folge übernahm die Kirche die germanische Zählung der Verwandtschaftsgrade, was den Hinderungsgrund bis zum dreizehnten und vierzehnten römischen Grad ausdehnte. Wenn man annimmt, daß jedes Paar nur einen einzigen Jungen und ein einziges Mädchen aufgezogen und verheiratet hat, so umfaßt diese Verwandtschaft 10 687 Personen, davon 2731 Cousinen und 2731 Cousins derselben Generation wie das Individuum. Unter diesen Voraussetzungen wurde das Verbot sehr häufig übertreten, und den Ehen drohte die Entdeckung der Blutsverwandtschaft zwischen den Ehepartnern. Diese Mißstände veranlaßten die 4. Lateransynode (1215), den Hinderungsgrund der Verwandtschaft auf den vierten Grad germanischer Zählung einzuengen, was, in der erwähnten Hypothese, immer noch insgesamt 188 Halbgeschwister väterlicherseits ergibt, davon 88 aus der Generation eines Individuums. Zu diesen Verboten aufgrund biologischer Verwandtschaft kommen die Verbote aufgrund geistiger Verwandtschaft. Vom 6. bis 8. Jahrhundert sind zunächst die Heiraten zwischen Pate und Patentochter, Patin und Patensohn verboten; dann zwischen Pate und Mutter des Patenkinds, Patin und Vater des Patenkinds; schließlich zwischen Patenkind und Kindern des Paten oder der Patin. Die geistige Verwandtschaft funktioniert wie die biologische Verwandtschaft.

M. S.

Über die Ehe

Die Kirche und die Ehe: vier Texte

Die Unauflöslichkeit der Ehe
Und es traten Pharisäer zu ihm [Jesus] und fragten ihn, ob ein Mann sich scheiden dürfe von seiner Frau, und versuchten ihn damit. Er antwortete aber und sprach: [...] aber von Anbeginn der Schöpfung hat Gott sie geschaffen als Mann und Weib. Darum wird der Mensch seinen Vater und seine Mutter verlassen und wird seinem Weibe anhangen und werden die zwei *ein* Fleisch sein. So sind sie nun nicht mehr zwei, sondern *ein* Fleisch. *Was denn Gott zusammengefügt hat, soll der Mensch nicht scheiden.*

(*Markus, 10, 2-9*)

Ehe und Jungfräulichkeit nach Paulus
[...] Es ist dem Menschen gut, daß er kein Weib berühre. Doch um der Unkeuschheit willen habe ein jeglicher seine eigene Frau, und eine jegliche habe ihren eigenen Mann. [...] Die Frau ist ihres Leibes nicht mächtig, sondern der Mann. Desgleichen der Mann ist seines Leibes nicht mächtig, sondern die Frau. Entziehe sich nicht eins dem andern, es sei denn mit beider Bewilligung eine Zeitlang, daß ihr zum Beten Ruhe habt, und dann kommt wiederum zusammen, auf daß euch der Satan nicht versuche, weil ihr euch nicht enthalten könnt. Solches sage ich aber als Erlaubnis und nicht als Gebot. [...] Den Ledigen und Witwen sage ich: es ist ihnen gut, wenn sie auch bleiben wie ich. Wenn sie aber sich nicht können enthalten, so laß sie freien; es ist besser freien als von Begierde verzehrt werden.
Über die Jungfrauen [...] meine ich nun, [...] es sei dem Menschen gut, ledig zu sein. [...] Wer ledig ist, der sorgt um des Herrn Sache, nämlich wie er dem Herrn gefalle; wer aber gefreit hat, der sorgt um die Dinge der Welt, nämlich wie er der Frau gefalle, und so ist er geteilten Herzens.

(*Erster Brief des Paulus an die Korinther, 7*)

Christus als Haupt der Gemeinde
Die Frauen seien untertan ihren Männern als dem Herrn. Denn der Mann ist des Weibes Haupt, gleichwie auch Christus das Haupt der Gemeinde, die er als seinen Leib erlöst hat. Aber wie nun die Gemeinde ist Christus untertan, so seien es auch die Frauen ihren

Männern in allen Dingen. Ihr Männer, liebet eure Frauen, gleichwie auch Christus geliebt hat die Gemeinde und hat sich selbst für sie gegeben [...]. Wer seine Frau liebt, liebt sich selbst. Denn niemand hat jemals sein eigen Fleisch gehaßt; sondern er nährt es und pflegt es, gleichwie auch Christus die Gemeinde. Denn wir sind die Glieder seines Leibes. »Um deswillen wird ein Mensch verlassen Vater und Mutter, und werden die zwei *ein* Fleisch sein« (I. Mose 2, 24). Dieses Geheimnis ist groß; ich rede aber von Christus und der Gemeinde.

(Brief des Paulus an die Epheser, 5, 23-32)

Formel für den Segen des Hochzeitszimmers im 11. Jahrhundert
Der Allmächtige möge über dieses Zimmer die Fülle seines Segens ausgießen und denen, die sich dort vereinen, immerwährende Heiligung gewähren. Amen.
Möge jeglicher Angriff der bösen Geister fern sein von diesem Ort, und möge sich dort der herbeigesehnte Besuch der Engel ereignen. Amen.
Möge sich dort mit Gottes Segen die Hochzeitsfeierlichkeit auf die Weise vollziehen, daß die eheliche Keuschheit dabei nicht befleckt wird. Amen.
Mögen die Handlungen und die Worte derer, die dort eintreten, um ihre Hochzeit zu feiern, so sein, daß sie nicht in hemmungslosem Sinnestaumel versinken. Amen.
Möge auf diese Weise tugendhafte Mäßigung diese Eheleute beseelen und ewiger Friede all jene erfassen, die ihre Freude teilen. Amen.

GEORGES DUBY

Die Frau, die Liebe und der Ritter

Wenn er sich mit der Situation der Frau beschäftigt, fühlt sich der Historiker des Hoch-Mittelalters sehr im Stich gelassen. Dies gilt schon weniger, wenn er sich dem 12. Jahrhundert zuwendet. Tatsächlich beginnt sich die Dunkelheit ein wenig aufzuhellen. Es wird mehr geschrieben. Die Texte werden besser konserviert. Unter diesen erscheinen und vervielfachen sich die Überreste einer profanen Literatur, die ein paar Bilder vom Leben preisgibt, die sicher verzerrt sind, da es sich um eine Evasionsliteratur handelt, die jedoch in enger Beziehung mit dem tatsächlich Gelebten bleiben. Tatsache ist jedenfalls, daß diese Texte mehr und mehr von den Frauen sprechen.

Zählen sie mehr? Es scheint so, wenn man die Darstellungen des Christentums betrachtet. Man sieht, wie dort schrittweise weibliche Figuren in den Vordergrund treten, die nicht nur Allegorien der Laster sind: Magdalena erobert damals in der Andacht weite Provinzen; während auf der großen Bühne, die vor den Portalen der Kathedralen errichtet werden, die Figur der Jungfrau Maria zugleich an Weiblichkeit und an Macht gewinnt, bis sie in der Ikonographie der Krönungen in gleicher Größe der Figur Jesu an die Seite gestellt wird und auf einem Thron, der dem seinen gleicht. Vervielfachung der Nonnenklöster; Heloise im Gespräch mit Abaelard – und in welchem Ton!; der Platz schließlich, der den Frauen in all den Sekten zugewiesen wird, die wie Pilze aus dem Boden schossen und die die Macht als häretisch einstufte und hartnäckig aufzulösen bestrebt war. Lauter Anzeichen. Vor allem aber scheint das 12. Jahrhundert in der Entwicklung der Ehe innerhalb unserer Kultur der Ort eines entscheidenden Wandels zu sein. Zu jener Zeit reiht sich die Ehe am Ende eines langen Entwicklungsprozesses der kirchlichen Ehelehre unter die sieben Sakramente der Kirche – und manche Kirchenlehrer bezeichnen sie sogar als das höchste, da von Gott selbst im Paradies vor dem Sündenfall begründet. Nachdem es jahrhundertelang bekämpft worden war, gelingt es den Kirchenführern, ihr eigenes Model der Ehemoral, modifiziert und geschmeidiger gemacht, bei der Laienschaft durchzusetzen. Andererseits, und gleichsam als Ausgleich, entdeckt man im 12. Jahrhundert ein für die weltliche Aristokratie entworfenes antagonistisches Modell, in dessen Mittelpunkt das steht, was die Literaturwissenschaftler Minne genannt haben.

Vade retro, Satanas!

Doch gestehen wir gleich: Alles, was wir über die Situation der Frau im 12. Jahrhundert erfahren, kommt von den Männern. Natürlich gibt es Marie de France: das *Lai de Lanval* und das *Lai du chèvrefeuille*. Doch was sie säuselt, ist sehr zurückhaltend. Ein übermächtiger, schmetternder Männerchor erstickt ihr Murmeln beinahe: Männerstimmen, die zumeist Kirchenmännern gehören, denen der Ehestand verweigert wird und von denen man annimmt, daß sie in Keuschheit leben. Daß unsere wortreichsten Informanten Diener einer Religion sind, die ihr Ideal immer noch in der Verachtung der geschaffenen Welt, das heißt des Fleischlichen, sehen und deren Gott Vater und zugleich einziger Sohn einer Jungfrau ist, trägt dazu bei, das Bild zu trüben. Zumal diese Mönche und diese Priester unter Druck von außen stehen. Der stärkste wird von den häretischen Bewegungen ausgeübt, die einen noch radikaleren Ekel vor der Sexualität zur Schau stellen; die etablierte Kirche führt einen erbitterten Kampf gegen sie; sie greift sie auf ihrem eigenen Terrain an, was ihr eigenes Besessensein von der Idee der Unreinheit noch verstärkt. Sie muß aber auch die Erwartung der Laien erfüllen, die ebenfalls absolut reine Priester verlangen und deren Einfluß auf diese ausdrückliche Verachtung und Verstoßung der Frau im Jahrhundert zuvor entscheidend gewesen zu sein scheint: die strikte Weisung an alle Geistlichen, ihre Gefährtinnen fortzuschicken und fortan im Zölibat zu leben. Und die einzigen Verhaltensweisen schließlich, von denen die Quellen ein wenn auch undeutliches Bild vermitteln, sind diejenigen der Aristokratie.

Über die Frau, die nicht dem Adel angehört, wissen wir fast nichts. Die zur Zerstreuung der adligen Gesellschaft geschriebenen Werke lassen ein paar erschreckte Schäferinnen auftreten, die der Ritter, seinen Widerwillen überwindend, im Vorbeigehen pflückt. Aber über die bäuerlichen Realitäten kann man höchstens Hypothesen riskieren. Diejenige, daß sich das schlechte Ansehen wohl verbessert hat, das die Mädchen im Volk in der karolingischen Zeit genossen zu haben scheinen und das damals so schlecht gewesen sein muß, daß es vielleicht bis zum Kindsmord führte, auf jeden Fall aber so weit, daß man die kleinen Mädchen ein Jahr früher als ihre Brüder abstillte – und die Ablehnung dieser Praxis ist einer der Faktoren für den Bevölkerungsaufschwung, der sich während des ganzen 12. Jahrhunderts stürmisch fortsetzt; diejenige, daß die bäuerlichen Arbeiten streng zwischen den Geschlechtern aufgeteilt waren, daß die Frauen nicht säten, nicht pflügten, nicht ernteten, daß es ihnen dagegen oblag, die Getreidefelder im Frühjahr zu jäten, das Heu zu wenden, vor allem aber innerhalb der Umfriedung des Hauses zu arbeiten: zu spinnen, im Garten zu arbeiten, das Kleinvieh zu versorgen; daß der Hauptwert der leibeigenen Frau in den Augen ihres Herrn vor allem in ihrer Fortpflanzungsfähigkeit lag; daß sie in zahlreichen Bräuchen ihre Situation an ihre Kinder weitergab: Die Kinder, die sie als Leibeigene zur Welt bringen würde, würden in Knechtschaft leben, und sie würden demselben Herrn wie sie dienen, selbst wenn ihr Vater frei war oder einem anderen Lehnsherrn gehörte. Beim augenblicklichen Stand der Forschung ist das beinahe alles, was wir wissen. Zwangsläufig wird alles Folgende die höfische Welt betreffen.

Untätige Verwahrerin der Schlüssel

Zu dieser Zeit gründet sich der Status der weltlichen Aristokratie auf die Waffenkunst. In der Tat ist der »Feudalismus« ein System der Ausbeutung der Arbeiter durch eine kleine Gruppe von Kriegsspezialisten, die nichts produzieren und von anderen ernährt werden. Das allein schränkt die wirtschaftlichen Funktionen der Frau in dieser Gesellschaftsgruppe ein. Ihre Sache ist der Müßiggang. Aufgabe der Ehefrau des Hausherrn ist es, die Dienerinnen zu befehligen und, mit den Schlüsseln am Gürtel, über die Lebensmittelvorräte zu wachen. Auch sie ist nur im Innern des Hauses tätig. Dort ist ihr Platz. Sie verläßt es nur mit verschleiertem Kopf, sorgfältig ihr Haar verbergend. Nur zufällig erstreckt sich ihre Rolle über diese Grenzen hinaus, wenn sie etwa einen Ehemann oder Sohn in dessen Abwesenheit ersetzen muß. Dann kommt es vor, daß sie sich um die militärischen Dinge kümmert. Die Gestalt der Frau, die die Verteidigung des Schlosses organisiert und die Garnison antreibt, den Angreifern Widerstand zu leisten, taucht immer wieder in den Chroniken auf. Aufgrund dieser Tatsache zählen Mut und kräftiger Körperbau, bei dem der Muskel mehr zählt als die Anmut, zu den Qualitäten, die den Herrinnen zur »Ehre« gereichen. Man feiert mit Vorliebe ihre Stärke und ihre Ausdauer. Es handelt sich dabei wirklich um Tugenden, die sie manchmal, und wie durch ein Wunder, aus ihrer natürlichen Erniedrigung herausheben. In dieser Gesellschaft, die von Männern beherrscht wird, die sich mit ihren Hedentaten als Krieger, als Jäger, als Verfolger brüsten, preist das Wertesystem zuallererst diejenigen der Aggression, die männlich sind. Ist der Appell an den Stolz, ein Mann zu sein, an die Verachtung der Weichlinge jemals lauter auf den Schlachtfeldern erklungen als im 12. Jahrhundert? So ruft etwa Geoffroy Grisegonelle in der Ansprache, die der Autor der *Geste des comtes d'Anjou* ihn halten läßt, um seine zitternden Vasallen anzuspornen, ihnen als erstes zu: »Schiebt alle Angst von euch weg: Sie macht die Männer den Frauen ähnlich.« Denn es gibt keine schlimmere Erniedrigung.

Andererseits sind die Fortpflanzungsmechanismen der herrschenden Klasse dynastisch. Die Überlegenheit der Adligen beruht auf einem Kapital von Macht und Ruhm. Wie die Waffen, wie die heldischen Tugenden wird es vom Vater auf den Sohn übertragen. Wichtig ist, daß es nicht von Generation zu Generation immer geringer wird. Um das zu vermeiden, hat am Ende des 9. Jahrhunderts eine langsame Veränderung der Verwandtschaftsstrukturen eingesetzt; sie kommt zum Abschluß in der Epoche, von der ich spreche: Die Familie bildet fortan das Fundament der Aristokratie. Eine Hauptrolle fällt in den Familienstrukturen den Heiratsstrategien zu; diese Strategien zu steuern ist Sache der Dynastiechefs, derer, die das damalige Latein als die Ältesten, die *seniores*, bezeichnet. Um die Folgen der Erbteilungen, die die Nachkommenschaft verarmen zu lassen drohen, einzugrenzen, besteht ihr Spiel darin, alle Töchter zu verheiraten: Durch ihre Heirat an ein anderes Haus abgetreten, versehen mit einer Mitgift, die in der Regel aus beweglichen Gütern besteht, verzichten sie auf jeden Anspruch auf den umfangreichen Gesamtbesitz an Ländereien und Rechten, aus dem das Haus, dem sie entstammen, seine Stärke bezieht. Gelingt es, sie alle zu verheiraten, fällt das Erbe vollständig ihren Brüdern zu. Allerdings dürfen diese es nicht unter sich in gleiche Teile aufteilen, wozu sie dem Herkommen nach berechtigt sind. Daher achten die Führer der Gruppe sorgfältig darauf, nur einen einzigen Sohn zu verheiraten, den ältesten. Er allein wird die Nachfolge antreten und die Verwaltung des ungeteilten Vermögens behalten. Er allein wird Nachkommen zeugen, und so wird vermieden. daß sich die Familie in jeder Generation durch Wildwuchs verzweigt. Ein einziger fester Stamm wird weiterhin aus der Familienbasis emporwachsen.

Ein Schloß um das Bett

Die Situation der adligen Frau hängt zu einem Gutteil von derartigen Verhaltensweisen ab. Gehen wir von den konkretesten Dingen aus und sehen wir uns an, wie der gesellschaftliche Raum in den Aristokratenhäusern organisiert ist. Die archäologischen Forschungen, die seit einigen Jahren sehr aktiv und mit vielversprechenden Ergebnissen durchgeführt werden, werden uns bald mehr Aufschluß darüber geben. Für den Augenblick informieren uns ein paar Texte ein wenig darüber. Ich wähle einen aus, der ganz besonders ergiebig ist: die *Histoire des comtes de Guines*, kleiner Fürsten im Nordwesten Frankreichs, die ein Hauspriester, der im übrigen selber verheiratet war und eine reiche Kinderschar hatte, unmittelbar am Ende des 12. Jahrhunderts verfaßt hat. Er beschreibt das Schloß seines unmittelbaren Herrn, des Seigneur d'Ardres, das seine Bewunderung erregt. In diesem renovierten Wohnsitz ist der Aufenthaltsraum, von dem wir wissen, daß er vorher nur aus einem einzigen großen Saal bestand, wo niemand sich einer totalen Promiskuität entziehen konnte, in verschiedene Räume unterteilt worden. Dennoch ist das Haus erbaut, um nur ein einziges Nachkommen zeugendes Paar zu beherbergen. Im Zentrum ein Schlafzimmer, ein Bett – dieses Ehebett, in dem die Zukunft des Geschlechts geschmiedet wird und das ebenfalls einen zentralen Platz innerhalb des Hochzeitsrituals hat: Zu ihm geleitet der Hochzeitszug die Ehefrau; um dieses herum zieht die Prozession der Priester, die es mit Segnungen, Exorzismen, Fruchtbarkeitsbeschwörungen umgeben. Das Zimmer, »in dem der Herr und seine Dame schlafen«, geht in ein anderes Zimmer über, in dem die in diesem Bett geborenen Kinder zusammen bis zum Alter von sieben Jahren aufgezogen werden. Wenn sie älter werden, schlafen Jungen und Mädchen in getrennten Quartieren. Von diesem Augenblick an erhält jedes Geschlecht eine unterschiedliche Erziehung.

Dem Kindesalter entwachsen, verlassen die Jungen gewöhnlich das Haus ihres Vaters. Sie kommen nur noch auf Besuch dorthin. Ihr Leben spielt sich anderswo ab. Diejenigen, die für den geistlichen Stand bestimmt sind, gliedern sich in Korporalschaften junger Männer ein, in Gruppen beruflicher Ausbildung, von denen die einen geschlossen und streng von der Welt des Fleischlichen isoliert sind, wenn es darum geht, diese jungen Leute auf den Mönchsstand vorzubereiten, andere dagegen offen und anscheinend, trotz der Verbote, sexuell aktiv, wenn es darum geht, sie auf den geistlichen Stand vorzubereiten. Die Erziehung der anderen Jungen ist militärisch, und der Brauch will, daß sie an einem anderen Wohnsitz fortgesetzt wird, dem des Herrn ihres Vaters. Dort werden sie in Gruppen in die Kunst der Ritterkämpfe eingeführt und nehmen als Hilfskräfte während der schönen Jahreszeit an den Umritten teil, wo sich in den Gewalttätigkeiten dieses erregenden Sports – dem Krieg – die höchsten Werte der aristokratischen Ethik entfalten. Sobald sie zwanzig sind, werden sie von dem Herrn, dem sie gedient haben, zum Ritter geschlagen: Er übergibt ihnen feierlich die Waffen. Er macht sie zu Rittern und führt sie damit in die Welt der Erwachsenen ein. Ihre »Kindheit« ist zu Ende.

Wie ein Flug von Geierfalken...

Was werden sie tun? Ins Haus ihres Vaters ziehen? Es ist nicht bereit, sie aufzunehmen. Wenn der Vater sehr alt ist, wenn er bereit ist, auf Pilgerfahrt zu gehen, sich in ein Kloster zurückzuziehen, wenn er Witwer ist, wenn die Mutter im Fall, daß kein Bruder da ist, das väterliche leere Haus erbt – kurz, wenn ein Zimmer vorhanden ist, ein Bett zur Verfügung steht, dann feiert man die Hochzeit des Ältesten, der gewöhnlich seit langem verlobt ist. Dieser kann seinen eigenen Hausstand gründen. Er gehört nicht länger zur »Jugend«. Er nimmt endlich seinen Platz unter den *seniores* ein. Seine Brüder bleiben jedoch »junge Männer«, »Bakkalaurei«. Sie führen weiterhin unter der Vormundschaft der »Häuser«, im Raum des Tumults und der Unordnung, ein unstetes, abenteuerliches Leben: die Irrfahrt, das Abenteuer, das die Ritterromane feiern. Die Höhepunkte dieses Vagabundierens sind Militärparaden, die Turniere, bei denen jeder auf seine Kosten zu kommen, Ruhm erlangen und seinen Spaß zu haben hofft. Die Sexualität dieser Männer, die die Heiratsstrategie der Familien zum Zölibat verurteilt, ist ebenfalls umherschweifend, räuberisch: Sie vergewaltigen im Vorbeigehen die nichtadligen Frauen, bringen mit den überaus zahlreichen Prostituierten das mit ihren Heldentaten verdiente Geld durch, trösten eventuell die Witwen oder greifen auf das Entgegenkommen der Dienerinnen zurück, die jeder um seinen Ruf besorgte Herr den durchreisenden Gästen zur Verfügung stellt. Doch all diese »jungen Männer« haben nur eines im Kopf, eine Ehefrau zu ergattern, sich in ein gemachtes Bett zu legen, an die Macht zu kommen, die Unabhängigkeit zu erreichen, die das Privileg der verheirateten Männer ist. Von daher die Bedeutung, in den Modellen der ritterlichen Verhaltenweisen, in der »Ritterlichkeit«, der Riten des Liebeswerbens und im Zentrum der Adelsideologie die Verherrlichung dieser raffinierten Form der Entführung, die die Verführung ist: sich einer Erbin gegen den Willen ihrer Verwandtschaft zu bemächtigen. Bisweilen gelingt das Unternehmen, selten jedoch und gewöhnlich spät. Die meisten Ritter sterben ledig.

Daß in dieser Gesellschaft den Frauen keinerlei Funktion zuerkannt wird, bringt der Bischof Gilbert de Limerick zu Beginn des Jahrhunderts klar zum Ausdruck: In dem Bemühen zu zeigen, daß die Menschen von der Vorsehung auf drei Funktionsgruppen verteilt sind, Priester, Krieger, Bauern, teilt er die Frauen auf dieselbe Weise ein; aber, fügt er hinzu, »ich sage nicht, daß es die Funktion der Frau sei zu beten, zu pflügen oder zu kämpfen: Sie sind die Ehefrauen derer, die beten, derer, die kämpfen, derer, die arbeiten, und *sie dienen ihnen*«. Das Wort *dienen* ist, vergessen wir das nicht, in diesem Vokabular außergewöhnlich stark. Es meint totale Unterwerfung. Daher beschränkt sich die Erziehung der adligen Mädchen auf zwei Bereiche. Zuallererst auf das, was wir die Unterhaltungskünste nennen würden: Sie lernen sticken, singen, tanzen und mehr und mehr lesen, das heißt, die Krieger bei der Erholung zu entspannen, zu zerstreuen. Andererseits auf die Praktiken der Frömmigkeit. Denn wenn es auch die Bestimmung aller ist, »einem Ehemann zu dienen«, wenn die *seniores* ihrer Verwandtschaft auch alles getan haben, die eventuellen Ehemänner zu ködern, indem sie die verlockendsten Aussteuern in Aussicht stellten, finden doch viele keinen Abnehmer. Die Einschränkungen, die für die Heirat der Männer gelten, benachteiligen die Anbieter von Frauen auf dem Heiratsmarkt. Die vom Pech Verfolgten müssen also zusammen mit denjenigen ihrer Tanten, die ebensowenig Erfolg gehabt haben, mit allen Witwen der Familie in dem kleinen internen Kloster bleiben, das zu diesem Zweck im Haus eingerichtet worden ist. Als Trost dieser Sitzengelassenen bietet die Kirche ein dreistufiges Modell weiblicher Vervollkommnung an: unten die Ehe, in der Mitte der Witwenstand und ganz oben die Jungfräulichkeit. Was die Laien nicht daran hindert, die Verheiratung der Töchter als das Ideal anzusehen: Wenn Tristan und Isolde beschließen, sich zu trennen und die gesellschaftliche Rolle zu erfüllen, die jedem von ihnen entspricht, geht er fort, um die jungen Krieger zu erziehen, und sie, um die armen Fräulein zu verheiraten – das heißt, ihnen Geld zu geben und die Aussteuer zu verschaffen, die es ihnen erlauben wird, sich rechtmäßig schwängern zu lassen.

Unterworfen und verlassen

In der Tat ist es das normale Schicksal des Mädchens, sobald es die vierzehn überschritten hat, mit großem Pomp von dem Mann entjungfert zu werden, dem seine männlichen Verwandten es seit langem versprochen haben, in ein anderes Haus einzutreten, das seines »Herrn« (*dominus*), wie man sagt, und dort in Unterwürfigkeit zu leben. Die Familien praktizieren gern die Endogamie: Geschwisterkinder ehelich zu verbinden schützt in der Tat die Patrimonien wirksamer vor dem Zerfallen. Aber sie geraten in Widerstreit mit der Kirche, deren Auffassung vom Inzest damals maßlos ist: Sie will die Heirat mit einem Verwandten diesseits des siebten Grades verbieten. Eine übertriebene Forderung, eine undurchführbare Vorschrift: Alle Ritter einer Provinz sind tatsächlich sehr viel nähere Cousins. Das Ehehindernis der Verwandtschaft hat daher hauptsächlich die Funktion, die Scheidungen zu legitimieren. In der Tat sind die adligen Männer gerne polygam. Die weltliche Moral verurteilt nirgends die Verstoßung der Frau: Der Mann schickt seine Ehefrau ganz selbstverständlich fort – vorausgesetzt, er gibt deren Eltern die Mitgift zurück und ist zu einem Vergleich über sein Wittum bereit –, wenn sie ihm lange Zeit keine Söhne schenkt oder wenn er eine vorteilhaftere Partie machen kann. Diese Praktiken laufen natürlich der Moral der Kirche zuwider. Diese vermag sich jedoch umgänglich zu zeigen und ist unter dem Vorwand des Inzests bereits, eine Verbindung aufzulösen, wenn man den Preis dafür bezahlt.

Es gibt indes einen Punkt, in dem Laien und Geistliche sich einig sind: der Wert der ehelichen Treue. Die Schicklichkeit beschränkt die sexuelle Ausschweifung der Männer auf die Perioden ihrer »Jugend« oder ihres Witwenstandes. So streitet der Comte de Guines nicht ab, daß er, soviel man weiß, mindestens dreißig uneheliche Kinder gezeugt hat; er ist darauf ebenso stolz wie darauf, daß er ihnen eine hervorragende Erziehung gegeben hat und daß er all seine unehelichen Töchter verheiraten konnte; er legt jedoch Wert auf die Feststellung, daß sie alle vor seiner Heirat oder nach dem Tod seiner Frau gezeugt worden sind. Die Schicklichkeit verpflichtet auch dazu, seine Frau zu lieben. Aber nicht zu sehr. Die Männer der Kirche und die Troubadours sind sich auch in diesem Punkt einig. Erstere, weil sie den allzu leidenschaftlichen Ehemann für einen unzüchtigen Menschen halten; letztere, weil sie öffentlich erklären, daß die »hohe Minne« von der Freiheit lebt und im Panzer der Ehe verkümmert. Doch wie auch immer, verurteilt wird vor allem die Untreue der Frau. In der Tat würde der Ehebruch das Familienerbe auf Eindringlinge übertragen, die von anderem Geblüt sind als die Vorfahren.

Eva, die Hexe

Diese Gefahr ist gewiß einer der Gründe, die ein Phänomen erklären, von dem die Quellen, die uns informieren, ausführlich berichten: Die männlichen Haltungen gegenüber der Frau scheinen in der Epoche, von der ich spreche, weniger von Begehren als von Angst beherrscht zu sein. Die weibliche Natur, tönt es von allen Seiten, ist pervers. Durch die verführerische, schlangengleiche Frau – und diejenigen, die von den Beziehungen zwischen dem Kosmos und diesem Mikrokosmos, der der Mann ist, träumen, stellen sie auf die Seite des Schattens, des Mondes, des stehenden Gewässers – ist die Sünde in die Welt gekommen. Man verdächtigt sie der Ketzerei, mit heimtückischen Waffen umzugehen: Hexerei, Liebestrank, Gift. Stirbt ein Ehemann an einer geheimnisvollen Krankheit, richten sich alle Blicke auf die Ehefrau. Das weibliche Geschlecht gilt als ungestüm verschlingend, unersättlich und darum als reißendes Tier. Die Ritter des 12. Jahrhunderts leben umgeben von Evas, die sie zugleich für schwach, verdorben und verderbenbringend halten. Sie mißtrauen ihnen: An ihrer Seite muß man ständig gewärtig sein, zu Fall zu kommen. Ein Mittel dagegen: die Ehe. Durch sie wird die sinnliche Begierde abgeführt. Sie entwaffnet vorübergehend die Frau, indem sie sie zur Mutter macht.

Gefangene Königin der Minne

Wie die Mutter Christi wird die adlige Frau als »dame« (»Herrin«) verehrt. Die *dame* (*domina*, Femininum des Wortes *seigneur*) ist zunächst die Ehefrau, also die Mutter. Ammen kümmern sich um die kleinen Kinder; die Ehefrau des Herrn kann ihm also jedes Jahr einen Erben schenken. Eine Schwangerschaft löst die andere ab. Die Chancen stehen eins zu zwei für sie, daß sie erschöpft im Wochenbett stirbt – was ebenfalls die praktische Polygamie begünstigt. Dagegen verleiht die Fortpflanzungsfunktion, die einzige positive, die ihr zuerkannt wird, Macht. Sie »herrscht« zumindest über die jungen Kinder. Manchmal, wenn sie die Mutterschaften überlebt, verwaltet sie als Witwe und Nutznießerin eines Wittums das Lehnsgut im Namen ihrer minderjährigen Söhne. Und da die unmittelbare Folge der Heiratseinschränkungen für die jungen Männer ungleiche Stellungen in der Ehe sind – die Familienoberhäupter haben die Wahl und finden leicht für denjenigen der Söhne, den sie verheiraten, eine reichere Ehefrau –, befinden sich Vermögen, Ruhm, »Adel« meist auf seiten der mütterlichen Linie. Die Stellung der Ehefrau im Haus ihres Ehemanns wird dadurch vielleicht gestärkt, vor allem aber diejenige ihrer Brüder und deren Macht über ihre Nachkommenschaft: Zahlreiche Zeugnisse bestätigen die besondere Stärke des Bands, das den Neffen mit seinem Onkel mütterlicherseits verbindet, der, wenn er Mönch oder Geistlicher ist, über seine Erziehung wacht, ihm hilft, eine Kirchenlaufbahn einzuschlagen, und wenn er Ritter ist, eine Waffenkarriere zu machen und eine einträgliche Ehefrau zu finden.

Aber die Dame ist auch die zentrale Figur einer Unterhaltung: des Schachspiels, das in dieser Zeit in Mode kommt und sich seitdem großer Beliebtheit erfreut – und vor allem dieses anderen Spiels, das die Minne ist. Als ein Ausdruck unter anderen der ritterlichen Ideologie in ihrem Widerstand gegen die kirchliche Akkulturation wird die Minne im 12. Jahrhundert die wichtigste spielerische Aktivität für die Vorkämpfer der Moderne an den Höfen der bedeutendsten Fürsten, wo die aristokratischen Moden lanciert werden. Wie alle Spiele bietet es eine Flucht aus der Alltäglichkeit durch die Umkehrung der normalen Beziehungen. Es schert sich nicht um die Ermahnung der Kirche, sich nicht den Vergnügungen der Welt zu überlassen. Es schert sich nicht um die Zwänge der Familie und die Verbote der Ehemoral. Seine Regel lautet, daß ein »Junger«, ein lediger Ritter, eine »Dame« erwählt, die Ehefrau eines *senior*, um ihr zu dienen, wobei er in der Hoffnung auf eine Belohnung die Verhaltensweisen eines Vasallen nachahmt. Die Dame wird niemals gewaltsam entführt und auch nicht abgetreten; das Spiel verlangt, daß sie allmählich nachgibt, und ihre Gunstbezeigungen sind um so wertvoller, als sie die Strafen mißachten, die den Ehebrecherinnen drohen. Die Position der Frau, umgeben von Huldigungen, begehrt, langsam, unvollständig einwilligend, scheint auf den ersten Blick überlegen. Man darf sich jedoch nicht täuschen lassen. Das Spiel ist ein Männerspiel. Der Spielführer ist der Herr selbst, der so tut, als gebe er seine Frau frei, sie jedoch als Köder benutzt. Der Wettkampf, dessen Einsatz sie ist, erlaubt ihm, die Gruppe von jungen Männern, die der Ruhm seines Hauses sind, besser im Zaum zu halten. Und wenn das Begehren auch der Antrieb der Minne ist, so handelt es sich doch um das männliche Begehren und um dieses allein. Mehr noch als die Ehe macht die Minne die adlige Frau zum Objekt.

In dieser Gesellschaft erscheint die Frau also als in jeder Weise beherrscht. Niemand zieht in Zweifel, daß die Unterordnung der Frau unter den Mann etwas Naturgebenes ist und folglich dem göttlichen Beschluß und der Ordnung der Welt entspricht. Gleichwohl gibt es eine Ebene, auf der einige kühne Geister allmählich die Gleichheit sich einbürgern sehen, und zwar die Liebe des Paars. Hier neigen religiöse und weltliche Ideologie dazu, sich erneut zu begegnen. Die Kirche will aufgrund ihres Abscheus vor allem Fleischlichen im Paar die Willenseinigung, die gegenseitige Einwilligung privilegieren, die in ihren Augen die Ehe begründet. Angesichts der Pflichten, die diese mit sich bringt, erklärt sie Mann und Frau für gleich. Hören wir Abaelard: Er behauptet, die Frau sei körperlich dem Mann gleich geschaffen, die Sünde habe sie der Herrschaft des Mannes unterstellt, aber diese Herrschaft ende im ehelichen Akt, bei dem Mann und Frau die gleiche Macht über den Körper des anderen haben. Was die Dichter betrifft, so bewegen sie sich langsam – zum Abschluß kam die Bewegung erst am Ende des 13. Jahrhunderts, im zweiten Teil des *Rosenromans* – auf die Vorstellung zu, daß die Vereinigung der Körper nur dann vollkommen ist, wenn Amor und Venus aufeinander zu gehen; verstehen wir recht: das männliche Begehren und dieses andere Begehren, das der Frau, um das die »hohe Minne« sich nicht kümmerte.

DANIEL ROCHE

Ein Bett für zwei

Das Bett ist kein Möbelstück wie jedes andere. Seitdem er das harte Lager des Nomaden verlassen hat, verbringt der Mensch ein Drittel seines Lebens im Bett – bei sechzig Jahren sind das etwa 20.000 Stunden – und im allgemeinen spielen sich dort auch die ersten und die letzten Augenblicke seines Daseins ab. Von der Wiege bis zum Grab – die Ethnologen haben seit langem schon die Hauptetappen dieses Weges, der Arm und Reich gemeinsam ist, abgesteckt: die Schaukelbettchen und Brutkästen der Geburtsstunden, die improvisierte Schlafgelegenheit und das Prunkbett, das Liebeslager und das Ehebett, die Matratzengruft des Kranken und das Sterbelager. Aber Bett ist nicht gleich Bett. Das Schicksal kann einen in ein weiches Himmelbett verschlagen oder auf einen unförmigen Strohsack, auf eine lieblose Pritsche oder in ein ausgesprochenes Lotterbett, in eine Koje oder eine Falle. Kurz, für ein derart gebräuchliches Möbelstück wie das Bett steht eine Vielzahl von Wörtern bereit, die die Vorstellungskraft in Gang setzen.

Seine Geschichte allerdings bleibt noch zu schreiben, denn seiner Verwendung sind kaum Grenzen gesetzt. Es kann zum Schauplatz ungewöhnlicher Aktivitäten werden; man kann im Bett essen, lesen, schreiben. Voltaire hat einen beachtlichen Teil seines umfangreichen Werkes in seinem Bett zu Papier gebracht und in die Feder diktiert. Man kann dort auch einfach gar nichts tun: Rousseau und Diderot liebten es, ihre Zeit faulenzend im Bett zu verbringen. Man geht miteinander ins Bett, aber für die Liebesspiele läßt sich ebenso ein anderes Ambiente wählen. In erster Linie ist es der Ort, wo man schläft, der *vieil rêveur* (›alter Träumer‹) und das ›Reich des Morpheus‹, wie ihn die ›Précieuses‹ bezeichneten, die es tunlichst vermieden, die Sache beim Namen zu nennen.

Das Bett ist ein Dreh- und Angelpunkt der Existenz. Schlaf, Liebe und Tod – alles spielt sich hier ab. Innerhalb der urbanen Zivilisation ist es die unverzichtbare Stätte der Erholung, unabdingbar für die Wiederherstellung der Arbeitskraft; stellt doch die psychologische Bedeutung der Nachtruhe die

Existenzberechtigung des Heimes permanent unter Beweis, die Notwendig-
keit eines Refugiums, das Bedürfnis nach einer Enklave der Sicherheit und der
Ruhe. Das Bett, ein nicht wegzudenkendes Möbelstück, wird in der breiten
Bevölkerung, wo der Platz begrenzt und das Zusammenleben vieler die Regel
ist, zu einem Symbol der ehelichen Verbindung, zur letzten Zufluchtsstätte der
Intimität, zum einzigen Ort, wo man dem familiären Chaos, der ganzen
Unordnung, dem lästigen Lärm entkommen kann und der den Namen ›Privat-
sphäre‹ wirklich verdient.

Stapelweise Matratzen

Jeder besitzt ein Bett, und meist handelt es sich dabei auch um ein richtiges:
Pritschen, Strohsäcke, Feldbetten oder Strohbündel dienen nur noch als Behelf
in übergroßen Familien, in Ausnahmesituationen – bei Verwandtenbesuch; um
einen Freund über Nacht unterzubringen – oder als Notunterkunft. Das
Ehebett der Pariser ist fast immer mit einem hölzernen Rahmen und allerlei
modischem Beiwerk versehen. Die Reichen legen sich ein Prunkbett nach dem
andern zu, und die Armen behelfen sich mehr schlecht als recht. In der Zeit
von 1695 bis 1715 entfallen nach einem repräsentativen Querschnitt anhand
von 200 Hinterlassenschaften 162 Betten auf die Bediensteten und 21 weitere
auf die Herrschaft; 176 verzeichnet man bei den Lohnarbeitern. Der Mittelwert
liegt bei 2,3 bzw. 1,9 Personen pro Bett. Gegen 1780 etwa zählt man (bezogen
auf die gleiche Anzahl von Hinterlassenschaften) 110 Bediensteten-Betten,
zuzüglich 31, und 154 Arbeiter-Betten, was Durchschnittswerte von gerade
noch 1,8 und 1,9 ergibt. Dennoch bleibt die Besserstellung der Diener und
Hausmädchen bestehen, weil sie in anderer Leute Bett schlafen und bisweilen
ihr Dienst-Bett zugleich privat benutzen können. Manchmal kommt es zu
einem unglaublichen Gedränge: ein Bett für 7 Personen in der Kammer von
Louis Boquet, Tagelöhner, Rue de la Mortellerie, wo die Eltern und fünf Kinder
zusammengepfercht schlafen müssen. Aber dabei handelt es sich um eine
Ausnahmeerscheinung; in der Regel entsprechen die angeführten Durchschnittswerte wohl weitgehend auch den faktischen Verhältnissen: ein Bett für
zwei in der Mehrzahl der Fälle und schlimmstenfalls ein Bett für drei.
    Louis Marchand, Arbeiter in der Manufaktur, verfügt zusammen mit seiner
Frau und seinen beiden Kindern über zwei Bettstellen von 4,5 Fuß, eine weitere
von 3 Fuß und eine alte Liege: die Marchands können recht bequem schlafen
und sogar noch Freunde oder Verwandte als Gäste bei sich aufnehmen. Wenn
extrem beengte Wohnverhältnisse auch relativ selten zu registrieren sind, so

müssen Eltern und Kinder doch häufig das Bett teilen, weil es Wiegen und Kinderbetten nur in sehr beschränktem Ausmaß gibt. Bei der überwiegenden Mehrheit der Bevölkerung kommt der Bettruhe jedoch ein – wenn auch noch so minimaler – Wohlstand zugute, und dort steht sie auch noch in direkter Beziehung zu einem Charakteristikum älterer Zivilisationen, wo die Wärme aus dem engen Beieinanderliegen der Körper resultiert. Behaglichkeit ist zunächst ein rein körperliches Phänomen. Darüber hinaus gilt das Bett bei den Autoren des 17. Jahrhunderts als Symbol für das Haus; es evoziert das Wohlgefühl und die Harmonie des Heimes, weshalb ihm auch ein zentraler Platz zugewiesen wird, das Kopfende an der Wand und die Stirnseite zum Fenster hin. Nur ein Reicher oder ein Pole kommt auf die Idee, sein Bett an der Wand entlang aufzustellen.

Von Bedeutung ist das Bett nicht nur im Hinblick auf seine Funktion und seinen Symbolcharakter, sondern ebensosehr als Wertgegenstand. Bei den Armen macht es einen nicht unwesentlichen Bestandteil des Erbes aus, und bei denen, die über eine feste Anstellung verfügen oder in einem gesicherten Dienstbotenverhältnis stehen, stellt es eine kleine Kapitalanlage dar. Das Bett eines einfachen Tagelöhners kostet um das Jahr 1700 ungefähr 30 Livre, das eines wohlhabenden Haushofmeisters hingegen schon an die 200 Livre (man muß sich dabei vergegenwärtigen, daß ein Facharbeiter in einer größeren Stadt zur Zeit Ludwigs XIV. pro Tag zwanzig Sous, also ein Livre, verdiente). Die Pariser Dienstboten bringen es schon recht früh zu einigem Schlafkomfort, vorausgesetzt, sie haben eine entsprechend gute Stellung in einem der vornehmeren Häuser; andernfalls müssen sie sich mit einem weniger sanften Schlummer zufriedengeben – auf einer unbequemen Pritsche oder einem Notbett, zu Füßen des Bettes ihrer Herrin, in irgendeinem Winkel, ja sogar in einem Holzverschlag im Pferdestall. Wenn mit der Zeit der Fortschritt mehr und mehr die vom Schicksal begünstigten Bevölkerungsschichten erfaßt, so macht er doch halt vor der Welt der Armen und all denen – den Zugezogenen vor allem –, die ihre Notlage dazu zwingt zu schlafen, wie und wo immer sie können: in den elendesten Absteigen oder gar im Heu auf den im Hafen liegenden Schiffen. Die Abstumpfung des einfachen Volkes, seine Verwahrlosung, die von moralistischen Beobachtern angeprangert worden ist, hängt eng mit diesem ungesicherten Schlaf zusammen.

Innerhalb der gesellschaftlichen Oberschicht dagegen stellt das Bett ein Element der Repräsentation, ein Prestigeobjekt dar. In seinem Luxus drückt sich mehr aus als nur ein bestimmter Lebensstandard: eine definitive Errungenschaft der Zeit, eine Art Freiheit. Denn im Hinblick auf seine Funktion und seine technische Beschaffenheit ist das Bett von früher weit komplexer als unser heutiges, vor allem deswegen, weil es vor der Kälte der Winternächte schützen muß. Der Luxus besteht darin, die Wärme zu speichern. In der Ausstattung, im Bettzeug können Wohlstand und Prunksucht handfeste Form annehmen. Die vermögenden Hausangestellten imitieren in ihrer neuen Einrichtung die Gebräuche ihrer reichen Arbeitgeber, und nur einige wenige Wohlhabende können sich ihren Traum verwirklichen.

Komfort und prunkvolles Erscheinungsbild gehören bei den Monumentalbetten der Pariser Oberschicht untrennbar zusammen. Das Bett der Gattin von Nicolas Gaudion, Staatsrat und Generalschatzmeister der Marine, kostet mitsamt Zubehör mehrere Tausend Livre. Es handelt sich um eine »5½ Fuß breite Bettstatt mit niedrigen Pfosten, versehen mit einem Rost, einer Roßhaarmatratze, zwei Wollmatratzen, einem Querkissen, einem mit Federn gefüllten Kopfkissen aus Barchent, zwei Bettdecken aus englischer Wolle, einer Leinensteppdecke, einem Fußdeckbett, der Garnitur, die am Rahmen und am Betthimmel angebracht ist, der wiederum aus einem kleinen Rahmen mit großem und kleinem Betthimmelkranz besteht, ein ausgekehltes Kopfbrett mit Übergardine, zwei großen, bestickten Steppvorhängen aus karmesinrotem Velours, zwei Vorhängen aus englischem Taft an einer rundumführenden Leiste.« Eine gewaltige Maschinerie beschützt den Schlaf der Notabeln[1], während der des Armen zur Schlichtheit verdammt ist. Simon Dumont, einfacher Flußarbeiter, begnügt sich »mit einem Bettgestell aus Nußbaum mit niedrigen Pfosten, ausgestattet mit einem Rost, einem Strohsack, zwei Matratzen, davon eine aus Wolle und die andere aus Flockwolle, einem Querkissen und mit Federn gefüllten Kopfkissen aus Barchent, einer weißen Wolldecke, einer mit Leinenstoff gefütterten, bunten Leinensteppdecke, Vorhängen, zwei Übergardinen, Rahmen, Himmel und Bettumhang aus grüner Serge, besetzt mit einer kleinen Borte aus grüner Seide.« Der Wert des Ganzen liegt bei etwa 150 Livre. Die Qualität der Stoffe und der Materialien ist es, die den Unterschied ausmacht: armselige, mit Roggenstroh ausgestopfte Säcke und dünne, abgenutzte Decken für die armen Teufel; für die andern gute, dicke Matratzen und warme Steppdecken. Wohlstand und Erfolg manifestieren sich in der Angleichung an die Standards der Besitzbürger: im Aufhäufen von Bettzeug und in der Abgeschlossenheit des Schlafraums.

Das Übereinanderstapeln der Matratzen, die Garantie eines Minimums an

---

1 Notabeln: die durch Bildung, Rang und Vermögen ausgezeichneten Angehörigen der bürgerlichen Oberschicht in Frankreich. (A. d. Ü.)

behaglicher Wärme und an sexueller Intimität, für die Vorhänge und Schabracken sorgen, sind Errungenschaften, die sich im gehobenen Bürgertum und in den Kreisen der Notabeln ab dem 17. Jahrhundert durchsetzen. Das Dienstbotenmilieu profitiert von der Übernahme des Schlafstandards der wohlhabenden Schicht ab dem beginnenden 18. Jahrhundert. Die Ärmeren erreichen dieses Niveau mehr oder weniger, soweit es eben ihre Vermögensverhältnisse zulassen. Die gesamte Gesellschaft richtet sich am Ideal des bürgerlichen und adligen Schlafkomforts aus. Das Gemach des Königs im Zentrum des Fassadenbaus von Versailles und das Bett des Königs im Zentrum dieses Gemachs symbolisieren auf politischer Ebene einen allgemeinen Sachverhalt der materiellen Kultur: das Bett, die »zweite Körpersphäre«, fügt sich ein in die hierarchische Struktur des Ganzen. Das Ideal für alle stellt der Überfluß, das Schwelgen im Luxus, die Abkapselung in der ehelichen oder individuellen Privatsphäre dar. Der abgeschlossene Bereich des Bettes unter seinem schützenden Baldachin, wo jeder sich hinter seinen Vorhängen verbarrikadiert, gehört nun zunehmend zu den Dingen, die sich – in mehr oder weniger prunkvoller Ausführung – auch die breite Masse leisten kann.

Rot und Grün

Schließlich und endlich korrespondiert das System des Schlafes mit einem kulturellen Gesamtsystem, wobei sich die pure Notwendigkeit – das Problem der Wärme und des Zusammenlebens der Geschlechter – mit symbolischen Werten verbindet: dies wird deutlich, wenn man betrachtet, für welche Farben sich die Schläfer bei der Auswahl ihrer Vorhänge und Betthimmel entscheiden. Bei der Mehrheit der Pariser Bevölkerung herrschen noch ganz Grün und Rot vor, Farben, die den Schlaf unter das Zeichen der Fruchtbarkeit und der mit der Sonne konnotierten Werte stellen. In den zu Reichtum gelangten Kreisen weichen diese alten Symbole allmählich einer neuen und exotischen Vorliebe für bunte Leinenstoffe und Siamosen, während die aristokratischen Prunkbetten noch immer mit Brokat und Seidenvelours ausgeschmückt sind. Bei den Ärmeren verweist das Festhalten an den althergebrachten Gepflogenheiten auf die besondere Bedeutung, die dem Schlaf insofern beizumessen ist, als er die Gesundheit erhalten und der Verdauung förderlich sein soll. Der Schlaf muß der körperlichen Gesamtverfassung zugute kommen, man schläft deshalb nicht auf irgendeine beliebige Art und Weise. Jeder weiß, daß auf dem Rücken zu schlafen – so sagen es der Arzt Savot (1624), die weisen Großmütter und die alten Ammen – zu Alpdrücken führt. Man soll daher auf der rechten Seite

schlafen, notfalls auch auf der linken, oder auf dem Bauch, alles Schlafpositio-
nen, die für eine gute Nahrungsassimilation günstiger sind, vielleicht sogar
auch für die Träume bei leerem Magen.

Anhand des Ehebettes läßt sich die soziale Schnittlinie eines bestimmten
Umgangs mit dem Körper genauer bestimmen. Wenn es auch ganz allgemein
zutreffen mag, daß ein weiches Bett einen harten Schlaf bringen kann – die
Spruchweisheit entbehrt nicht einer gewissen materiellen Grundlage –, so ist
die Qualität des Schlafes und der Träume doch in ein Ensemble gesellschaftlich
bedingter Vorstellungen und Lebensweisen eingebunden. Wenn die finanziellen Mittel fehlen, bleibt immer noch das Hilfsmittel des ›wilden‹ Komforts, wie
ihn die körperliche Nähe, das – nach Ansicht der um eine Reform der Ideen
und Sitten bemühten Denker – anstößige Zusammen-Schlafen in einem Fami-
lien- oder Gemeinschaftsbett verschafft. Der Fortschritt in den Verhaltensweisen hängt hierbei eng mit Umbrüchen zusammen, die ihre Durchschlagskraft
aus der religiösen und moralischen Neuorientierung beziehen: Man vertreibt
die Kinder aus dem Bett der Eltern und aus dem elterlichen Schlafzimmer, die
Brüder aus dem Bett ihrer Geschwister und aus deren Zimmer; diese materielle
Revolution aber, die eine »dritte Wärmesphäre«, die eigene Stube nämlich, mit
sich bringt, bedeutet eine tiefgreifende Umgestaltung im Leben aller.

Die Erfahrung einer eigenen Intimsphäre bleibt diesem neuen historischen
Entwicklungsabschnitt vorbehalten. Man begreift nun aber, weshalb in früheren Zeiten die familiäre Bindung ans Bett verlassene Ehefrauen und betrogene
Gatten dazu bringen konnte, diesen unersetzlichen Verlust bei der Polizei mit
den Worten zu monieren: »Er hat sogar noch sein Bett versetzt«; »sie hat mich
um mein Bett gebracht«. Im Rahmen der prekären Intimität des Familienlebens
breiter Schichten bedeutete dies, vor aller Augen deutlich zu bekunden, daß
man mehr verloren hat als einfach nur ein Möbelstück: den eigentlichen Sinn
des zwischenmenschlichen Kontakts, den Boden eines gemeinsamen Schicksals.

Literaturhinweise:

Fernand Braudel, *Civilisation matérielle et capitalisme. XVe-XVIIIe siècle*, Paris, A. Colin, 1967;
   dt.: *Die Geschichte der Zivilisation. 15.-18. Jahrhundert*, München, Kindler, 1971
Anthony Burgess, *On going to bed*, London, Deutsch, 1982; dt.: *Wiege, Bett und Récamier. Kleine
   Kulturgeschichte des Liegens*, übers. von Bernd Weyergraf, München, Südwest Verlag, 1985
Arlette Farge/Michel Foucault, *Le Désordre des Familles: Lettres de cachet des archives de la
   Bastille*, Paris, Gallimard – Julliard (coll. *Archives*), 1982; dt.: *Familiäre Konflikte: Die »Lettres
   de cachet«*, übers. von Albert Gier und Chris Paschold, Frankfurt/M., Suhrkamp, 1989

Hubert Juin, *Le Lit*, Paris, Hachette – Massin, 1980

Daniel Roche, *Le Peuple de Paris. Essai sur la culture populaire au XVIIIe siècle*, Paris, Aubier – Montaigne, 1981

Lawrence Wright, *Warm and snug. The history of the bed*, London, Routledge, 1962

»Le Lit / La Table«, in: *Littérature* Nr. 47, Oktober 1982

PIERRE DARMON

Die Prozesse wegen sexueller Impotenz im 17. Jahrhundert

In dem Vorwort, daß er diesem merkwürdigen Buch[1] mitgibt, untersucht Dominique Fernandez sehr genau die Ausschlußmechanismen, die diese in Ungnade Gefallenen »in die Umfriedung« verbannt. Die Bloßstellung des Eunuchen beginnt mit einer vom Heiligen Basilius inspirierten »verleumderischen Litanei«. Dieser Unglückliche ist nur »ein Ochse, dessen Erscheinung abstößt. Seine Stimme ist piepsig und schwach, seine Umgangsformen weibisch, er besitzt keinen Mut und keine Kühnheit. Sein Körper ist schwächlich und erbärmlich, noch weniger wert aber ist er in geistiger Hinsicht. Abscheuliche Leute ohne Ehre, sind sie mißgünstig, wild, gefräßig, geizig, unzuverlässig, mißtrauisch, aufbrausend, unersättlich.« »In diesem Frankreich von 1709, das die wirtschaftliche Vorherrschaft anstrebt«, wird der Eunuch also dieser »Sündenbock« sein, den man lediglich »in den entehrenden Kreis der Ächtung einzuschließen« braucht, »um die Gefahren aller denkbarer Abweichungen zu bannen« (Charles Ancillon, *Traité des eunuques*). Um seine Person bildet sich ein Netz von Verboten, die ihn radikal aus der Gesellschaft ausschließen. Er darf nicht heiraten, ist von den Bürgerpflichten ausgenommen, das heißt, er ist ins Ghetto verbannt.

Der Papst und die Impotenten

Tatsächlich spricht Ancillon nur von den natürlichen oder freiwillig verstümmelten Kastraten. Im Geist des Menschen des 17. und 18. Jahrhunderts vermischen sich jedoch auf heimtückische Weise der Eunuch und der »Frigide« oder Impotente, die der Richter der Kirche und die Öffentlichkeit in ein und dasselbe Empfinden von Schande einschließen.

---

1 Ch. Ancillon, *Traité des eunuques,* présenté par Dominique Fernandez, Ramsay, 1978.

Manche Eunuchen werfen indes ein dorniges Problem auf. Ihrer Hoden beraubt, sind sie gleichwohl imstande, ihr männliches Glied aufzurichten, ohne allerdings bis zur Ejakulation zu kommen. Dennoch zeigen sie alle körperlichen Merkmale der Männlichkeit. Muß man sie trotz dieser eher schmeichelhaften äußeren Zeichen unter die Eunuchen einreihen? Bis zum Beginn des 17. Jahrhunderts stellen die Ärzte und die Juristen sich hinter die Autorität von Panormita und formulieren trotz einiger Meinungsverschiedenheiten ein bejahendes Urteil. Aber wenn sie auch die Heirat dieser zweideutigen Personen dulden, erkennen sie doch die Impotenz aufgrund fehlender Ejakulation an und überlassen es der Ehefrau, gegebenenfalls um Auflösung der Ehe zu ersuchen.

Schlag auf Schlag sollten jedoch eine Entscheidung von Sixtus V. (1587) und die Affäre d'Argenton (1601) das Schicksal dieser problematischen Eunuchen erneut in Frage stellen. Am 27. Juni 1587 verfaßt Papst Sixtus V. ein Breve an die Adresse seines Legats in Spanien. »In diesem Land«, schreibt er, »heiraten die Frauen gerne diese Männer, die unter dem widerrechtlich angemaßten Titel des ›Ehemanns‹ das Sakrament der Ehe ins Lächerliche ziehen und sich einer arglistigen Nachahmung ihrer Mysterien hingeben. In Wirklichkeit stellen diese Ehen abscheuliche Verfeinerungen der Unzucht dar und tragen den Stempel der Sünde und den Keim der Verdammnis in sich.« Daher ordnet Sixtus V. nicht ohne Grund die Zwangsauflösung dieser schuldhaften Verbindungen an, ob die Eheleute es wollen oder nicht. Die Entscheidung von Sixtus V. bedeutete also eine spürbare Verschlechterung der Situation der Eunuchen und der »Frigiden«, indem sie dem passiven Liberalismus einiger von ihnen ein Ende bereitete. Bis dahin war die Wertlosigkeit nur relativ und »privatrechtlich«. Das Breve von 1587 machte dagegen aus der Impotenz ein »öffentliches Hindernis«. Die Verfolgung sollte sich noch verstärken und ihren vollkommensten Ausdruck in der Affäre d'Argenton finden. Hier jedoch sollte die Waffe sich als zweischneidig erweisen.

Die Zeugen des Barons

1595 heiratete der Baron d'Argenton Magdeleine de la Chastre, »Edelfräulein aus großem und altem Haus«. Sébastien Roulliard zufolge soll die Ehe gleich in der Hochzeitsnacht vollzogen und das blutbefleckte Laken der Neugierde der Öffentlichkeit übergeben worden sein.[1] Während vierer Jahre gemeinsa-

---

1 Roulliard (Sébastien), *Capitulaire ou Recueil des principaux chefs du procès d'entre le Seigneur*

men Lebens erfüllen die Eheleute »gegenseitig die eheliche Pflicht«. Aber »der Geist der Frau wird aufgrund seiner Dummheit leicht für unheilvolle Eindrücke empfänglich«. Magdeleine de la Chastre, die im übrigen unter dem unseligen Einfluß ihrer Mutter und den trügerischen Aufstachelungen einer oberflächlichen Einbildungskraft stand, ist schon bald von der Impotenz ihres Mannes überzeugt. Sie reicht Klage ein. Die Angelegenheit wird dem Offizial von Sens unterbreitet, der unverzüglich die Untersuchung der Genitalien des Barons anordnet. Das amtliche Protokoll erwähnt, daß d'Argenton »äußerlich keine Hoden hatte, aber so etwas wie einen Beutel ohne Kügelchen, der sich ins Innere zurückzog, wenn er sich nach hinten legte, so daß er nichts als eine Rute hatte, die allerdings sehr viel kürzer als bei den Männern üblich war.«

Der Baron legt Widerspruch ein. Seine Hoden existieren, aber »versteckt im Innern«. Er verlangt den *congrès*[1]. Der Offizial lehnt ab: Die Abwesenheit von Hoden ist ein ausreichender Beweis, der erlaubt, das Schamgefühl von Magdeleine de la Chastre nicht zu verletzen. Die Ehe wird also ohne weiteren Prozeß für nichtig erklärt. Der Angeklagte wendet sich an den Primas von Lyon. Urteil bestätigt! Nach Rom, gleiches Ergebnis! Ohne sich entmutigen zu lassen, wendet er sich ein weiteres Mal an den Heiligen Vater und bittet ihn, sich der Sache persönlich anzunehmen. Dem Ersuchen wird stattgegeben, aber Magdeleine legt »Berufung wegen Mißbrauch« ein. Die hypothetischen Hoden sind berühmt geworden und lösen eine sehr lebhafte philosophische und gerichtsärztliche Polemik aus.

Du Marché, der Anwalt des Barons, zitiert das Zeugnis von Chirurgen und Theologen, die, gestützt auf Beweise, bestätigen, daß die »sichtbaren Hoden keineswegs notwendig sind«. Der Baron tritt selbst in die Schranken: »Ich bin keineswegs kastriert«, ruft er aus mit dem Mut der Verzweiflung, »ich habe ein bärtiges Kinn und meine Stimme ist keineswegs piepsig, sondern wie die der anderen Männer, kraftvoll und männlich.« Umsonst! D'Argenton verliert seinen Prozeß (1600). Aber das war erst der Anfang der Affäre. Der Baron bleibt hartnäckig und bittet einen Anwalt aus Melun, Sébastien Roulliard, zu beweisen, daß seine Hoden dem äußeren Anschein zum Trotz sehr wohl existieren.

---

baron d'Argenton [...] *appelant* [...] *et dame Magdeleine de la Chastre, sa femme, poursuivant la dissolution de leur mariage, intimée,* S. 1. Der folgende Bericht ist diesem *Capitulaire* sowie den *Actions forenses, singulières et remarquables* von Julien Peleus, Paris, 1638, S. 300f.

1 Der *congrès* wurde vom Gerichtshof in den Impotenzprozessen angeordnet. Im Verlauf dieser Prüfung muß der mutmaßliche Impotente die eheliche Pflicht in Anwesenheit von Experten vollziehen. Der *congrès* wurde 1677 auf Betreiben des Staatsanwalts Lamoignon abgeschafft.

Posthum für potent erklärt

Sébastien Roulliard greift die Themen von Du Marché wieder auf und vertieft sie. Sich auf die Ebene der philosophischen Prinzipien stellend, beweist er unter Zuhilfenahme von Sophismen, daß das Verborgene stets eine Rolle spielt. So schlug Ludwig XI. um so besser die Rebellion eines Adligen nieder, als er von der Sache Wind bekommen hatte durch einen Zeugen, der sich, ganz wie die Hoden des Barons, hinter einem Wandbehang versteckt hatte, während das Komplott geschmiedet wurde. Die Existenz verborgener Hoden leugnen bedeutet die Existenz der Leber, des Herzens, der Lunge leugnen. Mehrere Tiere, die Fische beispielsweise, haben Hoden im Innern des Körpers, was sie nur um so bereiter zum Koitus macht. Tatsächlich sind die Hoden für die Erektion nicht erforderlich. Im Gegenteil, sie regulieren die Ausschweifungen der Sinneslust, sie dienen als »Pforten voller Biegungen und Windungen, die den Lauf des Samens verzögern, ihn in Schwung und in der Schwebe halten, ihm eine Fahrt geben ähnlich dem des Schiffchens, und müheloser, das darauf hin und her eilt, und als Bogenschütze dienen, der an der Pforte über die Spermaschiffe wacht, um zu verhindern, daß sie sich in großer Zahl ergießen.«[1]

Das erschütterte jedoch nicht das einmal gefällte Urteil, und der Baron starb am 3. Februar 1603, ohne rehabilitiert worden zu sein. Dieser Tod sollte endlich erlauben, ein irritierendes gerichtsärztliches Problem zu lösen. Die Autopsie des Leichnams, durchgeführt von dem großen Ambroise Paré, brachte ganz Paris auf die Beine und fand »in Anwesenheit von Ärzten und Chirurgen und zahlreicher Adliger« statt. Zur allgemeinen Verblüffung »erschienen seine beide Hoden, die die Natur versteckt hatte, und waren, wie beim Sezieren sichtbar wurde, gefüllt wie die der anderen Männer, worüber ein Protokoll angefertigt wurde.«[2] D'Argenton wurde posthum für potent erklärt, und die medizinische Fakultät von Paris entschied durch ein Dekret, das in die Rechtsprechung einging, »daß es für die Zeugungsfähigkeit nicht erforderlich ist, Hoden im Hodensack des Mannes zu finden, vorausgesetzt allerdings, daß er genügend andere Merkmale von Männlichkeit aufweist.«[3]

---

1 Roulliard, a. a. O., S. 5f., Gedanken, die auf Aristoteles und Paré zurückgehen.
2 Zitiert in Charles Févret, *Traité de l'abus*, Dijon, 1654, S. 526.
3 Diese Entscheidung wird von Dr. Nicolas Venette in *La Génération de l'homme ou tableau de l'amour conjugal*, Parma 1696, S. 418, zitiert.

ALAIN CORBIN

»Die kleine Bibel für junge Eheleute«

Die Ärzte des ausgehenden 18. und mehr noch die des 19. Jahrhunderts sind fasziniert vom Genital. Vor geraumer Zeit schon, von Michel Foucault bis Jean-Pierre Peter, von Yvonne Kniebiehler bis Jean-Paul Aron, haben die Historiker es bemerkt. Nun erlaubt die Wissenschaft, die Verbote auf subtile Weise zu unterlaufen. Sie allein gestattet den Blick auf die intimen Körperteile. Seit der Restauration verwendet Récamier das Speculum. Die Handlung löst eine Kontroverse aus; am Ende des Jahrhunderts wird es noch empörte brave Seelen geben, die das Einführen dieses Instruments als medizinische Vergewaltigung ansehen. Das wissenschaftliche Alibi kann im Notfall die Befriedigung der Begierde bemänteln; Doktor Bergeret berichtet, daß ein junger Arzt seine hysterischen Patientinnen nicht ohne Lustgefühle beruhigte, indem er sie mit seinen kundigen Liebkosungen zu mehrfachen Orgasmen führte; solange, bis der genießerische Rückgriff auf diese Therapie schließlich die Familien seiner Patientinnen alarmierte[1]. In dieser Zeit der gereinigten Sprache gestattet die medizinische Theorie vor allem die Lust, über die Sexualität zu sprechen.

Das Ehebett

Auf diesen Diskurs der praktischen Ärzte werde ich mich hier beschränken. Im Gegensatz zur Ansicht Michel Foucaults[2] scheint es nicht so, als hätten die Ärzte des 19. Jahrhunderts mit mehr Wohlgefallen die Abweichungen aufs Korn genommen, als sie über die ehelichen Beziehungen sprachen. Es ist nur so, daß die Historiker unserer Zeit den besorgten Analysen der Irrenärzte, dem Theater der Hysterie, der Taxinomie der Perversionen und den Bannflüchen

---

1 Dr. L.-F. Bergeret d'Arbois, *Des Fraudes dans l'accomplissement des fonctions génératrices*, Paris, J.-B. Baillière, 1868
2 Michel Foucault, *Histoire de la sexualité*, Bd. 1: *La Volonté de savoir*, Paris, Gallimard, 1977

Der Mann bestimmt die Regeln des Liebesspiels (Radierung von Maurin, 1799-1850)

gegen die auf Abwege geratenen Penisse mehr Aufmerksamkeit geschenkt haben als diesen zahllosen, aber glanzloseren Leitfäden, die von Autoren ohne großes Talent verfaßt wurden, die versuchten, sich zum Führer der ehelichen Liebesspiele ihrer eventuellen Leser zu machen.

Es wird hier also weder von Angriffen auf die Sitten noch von »körperfeind-lichen« Praktiken oder erotischen Stimulationen die Rede sein, sondern, um das Vokabular unserer Autoren aufzugreifen, von diesen ausführlichen Ab-handlungen, die dem Koitus, der Begattung und den ehelichen Umarmungen gewidmet sind; kurz, von diesem Komplex von Vorschriften, die Doktor Montalban – und er ist nur ein Beispiel für viele – 1885 in seiner *Petite Bible des jeunes époux*[1] zu resümieren versucht. Ihr Ton ist korrekt. Das Sprechen über die Sexualität erzwingt damals eine Rechtfertigungstrategie: Man muß hier und da Bannflüche gegen die Abweichung schleudern und den Vollzug all dessen, was nicht zum disziplinierten Koitus gehört, mit düsteren Prophezeiungen begleiten. Unsere Ärzte zollen dem Ehebett großen Respekt; sie lassen eine Art Schüchternheit erkennen, wenn sie zu uns über diesen Haus»altar« sprechen. Es versteht sich von selbst, daß die Ehepartner sich in diesem Diskurs gegenseitige Treue geloben.

Die medizinischen Vorschriften wurden unter dem Deckmantel der »sexuellen Hygiene« ausgesprochen; das Schlüpfrige wird dadurch keimfrei gemacht. Dennoch erweist sich der Vorsatz bisweilen als überaus autoritär. Die Macht der Medizin konnte sich um so ungeschminkter entfalten, als man damals noch nicht auf die Idee kam, ihr als solcher zu widersprechen. Hören wir Doktor Bergeret, auf dessen Karteikarten diese Herrschsucht bisweilen klar zum Ausdruck kommt: »Ich verurteile streng die irregulären Beziehungen [...] die jungen Leute heiraten: Schwangerschaft; Heilung.« Der Arzt hat einem neunundvierzigjährigen, sehr geilen Mann den Koitus verboten: »Er kommt in aller Herrgottsfrühe«, berichtet unser praktischer Arzt, »um mich fast mit Tränen in den Augen zu fragen, ob ich ihm nicht wenigstens alle acht Tage eine Frau erlauben könnte.« Bergeret bleibt unerbittlich.

Die Lektüre der dem »Koitus« oder der »Begattung« gewidmeten Kapitel führt zu einer ersten Feststellung, die mit Sicherheit überraschen wird: Die Ärzte preisen ganz offen die sexuelle Lust. Sie betrachten sie übereinstimmend als die größte der Freuden, merkwürdigerweise erwähnen sie jedoch, so zumindest scheint es auf den ersten Blick, nur ihre orgasmischen Formen, die gleichwohl, wie sie häufig sorgfältig präzisieren, abstoßend sind und Ekel zur Folge haben. Nichts dagegen in diesen Werken über die lange vorausberechnete Lust. Es ist hier nur die Rede von »Erethismus« (krankhaft gesteigerter Erregtheit), von »Spasmen«, von wollüstiger »Erregung« und von »Gluthauch«. Unsere Gelehrten werden richtig poetisch; sie wetteifern in der Kunst der blitzenden Metapher; sie lassen den Himmel sich einen Spalt weit öffnen, das Horn schmettern, den Donner hallen. Für diese Emphase gibt es eine Rechtfertigung: das Mysterium der Ejakulation. Dadurch wird der Mann gottgleich oder zumindest der Natur gleich. Die Lust liegt in der Erschaffung, die das

---

1 Paris, Flammarion, 1885

Überleben der Art sichert, und der Arzt will nur der bescheidene Sänger dieser erhabenen Dramaturgie sein.

Ein düsteres Schicksal erwartet indes den allzu verschwenderischen Ehemann: Die stärkste Lust begleitet die Ausübung der gefährlichsten unter den organischen Funktionen. Hier sind ein paar erklärende Worte notwendig. Diese medizinischen Texte, die aus einer fernen hippokratischen, aristotelischen und galenischen, Tradition schöpfen, erkennen, explizit oder implizit, den Vorrang des Sexuellen vor der Ökonomie an. Hinsichtlich der Frau ist der Grund einleuchtend: Es ist bekannt, wie zahlreich die Werke sind, die die Wichtigkeit der Pubertät, die entscheidenden Konsequenzen der ersten Beziehungen, die Gebote der Menstruationshygiene und, mehr noch, die große Bedeutung des Wendepunkts, den die Menopause darstellt, unterstreichen. Ebensosehr, wenn nicht mehr, betonen unsere Autoren aber auch die Bedeutung der Sexualität beim Mann. Die häufig weiblich geprägte Sexualgeschichte neigt dazu, sie außer acht zu lassen. Der männliche Spasmus, höchste Wollust, erzwingt, den damaligen Ärzten zufolge, eine strenge, aufmerksame Handhabung. Die französischen Gelehrten definieren die Erfordernisse eines ökonomischen Umgangs mit dem Sperma, um den auch die englischen Ärzte der viktorianischen Zeit äußerst besorgt sind. Der Ausstoß dieser Samenflüssigkeit, »Leben in flüssigem Zustand« Doktor Réveillé-Parise[1] zufolge, laut Doktor Alexandre Mayer[2] »reinster Extrakt des Blutes«, erzwingt eine heftige Anstrengung. Hat man nicht errechnet, daß der Verlust von dreißig Gramm dieser Substanz, wie seinerseits Doktor Garnier anmerkt[3], »demjenigen von tausendzweihundert Gramm Blut entspricht«? Daher muß vor allem die Verschwendung, das heißt der unüberlegte Ausstoß, vermieden werden. Mit dieser Kraft sparsam umzugehen verlängert das Leben und kann das Genie hervorbringen. Der Freudsche Begriff der Sublimierung hat ferne Wurzeln.

Hier haben wir, wie mir scheint, den Leitgedanken. Die medizinischen Werke fungieren als Leitfäden für den ökonomischen Umgang mit dem Sperma. Auf jeder Seite stößt man auf das Phantasma des Verlusts. Die Thermodynamik lehrt, daß die Wärme sich in Energie verwandelt; ebenso hat die zeugende Lust den Verlust der Lebenskraft zur Folge: »Jedesmal, wenn das Individuum den Akt der Zeugung vollzieht«, schreibt Doktor Sereine, »gibt er einen

---

1 Zitiert von Dr. Sereine, *De la Santé des gens mariés ou physiologie de la génération de l'homme et hygiène philosophique du mariage*, Paris 1865
2 Dr. Alexandre Mayer, *Des Rapports conjugaux considérés sous le triple point de vue de la population, de la santé et de la morale publique*, Paris, J.-B. Baillière, 1857
3 Dr. P. Garnier, *Le Mariage dans ses devoirs, ses rapports et ses effets conjugaux*, Paris 1879

Teil seines Lebens, um ein neues Leben zu entzünden.« »Es ist [...] Sache der Wissenschaft, eine so verführerische und zugleich so furchterregende Kraft zu lenken, deren Exzesse das größte Übel dieser Zeit sind.«[1] Von daher diese endlosen Debatten über die wohltätigen Wirkungen – oder die schlimmen Folgen – der männlichen Enthaltsamkeit, diese gegen die Masturbation (vgl. Roger-Henri Guerrand, in diesem Band, S. 276-284) und die voreheliche Unzucht geschleuderten Blitze, diese wiederholten Bannflüche gegen die »ehelichen Betrügereien«.

Jean-Louis Flandrin und John T. Noonan haben auf die große Aufmerksamkeit hingewiesen, die die Kirche von 1850 an dieser neuen Geißel mit dem Namen »eheliche Onanie« geschenkt hat. Der Ausdruck bezeichnet all die Kunstgriffe, die, im Schoß des Ehepaars, die Lust ohne Risiko einer Schwangerschaft gestatten. Diese vielgestaltige Sünde kann zur Verdammnis der Gläubigen und zur Entvölkerung des Vaterlands führen; in den Augen der Ärzte droht sie vor allem den Männern die Lebenskraft zu rauben und die Frauen »nervös zu machen«.

Minuziös erstellen unsere Gelehrten den Katalog dieser »Betrügereien«: coitus interruptus, gegenseitige Masturbation, die als »abscheulicher Dienst« bezeichnet wird, orales Stimulieren der Genitalien, Analverkehr. Doktor Bergeret und einige andere prangern darüber hinaus mit der gleichen Heftigkeit den Beischlaf mit der unfruchtbaren Ehefrau und mit der Frau jenseits der Wechseljahre an: zwei zerstörerische Figuren der nutzlosen Liebe, stürmisch, exzessiv, deren Ausschweifungen keinerlei Furcht eindämmt. Bedrohungen der Moral, lieben diese Messalinen der Ehe es, »sich hemmungslosem Beischlaf hinzugeben«[2], der ihre Partner erschöpft. Die Lektüre solcher Bannflüche erlaubt den heutigen Frauen, die unter dem beifälligen Blick des Gesundheitsministers die Pille nehmen und die Spirale verwenden, den kulturellen Graben zu ermessen, der die Ärzte des 19. Jahrhunderts von den Praktikern der Familienplanung trennt. (Vgl. Françoise Thébaud, in diesem band, S. 265-275)

Diesbezüglich sind noch ein paar zusätzliche erklärende Worte erforderlich: Die Ärzte des 19. Jahrhunderts werden nicht müde zu wiederholen, daß die Frau im natürlichen Zustand über eine Fähigkeit zu wiederholter Lustempfindung verfügt, die diejenige des Mannes bei weitem übertrifft. Diese offensichtliche Überlegenheit führt zu einer ängstlichen Arithmetik; mehrere Gelehrte versuchen, die jeweiligen Potentialitäten beider Geschlechter zu berechnen,

---

1 a. a. O.
2 Dr. Bergeret, a. a. O.

Um die Jahrhundertwende: Die Träume der Jungvermählten nehmen ihr die Angst vor dem Verlust der Jungfräulichkeit. (Stich aus: La Petite Bible des jeunes époux von Thomas Caramon, 1902)

wohl in der Hoffnung, die Angst zu bannen, die das Bild einer unersättlichen Frau auslöst. Der ernste Pierre Larousse bemerkt keinen Widerspruch duldend, daß eine Frau auf diesem Gebiet zweieinhalb Männern entspricht. In der männlichen Bevölkerung nimmt die Angst im Laufe der Zeit zu. Man hat wohl niemals stärkeres Mitleid mit dem Verfall der Männlichkeit gehabt als in den letzten beiden Jahrzehnten des Jahrhunderts. Die Deutschfeindlichkeit prägte damals die Berechnungen; die Deutschen, behauptet Montalban, sind »wie einer zu vier im Vergleich zu uns«; aber diese ausdrücklich behauptete Überlegenheit scheint nicht auszureichen, um den gallischen Hahn zu beruhigen.

Auf allgemeinere Weise, in der ihr eigenen ökonomischen Perspektive, steht die wissenschaftliche Reflexion damals unter dem Zeichen der Arithmetik. Und das gilt im übrigen für die Gesellschaft insgesamt. Während die Bordellbesitzer darüber wachen, daß ihre Kunden »nicht zunehmen«, notiert der junge Victor Hugo in seinen Notizbüchern die Leistungen seiner Hochzeitsnacht, und Michelet rekapituliert in seinem *Journal*, wie oft er im Jahr Geschlechtsverkehr hatte, mit demselben Bemühen um Präzision, die Sade (vgl. Guy Chaussinand-Nogaret, in diesem Band, S. 239-248) oder Restif de la Bretonne dazu trieb, dem Leser die Anzahl von Orgasmen anzugeben, die ihre Figuren überwältigen.

Man wird daher nicht überrascht sein, daß unsere Ärzte des 19. Jahrhunderts, unerbittliche Gegner jeden wollüstigen Kunstgriffs, über die Anzahl von Ejakulationen debattieren, die sie ihren Lesern am besten empfehlen, und sich bemühen, eine numerische Skala, abgestuft nach dem Alter der Ehemänner, zu erstellen. Nachdem sie ganz allgemein an die unglaublichen Ergebnisse einiger großer Persönlichkeiten der Geschichte erinnert haben, gestehen die praktischen Ärzte dem kräftigen jungen Mann zwei- bis dreimal Geschlechtsverkehr in der Woche zu; was den Ehemann betrifft, der auf die Fünfzig zugeht, so wird er sich mit einem Orgasmus alle drei Wochen zufriedengeben. Dagegen gehen die Meinungen hinsichtlich des Alters, in dem jeglicher Verkehr eingestellt werden sollte, einigermaßen auseinander. Manche Ärzte waren der Ansicht, daß die Fünfzig eine vernünftige Grenze darstellen. Andere, gewiß ältere, wie Doktor Garnier, gestehen mit aller Vorsicht auch den Fünfzigjährigen sexuelle Eskapaden zu. Danach verbietet sich jede sexuelle Aktivität.

Diese Arithmetik gilt nicht in derselben Weise für die Frau. Zum Glück, denn das, was uns, wie Doktor Louis Fiaux[1] bemerkt, vor ihrer Tyrannei bewahrt, die Überlegenheit der Frau auf dem Gebiet der Lust, ist nur virtuell. Im Gegensatz zu dem des Mannes muß das weibliche Verlangen geweckt werden. 1880 räumt derselbe Doktor Fiaux allenfalls ein, daß das Zeugungsverlangen oder Bedürfnis nach Annäherung, das sich beim Mann alle drei oder vier Tage erneuert, bei der Frau alle drei Wochen auftritt. Man versteht jetzt besser die ungeheure Gefahr der »ehelichen Betrügereien«. Da jede anständige Ehefrau potentiell ein unersättliches Lustempfinden hat, ist es Aufgabe des

---

1 Dr. L. Fiaux, *La Femme, le Mariage et le Divorce. Etude de physiologie et de sociologie*, Paris 1880

Ehemanns, diese unheilvolle Verwandlung zu verhindern, indem er sich davor hütet, sie durch übermäßige und gefährliche Liebkosungen herbeizuführen.

Aber das ist nicht alles: Während der zu verschwenderische Ehemann schwächer wird und verfällt, bringt der Exzeß das Blut seiner Ehefrau in Wallung, die der männliche Same nicht besänftigt, und zerrüttet ihre zarten Nerven. »Der Blutandrang«, schreibt Bergeret, »kann unter dem Einfluß der wiederholten Betrügereien so stark sein, daß die Frau eine schreckliche Blutung bekommt.« »Er macht mich zu nervös; meine Gesundheit wird das nicht aushalten«, vertraut eine seiner jungen Patientinnen, die das Opfer der wollüstigen Kunstgriffe ihres Ehemanns ist, ihrer besten Freundin an.

Bergeret ist gewiß ein extremer Fall; nicht alle Ärzte denken wie er; am Vorabend der Entdeckung des Eisprungs gehen manche praktische Ärzte, die allerdings stark in der Minderheit sind, sogar so weit, eine empfängnisverhütende Methode zu empfehlen, die auf der Kenntnis der Phasen der weiblichen Menstruation basiert. Unser aufbrausender praktischer Arzt verliert dadurch dennoch nicht an Interesse: Indem er überzeichnet, erlaubt er, besser den Ansatz der Mehrheit seiner Kollegen zu erfassen und die herrschenden Normen besser zu verstehen.

In den Augen der Ärzte hat die Befruchtungsfähigkeit den Vorrang vor jeder anderen Überlegung. Der volle Erfolg des Koitus setzt die Stärke des Mannes und die Schnelligkeit des Akts voraus. Wenn der Säufer sich in der Liebe Zeit läßt, so bedeutet das, daß er die Kraft zur Befruchtung verloren hat. Ein neuer Grund, die wollüstige Gefälligkeit zu verbannen: Sie droht die Qualität des Befruchtungsergebnisses zu gefährden.

Man versteht jetzt, daß in dieser Literatur niemals das Problem der vorzeitigen Ejakulation angesprochen wird. Die notwendige Stärke erklärt auch, daß der morgendliche Koitus jedem anderen vorzuziehen ist. Die Jesuiten von Paraguay wußten das, ruft Doktor Sereine in Erinnerung, und ließen die Glocke der Dörfer eine Stunde vor dem Aufstehen läuten. Wer dennoch seiner Ehefrau am Abend, nach dem Abendessen, die Ehre geben will, sollte aus demselben Grund besser das Ende der Verdauung abwarten. Natürlich wird den Kranken und den Betrunkenen ausdrücklich vom Koitus abgeraten. Da der Beischlaf »den Geist verdunkelt«, sollten die Männer, die literarisch tätig sind, meint seinerseits Doktor Réveillé-Parise, während der Arbeit an ihren Werken besser vollkommen enthaltsam leben.[1]

---

1 Zitiert von Yvonne Kniebiehler, »Les médecins et l'amour conjugal au XIXe siècle«, in *Aimer en France*, Université de Clermond-Ferrand, 1980

Diese Serie von Geboten stimmt mit dem überein, was man von der Kürze der ehelichen Beziehungen im 19. Jahrhundert weiß. 1906 kommt der Schweizer Sexualwissenschaftler Auguste Forel[1] in einem weitverbreiteten Buch zu dem Schluß, daß in seiner bürgerlichen Klientel die durchschnittliche Dauer des Koitus drei Minuten beträgt; und man weiß, daß ein paar Jahrzehnte später Kinsey zu einem recht ähnlichen Ergebnis kommt.

Wenn auch der ökonomische Umgang mit dem Sperma und die erfolgreiche Befruchtung in ihren Augen die eigentlichen Ziele sind, läßt doch das Verhalten der Frau, wie man bereits geahnt haben wird, unsere Ärzte keineswegs gleichgültig. Die Lust der Ehefrau, deren Übermaß, wie wir wissen, bedrohlich wirkte, stellt sie vor ein schwieriges Problem. Der weibliche Orgasmus ist Anlaß für widersprüchliche Darstellungen; er löst Kontroversen aus. Auf diesem Gebiet überlagern sich die Theorien, schieben sich übereinander wie Dachziegel, und es wäre ein vergebliches Unterfangen, mit allzu großer Genauigkeit Brüche in der, häufig traditionellen, Haltung unsicherer Ärzte einem Problem gegenüber ermitteln zu wollen, das große Ängste bei ihnen auslöst. Dennoch kann man sehr schematisch drei Phasen unterscheiden:

1. Lange nach der Entdeckung des Spermatozoons hielt sich immer noch der Glaube, der auf Galen zurückgeht, an die Notwendigkeit des weiblichen Orgasmus im Zeugungsakt. Am Ende des 19. Jahrhunderts bemühen manche Frauen sich immer noch, nicht zum Höhepunkt zu kommen, um jedes Risiko der Empfängnis zu vermeiden. Zahlreiche Ehefrauen reagieren verblüfft auf die Mitteilung, daß sie schwanger sind, obwohl sie doch keinerlei wollüstige Empfindungen gehabt hatten. Ein solcher Glaube an die Notwendigkeit lustvoller Zuckungen hätte zur Rechtfertigung, ja zur Verherrlichung der weiblichen Lust führen können. Aber hier kommt die Scham ins Spiel. Besessen von den Risiken, die die übermäßigen Fähigkeiten des anderen Geschlechts darstellen, verweigern die Hygieniker der Ehefrau jede Initiative; sie weisen alle Äußerungen einer begehrenden weiblichen Sexualität ab, was so weit geht, daß sie sogar deren Existenz leugnen. Es ist Aufgabe des Ehemanns, die »Erregung« der Frau zu steuern, für die er verantwortlich ist. Dem Mann wird also eine dreifache Aufgabe übertragen: Er muß den sparsamen Umgang mit dem Sperma und die kraftvolle Befruchtung mit dem Bemühen verbinden, seine Partnerin vor übermäßiger sexueller Wollust zu bewahren; denn sonst würde er riskieren, diese »uterine Raserei«, diese tellurischen Kräfte zu entfesseln, die

---

1 Auguste Forel, *La Question sexuelle exposée aux adultes cultivés*, Paris, G. Steinheil, 1906

in der normalen Frau schlummern und deren Existenz die Nymphomaninnen und die hysterischen Frauen enthüllen.

Es versteht sich von selbst, daß die regulierende Aufgabe des Ehemanns durch die Jungfräulichkeit der jungen Ehefrau erleichtert wird. Diese wird besser gehorchen als die bereits Entjungferte. Die Theorie der Imprägnation, der zufolge die Frau unauslöschlich den Spermaabdruck ihres ersten Partners bewahrt, verstärkt noch die Bedeutung, die der Jungfräulichkeit der Bräute beigemessen wird. Professor Alfred Fournier, Mitglied der Académie de Mé-decine, schreibt noch 1891: »Man erzählt, daß eine weiße Frau, nachdem sie von einem ersten schwarzen Ehemann befruchtet worden war, Witwe wurde, sich mit einem Weißen wiederverheiratete und von diesem Kinder bekam, die an manchen Stellen ihrer Haut die charakteristische Pigmentation der Neger-rasse aufwiesen.«[1]

2. Unter der Juli-Monarchie entdecken Pouchet und Négrier die Mechanis-men des Eisprungs. Die Frau ist nicht länger eine einfache Gebärmutter, sie hat teil am Akt der Zeugung, besser noch, sie wird eins mit der Natur. Für diesen Aufstieg wird sie bezahlen müssen. Die Selbsttätigkeit oder vielmehr Sponta-neität des Eisprungs macht die wollüstigen Spasmen fortan überflüssig. Es ist keineswegs nötig, zum Höhepunkt zu kommen, um zu empfangen. Als uner-läßlich erweist sich allein der männliche Orgasmus. Es kommt weniger darauf an, seiner Frau Lust zu verschaffen, als sie aufmerksam zu umsorgen. So verhält sich Michelet seiner jungen, aber trägen Athénaïs gegenüber. Schrieb Doktor Moreau de la Sarthe nicht, daß eine frigide Frau leichter empfängt, da sie den Samen besser in sich hält als eine Frau im Sinnesrausch?

Für mehrere Jahrzehnte können die Männer also in aller Seelenruhe die Reaktionen ihrer Partnerinnen vernachlässigen. Während das Phantasma des ökonomischen Umgangs mit dem Sperma seinen Höhepunkt erreicht, trium-phiert im Abendland die sogenannte viktorianische Moral; eine negative Peri-ode für die Frau, in der ihr die Notwendigkeit der Lust offiziell verweigert wird. Es werden viele Jahrzehnte ins Land gehen, bevor die Mehrheit der Ärzte erneut den Ehemännern einschärft, ihre Partnerinnen zum Höhepunkt zu bringen. Doch dafür muß man bis zur Nachkriegszeit und auf den Aufschwung der neuen Sexualwissenschaft warten.

3. Innerhalb der medizinischen Kreise, unbemerkt sogar von Madeleine Pelletier und einigen Ärzten, die erneut für die Geburtendrosselung eintraten, aber Randerscheinungen blieben, erhoben sich doch manche Stimmen seit

---

1 Zitiert von A. Corbin, »L'hérédosyphilis ou l'impossible rédemption«, *Romantisme*, 1981, S. 31

Ende des 19. Jahrhunderts, die das Recht der Frau auf die Lust einforderten. Théodore Zeldin[1] unterstreicht daher die Bedeutung des Buchs von Doktor Dartigues, das 1878 unter dem Titel *De l'amour expérimental ou des causes de l'adultère chez la femme au XIXe siècle* erschien. Man darf sich von diesem Versuch jedoch nicht täuschen lassen. Die medizinische Literatur, als deren berühmtester Vertreter dieser praktische Arzt auftritt, zielt mitnichten auf die sexuelle Emanzipation der Frau ab; sie ist kein Plädoyer für die freie Liebe. Dartigues betrachtet die Lust als die beste Garantie für ihre Treue. Die Furcht vor dem Ehebruch veranlaßt dazu, Liebkosungen zu gewähren. Das lustvolle Vorspiel, der Orgasmus der jungen Ehefrau und das, was Doktor Montalban den »Gleichklang zwischen den beiden Liebenden« nennt, gehen in die Definition dieses neuen harmonischen und zärtlichen Paars ein, das die fortschrittlich Gesinnten damals zu entwerfen versuchen und dessen Bild erst über einen langen Zeitraum hinweg deutliche Konturen annimmt. Ein Modell, das man gleichwohl nicht unterschätzen darf, da es dazu beigetragen hat, die Formen des Begehrens zu verändern. Eine entscheidende Wende bahnt sich an, von der 1885 der neue Ton des Doktor Montalban ein deutliches Zeugnis ablegt, der schreibt: »Der Akt muß langsam, innig vollzogen werden, die Umarmungen müssen sanft sein.«

Die kallipädischen Funktionen

Doch kommen wir auf das zurück, was in den Augen der Ärzteschaft das Wesentliche ist: Der ökonomische Umgang mit dem Sperma und die Steuerung des Orgasmus der Frau bleiben auf die erfolgreiche Befruchtung ausgerichtet. Die Hygieniker des 19. Jahrhunderts haben ihrerseits die gute alte Kallipädie – die Kunst, schöne Kinder zu machen – wieder aufgegriffen und teilweise erneuert. Die Normen, die sie diesbezüglich definieren, stimmen häufig mit den alten Vorschriften überein. Allerdings lädt sich die Kallipädie mit neuen Ängsten auf. So tragen etwa der Schrecken, den die krankhafte Vererbung und die Vererbung durch Entartung im Gefolge der Schriften von Doktor Prosper Lucas und Benedict Morel auslöst, oder die Eugenik (Erbhygiene), die dazu tendiert, sich Ende des Jahrhunderts mit dem Aufschwung des Sozialdarwinismus zu verbreiten, dazu bei, den Fortpflanzungsakt zu dramatisieren.

Schöne Kinder zu haben setzt bestimmte Verhaltensweisen voraus: Für den Arzt anzugeben, was man tun muß: Diesbezüglich messen unsere praktischen

---

1 *Histoire des passions françaises*, Bd. 1, Paris, Le Seuil, 1978, Coll. »Points Histoire«

Ärzte der Hochzeitsnacht eine große Bedeutung bei. Sie sind, vor allem gegen Ende des Jahrhunderts, besessen von dem, was Doktor Coriveaud als die »wilde Brunst« beschreibt, den Angriff des »instinktiven Mannes in der ganzen Wildheit des Wortes«[1]; kurz, von der Furcht vor der »ehelichen Vergewaltigung«. Aber die Hochzeitsnacht birgt eine fürchterlichere Drohung: die unerwartete Entdeckung einer jüngfräulichen, aber kundigen Braut; das pflanzt für immer den Abscheu, wenn nicht den Schrecken in die Seele des naiven jungen Mannes. Die männliche Geschicklichkeit und die weibliche Scham müssen also der doppelten Gefahr der Vergewaltigung und der kompromittierenden Trunkenheit begegnen.

Die sogenannte Missionarsstellung scheint all unseren Ärzten die vernünftigste Stellung für die Paarung. In den Augen von Doktor Montalban würde die Suche nach der Lust – das Argument ist neu – im übrigen ausreichen, sie zu rechtfertigen; in der Tat »verschaffen die vermehrten Kontaktpunkte die angenehmsten Empfindungen«, und dies so sehr, daß es, wenn die Frau sich allzu erregbar zeigt, vorzuziehen wäre, daß sie sich auf die Seite legt. Gleichwohl erlauben die Gelehrten, allzu treu dem guten alten Lignac folgend, auf den sie sich ebenso häufig beziehen wie auf den unablässig neuaufgelegten Nicolas Venette[2], den Ehepartnern alles, was der Befruchtung dient. Man muß nur vermeiden, was Doktor Garnier die »unrechtmäßigen Stellungen« nennt, nutzlose Gymnastik, schuldhafte Verfeinerung der Wollust, die zur Abtreibung, wenn nicht zur Unfruchtbarkeit zu führen droht. Ganz offensichtlich haben unsere Autoren Aretin, Brantôme, Sade und Restif im Kopf, aber darüber verlieren sie kein Wort. Zumindest erwarten sie, daß die verwirrten Paare sie in der Sache um Rat fragen. »Die Eheleute«, schreibt Doktor Garnier, »sollen sich an den Arzt ihrer Wahl wenden, der allein die Position bestimmt, die am besten einzunehmen ist.«

Im Verlauf der Jahrzehnte nehmen die Ratschläge, die sich auf die Stunde, die Jahreszeit, das Klima, die für die Befruchtung am günstigsten sind, beziehen, immer weniger Raum im medizinischen Diskurs ein; sie erscheinen schnell als Archaismen. Das gilt nicht für die Vorschriften, die die Orte des Beischlafs festlegen. Die Vereinigung der Ehepartner sollte nirgendwo anders als im Schlafzimmer stattfinden, »dem Allerheiligsten der Liebe und der Mutterschaft«. »Ein gutes Bett ist der einzige Altar, auf dem die körperliche Liebe

---

1 Dr. Coriveaud, *Le Lendemain du mariage*, Paris, J.-B. Baillière, 1884
2 Der erste ist der Autor von *De l'Homme et de la femme considérés physiquement dans l'état du mariage* (1772) und der zweite des berühmten *Tableau de l'amour conjugal*, dessen erste Auflage 1687 erschien und das regelmäßig bis 1955 wiederaufgelegt wurde.

würdig vollzogen werden kann«, behauptet keinen Widerspruch duldend Doktor Montalban. Das Mysterium muß sich im Dunkeln ereignen, das versteht sich von selbst, da der junge Ehemann von seiner schamhaften besseren Hälfte nicht verlangen kann, sie nackt zu sehen, »gekleidet in Luft und Licht«. Der Autor von *La Petite Bible* verurteilt aufs strengste die Anwesenheit jeden Spiegels in diesem Ehenest. Um schöne Kinder zu haben, muß man die Größe des Aktes ganz in sich aufnehmen. »Stille und Sammlung«, empfiehlt seinerseits nachdrücklich Doktor Coriveaud, »mögen bei euren intimen Ergüssen den Vorsitz führen.«

Wir werden niemals wissen, in welchem Ausmaß die jungen Eheleute sich verpflichtet fühlten, sich streng von dieser gelehrten Bibel leiten zu lassen, die so bereitwillig für sie bestimmt war. Dennoch erlaubt dieser normative Diskurs uns, besser ein System von Bildern der Sexualität zu verstehen, von dem wir mit immer schnellerer Geschwindigkeit wegdriften.

Literaturhinweise:

Adler, L., *Secrets d'alcôve*, Paris, Hachette, 1983
Flandrin, J.-L., *L'Église et le contrôle de naissance*, Paris, Flammarion, 1970
Flandrin, J.-L., *Le Sexe et l'Occident*, Paris, Le Seuil, 1981. Über eine frühere Periode
Kniebiehler, Y., »Les médecins et l'amour conjugal au XIXe siècle«, in: *Aimer en France*, Clermont-Ferrand 1980
McLaren, A., »Medical attitudes towards sexual behavior«, in: *Sexuality and Social Order*, New York, Holmes and Meir, 1983
Peter, J.-P., »La Femme et le médecin«, in *Misérable et glorieuse, la femme au XIXe siècle*, présenté par Jean-Paul Aron, Paris, Fayard, 1980

ARLETTE LEBIGRE

Der lange Weg der Scheidung

Am 20. September 1792 ließ bei Valmy eine Armee von Habenichtsen zum ersten Mal das Ideal der Revolution auf einem Schlachtfeld triumphieren. Am selben Tag warfen in Paris die Deputierten der gesetzgebenden Versammlung in weniger als einer Stunde tausend Jahre Tradition über den Haufen: Die Scheidung wurde in Frankreich eingeführt. Zwei Siege auf einen Schlag, eines dieser Zusammentreffen, mit denen die Geschichte gerne ihren Lauf absteckt.

Für den Gesetzgeber war der Feind die Kirche, der es gelungen war, über die Jahrhunderte die Unauflöslichkeit der Ehe durchzusetzen und aufrechtzuerhalten. Nicht ohne Mühe. Selbst als das Christentum in der Spätzeit des Römischen Reichs (192-476) Staatsreligion geworden war, hatten die Kaiser die Ehe auf Lebenszeit, die in allen antiken Kulturen unbekannt war, abgelehnt. Erst die Beharrlichkeit der Kirche, ihr Einfluß auf die Lehrer des nachrömischen Europa hatten die Scheidung besiegt: »Was nun Gott zusammengefügt hat, das soll der Mensch nicht scheiden.« (Matthäus 19, 6)

Damit mußte man sich wohl oder übel abfinden. Die bürgerliche Ehe existierte nicht[1], allein das Sakrament weihte die Verbindung der Eheleute. Da mochte der Jurist Loisel 1609 ruhig schreiben, daß »die Ehen im Himmel geschlossen und auf Erden vollzogen werden«, es gab kein anderes Mittel gegen das Scheitern der Ehe als die Annulation, die die Kirche nur tropfenweise gewährte und die praktisch den Großen dieser Welt vorbehalten war (Ludwig VII. und Eleonore von Aquitanien, Heinrich IV. und Margarete von Valois).

Blieb die Trennung von Tisch und Bett, die die Wiederverheiratung verbot und tatsächlich nur in den hoffnungslosen Fällen verfügt wurde. Hören wir Pothier, den berühmten Rechtsgelehrten des 18. Jahrhunderts, wenn er die unglückliche Ehefrau an ihre Pflichten erinnert: »Sie darf dem schlechten Benehmen ihres Ehemanns und sogar der schlechten Behandlung durch ihn

---

1 Außer für die Protestanten und sehr spät, dank eines Erlasses von 1787, der ihnen einen besonderen bürgerlichen Status zuerkannte.

1792: Die Volksversammlung beschließt die bürgerliche Ehe ebenso wie die Scheidung bei gegenseitigem Einverständnis (Die Scheidung, Gouache von Lesueur, Museum Carnavelet)

nur Geduld entgegensetzen. Sie muß das als gottgegeben hinnehmen und darin ein Kreuz sehen, das Gott ihr für ihre Sünden schickt. Es darf sie nicht abhalten, ihrem Ehemann bei allen Gelegenheiten alles von den Augen abzulesen, was ihm Freude machen kann, und sie darf ihn nicht verlassen, es sei denn, es kommt zum Äußersten.«

Synonym von Freiheit

Die Rigorosität der Kirche und der Gesetzgeber fand keine ungeteilte Zustimmung. Montaigne prangert den Zwang an, der die Liebe tötet. Pierre Charron (der Autor der *Livres de la sagesse*, 1601) spricht ein paar Jahr später von »Falle oder Netz, um die Tiere zu fangen und sie dann auf kleiner Flamme zappeln zu lassen«. Aber den Angriff führen die Philosophen der Aufklärung. Für Montesquieu ist die Unauflöslichkeit der Ehe die Ursache für so viele unfruchtbare Verbindungen, und er bedauert, daß »die Frauen nicht mehr, wie bei den Römern, durch die Hände mehrerer Ehemänner gehen, die dabei den bestmöglichen Nutzen aus ihr zogen«. Galant ausgedrückt... Diderot preist die »Rückkehr zur Natur und die Gebräuche von Otaiti«, wo die Ehen oft nur eine

1804: Auf frischer Tat ertappt. Die Scheidung verlangte einen ensprechenden Tatbestand.

Viertelstunde dauern. Voltaire wütet gegen die Kirche, die sich das Recht angemaßt hat, die Scheidung zu verbieten. Die empfindsamen Seelen werden nicht vergessen: Ein anonymer Autor widmet ihnen die Geschichte des kleinen sechsjährigen Émile (obligate Huldigung an Rousseau!), der zwischen seinen Eltern leidet, die sich nicht mehr lieben. Das Gesetz vom 20. September 1792, im Keim bereits in der Verfassung von 1791 enthalten, das aus der Ehe einen bürgerlichen Vertrag macht, war das Valmy der Philosophen.

Es ist müßig, sich zu fragen, ob das Gesetz die Sitten verletzte, indem es der Nation ein Geschenk machte, das diese nicht verlangt hatte. Die Beschwerdehefte schweigen sich darüber aus. Ob die Scheidung nun in Paris in Petitionen gefordert oder kein Thema in der Provinz war, die andere Sorgen hatte, sobald sie gestattet war, fand sie jedenfalls sofort gewaltigen Anklang. Freiheit, wie viele Scheidungen fanden in deinem Namen statt! Manche warteten nicht einmal die Verkündung des Gesetzes ab, um sich vor einem Notar »entheiraten« zu lassen. In den drei Monaten nach Inkrafttreten des Gesetzes kamen in Paris auf 1875 Heiraten 562 Scheidungen. Und das war nur der Anfang. Das

Jahr II und das Jahr III übertrafen diese Zahlen, und den Vogel schoß das Jahr IV ab: In jenem Jahr gab es in Paris mehr Scheidungen als Heiraten.

Als braves Mädchen erlaubte das Gesetz fast alles. Man trennte sich in gegenseitigem Einverständnis, wegen Unvereinbarkeit der Charaktere, wegen »notorischer Zügellosigkeit«. Man verstieß wegen Emigration, Wahnsinn oder fortgesetztem Ausbleiben von Nachrichten. Ein Bürger, der von zwei Schwestern geschieden war, die er nacheinander geheiratet hatte, bat seine ehemalige Schwiegermutter um ihre Hand; es ist nicht bekannt, ob er sich auch von ihr scheiden ließ...

So viele Grillen beunruhigten schießlich die Regierung. Die Reaktion, die sich gleich nach der Revolution abzeichnete, mündete in den Kompromiß, den der Code Civil 1804 festschrieb. Ohne zum Ancien Régime zurückzukehren, versperrte man den Weg zu den »revolutionären Exzessen«, die die Scheidung so sehr in Verruf gebracht hatten, daß man daran dachte, sie abzuschaffen. Es wird erzählt, daß Napoleon, der daran dachte, sich von Joséphine zu trennen, standhaft blieb. Wie auch immer, ob Scheidung auf kreolische Art oder Scheidung auf kaiserliche Art, ob persönliches Interesse des Kaisers oder Politik der Versöhnung, die Scheidung überlebte. Erlaubt war sie nur bei Ehebruch, entehrender Verurteilung, »Ausschweifungen, Mißhandlungen oder schweren Beleidigungen«. Das gegenseitige Einverständnis blieb bestehen, es wurde jedoch erschwert durch ein ebenso abschreckendes wie kompliziertes Verfahren, das sich über zwanzig Artikel des Code erstreckt: »Wir werden es so teuer verkaufen, daß keiner es will«, sagte einer seiner Verfasser.

Anscheinend wollte man die anderen Formen auch nicht. 1805 gab es in Paris nur 50 Scheidungen. In Toulouse kamen zwischen 1804 und 1816 auf 3518 Heiraten 28 Scheidungen. Es ist wahr, daß die in allen Fällen vom Gesetzgeber getroffenen Vorsichtsmaßnahmen die Dinge nicht erleichterten und aus der Scheidung »das Heilmittel für ein großes Übel« machten, »das man mit allergrößter Zurückhaltung anwenden muß«.

Zwischen Zurückhaltung und Abschaffung, zwischen Empire und Restauration sollte das Pendel unerbittlich wieder zur Unauflöslichkeit der Ehe zurückkehren. 1816 schafft die Loi Bonald die Scheidung im Namen des Katholizismus ab, die von der Konstitutionellen Charta, die Ludwig XVIII. seinen Untertanen »bewilligte«, zur Staatsreligion erklärt worden war. Für die Paare, die nicht zusammenpaßten, begann eine lange Durststrecke. Die Loi Bonald akzeptierte die Trennung von Tisch und Bett, die 1792 abgeschafft und 1804 wieder eingeführt worden war, doch die Gerichte des 19. Jahrhunderts spaßten nicht mit dem Code Civil. So ist etwa die wissentliche Übertragung der Syphilis auf die Ehefrau nicht »eigentlich ein Grund für die Trennung von Tisch und Bett«, erklärt der Gerichtshof von Rennes 1817. Die gleiche Entscheidung in Lyon 1818, in Toulouse 1821, in Rouen 1840, in Bordeaux 1859. Die Frau muß überdies schikaniert, ruiniert oder widerrechtlich eingesperrt worden sein, damit »die Beleidigung« wirklich »schwer« ist.

Auf alle Fälle ist die Trennung von Tisch und Bett nur ein Palliativ, das keine neue Verbindung erlaubt. Die Schriftsteller der Zeit brechen eine Lanze für die »Internierten der schlechten Ehe« und für das Recht auf Glück. Vergebliche Mühe, der Gesetzgeber bleibt taub. Im übrigen können sich fast alle Argumente umkehren: Dem Kind, das schmerzerfüllter Zeuge der Zwietracht seiner Eltern ist, wird das zwischen zwei neuen Heimen hin und her gerissene Kind gegenübergestellt; der Frau als Opfer, deren Ketten man zerbrechen muß, die alternde Frau, die wegen einer jüngeren verlassen wird. Man muß bis 1884 und auf die Trennung von Staat und Kirche, die der Dritten Republik so teuer ist, warten, damit der glühendste Verfechter der Scheidung, der Deputierte Alfred Naquet[1], einen Teilsieg erringt. Er pries die eheähnliche Gemeinschaft, bekannte sich als Anarchist auf dem Gebiet der Familie, trat für die einseitig gewollte Scheidung, wie es sie 1792 gab, ein... Man bietet ihm die Rückkehr zum Code Civil, nicht einmal eine Scheidung als Heilmittel, sondern eine Scheidung als Sanktion, ohne gegenseitiges Einverständnis, das der Senat während der vorbereitenden Arbeiten hat abschaffen lassen. Gleichviel: Die Loi Naquet vom 19. Juli 1884, verabschiedet nach drei Jahren der Diskussion, hat das Pendel wieder nach der anderen Seite ausschlagen lassen.

Fortan ist die Bewegung unumkehrbar. Etwa zwanzig Gesetze werden folgen, alle die Liberalisierung der Scheidung fördernd[2], während die Gerichte, zu ihrer früheren Haltung zurückkehrend, alles tun, um »die Ausgangstür der Heirat« zu öffnen, die 1884 »einen Spalt weit« geöffnet worden war.

Denn die Lebensgewohnheiten gehen in diese Richtung. Während der Abstimmung über die Loi Naquet sagte man, wenn die bestehenden Konfliktsituationen erst einmal beseitigt seien, werde die Scheidungsrate sehr schnell stagnieren. Sie hörte nicht auf zuzunehmen und stieg von 1657 Fällen 1884 auf 27 056 am Vorabend des Zweiten Weltkriegs[3]. Dennoch gab Naquet selbst zu, daß die ersten Anwender des Gesetzes »einen gewissen Mut« nötig hätten.

---

1 Sein Buch *Le Divorce* erschien 1876. Er läßt ihm im gleichen Jahr, dann 1878 und 1881 Gesetzesvorschläge folgen. Das Gesetz, das seinen Namen trägt, geht aus dem letzten hervor.
2 Mit Ausnahme des Gesetzes von 1941, erlassen von der Vichy-Regierung.
3 Mit einem Abfall, der erklärlich ist, zwischen 1914 und 1918 und einem auffälligen Wiederanstieg 1920 (mehr als 41 000 Scheidungen).

Vorreiter waren die Mittelschichten, Pioniere der Scheidung, die dank ihrer von der »Abweichung zur Normalität« werden konnte. In der Mehrzahl sind zu allen Zeiten die Frauen (durchschnittlich 60%), vor allem wenn sie zur Welt der bezahlten Arbeit Zugang erhalten.

Die Scheidung als Sanktion ist nicht tot

Nach und nach bekamen die Loi Naquet und ihre Scheidung als Sanktion trotz des »Entgegenkommens der Gerichte« ein paar Falten. In den fünfziger Jahren begannen das »Verschulden«, das »beiderseits zugefügte Unrecht« rückschrittlich zu wirken. Man stieß sich an der Komödie der Gefälligkeitszeugen, an derjenigen der abgesprochenen beleidigenden Briefe, geschrieben unter dem Blick des Anwalts von Eheleuten, denen die Scheidung in gegenseitigem Einverständnis verweigert wurde. Warum diese Heucheleien? Warum nicht diesen Geist von 1792 wiederfinden, die einfache Konstatierung eines Irrtums oder einer Entwicklung der Gefühle? Was nützt es, den Unglücklichen an eine Ehefiktion zu ketten, dessen Ehepartner nur ein Schatten, lebenslänglicher Insasse einer psychiatrischen Klinik, ist?

Noch fünfundzwanzig Jahre, und der Gesetzgeber macht einen neuen Schritt, fünfundzwanzig Jahre, in denen die Lebensgewohnheiten sich mehr verändert haben als in den beiden vorangegangenen Jahrhunderten. Dieser Veränderung trägt das Gesetz vom 11. Juli 1975 Rechnung, gleichwohl ohne sich die Kühnheiten von 1792 zu trauen. Wie einst das Gesetz von 1804 verwirklicht es einen Kompromiß. Da ist immer noch die alte Scheidung als Sanktion, gegründet auf das Verschulden, das den neuen Namen »schwere und fortgesetzte Verletzung der ehelichen Pflichten« bekommt. Wiederbelebt ist die Scheidung in gegenseitigem Einverständnis, ironisch »Blitzscheidung« genannt, so schnell kann sie vollzogen werden. Neu hinzugekommen ist die kühnste (aber am wenigsten praktizierte), die Scheidung aufgrund »fortgesetzten Abbruchs des gemeinsamen Lebens«, der nach der Verstoßung rufen ließ – Verstoßung des Ehegatten, der seit mindestens sechs Jahren an einer schweren Beeinträchtigung seiner geistigen Fähigkeiten leidet, Verstoßung auch des Partners, den man seit derselben Zeit endgültig verlassen hat. Am Richter, im letzten Fall zu entscheiden, ob die Scheidung, die offiziell eine faktische Situation sanktioniert, nicht eine »außergewöhnliche Härte« für den/die Verlassene/n ist. Und hier kommen traurige oder schmutzige Geschichten ans Licht: die alte fünfundsiebzigjährige Dame, die gezwungen ist zuzugeben, daß *er* nicht mehr zurückkommen wird, und diejenige, die kämpft, um die Zweitwohnung zu behalten... Das Gesetz von 1975 ein Übergangsgesetz, hat man gesagt. Aber Übergang wozu? Die Scheidungskurve, immer noch steigend, hat diejenige von 1793 eingeholt: eine auf drei Heiraten in Paris, eine auf fünf in der Provinz. Aber nicht das ist das Wichtigste. Denn die Heiratskurve hört nicht auf zu sinken: 100 000 bereits weniger als 1970. Sollte das Zusammenwohnen, junger oder älterer Leute, die Zukunft der Ehe sein? Warum sich noch scheiden lassen, wenn jeder sagen wird, wie in dem Chanson von Brassens: »Ich habe die Ehre, dich nicht um deine Hand zu bitten«?

Literaturhinweise:

Von den zahllosen Büchern, die der Scheidung gewidmet sind, seien nur zwei zitiert, die die beiden
   Eckpunkte ihrer Geschichte behandeln:
Commaille, J., *Le Divorce en France, de la réforme de 1975 à la sociologie du divorce*, Paris,
   Documentation française, 1978
Garaud, M., Szramkiewicz, R., *La Révolution française et la famille*, Paris, Sirey, 1978
Außerdem, über die rein rechtliche Seite der Scheidung, wie sie sich seit der Reform des Gesetzes
   von 1975 darstellt:
Brazier, M., *Le Nouveau Droit du divorce*, Paris, LGDJ, 1976
Lindon, R., Benabent, A., *Le Droit du divorce*, Paris, LITEC, 1976
Massip, J., *La Réforme du divorce*, Paris, Répertoire du notariat Defrenoy, 1976

3.

Lust und Leiden

Die Krankheiten und die Leidenschaft

GUY CHAUSSINAND-NOGARET

Hat Sade wirklich existiert?

Das Mysterium Sade ist noch keineswegs ergründet. Schwer zu beantworten ist allein schon die Frage, ob es sich bei seinem Werk um das eines Historikers, eines Theoretikers oder eines Literaten handelt; ob er ein Sexualforscher war, der mit klinischem Blick seine eigenen Neurosen und die seiner Zeitgenossen beschrieb, oder ein philosophierender Romancier, der mit der Darstellung blutiger Greueltaten seine pessimistische Sicht der Gesellschaft und der menschlichen Natur zu veranschaulichen suchte. Kurz: Ist der ›göttliche Marquis‹ der Chronist der Sitten seines Jahrhunderts oder ist er ein Dichter, der in der schriftstellerischen Sublimierung ein Ventil für seine Triebregungen suchte? Die Unterdrückung, der er zeit seines Lebens ausgesetzt war und an der sich alle Regierungssysteme von der Monarchie bis zum Ersten Kaiserreich nach Kräften beteiligten, verweist darauf, daß Person und Werk des Marquis als eine Bedrohung empfunden wurden, als eine konkrete und unmittelbare Gefahr, die keine Macht ohne weiteres hinnehmen konnte.

Von seinem 32. Lebensjahr an, dem Beginn seiner langjährigen Inhaftierung, bis zu seinem Tode im Alter von 74 Jahren verbrachte Sade nur zwölf Jahre in Freiheit. Er erfuhr am eigenen Leib alle erdenklichen Formen der Unterdrükkung, von den *Lettres de cachet*[1] des *Ancien régime* über die fast immer todbringenden Gefängnisstrafen der *Terreur*, der Schreckensherrschaft, bis hin zu den willkürlichen Internierungen des Konsulats und des Ersten Kaiserreichs. Als Sproß eines alten, aber nicht sonderlich bedeutenden Adelsgeschlechts konnte sich Donatien-Alphonse-François de Sade (1740-1814) immerhin einer illustren Abstammnung rühmen, führte eine Linie doch zurück zur schönen Laura, der Heldin von Petrarcas Sonetten; zudem besaß er die

---

1 *Lettres de cachet*: geheime königliche Verfügungen, die zur willkürlichen Verhaftung und Internierung unliebsamer Personen führten. Vgl. dazu auch Arlette Farge/Michel Foucault, *Le désordre des familles. Lettres de cachet des archives de la Bastille*, Paris, Gallimard, 1982; dt.: *Familiäre Konflikte. Die ›Lettres de cachet‹*, übers. von Albert Gier und Chris Paschold, Frankfurt/M. 1989 (A. d. Ü.)

besten, ans Königshaus heranreichenden Verwandtschaftsbeziehungen, nämlich zum Hause der Condé. Der Nachwelt sollte er einen Namen hinterlassen,
der von allen braven Bürgern geächtet, von den Dichtern hingegen, die in ihm
den Prototyp eines ausschweifenden und zügellosen Libertins sahen, geschätzt
und verehrt wurde.

Seine Biographie wäre kaum von Belang, würde sich aus ihr nicht sein
tragisches Schicksal erklären. Dazu bestimmt, ein von Lust und Erfolg erfülltes
Leben zu führen, fristet er sein Dasein gleichwohl in der Hölle finsterer Verliese
und Irrenanstalten. Er wächst auf im Stadtschloß der Condé in der unmittelbaren Umgebung des bourbonischen Prinzen; wird am Collège Louis-le-
Grand von Jesuiten erzogen, denen er auch die Liebe zur Formulierungskunst
und eine ausgefeilte Dialektik verdankt; mit fünfzehn Jahren Unterleutnant,
mit neunzehn Hauptmann, zieht er den regen Besuch der Pariser Bordelle - der
raffiniertesten von ganz Europa, mit reizenden Geschöpfen bestens versorgt
und äußerst erfindungsreich, was neue, unbekannte Lustbarkeiten betrifft -
dem Garnisonsleben vor, verkehrt lieber mit Tänzerinnen, als daß er Umgang
mit Leuten seines Standes pflegt. Er erwirbt sich so in noch zartem Alter bereits
den dauerhaften Ruf eines ausschweifenden Lüstlings, was ihn indes nicht
daran hindert, eine eheliche Verbindung mit der Tochter eines wohlhabenden
Advokaten, des Präsidenten der Pariser *Cour des aides* (eine Art Obersteuer-
amt) einzugehen, mit Renée-Pélagie de Montreuil. Statt ihn jedoch zur Vernunft zu bringen, scheint ihn die Ehe vielmehr zu stimulieren. Er läuft zu
Prostituierten, verkehrt häufig bei der Brissault, der Kupplerin für Snobs, und
mietet für seine zahlreichen Abenteuer eigens Häuser in Paris, Versailles und
Arcueil an, die er als Absteige benutzt. Fünf Monate nach der Hochzeit wird
er wegen hemmungsloser Ausschweifungen zum ersten Mal verhaftet und für
kurze Zeit im Turm von Vincennes gefangengesetzt. Die erste im eigentlichen
Sinne sadistische ›Affäre‹ aber datiert auf das Jahr 1768.

Bald schon ist diese ›Affäre‹ umrankt von Legenden, die aus dem wollüstigen
Marquis ein blutrünstiges Monster machen, einen Gilles de Rais der Moderne.
Mme. du Deffand berichtet von dem Vorfall voller Entsetzen, und Restif de la
Bretonne spielt eine simple Auspeitschungsszene hoch zu einer anatomischen
Sitzung mit Vivisektion am Menschen. Die Geschichte wäre allzu banal und
verdiente kaum, erwähnt zu werden, wäre da nicht jener diabolische Schwefel-
gestank, der von ihr ausgeht und aus dem sich wohl auch die Härte des
Strafmaßes erklärt. Das Ganze ereignet sich nämlich - und das ist sicherlich
kein Zufall - an einem Ostersonntag.

Die Flagellation als Sakrileg

Rose Keller, eine junge Frau von dreißig Jahren, steht auf der *Place des Victoires* und bettelt um Almosen. Sie befindet sich in einer extremen Notlage und spielt vielleicht sogar mit dem Gedanken, der Prostitution nachzugehen; auf jeden Fall hat sie wohl nichts dagegen, sich bei Gelegenheit auf ein kleines Abenteuer einzulassen. Sade spricht sie an, macht ihr das Angebot, sie als Haushälterin einzustellen, und nimmt sie auf ihre Einwilligung hin mit nach Arcueil. Dort zeigt er ihr sein Haus, führt sie in ein Zimmer, fesselt sie auf ein Bett, peitscht sie grausam aus, streicht eine Salbe auf ihre Wunden, fährt dann fort bis zum Orgasmus, droht, sie umzubringen, falls sie nicht zu schreien aufhört, und erklärt sich schließlich bereit, ihr höchstpersönlich - da nun einmal gerade Ostern ist - die Beichte abzunehmen.

Rose gelingt es, durch das Fenster zu entkommen; im Dorf sorgt sie für einen Menschenauflauf. Die Angelegenheit zieht ein Gerichtsverfahren nach sich, und Sade kommt für sieben Monate ins Gefängnis. Eine außergewöhnlich harte Strafe im Hinblick sowohl auf den gesellschaftlichen Rang des Verurteilten als auch auf die zu jener Zeit gemeinhin geübte Nachsicht, wenn es um vergleichbare Entgleisungen hochgestellter junger Männer aus dem Umkreis des Hofes ging. Bei diesem Urteilsspruch wird wohl die Profanierung der Geißelung Christi und des Sakraments der Buße weit schwerer ins Gewicht gefallen sein als die Grausamkeit bei der Mißhandlung Rose Kellers.

Nach seiner Entlassung zieht sich Sade auf sein Schloß La Coste in der Vaucluse zurück und stürzt sich dann 1772 in Marseille erneut in ein frivoles Abenteuer. Diesmal handelt es sich um ein wüstes Bacchanal mit einer Schar von Prostituierten, dessen Ruchlosigkeit noch dadurch verstärkt wird, daß ein Lakai des Marquis an den orgiastischen Riten beteiligt ist. Sade gibt sich dabei aktiv und passiv der Flagellation sowie dem homosexuellen Analverkehr hin (ein damals unter Todesstrafe stehendes Delikt, im Prinzip jedenfalls; die Mächtigen wurden indes nie dafür zur Rechenschaft gezogen). Um den Lustbarkeiten noch mehr Würze zu verleihen, offeriert Sade den Venusdienerinnen reichlich Kantharidinbonbons. Einer von ihnen wird davon schlecht, sie muß sich übergeben. Die Sache erregt Aufsehen. Sade, des versuchten Giftmords und der Sodomie angeklagt, wird vom Parlament der Provence zum Tode verurteilt und ebenso wie sein Kammerdiener hingerichtet, allerdings nur *in effigie*.

In Wirklichkeit nämlich hat er gerade noch genügend Zeit gehabt, um zu entfliehen, und verlebt einige glückliche Tage in Italien, wohin er sich zusam-

men mit seiner Schwägerin, die allem Anschein nach nicht nur seine Reisege-
fährtin, sondern auch seine Lustgespielin war, begeben hat. Seine Schwiegermutter, darüber wutentbrannt, setzt eine Meute von Verfolgern auf seine Fährte
an und macht all ihren Einfluß geltend, um eine *Lettre de cachet* zu erwirken.[1]
Bis zum Jahre 1775 treibt er mit der Justiz und den Polizisten, die ihn verfolgen,
ein Katz- und Mausspiel. Zunächst wird er festgenommen, dann kommt er
durch eine abenteuerliche Flucht wieder frei und hält sich in La Coste versteckt.
Er lebt dort mit seiner Frau, welche wohl auch an den Orgien teilnimmt, die
er mit fünf in seinen Dienst genommenen halbwüchsigen Mädchen organisiert;
letztere zeigen ihn wegen eben dieser Orgien schließlich an. 1776 wird er
verhaftet und nach Vincennes gebracht, später dann in die Bastille überführt,
wo er bis 1788 bleibt; von dort wird er nach Charenton geschafft und kommt
erst am 2. April 1790 aufgrund eines Dekrets der Nationalversammlung, mit
dem die *Le lettres de cachet* abgeschafft werden, wieder auf freien Fuß.

Eine Verurteilung zum Tode und fünfzehn Jahre Freiheitsentzug für einige
freilich recht verwegene, wenn man so will, auch perverse, keinesfalls jedoch
Menschenleben aufs Spiel setzende Exzesse, das ist gewiß - bedenkt man, mit
welcher Milde die Höflinge in solchen Fällen behandelt wurden - ein extrem
hoher Preis für das Ausleben sexueller Phantasien. Zumal derartige Praktiken
auch - und zwar vor den Augen der Polizei und fast schon unter deren Schutz
– in allen damals für *en vogue* geltenden Bordellen gang und gäbe waren, bei
der Gourdan, der Brissault und vielen anderen. Sie haben absolut nichts gemein
mit jenen wahrhaft blutrünstigen sadistischen Exzessen, denen sich besser
protegierte oder vor Anfeindungen besser geschützte Zeitgenossen völlig un-
gestraft überließen, wohingegen der Marquis de Sade sich den ständigen Ver-
folgungen einer Schwiegermutter, die von einem massiv spürbaren Haß auf
ihren Schwiegersohn erfüllt war, ausgesetzt sah. Die Öffentlichkeit, aufge-
bracht über die Tag für Tag und sogar in der unmittelbaren Umgebung des
Königs zu registrierenden frivolen Ausschweifungen und verärgert über die
von der Justiz geübte Nachsicht gegenüber den Mächtigen, scheint Druck auf
die staatlichen Autoritäten ausgeübt zu haben, um Sade genau dort zu treffen,
wo die anderen verschont blieben. Mme. de Saint-Germain schrieb kurz nach
der Affäre Keller an den Abbé de Sade, den Onkel des Marquis: »Er ist ein
Opfer des öffentlichen Zornes; die Affäre des M. de Fronsac und die so vieler
anderer werden jetzt zu der seinen noch hinzugerechnet: Es ist freilich ganz
und gar unglaublich, was sich die Leute vom Hof in den letzten zehn Jahren

---

1 Vgl. Claude Quétel, »Les lettres de cachet«, in: *L'Histoire* Nr. 29 (Dezember 1980), S. 103.

alles an Greuelichem haben zuschulden kommen lassen.« Die ›Greueltaten‹ Sades nehmen sich im Vergleich dazu recht harmlos aus.

»Ja, ich bin ein Wüstling!«

Vergebens wird man die Biographie Sades nach Details durchforschen, die in ihrer Anstößigkeit über das bisher Dargestellte hinausgehen. Niemals ließ er sich zu irgendeinem Verbrechen, zu irgendeiner Torheit hinreißen, die mit dem vergleichbar wäre, was er dann in *Justine*[1] beschrieb, oder gar mit den blutigen Massakern der *Histoire de Juliette*[2], die wahrhaft alles übersteigen, was eine noch so zügellose Phantasie sich ausmalen kann. Dem von ihm selbst abgelegten Bekenntnis kann man wohl Glauben schenken; es wird von allem, was wir über ihn wissen, untermauert, und kein Moment in seinem Leben gibt Anlaß dazu, diese Selbstcharakterisierung in Frage zu stellen: »Ja, ich gestehe, ich bin ein Wüstling; alles, was man sich auf diesem Gebiet vorstellen kann, habe ich mir vorgestellt; aber ich habe durchaus nicht alles getan, was ich mir vorgestellt habe, und werde es auch nie tun. Ich bin ein Wüstling, aber ich bin weder ein Verbrecher noch ein Mörder.«

Die Revolution gab ihm die Freiheit zurück. Die Schreckensherrschaft sollte sie ihm wieder nehmen. Es ist hier nicht der Ort, Sades politische Einstellung zu untersuchen, die im übrigen oftmals in sich widersprüchlich war. Ein fanatischer Anhänger der Revolution, möglicherweise aber ebensosehr aus Opportunismus wie aus Überzeugung, war er der Sekretär, dann der rührige und angesehene Vorsitzende der *Section des Piques* (Place Vendôme); er zollte der Revolution seinen Tribut, nicht anders als sein Landsmann, der Marquis d'Antonelle, auch er ein Provençale, der Sades perverse sexuelle Neigungen teilte und einen Sitz im revolutionären Tribunal innehatte. Im Dezember 1793 wurde Sade als verdächtige Person verhaftet, vor dem Schafott rettete ihn der 9. Thermidor. Am 15. Oktober 1794 wieder freigelassen, verbrachte er ein paar ruhige, allerdings von finanziellen Schwierigkeiten überschattete Jahre zusammen mit einer liebevollen und ihm treu ergebenen Frau, Marie-Constance Quesnet, und zwar bis zum Jahre 1801. Das neue Regime ließ ihn dann als Verfasser obszöner Schriften verhaften und ins Gefängnis Sainte-Pélagie, später nach Bicêtre bringen. 1803 wurde er in das Hospiz von Charenton verlegt, wo das Theater zu seinem Hauptbetätigungsfeld wurde; dort starb er, als geistig

---

1   Ersch. 1791; dt.: *Justine oder Das Mißgeschick der Tugend* (A. d. Ü.)
2   Ersch. 1791; dt.: *Die Geschichte von Juliette oder Das Glück des Lasters* (A. d. Ü.)

umnachtet angesehen und ohne jemals die Freiheit wiedererlangt zu haben, am 2. Dezember 1814.

Sade ist nicht der wirkliche, sondern lediglich der literarische Erfinder all der Grausamkeiten, die in seinen Romanen begangen werden, und die schrecklichsten von ihnen entspringen unmittelbar seiner erhitzten Phantasie und seiner durch den Freiheitsentzug überreizten Einbildungskraft. Dennoch, er gibt hin und wieder deutlich zu erkennen, daß es reale Vorbilder gibt bzw. gab, und stellt häufig Bezüge zu Zeitgenossen her, aber auch zu einer mehr oder weniger weit zurückliegenden Vergangenheit und selbst zur Antike. Die zweite Hälfte des 18. Jahrhunderts erscheint indes als eine besonders zwielichtige Epoche, was solche ausgesuchten Grausamkeiten anbelangt; es kommt hier offenbar zu einer Entfesselung der geheimsten und sonst gänzlich uneingestandenen Triebregungen, zu einer um sich greifenden Verwilderung der Sitten vor allem in den Kreisen der besseren Gesellschaft, deren Angehörige straffrei ausgehen, weil die Obrigkeit die großen Tiere nicht belangen kann oder will. Diese Geschichtsperiode, die unwillkürlich an das Ende einer Epoche, an den Niedergang einer von Lastern zerrütteten Gesellschaft denken läßt, ist zumindest von einem tiefgreifenden moralischen Verfall innerhalb der dem Machtzentrum nahen Eliteschicht gekennzeichnet, was an einer Vielzahl von Indizien deutlich abzulesen ist. In der Hocharistokratie bis hin zu den Stufen des Thrones häufen sich die Fälle von Sodomie und Inzest, begangen von Persönlichkeiten des öffentlichen Lebens, die der Hinrichtung durch das Rad oder das Schafott nur dank ihres gesellschaftlichen Ranges, ihres berühmten Namens und der Protektion, die sie genießen, entgehen. Könnte man von daher also sagen, daß zu jener Zeit der Sadismus eine gesellschaftliche Realität war, und Sade sich nur an jene lebenden Abbilder, die seine Zeitgenossen ihm lieferten, zu halten brauchte?

Die Pariser Bordelle, die er häufig aufsuchte, und die Prostituierten jeder Spielart - man zählt 30.000 in Paris gegen Ende des Jahrhunderts - haben ihm sicher reichlich Stoff für seine Romane geliefert. Bei der Kupplerin Gourdan wurden die raffiniertesten und exzentrischsten Wünsche befriedigt. Man konnte sich dort völlig ungestört der Pedicatio (Analverkehr) wie auch der Tribadie (lesbische Liebe) hingeben, und in einem der Salons fand man ein wahres Wunderwerk vor, das Feinste vom Feinen, was die zeitgenössische Erotik zu bieten hatte: einen Schaukelstuhl, mit dem das Opfer, sobald es sich auf ihm niederließ, aufs Kreuz gelegt wurde, die Schenkel gespreizt, an Händen und Füßen gefesselt, so daß es wehrlos seinem Vergewaltiger ausgeliefert war. Der Duc de Fronsac, der einfallsreiche Erfinder dieses Folterinstruments, wurde auf diese Weise auch mit den widerspenstigsten Frauen fertig. Es gab in diesem netten Hause auch Pastillen *à la Richelieu*, Kantharidindragées mit aphrodisischer Wirkung, und selbstverständlich Zuchtruten für die Flagellation.

All das gehört noch zu den eher gewöhnlichen Ausschweifungen, die Sade aus eigener Erfahrung kannte, da er an den Orgien des Duc de Fronsac und des Prince de Lamballe selbst hin und wieder teilnahm. Aber wie steht es um die Verbrechen? Richelieu, ein eleganter, aber grausamer Libertin, liebte es bekanntlich, die Frauen, die er quälte, weinen zu sehen. Man kennt auch die Geschichte von jenem Parlamentsrat, der ein junges Mädchen grausam mißhandelte, bevor er sich an ihm verging. Berichtet wird weiterhin über einen Fall von Anthropophagie in den Pyrenäen, wo ein gewisser Blaise Ferrage junge Frauen tötete und dann verschlang. Eine auf die Spitze getriebene sadistische Grausamkeit findet sich beim Comte de Charolais (1700-1760). Ihm erschienen seine Orgien fade und unbefriedigend, wenn dabei kein Blut floß: Während seiner ruchlosesten Exzesse schoß er mit Gewehrsalven alles nieder, was ihm vor die Augen kam, ob es sich um zufällige Passanten handelte oder um Dachdecker. Er folterte dann auch Frauen, und eines Tages soll er sogar, einer plötzlichen Laune nachgebend, ein junges Mädchen wie ein Hühnchen gebraten haben.

Aber den Stoff zu den blutigen Greuelszenen der *Histoire de Juliette* hat Sade sich auch andernorts verschaffen können als nur in den Bordellen oder bei den Roués. Das *Ancien régime* hatte einer faszinierten Menge das Schauspiel der grausamen Hinrichtung Damiens' dargeboten[1], und die Revolution überbot noch alle seit der Bartholomäusnacht dagewesenen Schrecken mit den Massakern in der Glacière (dem ›Eisturm‹) von Avignon und mit den September-Massakern, wo die Folterknechte über Frauen herfielen und an ihnen sexuelle Greueltaten von kaum glaublichem Sadismus verübten. Sade brauchte somit nur in betont erotische Romanszenen umzusetzen, was paranoide Mörder im Rausch von Wein und Leidenschaft und begünstigt von einer Situation des Chaos und der Angst an Abscheulichkeiten tatsächlich begangen hatten.

Sade war das schwarze Schaf, der Sündenbock, das Opfertier des zu Ende gehenden *Ancien régime*, als dieses seine Grundfesten ins Wanken geraten sah und deshalb versuchte, seinen Fortbestand durch die Errichtung einer moralischen Ordnung, die über seine Schwäche und Zerrüttung hinwegtäuschen sollte, zu sichern. Die Regierungszeit Ludwigs XVI. war von einer wieder

---

1 Weil er Ludwig XV. mit einem Messer eine - ungefährliche - Wunde beigebracht hatte, wurde Damiens 1757 öffentlich auf der Place de Grève geviertelt.

zunehmenden Rigidität gegenüber den sexuellen Torheiten der Jugend gekennzeichnet, und die Ausschweifungen, denen gegenüber man bis dahin Nachsicht hatte walten lassen - zumindest wenn es sich um die hochgestellter Persönlichkeiten handelte -, wurden von nun an rigoros verfolgt. Das Schicksal von Mirabeau und von zahlreichen anderen, die einen Großteil ihres Lebens im Gefängnis zubrachten, ist hierfür ein deutlicher Beleg. Es kommt jetzt wohl mehr und mehr die Furcht auf, daß in einer Gesellschaftsordnung, die sich auf unumschränkte Herrschaft und auf Privilegien gründet, sich ihres guten Rechts dabei jedoch nicht mehr sicher sein kann, die Libertinage - zumal die mit sadistischen Exzessen verbundene - ein Moment der Destabilisierung mit sich bringt, welches das Regierungssystem und seine Hierarchie in seinen Überlebensmöglichkeiten bedroht. Wenn das Establishment selbst dem Laster verfallen ist, erhöht und verschärft sich das Risiko, daß es zur Auflösung, zum Zusammenbruch kommt.

Sade stellte somit eine reale Gefahr dar, welche die Bedrohung, die schon die Tradition des erotischen Romans im 18. Jahrhundert für die Gesellschaft und ihre Institutionen bedeutet hatte, in veränderter und erweiterter Form reproduzierte. Diese hatte die Rückeroberung der natürlichen Freiheit des sinnlichen Begehrens auf ihre revolutionären Fahnen geschrieben. Die Libertinage ist politisch nicht unschuldig, und die Staatsgewalt, die Sade ins Gefängnis brachte, war alles andere als naiv. Sie witterte den Geruch der Zersetzung und vermutete zu Recht im ausschweifenden Lebenswandel, den die Aristokratie zum Teil führte, einen Quell des moralischen Verfalls. Sade, der mit der libertinen Literatur des 18. Jahrhunderts bestens vertraut war, hatte sich deren zentrale Aussage zu eigen gemacht: Moral ist für die Natur eine unbekannte Größe. Das hatten Crébillon und Nerciat, d'Argens und Mirabeau, um nur einige Namen zu nennen, immer wieder mit Nachdruck erklärt. Indem sie die sexuelle Freiheit predigten, hatten diese Libertins der Aufklärungszeit zur Begründung einer natürlichen Moral und zur Entfaltung eines von allen Tabus, von allen Zwängen und Vorurteilen befreiten Individuums beigetragen.

Alles Glück entspringt dem Laster

Aber alles, was bei seinen Vorgängern noch einen gefälligen und eher harmlosen Eindruck machte, nimmt bei Sade überdeutlich die Züge einer pessimistischen und geradezu furchteinflößenden Naturauffassung an, nach der die monströse Indifferenz der Natur nicht mehr nur die Freiheit der Lust, sondern darüber hinaus die freie Entfaltung jeglicher Wünsche und Begierden sanktioniert. Die Libertins hatten die sexuellen Abweichungen verklärt, der Sodomie gehuldigt, den Inzest verherrlicht. Sade predigte das Verbrechen als eine moralisch indifferente Tat, er plädiert für die Entfesselung des Schreckens und der kriminellsten Instinkte, sind sie doch seiner Ansicht nach nur die Komplizen jenes Verbrechens, das von der Natur permanent in Szene gesetzt wird, einer Natur, die ebenso skrupellos wie grausam ist. Im Namen ihrer eigenen Freiheit und der Freiheit des Individuums verurteilt sie jede nicht-natürliche Ordnung, sei sie politisch, gesellschaftlich oder moralisch, und zieht sie ins Lächerliche. Das Verbrechen ist das Gesetz der Natur, die Ordnung, die sie am Leben erhält, gleichgültig gegenüber seinen Formen, seiner Tragweite, seinen jeweiligen Modalitäten. Der Sexus und seine gewalttätigen Momente, die sadomasochistischen Triebe und die Grausamkeiten, die sie zur Folge haben, partizipieren an der ihr eigenen Naivität; einer Naivität, die beinhaltet, daß das Verbrechen mit dem Leben unauflösbar verknüpft ist, daß das Leben selbst nichts anderes ist als ein gigantisches, nicht enden wollendes Morden und Töten.

Im Namen der Freiheit des Begehrens hat - nach dieser so phantastischen wie blutigen Phantasmagorie - das Individuum alle Rechte, und die Gesellschaft, ein künstliches Konstrukt, ist nichts weiter als eine Repressionsmaschinerie, über die die Natur sich hinwegsetzt, und die der Starke verachtet. Der ganz der Natur unterworfene Mensch kennt keine Hemmungen, respektiert keine von der Humanität diktierten Vorschriften; die Regeln des Anstands erscheinen ihm lächerlich, die Tugenden sind Laster und die Verbrechen die wahren Tugenden. Die gesunde Lebensanschauung verlangt, daß man seinen auch noch so perversen Neigungen nachgeht, denn nur aus der Ausschweifung kann Glück erwachsen. »Die wahre Weisheit besteht nicht darin, seine Laster zu unterdrücken, denn die Laster bilden fast das einzige Glück unseres Lebens; sie unterdrücken zu wollen hieße, sich selbst zugrunde zu richten.« Der Kult der Freiheit und der natürlichen Moral mündet somit schließlich in ein Lob des Verbrechens, und Noirceuil zieht in der *Histoire de Juliette* nur die Lehre aus seinen Erfahrungen und seinen erzieherischen Instruktionen, eine Lehre, die von keiner Macht toleriert, von keiner Gesellschaft zugelassen werden konnte, und die ihren Begründer, unter welchem Regierungssystem auch immer, unweigerlich ins Gefängnis bringen mußte.

»Die Natur hat die Menschen zu Freude und Genuß geschaffen, was die Erde davon nur bieten kann. Dieses ihr höchstes Gesetz war und wird immer auch dasjenige meines Herzens sein. Um so schlimmer für die Opfer, ohne die es freilich nicht abgeht. Aber alles im Universum wäre in Gefahr ohne die erhabenen Gesetze des Gleichgewichts. Nur durch Freveltaten regeneriert sich

die Natur und erobert von neuem das ihr von der Tugend abgelistete Terrain.
Lasset uns also der Natur gehorchen, indem wir die Partei des Bösen ergreifen.
Das einzige Verbrechen, das sie nie verzeihen würde, wäre der Widerstand
gegen sie.«[1]

Literaturhinweise:

Œuvres complètes. Édition définitive. Édition établie sur les originaux imprimés ou manuscrits,
accompagnée d'études de plusieurs écrivains et précedée de la vie de l'auteur, avec un examen
de ses ouvrages, par Gilbert Lely. 15 Bde., Paris 1962ff.
Die Hauptwerke Sades sind außerdem veröffentlicht in der *Collection 10/18.*
Marquis de Sade, *Ausgewählte Werke*, übers. von Marion Luckow, Hamburg, Merlin 1962ff.
Gilbert Lely, *Vie du marquis de Sade.* Avec un examen de ses ouvrages, 2. vol., Paris, Gallimard,
1952-1957; dt.: *Leben und Werk des Marquis de Sade*, Düsseldorf: Rauch, 1961
Walter Lennig, *Marquis de Sade. Mit Selbstzeugnissen und Bilddokumenten*, Reinbek bei Hamburg, Rowohlt, 1965
Unter der umfangreichen Sekundärliteratur zum Werk des Marquis de Sade ist besonders hervorzuheben:
Pierre Klossowski, *Sade, mon prochain*, Paris, Seuil, 1947
Roland Barthes, *Sade, Fourier, Loyola*, Paris, Seuil, 1971; dt.: *Sade, Fourier, Loyola*, Frankfurt/M.,
Suhrkamp, 1979
Georges Bataille, »Sade«, in: *La Littérature et le mal*, Paris, Gallimard, 1957; dt.: *Die Literatur und
das Böse. Emily Brontë. Baudelaire. Michelet. Blake. Sade. Proust. Kafka. Genet*, München,
Matthes & Seitz, 1987
Otto Flake, *Marquis de Sade*, Frankfurt/M., Fischer, 1981
Geoffrey Gorer, *The Life and Ideas of the Marquis de Sade*, London, Owen, 1953; dt.: *Marquis
de Sade. Schicksal und Gedanke*, übers. von Peter Toussell, Wiesbaden, Limes, 1959
Max Horkheimer/Theodor W. Adorno, »Juliette oder Aufklärung und Moral«, in: *Dialektik der
Aufklärung. Philosophische Fragmente*, Frankfurt/M., Fischer, 1975, S. 74-107
Tel Quel (Ed.), *La Pensée de Sade*, Paris, Seuil, 1967; dt.: *Das Denken von Sade.* Aufsätze von
Pierre Klossowski, Roland Barthes, Philippe Sollers u. a., München, Hanser, 1969

---

1 Marquis de Sade, *Histoire de Juliette*. Hier zit. nach W. Lennig, *Marquis de Sade. Mit Selbstzeugnissen, Bilddokumenten*, Reinbek b. Hambg. 1965, S. 115f. (A. d. U.)

ANNE MARIE MOULIN UND ROBERT DELORT

Syphilis: Die amerikanische Krankheit?

Am 21. September 1494 starb nach heftigen Anfällen von Wahnsinn und Delirium der italienische Dichterfürst der Frührenaissance, Poliziano. Unter seinen lateinisch verfaßten, nicht genau datierbaren Werken findet sich ein Gedicht, das die Krankheit beschreibt, unter der er zu leiden hatte: eine gräßliche Seuche, »die die ausgemergelten Glieder befällt und die fiebernden Nerven zerreißt. Die heillose und zerstörerische Gewalt dieser Krankheit verwüstet die Eingeweide mit ihren grausamen Flammen, saugt das Blut aus den morschen Adern und verzehrt in ihrer Raserei, eine grauenerregende Sache, das aufgeweichte Mark mit unersättlicher Glut [...]. Es ist, als ob ich den ganzen Vesuv im Leibe hätte oder die Schmieden, in denen der Amboß des Vulkanus ertönt.« Sind es diese gefräßigen Geschwüre, diese unerträglichen Schmerzen in Gliedern und Eingeweiden, die zum Wahnsinn und zum Tode geführt haben? Und auf welchen Zeitpunkt läßt sich dieses Gedicht datieren?

Poliziano starb im Herbst des Jahres 1494. Nun brach 1494/95 in Italien eine furchtbare Epidemie im Umkreis der kosmopolitisch zusammengesetzten Armee aus, mit der der König von Frankreich, Karl VIII., bis nach Neapel vordrang, bevor er sich dann über Fornovo in sein Königreich jenseits der Alpen zurückzog. War Poliziano eines ihrer Opfer? Die retrospektive Diagnose könnte dann auf Syphilis praecox in einer malignen und galoppierenden Form lauten. Die Ansteckung hätte frühestens gegen Ende des Jahres 1493 stattgefunden: Zeitpunkt und Diagnose stünden im Einklang mit der immer wieder vorgebrachten und aufs neue bekräftigten Theorie vom amerikanischen Ursprung der Syphilis, wonach diese 1493 von der Mannschaft des Christoph Kolumbus in einer galoppierenden, oft tödlich verlaufenden Form nach Barcelona eingeschleppt worden und dort auf eine Bevölkerung ohne natürliche Abwehrkräfte gegen diese neue Geißel getroffen wäre.

Die Literaturhistoriker indes haben dem Gedicht Polizianos – aufgrund seines Stils oder aus logischen Erwägungen heraus – ein anderes Entstehungsdatum zugeschrieben: zwischen 1475 und 1478. Bleibt man bei derselben retrospektiven Diagnose, dann wären sechzehn oder gar neunzehn Jahre zwischen den ersten Anzeichen der Syphilis und dem Tode des Dichters verstrichen. Diese aus heutiger Sicht durchaus denkbare Frist würde indes zu einer galoppierenden Form der Syphilis schwerlich passen. Vor allem aber hätte die Ansteckung mit der zwischen 1475 und 1478 ausgebrochenen Krankheit auf jeden Fall weit vor der Rückkehr von Christoph Kolumbus stattgefunden, also vor dem schicksalhaften Datum 1493.

Der Fall Poliziano – wie tausend andere auch – wirft, ohne dafür eine Lösung an die Hand zu geben, die Frage nach den Ursprüngen der Syphilis auf: trat diese (maligne) Krankheit erstmals am Ende des 15. Jahrhunderts in Erscheinung? War sie das heimtückische und schleichende Leiden, so wie wir es kennen? Der Größenwahn und das dem Tode Polizianos vorausgehende Delirium lassen an die [im Französischen; d. Ü.] irreführenderweise als *paralysie générale* bezeichnete Form der Syphilis (an die Kranhheit Maupassants) denken[1], aber eine solche Parallele zu ziehen ist gleichwohl berechtigt, da die große Pandemie (eine den Großteil der Bevölkerung erfassende Epidemie) für eben die Monate bezeugt wird, die dem Ableben des Dichters folgen. Auf welche Indizien aber kann sich die Diagnostik darüber hinaus stützen?

›Roseola‹ und ›Gollier de Vénus‹

Die Syphilis läßt sich heute nur durch den Nachweis des Erregers, des ›Treponema pallidum‹, in den Läsionen und durch spezifische serologische Befunde mit Sicherheit diagnostizieren. Nun ist klar, daß wir nicht über ausreichende Mengen aus dem Mittelalter oder aus der Renaissance stammenden menschlichen Gewebes (von Skeletten abgesehen) verfügen, um mit Erfolg derartige Untersuchungen durchführen zu können.

Was die Knochen betrifft (und dabei insbesondere die Schädelknochen), so weisen sie Läsionen auf, die – neben anderen Symptomen – eine Folge der Syphilis sein könnten, jedoch genausogut auf eine Reihe anderer Krankheiten zurückgeführt werden könnten. Man besitzt heute nicht mehr die Unbeirrbarkeit des 19. Jahrhunderts, wo Broca, ein bedeutender Chirurg, Neurologe und wissensdurstiger Gelehrter, anhand aller auf den Friedhöfen des *Ancien régime* ausgegrabenen Schädel die Diagnose auf Syphilis stellte, oder wo eine andere

---

1 Irreführend ist diese frz. Bezeichnung insofern, als es sich beim Tertiärstadium der Syphilis nicht um eine allgemeine, d.h. vollständige Lähmung handelt, sondern um eine fortschreitende Gehirnerweichung, eine chronische Entzündung und Atrophie der grauen Substanz des Gehirns. (A. d. Ü.)

»Es ist alles nur die Syphilis...« *Die berühmtesten Schriftsteller des 19. Jahrhunderts haben ihr den schuldigen Tribut gezollt. Guy de Maupassant brüstet sich:* »Ich habe die Lustseuche, und zwar die richtige, nicht den erbärmlichen Tripper, die ›chaude-pisse‹. [...] Nein, die gewaltige Syphilis, die, an der Franz I. starb. Und ich bin stolz darauf...« *Frontispiz aus:* Syphilis. Gedicht in vier Gesängen, *1831, Bibl. de l'Ancienne faculté de médecine de Paris)*

Autorität auf dem Gebiet der Medizin, der deutsche Histologe Virchow, an allen fossilen Schädeln aus prähistorischer Zeit die Syphilis erkennen wollte. Aber diese Syphilis-Besessenheit des 19. Jahrhunderts ist eine andere Geschichte. An 16 500 mit Sicherheit aus der Zeit vor 1495 stammenden Schädeln konnte der Paläopathologe Christensen anscheinend nicht die geringsten syphilitischen Läsionen feststellen; sein Kollege Kohlin aus Leningrad dagegen will Anhaltspunkte dafür an in Zentralrußland entdeckten Skeletten aus dem 2. Jahrtausend v. Chr. gefunden haben. Die Mehrzahl der Spezialisten äußert sich mittlerweile sehr zurückhaltend über diese Deformierungen des Schienbeins, die Exostosen, Schädelverwachsungen oder Epiphysenlösungen; man beschränkt sich darauf, sie aufzulisten, ohne verbindliche Aussagen über deren Ursache zu machen.

Damit also begrenzt sich der Argumentationsrahmen auf den Bereich der Symptomatologie, die man derjenigen der heutigen Syphilis vergleichend gegenüberstellen kann. Man unterscheidet beim klassischen Verlauf – nach einer symptomfreien Inkubationszeit von zwei bis fünf Wochen – den sog. ›Primäraffekt‹, einen nicht-schmerzenden Schanker an der Inokulationsstelle, gewöhnlich also an den Geschlechtsteilen, gekoppelt mit einer Begleitadenopathie (einer Lymphknotenschwellung), dann ein ›Sekundärstadium‹ mit äußerst ansteckenden Hautläsionen am ganzen Körper, die so bezeichnende Namen tragen wie: ›Roseola‹, ›Collier de Vénus‹... Dann treten nach einer langen Ruhephase, die bis zu fünf, zehn, ja sogar zwanzig Jahren dauern kann, die schweren Läsionen des Tertiärstadiums in Erscheinung, die sog. ›Gummen‹, und zwar an der Haut, den Schleimhäuten und den Knochen. Wenn das Nervensystem befallen ist, kommt es zur Tabes (einer Art Paralyse) oder auch zur *paralysie générale* (eigentlich: einer Geistesstörung ohne Lähmung), zur ›progressiven Paralyse‹ also, die über kurz oder lang zum Tode führt.

Um dem Historiker eine Handhabe zu geben, hier zwei unbestreitbare Fakten, deren Bedeutung man bislang nicht genügend gewürdigt hat:

1) Eine Krankheit, die explizit Syphilis genannt wurde, und zwar nach dem 1530 in Jerona erschienenen Lehrgedicht des berühmten Arztes Fracastoro *Syphilis, sive Morbus Gallicus*, läßt sich in Europa kontinuierlich von 1495 bis heute beobachten.

2) Von 1493 bis 1495 an breitete sich in Europa eine große Pandemie aus, deren eine Komponente, wenn nicht die einzige, die Syphilis war.

Spätestens Anfang 1494 und wahrscheinlich schon ab Ende 1493 tauchte in Barcelona eine epidemische Krankheit auf, die mit einem Hautausschlag verbunden war, einen akuten Verlauf nahm und oft zum Tode führte. Das Neue an dieser Krankheit im Vergleich zu früheren mittelalterlichen Epidemien war ihre Übertragung durch den Geschlechtsverkehr, von der die Zeitzeugen berichten. Entsprechende Aussagen finden sich bei Lopez de Villalobos, der 1498 seine Erinnerungen an das Jahr 1494 zusammenstellte und aufnotierte. Auch bei dem Sohn von Kolumbus, bei Fernando Colón (*Historia*, 1509), bei seinem Kaplan Oviedo (*Relación... de la historia natural de las Indias*, 1525) und vor allem bei Ruy Diaz de Isla, einem zum Zeitpunkt der Epidemie in Barcelona praktizierenden Arzt, der seine Beobachtungen allerdings erst später zu Papier brachte (*Tractado contra el mal serpentino*, 1539). Alle beschreiben sie eine pustulöse Krankheit mit sog. *bubas*, zu deutsch Beulen, ein Terminus, der sich auf die Lymphknotenschwellung in der Leistengegend, wie sie bei der Syphilis auftritt, anwenden läßt.[1]

Am genauesten jedoch ist die Beschreibung der Pandemie in ihrer italienischen Phase von 1495, die ein Militärarzt namens Marcellus Cumanus gegeben hat: »Viele Reiter und Fußsoldaten hatten Pusteln auf dem Gesicht und am ganzen Körper, die im allgemeinen zuerst im Bereich der Vorhaut und der Eichel auftraten und mit einem Juckreiz verbunden waren. Das fing manchmal mit kleinen Bläschen an, die aber durch das Kratzen schnell zu Geschwüren wurden. Einige Tage später kam es dann zu heftigen Schmerzen in den Armen, den Schenkeln, den Füßen, mit dicken Pusteln, und jene Pusteln blieben ein Jahr lang und länger bestehen...« Diese Beschreibung bezieht sich auf den Feldzug Karls VIII., in dessen Verlauf die Epidemie von Spanien auf Italien übergriff. Sie charakterisiert die Krankheit anhand von drei auffälligen Details: 1) dem Schanker zu Beginn; 2) den gräßlichen, akut auftretenden Schmerzen; 3) der venerischen Kontamination.

Die Symptome wurden von den Medizinern, so z. B. von J. Grünpeck (*Tractatus de pestilentiali scorra...*, 1496), bald auch vor dem Hintergrund einer Theorie der Körpersäfte interpretiert. Die Stauung des Gallenflusses galt als Erklärung für die Cephalgien und Gelenkanschwellungen, und weiterhin für das unter Druck erfolgende Aufplatzen der Pusteln, deren eitrige Flüssigkeit sich überall auf dem Körper verteilte. Die klassische Physiologie lieferte damit eine getreue Schilderung der erlittenen Schmerzen, und die Lehre von den Körperflüssigkeiten erlaubte es, die Ausbreitung der Krankheit im ganzen Körper nachzuvollziehen:

»Damit man nun nicht glaube, ich sei lediglich an irgendeinem Körperteil

---

1 Der medizinische Fachterminus lautet ›Bubo‹: eine entzündliche Lymphknotenschwellung bei Geschlechtskrankheiten, bei der Beulenpest etc. (A. d. Ü.)

von der Seuche befallen oder gar nur leicht erkrankt gewesen, will ich sagen, welcher Art meine Krankheit war. Zuerst bin ich des linken Fußes nicht mehr mächtig gewesen, über mehr als acht Jahre hat sich die Krankheit darin festgesetzt, und auf der Mitte des Schienbeins, dort, wo nur sehr wenig Fleisch den Knochen bedeckt, hatte ich Geschwüre mit entzündeten Geschwülsten, von üblem Gestank und äußerst schmerzhaft; und sobald eines von ihnen zuheilte, bildete sich sogleich ein neues.« (Ulrich von Hutten: *De morbi Gallici curatione...*, 1519).

Die Krankheit breitet sich, begünstigt durch den Krieg, in Italien aus. Dann greift sie auf Frankreich, die Schweiz und Deutschland über, im Rhythmus der Rückkehr der Truppen. Das bedeutet, daß diese Krankheit von jenen Frauen, die den Soldaten im Felde zur Lustbefriedigung dienen, weiterverbreitet wird. Von Pusteln entstellt kehren die Soldaten nach Hause zurück; eitrige Geschwüre fressen sich bis auf die Knochen durch und zernagen sie. Man kann verfolgen, wie die Seuche in ganz Europa an Boden gewinnt. Der Chronist Cuntz Merschwin beschreibt ihr Eintreffen in Straßburg unter der Kapitelüberschrift: »Über eine fremdartige Krankheit mit Namen *blotern* [*blotern* = *blatter(n)* = Syphilis] oder *mala frantzosa*«.

»Im selbigen Jahre 1496 brach eine Landplage und eine allgemeine Seuche über die deutschen und welschen Lande herein, wobei die Leute auf dem ganzen Leib mit großen Blasen, Pusteln und Geschwüren überdeckt und davon derart entstellt waren, daß es ein schauderhaft abscheulich Ding war, sie auch nur anzusehn; und die Seuche kam zunächst über das Welschland, bevor sie dann auch Deutschland erreichte, und sie zeigte sich gewöhnlich bei allen, Männern wie Frauen, zu allererst an den Schamteilen, fürchterlich ansteckend war sie; anfangs konnte man nichts dagegen tun, und man mußte auf die Wirkung der Zeit vertrauen, bis sie ganz von selbst abheilte, und das dauerte acht oder neun Monate oder noch länger. *Oft aber starb man daran.*«

Nachdem die Krankheit ein gutes Jahrzehnt hindurch gewütet hat, scheint sie nach und nach an Gefährlichkeit zu verlieren; sie führt nicht mehr zum Tode. Die Menschen leben mit ihr und haben über lange Zeit Gelegenheit, die Verstümmelungen eines chronischen Verlaufs am eigenen Leib zu beobachten: die allmähliche Zerstörung der Nase, des Gaumens, die Deformierungen der Gliedmaßen. Der an der Lustseuche Erkrankte gesellt sich zu den Scharen der Aussätzigen, zu den von der Krätze und von anderen ansteckenden Krankheiten Befallenen, die im Lande umhervagabundieren.

Bedeutet dies, daß die in den Jahren 1493 – 1495 akute Syphilis nunmehr die chronische Verlaufsart annimmt, die heute als einzige noch anzutreffen ist?

»Die heillose und zerstörerische Gewalt dieses Leidens verwüstet die Eingeweide mit seinen grausamen Flammen. Es ist, als ob ich den ganzen Vesuv im Leibe hätte...« Oben: Merkur mit seinen Attributen (Schlangenstab und Hahn), der das Heilmittel gegen die Syphilis symbolisiert, schlägt das ›mal aux cent yeux‹ (die ›Krankheit mit den hundert Augen‹) zu Boden. (Livre des échecs amoureux, Ende des 15. Jahrhunderts)

Keinerlei Zweifel jedenfalls besteht über die Etymologie des Wortes Syphilis: die Krankheit hat der Hirte Syphilus seiner ›Sus-philie‹ zu verdanken, seiner ›Liebe zu Schweinen‹, die recht offensichtlich mit ›Schweinereien‹ zu tun hat. Das schlüpfrige Wortspiel entspricht ganz der humoristischen Ader der Mediziner aus der Zeit der Renaissance. Lange Zeit indes war es Brauch, von der

Franzosenkrankheit, der Neapolitanischen Krankheit, der Ungarischen Krankheit zu sprechen, ganz nach der jeweiligen chauvinistischen Ausrichtung. Es handelte sich anfänglich um eine Syphilis, die sehr verschieden war von der, die wir heute kennen (es besteht allerdings auch kein Grund zu der Annahme, daß die Menschen und die Krankheiten sich von der Renaissance bis auf den heutigen Tag gleich geblieben wären !); sie ähnelte einer mittlerweile sehr seltenen Spielart, der ›Syphilis maligna praecox‹, die heute nur noch in bestimmten ›Regionen‹ vorkommt.

Man kann natürlich leicht zu der Auffassung kommen, daß die nach der Atlantiküberquerung von Skorbut geplagten, an Infektionskrankheiten leidenden und ausgemergelten Seeleute des Kolumbus über keine größeren Abwehrkräfte verfügten (obschon Kolumbus in seinem *Bordbuch* notiert, daß allesamt, einen Fall von Harngrieß ausgenommen, in einem guten Gesundheitszustand waren). Das Argument verfängt jedoch weit weniger, wenn es sich um eine Armee und letztlich um eine ganze Gesellschaft handelt. Denn von der Krankheit waren offenbar »Päpste und Könige, Prinzen, Markgrafen und Herzöge, Generäle und einfache Soldaten, der ganze Adel, die Kaufleute und der Klerus« heimgesucht worden.

Eine weitere Möglichkeit aber, die Epidemie zu deuten, besteht darin, sie mit anderen Gruppen von Krankheiten in Zusammenhang zu bringen:

1) mit den Geschlechtskrankheiten insgesamt: der syphilitische Schanker wird beispielsweise von der Blennorrhagie (dem Tripper) erst seit dem 19. Jahrhundert unterschieden;

2) mit den eruptiven (d.h. mit Hautausschlägen verbundenen) Krankheiten wie etwa der *vérole*, der Lustseuche (die zum Synonym für die Syphilis geworden ist), der *petite vérole* (Variola = Pocken, den Varizellen (Windpokken), den Masern, dem Erysipel (Wundrose);

3) mit den Infektionskrankheiten, die allesamt die Form eines ›malignen Syndroms‹ annehmen können. Kurz, es läßt sich keine Hypothese völlig ausschließen.

»Ich habe ein Geschwür«

An dieser Stelle kommt glücklicherweise unser zweites historisches Faktum, das als gesichert gelten kann, mit ins Spiel. Zumindest für die Zeit ab 1494 verfügen wir über exakte Beschreibungen der späterhin Syphilis genannten Krankheit, und wir können ihr Auftreten kontinuierlich bis in die Gegenwart hinein verfolgen. Das läßt freilich weder den Schluß zu, daß sie vor diesem

Zeitpunkt nicht existierte, noch, daß die Pandemie ihr allein zuzuschreiben ist. Aber es scheint doch sicher, daß Europa die Syphilis zumindest von 1494 an kannte. Und es stellt sich im Hinblick auf diese Kontinuität nunmehr die Frage, ob es sich um eine völlig neue oder um eine besonders virulente Form einer längst bekannten Krankheit handelte.

Zahlreiche Argumente wurden vorgebracht, um die These, daß es die Syphilis schon lange vorher gab, zu untermauern, auch wenn man *a priori* von dem aus dem gesunden Menschenverstand geborenen Argument absieht, das die berühmte Beweisführung von Sudhoff[1] krönt: es falle schwer zu glauben, daß die Alte Welt über lange Zeiten hinweg von der Geschlechtskrankheit *par excellence* verschont geblieben sein könnte.

Sudhoff hat immerhin eine nicht anzuzweifelnde Quellenschrift ausgegraben, in der eine französische Krankheit (*mal franzoso*) angeführt wird, die man mit Quecksilber behandelte. Sie wurde eindeutig *vor* der Mitte des 15. Jahrhunderts in Italien verfaßt. Wenn auch andere von 1472 datierende Texte aus Kopenhagen und Mainz weit weniger zu überzeugen vermögen, so bleibt doch die Möglichkeit nicht auszuschließen, daß es eine ›Franzosenkrankheit‹ lange vor Kolumbus in Europa gegeben hat.

Hält man sich an die klassische Antike, so gibt es eine Reihe weiterer Dokumente, die gewichtige Argumente beisteuern. Wie hat man etwa die Aussage jener zu Beginn des 4. Jahrhunderts lebenden jungen Christin zu bewerten, die man ins Bordell bringen wollte und die, um ihre Jungfräulichkeit zu bewahren, zu einer frommen Lüge Zuflucht nahm: »Ich habe ein Geschwür an einer verborgenen Stelle, und das riecht ganz widerlich. Ich fürchte, Sie würden es mir verübeln, wenn ich Sie damit anstecken würde.« Plinius der Ältere beschreibt einen »Lichen (Hautflechte), der vom Gesicht auf den restlichen Körper übergreift und dabei auf der Haut einen schmutzigen, mehligen Schorf hinterläßt, wobei ein flüchtiger Kuß genügt, um ihn zu übertragen.« Plinius der Jüngere erzählt die Geschichte von jener bewunderungswürdigen Ehefrau, deren Gatte infolge einer *uralten Krankheit* »faulige Geschwüre an den Schamteilen« hatte. Die Prognose sah so düster aus, daß die Ehefrau nach reiflicher Überlegung »ihrem Gatten zum Selbstmord riet; sie fesselte sich an ihn an und stürzte sich mit ihm in den See.«

Was mittelalterliche Texte anbelangt, wäre einiges über den Ursprung der ›Feigwarzen‹ (Schanker?) zu sagen, oder über die Bedeutung des Wortes

---

1 Sudhoff, ein deutscher Gelehrter, hat zahlreiche Texte aus der Zeit vor 1493 zusammengetragen, in denen mit Quecksilber behandelte Hautkrankheiten erwähnt werden.

›Lepra‹ als einer sexuell übertragbaren Krankheit, denn im 13. Jahrhundert gab es möglicherweise bei der Lepra diesen heute höchst seltenen Übertragungsmodus. Im Jahre 1382 starb der Bischof von Posen an den Folgen seiner Ausschweifungen, nachdem er von einer schankerartigen Krankheit befallen worden war und unter zahlreichen Geschwüren auf der Zunge und in der Kehle zu leiden hatte, so daß er kurz vor seinem Tode kaum mehr sprechen und seine Nahrung herunterschlucken konnte. Anfang des 15. Jahrhunderts starb Wenzel IV., König von Böhmen und deutscher Kaiser, an einer von den Schamteilen ausgehenden Krankheit, die er sich beim Verkehr mit seiner Konkubine zugezogen hatte... Um 1440 verzeichnet man einen Fall von Kopfschmerzen, gefolgt von einem Hautausschlag auf dem Rücken mit harten Knötchen von der Größe einer Kichererbse und einer harten Geschwulst auf der Schenkelunterseite, etc.

Europa kannte also lange vor Kolumbus sexuell übertragbare und mit der Syphilis zu vergleichende Krankheiten, mit einem ulzerösen Stadium und der Tendenz, den ganzen Körper zu befallen, was schließlich zum Tode führen konnte.

Dabei ist zu bedenken, daß der große zeitliche Abstand zwischen dem Sekundär- und dem Tertiärstadium, sofern es ihn damals schon gab, verhindern konnte, den Zusammenhang zwischen der bei einem kurzen Besuch im Bordell eingefangenen Krankheit (Schanker) und der Tabes, der progressiven Paralyse, dem Wahnsinn und dem Tod zu erkennen. Und falls es also doch Syphilitiker gab, so hatten sie angesichts der allgemeinen Lebenserwartung nicht wenig Möglichkeiten, an einer anderen Krankheit zu sterben, noch bevor es zum Tertiärstadium kam. Einzig und allein die (womöglich selten aufgetretenen) schnell verlaufenden Formen erlaubten es, eine Verbindung zwischen dem zur Ansteckung führenden Sexualverkehr und dem Tod herzustellen... Und auch mit der bereits bekannten und angewandten Quecksilber-Behandlung konnte man dem Krankheitsverlauf nicht unbedingt wirksam entgegensteuern.

Es spricht demnach von den schriftlichen Überlieferungen her nichts ausdrücklich gegen ein *endemisches Vorkommen* der Syphilis in ihrer jetzigen Form auch im Europa des Mittelalters. Aber wir haben andererseits auch nichts an der Hand, was uns Gewißheit darüber verschaffen könnte.

Rückkehr aus Amerika

Im Gegensatz dazu ist die große Pandemie am Ende des 15. Jahrhunderts ihrem Wesen nach *epidemisch*: es könnte sich insofern um eine völlig neue Krankheit handeln, was auch ihre Virulenz und die Schnelligkeit ihrer Ausbreitung erklären würde. Die Ärzte der damaligen Zeit, die in der Mehrzahl vor 1494 ausgebildet worden waren und die medizinische Literatur gut kannten, haben das gänzlich Neue an den Symptomen hervorgehoben. Diese Epidemie löste offensichtlich eine immense Verunsicherung aus.

Eine neue Krankheit bedeutet nicht unbedingt, daß es sich dabei um eine importierte, eine eingeschleppte Krankheit handeln muß: sie kann ebensogut von einem lokal vorhandenen Erreger, der eine Mutation erfahren hat, hervorgerufen sein. Aber gerade im Hinblick auf die Syphilis waren die Zeitgenossen des Kolumbus frappiert von der zeitlichen Koinzidenz mit dem herausragenden Ereignis des Jahres 1493: der Rückkehr der Flotte aus Amerika.

Am 3. August 1492 sticht Kolumbus von Palos aus in See. Nach der Überquerung des Atlantiks landet er auf den Bahamas und auf Kuba und läuft dann Hispañola, auch Haiti genannt, an, das damals dicht besiedelt war. Zwei Ärzte waren mit an Bord: einer von ihnen wurde gleich mit den ersten Kolonisten niedergemetzelt. Auf März 1493 ist die Rückkehr nach Sevilla zu datieren. Im Mai wird Kolumbus in Barcelona als Triumphator empfangen; Oviedo und Diaz de Isla, unsere wichtigsten Zeugen, waren bei diesem Triumphzug zugegen. Und genau zu Beginn des Jahres 1494 kommt in Barcelona die Pandemie zum Ausbruch.

Oviedo behauptet, daß diese Krankheit durch den Geschlechtsverkehr übertragen wird: es sind die Indiofrauen, die die Seeleute des Kolumbus angesteckt haben sollen. Er wundert sich jedoch 25 Jahre später darüber, daß die Indiofrauen anscheinend weniger schwer erkrankt sind als die Spanier. Nach 25 Jahren Conquista kann keine Hypothese mehr Unbefangenheit für sich beanspruchen. Warum wurde Amerika die Schuld zugewiesen? Ist diese Hypothese aus dem Unbewußten der wegen der Conquista von Skrupeln geplagten Spanier entsprungen? Oder aus dem der Geistlichen, die über die Unzucht, die mit dem guten Werk einherging, entrüstet waren? Das Thema Frauen kommt im *Bordbuch* des Kolumbus, der auf gute Sitten Wert legte, nicht explizit zur Sprache. Aber diese vornehme Zurückhaltung steht in eigenartigem Kontrast zu allen Zeugnissen, die von der sexuellen Wut der Konquistadoren berichten: die Vergewaltigungen waren vielleicht sogar verantwortlich für das Massker, dem die ersten Siedler zum Opfer fielen. Die ›Gabe‹ der Syphilis wäre demnach so etwas wie eine düstere Rache der Indios, die Strafe sowohl für die Conquista als auch für die begangene Sünde, vielleicht auch eine Rechtfertigung *a posteriori* der verübten Grausamkeiten.

Die Amerika-Hypothese erlaubt es der Kirche, ihren Schäfchen, die von der Neuen Welt so fasziniert sind, daß sie nach einer neuen Moral verlangen,

Schuldgefühle einzuflößen. Jene Neureichen, die durch ihre leichtsinnigen Handlungen die Mutter-Gesellschaft in Gefahr gebracht haben, können so auf bequeme Weise zur Ordnung gerufen werden. Die beste Prophylaxe besteht in der Enthaltsamkeit.

Die Rolle der Lamas bei der Krankheit der Eingeborenen findet bei Gomara, dem Kaplan von Cortés, Erwähnung. In *Candide* ist daran mit einer netten Anspielung erinnert worden: »Ich habe sie mir bei einem Jesuiten geholt, und der hatte sie von einem Lama...« Es handelt sich hierbei indes um den Erklärungsversuch eines allzusehr auf das Bußritual fixierten Geistlichen. Die Treponematosen sind Erkrankungen, die vor allem beim Menschen vorkommen, ansonsten nur bei Kaninchen, Schweinen und natürlich bei Affen. Zudem gab es Lamas, die Opfertiere der Inkas, nur in einiger Entfernung von den Antillen, wo Kolumbus landete.

Aber damit ist die Kontroverse nicht aus der Welt, und Amerika hat noch immer damit zu tun, die Schuldzuweisung abzuwehren. Was für eine Krankheit also hatten die Indiofrauen, worauf deuten die *bubas*, von denen Gomara spricht, hin? Es gibt nämlich durchaus noch andere Treponemen als nur das Treponema pallidum der Syphilis.

Die einzige Treponematose, die heute für den amerikanischen Kontinent als typisch gelten kann, ist die Pinta, die erst spät von den Bakteriologen als solche spezifiziert worden ist (Saenz, 1938). Es handelt sich um eine Hautkrankheit, die bei den autark lebenden Indianerstämmen der Hochplateaus chronisch auftritt, aber sie ist ebenso in Kuba und auf Haiti anzutreffen! Als ansteckende, nicht aber venerische Krankheit führt sie zu ganz charakteristischen Läsionen; die Depigmentierung der Haut, die in konzentrischen Kreisen angeordneten Flecken lassen auf dem Gesicht merkwürdige Muster entstehen, die an die rituelle Gesichtsbemalung der Indios erinnern und zu dieser vielleicht sogar inspiriert haben.

Man hat es hier mit einem nur schwach pathogenen Treponema zu tun. Die Annahme ist wohl nicht unbegründet, daß es aus einer ursprünglich frei in der Natur vorkommenden Familie von Bakterien hervorgegangen ist und innerhalb der Entwicklung dieser Familie den ersten Versuch einer Adaptation an den Menschen darstellt. Man kann sich darüber hinaus ein großes historisches Tableau ausmalen: die Pinta könnte über die Beringstraße nach Asien, dann nach Afrika vorgedrungen sein und dort unter dem Einfluß eines warmen und feuchten Klimas die Form der Pian (Frambösie, Erdbeerpocken) angenommen haben, der zweiten Treponematose beim Menschen, einer rasch fortschreitenden und zu schweren Mutilationen der Haut und der Knochen führenden

Krankheit; dann könnte sie in die Wüste gelangt sein und sich zur Bejel, der endemischen Syphilis der Sahelzone, gewandelt haben, einer ansteckenden, aber nicht venerischen Infektionskrankheit, und schließlich zur Syphilis der großen Ballungszentren, der letzten Mutationsform eines extrem anpassungsfähigen Treponemas.

Zudem litt Amerika wahrscheinlich nicht nur unter der Pinta, sondern auch unter der Pian. Heute beispielsweise kommen die drei Treponematosen nebeneinander in Venezuela vor. Aber ließe sich dann nicht auch annehmen, daß im Laufe jener unheilbringenden Seereise Europa und Amerika ihre Treponemen schlicht und einfach wechselseitig ausgetauscht haben? Und wäre es nicht ebenso denkbar, daß sich die Seeleute des Kolumbus die Pian bereits während früherer Fahrten in Afrika zugezogen hatten oder daß die schwarzen Sklaven, die mehr und mehr auf die iberische Halbinsel strömten, eine zwischen Lissabon, Sevilla und Barcelona angesiedelte Brutstätte der Pian bildeten?

Die drei Treponematosen können frühestens gegen Ende des Jahres 1493 aufeinandergestoßen sein, aber dies geschah wohl auch kaum wesentlich später: die Pian (afrikanischen oder amerikanischen Ursprungs), die Pinta (aus Amerika) und die Syphilis (Alte und Neue Welt). Es ist so gut wie ausgeschlossen, daß die eigentliche Syphilis aus Amerika herüberkam, weil es sie offensichtlich vor der spanischen Eroberung in der Neuen Welt nicht gab. Es waren die Soldaten, die sie dort einschleppten, und wenn die *grosse vérole*, die Lustseuche, weniger Indios dahinraffte als die *petite vérole* (Pocken), dann, weil sie durch die Pinta schon halbwegs gegen die Treponemen immun waren. Und schließlich hätten die Seeleute des Kolumbus kaum eine so schwere Krankheit mitbringen können, ohne daß irgendwer davon gewußt hätte. Fälle mit raschem Verlauf hätten sich vor Ankunft in Sevilla und Barcelona gezeigt, von einer möglichen Übertragung durch homosexuellen Verkehr ganz zu schweigen. Daß sie die Pinta oder die Pian mitbrachten, oder sogar beide, erscheint dagegen durchaus vorstellbar.

Die Lustseuche

Die heutigen medizinischen Erkenntnisse erlauben es leider nicht, zu gesicherten Aussagen zu kommen, denn sie weisen noch drastische Lücken auf. Zum einen erfolgt die Unterscheidung zwischen Syphilis, Pinta und Pian noch heute aufgrund von Symptomen. Die Treponemen sind morphologisch nicht zu unterscheiden. Diese Forschungslücken (und das Fehlen eines wirksamen Impfstoffes) hängen damit zusammen, daß es trotz aller Hoffnungen, die immer wieder enttäuscht worden sind, bislang nicht gelungen ist, pathogene Treponemen im Labor zu kultivieren. Zum anderen verfügt man über wenig Erkenntnisse, was das Treponema betrifft: man weiß kaum etwas über seinen ›Zyklus‹ im Organismus (Möglichkeit latenter Formen?), geschweige denn über seine ökologische Beeinflußbarkeit. Kann ein Bakterienstamm syphilitischen Ursprungs in einer anderen ›Region‹ eine Pian hervorrufen und umgekehrt? Kann das Treponema unter veränderten hygrometrischen und Temperatur-Bedingungen eine andere Struktur des Zellgewebes ausbilden? Kann eine endemische Syphilis zu einer venerischen werden, wenn es zu einer Veränderung des Lebensraumes oder auch der sozio-ökonomischen Rahmenbedingungen kommt, z.B. beim Übergang von einer nomadischen Gesellschaft mit familialer Organisation zu einer die traditionellen Gruppenstrukturen auflösenden urbanen Gesellschaft? Man weiß nichts über die Häufigkeit von Mutationen in der Gattung der Treponemen noch kennt man das Spektrum möglicher Variationen.

Man kann also die Epidemie von 1493 in ihren Ursachen nicht zweifelsfrei klären, aber es läßt sich vermuten, daß es sich um eine akute, maligne Syphilis handelte, ob nun als Folge der Rückkehr der Seeleute aus Amerika oder auch nicht. Kann man dabei vom ersten Auftreten des Treponemas auf unserem Kontinent sprechen? Nicht unbedingt. Es kann sich um eine Mutante gehandelt haben, gegenüber der die erworbene Immunität nicht zum Tragen kam (bei der Gattung der Treponemen hat man es meist mit Halb-Immunität bzw. unvollständiger Immunität zu tun) und deren Virulenz sich durch die rasche Übertragung von Mensch zu Mensch entsprechend steigerte.

Es ist eine unbestreitbare Tatsache, daß die Epidemiologie der Treponematosen besonders komplex ist und dabei dem Milieu (die sozialen Faktoren inbegriffen) eine diversifizierende Funktion zukommt.

Jüngste Studien der WHO (World Health Organization) haben eine spezifische Verteilung der Syphilis je nach Religionszugehörigkeit festgestellt: in Bosnien (wohin die Krankheit im 15. Jahrhundert von den Türken gebracht wurde) ist sie häufiger unter den Moslems als unter der orthodoxen Bevölkerung anzutreffen. Dieselbe religionsspezifische Diskrepanz findet sich in Thailand, aber hier ist der buddhistische Bevölkerungsteil stärker betroffen als der moslemische. Die individuelle Körperhygiene, die ganze Lebensweise sind wohl jeweils höchst verschieden: in bezug auf Bosnien kann man sich jedenfalls fragen, ob nicht die ökonomische Rückständigkeit der Moslems als ausschlaggebender Faktor anzusehen ist.

Eine Pandemie versetzte ab 1493 Europa in Angst und Schrecken. Sie war von einer oder mehreren Krankheiten verursacht, darunter ganz sicherlich die Syphilis. Es kann sich um eine virulente Mutante der Pian gehandelt haben, um die amerikanische Pinta oder auch um eine Variante der bereits verbreiteten Syphilis. Besondere Aufmerksamkeit hat diese Epidemie aus politischen wie aus religiösen Gründen auf sich gezogen. Wie auch immer, man kann von diesem Zeitpunkt an den Siegeszug der Lustseuche konstatieren.

Von der gewaltigen Expansion der Bakterien, die Amerika, Afrika und dann auch Ozeanien so hart getroffen hat, ist also seit dem Ende des 15. Jahrhunderts auch Europa nicht verschont geblieben. Der Übertragungsmodus der Syphilis, ihr endemischer Charakter, ihre Behandlung mit Schwitzkuren, Bädern, Quecksilber und bald auch mit Guajakholz haben diese besorgniserregende, aber sich immer mehr abschwächende, zwar schwere, aber selten tödlich verlaufende Krankheit zum venerischen Leiden schlechthin werden lassen. Man kann sich leicht vorstellen, welches Aufsehen sie erregte: in einer Welt der sexuellen Unterdrückung, wo der Gott der Kleriker die fleischliche Sünde bestraft, die Prostitution sich gettoisiert, die Monogamie stärker und stärker wird und wo verrückte Genies gedeihen, von Poliziano bis hin zu Maupassant.

Literaturhinweise:

A. M. Brandt, »The syphilis epidemic and its relation to AIDS«, in: *Science* Nr. 239 (1988), S. 375-380

Mirko D. Grmek, *Les Maladies à l'aube de la civilisation occidentale. Recherches sur la réalité pathologique dans le monde grec préhistorique, archaïque et classique*, Paris, Payot, 1983

Francisco Guerra, »The dispute over syphilis, Europe versus America«, in: *Clio Medica* Nr. 13 (1978), S. 39-61

Patrick W. Lasowski, *Syphilis. Essai sur la littérature française au XIXe siècle*, Paris, Gallimard, 1982

Anne Marie Moulin, »La plus belle conquête de la syphilis, l'homme«, in: *Tribune médicale* Nr. 40 (1982), S. 22-23

Neithard Bulst/Robert Delort, »L'Ancien et le Nouveau. La réponse médicale à l'épidémie de 1493«, in: *Maladies et Société*, Paris, CNRS, 1989, S. 121-132 (mit Bibliographie)

Claude Quétel, *Le Mal de Naples. Histoire de la syphilis*, Paris, Seghers, 1986

Tzvetan Todorov, *La Conquête de l'Amérique. La question de l'Autre*, Paris, Seuil, 1982; dt.: *Die Eroberung Amerikas. Die Frage nach dem anderen*, übers. von Wilfried Böhringer, Frankfurt/M., Suhrkamp, 1983

Ergänzende Literaturhinweise des Übersetzers,

Ernst Bäumler, *Amors vergifteter Pfeil. Kulturgeschichte einer verschwiegenen Krankheit*, München, Piper, 1989

Iwan Bloch, *Der Ursprung der Syphilis. Eine medizinische und kulturgeschichtliche Untersuchung*, Jena, G. Fischer, 1901

Franz Boll, »Der Ursprung des Wortes Syphilis«, in: *Neue Jahrbücher für das klassische Altertum*, Heft XXV (1910), S. 72-77

D. J. Cripps/A. C. Curtis, »Syphilis maligna praecox, Syphilis of the Great Epidemic? A historical review«, in: *Archives of Internal Medicine* 119 (1976), S. 411-417

Geoffrey Eatough, *Fracastoro's Syphilis*. Introduction, Text, Translation and Notes, Liverpool, Francis Cairns, 1984

Heinrich Haeser, *Lehrbuch der Geschichte der Medicin und der epidemischen Krankheiten*, Jena 1875-1882, Reprogr. Nachdr. d. 3. Aufl., 3 Bde., Hildesheim, Olms, 1971

Karl Sudhoff, *Der Ursprung der Syphilis*, Vortrag geh. auf dem Internat. Med. Kongreß zu London 1913, Leipzig, Vogel, 1913

FRANÇOISE THÉBAUD

Die Angst im Bauch

»Das blockiert eine Frau, wenn sie die ganze Zeit Angst hat... Ich freue mich für meine Töchter, daß sie die Empfängnisverhütung haben. Ich sag mir, daß sie die Kinder haben werden, die sie haben wollen, und nicht mehr.«

Diese Aussage von Madeleine Dissais[1], Mutter einer kinderreichen Familie, drückt in ihrer Einfachheit den Wandel aus, der in letzter Zeit stattgefunden hat, eine wirkliche Umwälzung in der Geschichte unserer Lebensgewohnheiten, herbeigeführt durch die Liberalisierung der Empfängnisverhütung und der Abtreibung. Bis zum »Manifest der 343« (1971), zum Prozeß von Bobigny (1972), bis zu den Kämpfen der Familienplanung, von *Choisir* und des MLAC, bis zur Loi Neuwirth (1967) und zur Loi Veil (1975-1980) war die Situation der Frau im allgemeinen von der Angst vor dem Kind, der Angst vor der Schwangerschaft geprägt. »Geschwängert werden«, »angebumst werden«, »schwanger werden«: volkstümliche Wendungen, die Bände sprechen über eine Liebe ohne Freude, die Angst vor dem Ausbleiben der Regel und dem Bauch, der dick wird, Ängste, die lange Zeit stumm waren, da die öffentliche Meinung, die Kirche und das Gesetz sie mit Schuld beluden.

Die Literatur des 19. und 20. Jahrhunderts inszeniert diese Angst vor dem Kind insbesondere durch das Thema der Abtreibung als Kindsmord und die Figur des durch Mutterschaft gefallenen Mädchens; gleichwohl ist ihre historische Untersuchung schwierig, wie die eines jeden Gefühls. Man kann sich ihr nur indirekt annähern; um sie darzustellen, muß man das Verhalten der Bevölkerung, die Entwicklung der empfängnisverhütenden Methoden und ihre Anwendung, die moralischen Normen und Vorschriften und das Schicksal der

---

1 Ch. Germain, Ch. de Panafieu, *La Mémoire des femmes, sept témoignages de femmes nées avec le siècle*, Paris, Ed. Sylvie Messinger, 1982. Siehe auch H. Morière, *Vivre avec la peur au ventre*, Paris, P. Horay, 1979, mit einem Vorwort von B. Groult.

nicht verheirateten Mütter betrachten, ohne die Stellung der Frau in der französischen Gesellschaft außer acht zu lassen. Eine Geschichte, in der die Frauen Opfer sind, in die Falle gelockt, aber auch rebellisch, Herrinnen über das Leben, koste es, was es wolle.

Unter den europäischen Nationen ist Frankreich die erste, die seit dem Ende des 18. Jahrhunderts einen Rückgang der Geburten verzeichnet; das Kind ist nicht mehr, in der schönen Formulierung Mireille Lagets, »diese Evidenz«. Im vorindustriellen Frankreich ist »das Kind eine faktische Gegebenheit«; die fortgesetzten Schwangerschaften sind das Los der Frauen, die nicht schwanger werden, da sie es »unablässig von Natur aus« sind. In einer Welt, in der der Tod wütet (eins von vier Kindern stirbt, bevor es ein Jahr alt ist), ist das Kind in allen gesellschaftlichen Schichten der Stolz der Familie: ein Geschenk Gottes, »Reichtum der Armen«, Element der Nachkommenschaft, aber die Angst vor der Überzahl ist doch vorhanden. Die Demographen unter den Historikern (vgl. François Lebrun, in diesem band, S. 98-104) haben gezeigt, daß ein empfängnisverhütendes Verhalten schon früh (um die Mitte des 18. Jahrhunderts) bei den Eliten (den Herzögen und Pairs von Frankreich) auftritt, daß es jedoch am Vorabend der Revolution nur in bestimmten Regionen, im Südwesten vor allem, verbreitet ist. Der geburtendrosselnde Malthusianismus verallgemeinert sich in Frankreich erst in der zweiten Hälfte des 19. Jahrhunderts.

Dieser Malthusianismus äußert sich in der Ablehnung der kinderreichen Familien, und seit dem Ende des 19. Jahrhunderts bringt die Mehrheit der Ehepaare weniger als drei Kinder zur Welt. Die Größe der Familie ist von der gesellschaftlichen Gruppe abhängig, doch global gesehen greift die Praxis der Geburtenbeschränkung im 19. Jahrhundert von den wohlhabenden Klassen

oben links: »Au bonheur des dames« (L'Assiette au Beurre, 13. April 1906): Die Gesetzgebung zum Schutz der schwangeren Frau und Mutter wird in Frankreich erst spät eingeführt. Die schwangere Frau, deren Fehlen in der Arbeit man fürchtete, wird häufig vor die Tür gesetzt. Die junge ledige Verkäuferin würde sicherlich einen Skandal auslösen.

oben rechts: »L'Avorteuse« (L'Assiette au Beurre, 1902): »Hier machen wir Engel. Wir pfuschen dem lieben Gott ins Handwerk.« Viele Hebammen machen unverhohlen Werbung als »Engelmacherinnen«. In der zweiten Hälfte des 19. Jahrhunderts wird die Abtreibung zu einem allgemein verbreiteten Phänomen.

unten links: »Père de famille et fille-mère« (L'Assiette au Beurre, 13. April 1907): Die außereheliche Mutterschaft ist ein Skandal des 19. Jahrhunderts. Die Familien verstoßen ihre Töchter, treiben sie zur Abtreibung, ins Elend und zur Prostitution.

unten rechts: (L'Assiette au Beurre, 21. september 1907): In der geschlossenen Welt des Dorfes hat die Verstoßung meist das Verlassen des Dorfes zur Folge. Die Einrichtungen, die die verstoßenen ledigen Mütter aufnehmen, gleichen Strafvollzugsanstalten, in denen sie für ihre Verfehlungen zu büßen haben.

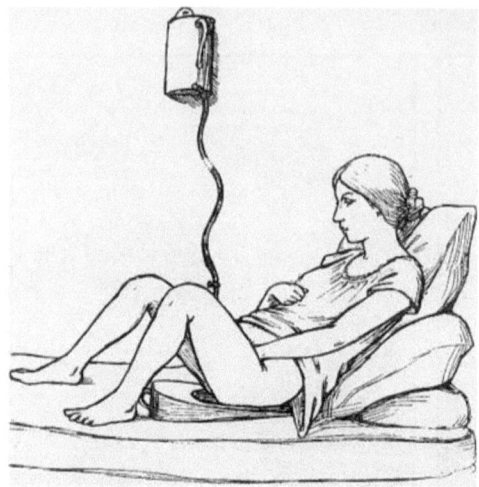

»Für den Einlauf einzunehmende Stellung«. Schematische Darstellung aus dem Lehrbuch von Georges Hardy, Moyens d'éviter la grossesse (1908). Empfängnisverhütende Praktiken entwickeln sich am Ende des 19. Jahrhunderts, insbesondere die Vaginalretraktion und der Vaginaleinlauf. Die Neo-Malthusianer wollen den Paaren helfen, indem sie ihnen die exitierenden Methoden vermitteln (sie befürworten das Pessar) und Apparate zur Schwangerschaftsverhütung verteilen.

auf die Klassen des Volks über. Verbunden ist sie mit einer Besinnung des Paars auf sich selbst und einer neuen Auffassung vom Kind als einem einzigartigen Wesen, dem man eine gute Erziehung geben möchte, und Hoffnung der Eltern auf zukünftigen gesellschaftlichen Aufstieg.

Es gibt einige Meinungsumfragen über die Motivationen, die die Paare bewegen, die Geburten zu beschränken. *Le Journal de la femme*, ein »illustriertes modernes Wochmagazin«, eine Frauenzeitschrift, lanciert 1932 von Raymonde Marchand, befragt ihre Leserinnen zwischen 1936 und 1938; sie machen die Schwierigkeit, eine kinderreiche Familie durchzubringen, die Krise auf dem Wohnungsmarkt, die Arbeitslosigkeit, die internationale Unsicherheit geltend: »Kinder zu haben, um mitansehen zu müssen, wie sie dahinsiechen, ins Sanatorium müssen oder einem später, wenn man es wie durch ein Wunder geschafft hat, gesunde und starke Männer aus ihnen zu machen, weggenommen und in den Krieg geschickt werden, um zu sterben! Also nein, wissen Sie, in dieser Zeit Kinder zur Welt zu bringen ist Wahnsinn!«[1]

Ebendies *Journal de la femme* klagt die Männer an, für den Geburtenrückgang verantwortlich zu sein. Diese Männer, die die Söhne annehmen, die »Frauen mit Töchtern« aber verachten; diese Ehemänner, die die Schwangerschaft ihrer Frau nicht ertragen, und noch weniger das Stillen; diese Männer, die die Rollenverteilung vom Kind entfernt. Dagegen existiert für die Redakteurinnen der Zeitschrft »das mütterliche Gefühl [...] potentiell im Herzen aller

---

1 »Français attention. Méditation devant les berceaux vides«, 23. Mai 1936, Artikel von F. Féron.

Frauen«; der »Streik der Mütter« ist ein »Streik der Gesellschaft«, denn die Situation der Frau führt zu einer wirklichen Angst vor dem Kind.

Die Lehren Pasteurs

Außerhalb der Mutterschaft kein Heil: Das ist im 19. Jahrhundert und bis in die sechziger Jahre unseres Jahrhunderts der herrschende Diskurs; die weibliche Natur bestimmt die Frau zum Kinderkriegen. Aber sie gilt »nichts in der Nation« (kein Wahlrecht vor 1944) und »nichts in der Familie«: Der napoleonische Code Civil macht aus ihr eine rechtlich Minderjährige und den Mann allmächtig. Durch das Gesetz vom 18. Februar 1938 (das Projekt ist mehr als zehn Jahre alt) erlangt sie volle Rechtsfähigkeit, aber sie muß bis 1970 warten, um auch an der elterlichen Gewalt teilzuhaben. Diese Tatsachen betreffen zwar alle Frauen, aber die Arbeiterinnen sind sich ihrer materiellen Situation bewußter. Von der Industrialisierung erfaßt, sehen sie wie die Männer, wie ihre Situation sich am Ende des 19. Jahrhunderts und im 20. Jahrhundert zunehmend verbessert, sie bilden jedoch lange Zeit eine Reserve unterbezahlter Arbeitskräfte; bis zum Ersten Weltkrieg wird ihr Arbeitslohn von allen, einschließlich ihrer Gefährten, die der Frauenarbeit feindlich gegenüberstehen, als ein Zusatzlohn angesehen, der häufiger weniger als die Hälfte des Lohns der Männer beträgt.

Überdies müssen die Frauen in einem Frankreich, wo die Gesetzgebung des Mutterschutzes erst spät eingeführt wird, auch Arbeit und Mutterschaft miteinander in Einklang bringen. Erst 1909 erhalten die Frauen die Garantie, ihre Arbeit nach dem Wochenbett wiederzubekommen, das Gesetz wird jedoch nicht immer angewendet; die Loi Strauss vom 17. Juni 1913 verbietet, die Wöchnerinnen während der vier Wochen zu beschäftigen, die auf die Entbindung folgen, und bewilligt den sozial Schwächsten eine tägliche Unterstützung, zahlbar acht Wochen. In den dreißiger Jahren werden zugleich die Mutterschaftsversicherung (1930) und das Kindergeld (1932) eingeführt, die in den folgenden fünfzig Jahren verallgemeinert und verbessert werden. Doch bis zum Zweiten Weltkrieg rechtfertigen die Beschwerden und Strapazen der Schwangerschaft keinerlei Beurlaubung.

Zu Beginn des 19. Jahrhunderts sterben etwa 3 % der Frauen im Wochenbett. In den Entbindungsheimen, die ab 1860 öffnen, um die Armen aufzunehmen, ist die Sterblichkeitsrate erschreckend: 5-10% in der Pariser Maternité, in manchen Jahren fast 13% im Hôpital de la Charité, wo die Kindbettinfektion wütet; die geringste Komplikation hat dramatische Folgen, und ein Teil der

Ärzteschaft entscheidet sich, die Mutter zugunsten des Kindes zu opfern. Der Kaiserschnitt, den Professor Bar 1880 einführte, bleibt lange Zeit tödlich (eine Sterblichkeitsrate von 6-20% um 1920). Die Lehren Pasteurs, der Fortschritt der Geburtshilfe, die medizinische Betreuung während der Schwangerschaft tragen zu einem schrittweisen Sieg bei: von 2 bis 3 Todesfällen auf 1000 Schwangerschaften zwischen den beiden Kriegen bis zu 1 Todesfall auf 10 000 Schwangerschaften heute.

In ihrer Ablehnung des Kindes greifen manche Frauen zu radikalen Lösungen. Der Kindsmord war gängige Praxis in den ländlichen Gebieten, doch seine Verurteilung durch Kirche und Staat drängt ihn zurück. Dennoch lebt er im 19. Jahrhundert weiter (an die 8000 Fälle von Kindsmord werden zwischen 1830 und 1880 vor Gericht gebracht) »als Tat der alleinstehenden, jungen, bäuerlichen, häufig ledigen, armen, im allgemeinen analphabetischen Frau«[1]. Am 2. August 1876 wird die sechzehnjährige Bauernmagd Anne Miallet zu acht Jahren Zwangsarbeit verurteilt; die Klageschrift spricht davon, daß sie »in ihrem Bett zwischen zehn und elf Stunden in den Wehen gelegen ist und das Kind und die Plazenta in ihren Koffer gelegt hat, den sie mit einem Vorhänge-schloß verschlossen hat. Anschließend ist sie zum Mittagessen in die Küche hinuntergegangen, hat wie üblich gearbeitet und ist am Abend zur gewohnten Stunde schlafen gegangen. Am nächsten Morgen hat sie den Leichnam ihres Kindes und die Plazenta aus dem Koffer genommen und hat sie in den Schweinetrog geworfen. Sie hat nicht bemerkt, ob das Kind, als es auf die Welt kam, geschrieen oder überhaupt die geringste Bewegung gemacht hat.«[2]

Die Methoden, die man benutzt, um ein Neugeborenes zu töten, sind das Vergraben, das Erdrosseln und vor allem das Ersticken mit einem Lumpen oder mit Erde im Mund... Das Gesetz ist streng, die Rechtssprechung jedoch nachsichtig, wie Dominique Vallaud erklärt. Der Code Napoléon stuft Kinds-mord als vollgültigen Mord ein und bestraft ihn mit dem Tod, wie das Edikt von Henri II., die Geschworenen jedoch, die zwischen Todesstrafe und Frei-spruch wählen können, stimmen in annähernd der Hälfte der Fälle für letzte-ren. Um eine wirksamere Bestrafung zu erreichen, mildern die Gesetzgeber die Härten des Gesetzes durch spätere Texte ab (Gesetze von 1824, 1832, 1863, 1901; letzteres schafft die Todesstrafe ab), doch die Nachsicht der Schwurge-richte bleibt groß: Beweise sind schwer zu erbringen (die Angeklagte behaup-tet, daß Kind sei totgeboren), die Frau, die niederkommt, kann den Kopf

---

1 Michelle Perrot (siehe Literaturhinweise).
2 Von Dominique Vallaud zitierter Fall.

verlieren und die Geschworenen aus dem Volk erkennen ihr häufig das Recht zu, nicht die Not geltend zu machen, aber »das Ehrempfinden den mütterlichen Gefühlen«[1] vorzuziehen.

Die Abtreibung ist kein neues Phänomen, sie verbreitet sich aber im 19. Jahrhundert, vor allem in der zweiten Jahrhunderthälfte, in den Schichten des Volks. Warum? Weil der Wunsch, die Geburten zu beschränken, sich verallgemeinert, weil die Keuschheit, die einzige von der Kirche zugelassene Methode, sicherlich kaum respektiert wird und weil die anderen Mittel, die »Betrügereien«, nicht wirksam sind oder falsch angewandt werden.

Die geringste Strafe

In allen gesellschaftlichen Schichten praktiziert der Mann das Sichzurückziehen; das Präservativ, das man kaufen muß und das als sehr abstoßend empfunden wird, ist in der Anwendung unbequem, solange es aus Darm besteht (bis 1880); den medizinischen Umfragen zufolge wird es nur in den reichen Klassen benutzt. Da die Rolle der Frauen bei der Fortpflanzung durch die Entdeckung des Eisprungs und eines Fruchtbarkeitszyklus jetzt anerkannt ist, wird ihnen eine Methode des Rhythmen vorgeschlagen, die aber kaum zuverlässig ist. Die Frauen greifen mehr zur *postkoitalen* Scheidenspülung als zum Sicherheitsschwämmchen oder zum Gummipessar, das ihnen zu einem bescheidenen Preis von den Aposteln des Neomalthusianismus und der freien Mutterschaft, der Gruppe »Régénération« von Paul Robin, später »Génération consciente« von Eugène Humbert, angeboten wird. Marie Huot und Nelly Roussel schließen sich ihnen an und versuchen die feministische Bewegung zu überzeugen, die den Frauen den »Streik der Bäuche« nahelegen will.

1908 veröffentlicht Gabriel Giroud unter dem Pseudonym Georges Hardy einen kleinen sechsundneunzigseitigen Leitfaden mit dem Titel *Moyens d'éviter la grossesse* (›Methoden, die Schwagerschaft zu vermeiden‹), der vor 1914 mehrmals nachgedruckt wird und, unterstützt von schematischen Darstellungen, alle bekannten empfängnisverhütenden Methoden vorstellt. Das Vorwort, das die Motive darlegt, ist eine Kurzfassung der Lehre des Neomalthusianismus: Die Geburtenbeschränkung wird im Namen des Rechts auf die Lust, im Namen der Freiheit der Frau, aber vor allem als einziges Mittel der gesellschaftlichen Revolution gefordert, denn die Überbevölkerung führt zu Elend und Krieg. Hinter der Bestandsaufnahme der empfängnisverhütenden Techniken

---

1 H. Joly, *Le Crime*, 1888, zitiert von D. Vallaud.

muß man sich die Unzufriedenheit über vorzeitig abgebrochenen Geschlechtsverkehr und unterbrochene Zärtlichkeiten, die Angst vor dem Mißerfolg vorstellen.

In der zweiten Hälfte des 19. Jahrhunderts ist die Abreibung nicht mehr nur die Zuflucht der ledigen oder verwitweten Frau, sondern eine Praxis verheirateter Frauen aus den Schichten des Volks, die bereits mehrmals geboren haben. Ein englischer Historiker, Angus MacLaren, sieht darin eine Art von Feminismus des Volks und der Hausangestellten, auf den bis dahin kaum hingewiesen worden ist. Wie die Ärzte mit Bedauern feststellen, wird »die Abtreibung nicht als Verbrechen angesehen, sie ist eine gesellschaftliche Praxis« (Doktor Brochard 1876); die Abtreibung ist eine »Industrie« geworden (Doktor Tardieu 1898). Die Frauen fühlen sich kaum schuldig und tauschen Ratschläge in der Fabrik oder im Waschhaus aus. Sie treiben selbst ab, indem sie Tränke einnehmen, denen eine abtreibende Wirkung nachgesagt wird (Raute, sabinischer Wacholder, Mutterkorn vom Roggen), indem sie sich eine Sonde einführen oder verschiedene lange und spitze Gegenstände benutzen (Stangen, Haarnadeln, Petersilienwurzeln...), oder sie wenden sich an Frauen, die Abtreibungen vornehmen, die »Engelmacherinnen«, häufig Hebammen, deren kaum verhüllte Werbung in den Zeitungen durchaus üblich ist. Sie scheinen nicht »die geringste Angst«[1] zu empfinden, schreibt Hubert Legrand 1911, sie versuchen eine Abtreibung und wünschen dann im Krankenhaus aufgenommen zu werden, wo die ärztliche Schweigepflicht sie schützt. Die Abtreibung ist zwar ein Verbrechen, das nach Artikel 317 des Strafgesetzbuchs mit Zuchthaus bestraft wird, aber nur sehr wenige der 150.000 bis 500.000 Fälle (geschätzte Zahlen für den Beginn des 20. Jahrhunderts) werden verfolgt, und die Schwurgerichte sind nachsichtig und sprechen die Frauen in 60-80% der Fälle frei.

Der Geburtenrückgang beginnt die herrschenden Klassen und die Behörden zu beunruhigen. Populationistische Ligen werden ins Leben gerufen, wie die »Alliance nationale pour l'accroissement de la population française«, gegründet 1896 von Doktor Jacques Bertillon. Sie stoßen einen Alarmschrei aus – der Geburtenrückgang ist der Krieg und der Ruin Frankreichs – und klagen die Abtreibung und die Empfängnisverhütung an. Wie beim Kindsmord geht es darum, weniger zu bestrafen, um besser zu bestrafen, die Abtreibung den Geschworenen aus dem Volk zu entziehen. Es war das Blutbad des Krieges nötig, damit ihre Pläne Erfolg hatten: Das Gesetz von 1920, mit einer gewalti-

---

1 »Deux mots sur les avortements criminels«, *Revue professionnelle des sages-femmes*, Februar 1911.

gen Mehrheit von der »himmelblauen« Kammer verabschiedet (500 Stimmen dafür, 73 dagegen), bestraft jede direkte oder indirekte Anstiftung zur Abtreibung (von sechs Monaten bis drei Jahren Gefängnis und Bußgeld) und jede Information zur Empfängnisverhütung (ein bis sechs Monate Gefängnis); dasjenige von 1923 ändert den Artikel 317 und erklärt die Abtreibung zu einem strafwürdigen Vergehen bei gleichzeitiger Herabsetzung der Strafen (ein bis fünf Jahre Gefängnis für diejenigen, die Abtreibungen vornehmen, sechs Monate bis zwei Jahre für die Frauen, die abgetrieben haben).

Alle empfängnisverhütenden Methoden mit Ausnahme der Präservative (die vor der Ansteckung mit Geschlechtskrankheiten schützen, eine ständige Angst) verschwinden aus den Apotheken; militante Verfechter des Malthusianismus werden verfolgt und bestraft; mehrere hundert Fälle von Abtreibung kommen jährlich vor die Gerichte, und die durchschnittliche Quote der Freisprüche sinkt unter 20%. Als die Verfolgung sich in den dreißiger Jahren lockert und der Geburtenrückgang sich verstärkt, erreichen die Vertreter einer geburtenfördernden Politik die Verabschiedung der Notverordnung vom 29. Juli 1939, »Code de la famille« genannt, die, bevor die Vichy-Regierung aus der Abtreibung ein Verbrechen gegen den Staat macht, die Strafverfolgung derjenigen, die Abtreibungen vornehmen, verstärkt, sogar die Abtreibungsversuche bestraft und die ärztliche Schweigepflicht antastet, ohne allerdings zu wagen, die »Straffreiheit für die Frau, die abgetrieben hat und denjenigen, der die Abtreibung bei ihr vorgenommen hat, anzeigt«, einzuführen.

Von nun an herrschen Angst, Schweigen, Schuldgefühl, aber die Geburtenbeschränkung blüht stärker denn je. Die Paare »wissen sich zu helfen«, »passen auf«; die gängigen Methoden (Sichzurückziehen, Spülung) bleiben möglich; die von Ogino-Krauss propagierte periodische Enthaltsamkeit, die vom Papst verurteilt, von den christlichen Kreisen jedoch gebilligt wird, verbreitet sich in den dreißiger Jahren in den Städten. Doktor Henri Trochu veröffentlicht in *Maternité ou stérilité conscientes: la découverte d'Ogino et la vie intime de la femme; ce que tout ménage doit et voudra savoir* einen physiologischen Kalender, »Le Périodique«, der es jeder Frau erlaubt, ihre fruchtbare Periode zu berechnen, und er präzisiert: »Kein Malthusianismus, nichts Illegales.«

In einem Kontext jedoch, in dem jede Information und jede wirksame Methode verboten sind, wird die heimliche Abtreibung weiterhin häufig praktiziert; die Zahlen schwanken sehr stark – zwischen 150.000 und einer Million der UNCAF zufolge[1] –, »und die Geißel trifft alle Klassen der Gesellschaft«,

---

1 Union nationale des caisses d'allocations familiales, 1947.

die verheirateten Frauen wie die alleinstehenden. Die Methoden bleiben die gleichen: Einnahme von Abtreibungsmitteln, Einlaufen von Seifenwasser, von Essig oder von Äther, mechanische Hilfsmittel. Sie beinhalten das Risiko der Embolie, der Perforation, der Blutung und der Blutvergiftung. Manche Frauen lassen dabei ihr Leben (die erschreckenden Zahlen der UNCAF schwanken zwischen 20.000 und 60.000 für die dreißiger Jahre); andere finden sich im Krankenhaus wieder, wo viele Ärzte sie ihren Fehler teuer bezahlen lassen, indem sie eine Ausschabung bei vollem Bewußtsein vornehmen. »Die Frauen, die mit einer Abtreibung kamen, mußten bestraft werden, und man sagte es«, erzählt eine ehemalige Hebamme. Was den Geburtshelfer von Lariboisière betrifft, so ließ er die Frauen, wie es scheint, brüllen, bis sie gestanden...

Die Situation ändert sich nur langsam nach 1945; in *La Cause des femmes* vergleicht Gisèle Halimi ihre erste Abtreibung mit einer Folter, und Simone de Beauvoir schreibt 1949, daß sie »ein so verbreitetes Phänomen ist, daß man es als eines der Risiken ansehen muß, das die Situation der Frau mit sich bringt«. Aber wenn die Angst vor dem Kind auch allen Frauen gemeinsam ist, so ist das Risiko bis 1975 für die wohlhabenden Frauen nicht dasselbe wie für diejenigen, die, da sie ihre Abtreibung nur von inkompetenten Personen vornehmen lassen können (84% nach den von Gisèle Halimi vorgelegten Statistiken), dem Leiden und dem Tod einen erheblichen Tribut zollen.

Eine wohltätige Angst

Das 19. Jahrhundert hat Angst vor der weiblichen Sexualität, Angst vor der sexuellen Emanzipation der Frauen, die sich in den letzten Jahrzehnten ab-zeichnet. Die Angst vor dem Kind stellt wohl für die Mehrheit einen Schutz-wall dar. Sie ist ein Mittel gesellschaftlicher Moralisierung: »Eine der Ein-schränkungen, die die Natur der Libertinage der Frauen gesetzt hat, ist die Angst, Kinder zu bekommen; sie lehren, dieser Gefahr zu trotzen, bedeutet, den Damm einreißen, der die meisten von ihnen von lasterhaften Neigungen abhält.«[1] Diese Angst muß die Jungfräulichkeit der jungen Mädchen schützen und den Ehebruch bei den verheirateten Frauen begrenzen. Man könnte eine interessante medizinische und moralische Anthologie über den Wert der Jung-fräulichkeit zusammenstellen: »Die Mädchen dürfen weder die Schwanger-schaft noch die schweren Krankheiten ignorieren, denen sie die sexuellen Beziehungen aussetzen können, und man kann ihnen gar nicht früh genug

---

1 Alphonse Esquiros, zitiert von A. MacLaren (1847).

begreiflich machen, daß selbst einmal abgesehen von der Ansteckung mit Geschlechtskrankheiten die geringste Unvorsichtigkeit, die bei ihnen das Zeichen der Jungfräulichkeit zerstört, ihnen einen unauslöschlichen Makel aufdrückt.« So spricht Doktor Siredey im Vorwort zu *Avant la maternité* (ein Leitfaden von Germaine Montreuil-Strauss, erschienen 1922, wiederaufgelegt 1935). Dieser Kult der Jungfräulichkeit, den die Kirche noch durch den Marienkult verstärkt, verbreitet sich in allen gesellschaftlichen Gruppen einschließlich der Arbeiterklasse.

Die Männer packen die Frauen bei der Angst vor dem Kind. Umgekehrt haben diese sie geltend machen können, um sich den Männern zu entziehen, dem draufgängerischen Verführer oder dem Ehemann, der die eheliche Pflicht einfordert, aber wir wissen wenig über die intimen Beziehungen der Paare...

Angst vor dem Kind... Für eine ganze Strömung der feministischen Bewegung seit dem 19. Jahrhundert ist die Mutterschaft eine Falle für die Frau und das Kind ein Handikap. Die Ärztin Madeleine Pelletier (1874-1939), eine Kämpferin für die freie Mutterschaft, für die sexuelle, gesellschaftliche und politische Emanzipation der Frau, hat dies deutlich zum Ausdruck gebracht; in *Le Droit à l'avortement* (1911) schreibt sie: »Ein Hindernis, das um so mächtiger ist, als es kein gesellschaftliches, sondern ein natürliches ist, erhebt sich vor der Frau, die ohne Fesseln ihrer Sexualität nachgeben will: das Kind. Die Perspektive des Kindes stößt die Frau, die sich durch die intellektuelle Bildung oder die Arbeit befreit hatte, in alle Knechtschaften der Vergangenheit zurück. Wie kann man von Gleichheit in der Liebe sprechen, wenn der Mann, nachdem das Bedürfnis befriedigt ist, zwanglos weggeht und die Frau die Mutterschaft auf sich nehmn muß?« Die Mutterschaft, das ist zunächst die Schwangerschaft, die die Frau »sowohl physisch wie intellektuell in einen Zustand der Unterlegenheit« versetzt. Es folgen die Niederkunft »mit ihren schrecklichen Schmerzen«, dann die Belastung der Kinder und die Pflichten des Haushalts, die im wesentlichen auf der Mutter ruhen und ihr »die vollständige Entwicklung ihrer Individualität« verbieten. In der Gesellschaft ihrer Zeit »kann eine Frau nur leben, wenn sie auf die Liebe und die Mutterschaft verzichtet«.

Gemäßigter schreibt Simone de Beauvoir 1949, daß »es eine Mystifikation ist zu behaupten, die Frau werde durch die Mutterschaft konkret dem Mann gleichgestellt«; auch sind »manche, ohne [sie] mit Abscheu abzulehnen, zu sehr von ihrem Liebesleben oder von einer Karriere in Anspruch genommen, um ihr einen Platz in ihrem Leben einzuräumen«. Sie erklärt ihre eigene Ablehnung des Kindes in *La Force de l'âge* (*In den besten Jahren*).

Weigerung, sich dem herkömmlichen Modell anzupassen, Konsequenz einer konkreten Analyse der Situation der Frauen, aber auch Trennlinie innerhalb des Feminismus. Die Position Madeleine Pelletiers schockierte bereits Madeleine Vernet, die ihr 1919 antwortete: »Ich empfinde Mitleid mit diesen sogenannten befreiten Frauen, die in der Mutterschaft nur Unterjochung, Animalität und Verdummung sehen. Doktor Pelletier sieht in der Mutterschaft nur die Verunstaltung der Taille, die Sklaverei des Stillens, die ständigen und nervenden Schreie und die Windeln des Babys.«[1] Für diese streitbare Pazifistin und Feministin (1878-1949) ist sie im Gegenteil »der Höhepunkt der weiblichen Individualität« und eine »Quelle der Lust« durch die »Wonnegefühle«, die ausgelöst werden von den Zuckungen des Fötus und durch die »Wollust« des Stillens. Angst vor dem Kind, Kinderwunsch; Angst-Wunsch, Wunsch-Angst. Komplexe und widersprüchliche Gefühle umgeben die Empfängnis und die Geburt eines neuen Wesens. Aber die Angst vor wiederholten Schwangerschaften, vor dem Unfall, vor dem Fehler nimmt ab. Die Beherrschung der Fruchtbarkeit ist ein erst jüngst errungener Sieg (heute benutzen zahlreiche Frauen die Pille oder die Spirale), und die ledige Mutter ist geachtet. Mehr als ein Viertel der Kinder werden Ende der achtziger Jahre unehelich geboren. Entscheidende und grundlegende Siege, auch wenn Victor Margueritte 1927 in seinem Vorwort zu *Ton corps est à toi* (erster Band der Trilogie *Vers le bonheur*) zu optimistisch war: »An dem Tag, da für unsere Mädchen das Risiko aufhören wird, mechanisch zu fabrizieren, wofür der Verbrauch der Industrie [...] diesen furchtbaren Namen ›Menschenmaterial‹ hat, an diesem Tag, und nur an diesem Tag werden die dumme Ungleichheit der Geschlechter und gleichzeitig die Klassenüberlegenheit ein Ende haben...«

Literaturhinweise:

Über die Situation der Frauen:
Aron, J.-P., Hg., *Misérable et glorieuse, la femme du XIXᵉ siècle*, Paris, Fayard, 1980
Bouchardeau, H., *Pas d'Histoire les femmes*, Paris, Syros, 1977

Über die empfängnisverhütenden Praktiken:
Choisir de donner la vie, colloque International de Choisir, 1979, UNESCO; vgl. insbesondere den Beitrag von Michelle Perrot: »Naissance d'une liberté«
Guerrand, R.-H., *La Libre Maternité*, Paris, Casterman, 1971

---

1 *La Mère éducatrice*, 1919.

Guerrand, R.-H., und Ronsin, F., *Le Sexe apprivoisé. Jeanne Humbert et la lutte pour le contrôle des naissances*, Paris, La Découverte, 1990
Halimi, G., *La Cause des femmes*, Paris, Grasset/Fasquelle, 1973
Laget, M., *Naissances. L'accouchement avant l'âge de la clinique*, Paris, Le Seuil, 1982; vgl. Gélis, J. Laget, M., Morel, M.-F., *Der Weg ins Leben. Geburt und Kindheit in früherer Zeit*, übers. v. Karl H. Klewer, München, Kösel, 1980 (frz.: *Entrer dans la vie*, Paris 1978)
MacLaren, A., *Sexuality and Social Order*, New York, Holmes and Meier, 1983
Ronsin, F., *La Grève des ventres*, Paris, Aubier-Montaigne, 1980

Über die uneheliche Mutterschaft und die Sexualmoral:
Lévy, F.-P., *L'Amour nomade. La mère et l'enfant hors mariage*, Paris, Le Seuil, 1981
Martin-Fugier, A., *La Bourgeoisie*, Paris, Grasset, 1983
Marthe, Paris, Le Seuil, 1982, Coll. »Libre à elles«
La première fois ou le roman de la virginité perdue à travers les siècles et les continents, Paris, Ramsay, 1981

Die Angst im Bauch:
Vallaud, D., »Le crime d'infanticide et l'indulgence des cours d'assises du XIXe siècle«, im Druck

Über Madeleine Pelletier und den Feminismus:
Ihre Broschüre *Le Droit d'avortement* ist veröffentlicht in: *L'Education féministe des filles et autres textes*, préface et notes de C. Maignien, Paris, Syros, 1978
Albistur, M., und Armogathe, D., *Histoire du féminisme français*, Paris, Éditions des Femmes, 1977
Klejman, L., und Rochefort, F., *L'Égalité en marche. Le féminisme sous la Troisième République*, Paris, FNSP-Des femmes, 1989
Rabaut, J., *Histoire des féministes français*, Paris, Stock, 1978

ROGER-HENRI GUERRAND

Nieder mit der Masturbation!

Vor etwas mehr als hundert Jahren, 1882, veröffentlichte *L'Encéphale*, eine Zeitschrift für Geistes- und Nervenkrankheiten, einen umfangreichen Artikel von Doktor Demetrius Zambaco, einem Arzt aus Istambul, der den Titel trug: »Onanisme avec troubles mentaux chez deux petites filles« (›Onanie mit geistigen Störungen bei zwei kleinen Mädchen‹).[1] Im Fall dieser unglücklichen Kinder »hatte die moralische Verirrung so fortgeschrittene Grenzen erreicht, daß sich den Kopf zerbrachen, um erstaunliche und ausgefallene Mittel der Erregung und Befriedigung zu ersinnen«. Die Ältere vor allem manipulierte sich unablässig mit der Hand, trotz körperlicher Züchtigungen und Zwangsjacke. Man mußte sich zur Klitoridektomie entschließen: »Vernünftigerweise muß man einräumen«, schreibt Zambaco, »daß die Verätzung mit einem glühenden Eisen die Klitoris unempfindlich macht, die sie vollständig zerstören kann, wenn der Vorgang mehrmals wiederholt wird. Da die Vulvaöffnung, die den zweiten empfindlichen Genitalpunkt bildet, ebenfalls durch die Verätzung abgestumpft worden ist, kann man sich leicht vorstellen, daß die Mädchen, indem sie weniger erregbar geworden sind, auch weniger verleitet werden, sich zu berühren.«

Doktor Zambaco mag einem »exotisch« erscheinen, in Wirklichkeit verfügt er jedoch über gewichtige Bürgen, hinter deren Autorität er sich versteckt. In der vordersten Reihe dieser Lehrmeister steht der berühmte Doktor Tissot, der über Europa einen Sturm masturbationsfeindlicher Manie entfesselte, dessen Nachwirkungen selbst heute noch manchmal spürbar sind.

Tissot, ein Arzt des 18. Jahrhunderts aus Lausanne, veröffentlichte 1760 ein Buch, das bis 1905 ständig wiederaufgelegt wurde und einen unmißverständlichen Titel trägt: *L'Onanisme, dissertation sur les maladies produites par la masturbation* (›Die Onanie, Abhandlung über die durch die Masturbation

---

1 Wiederaufgelegt 1978 von den Editions Solin, 58 S.

Tissot, Arzt und Professor für Medizin (1725-1797) veröffentlichte ein bis 1905 immer wieder aufgelegtes Werk unter dem vielsagenden Titel: L'Onanisme, dissertation sur les maladies produites par la masturbation (›Die Onanie. Abhandlung über die Krankheiten, welche durch die Masturbation entstehen‹).

hervorgerufenen Krankheiten‹).[1] Mit diesen schreckenerregenden Seiten beginnt die Ära der »wissenschaftlichen« Verurteilung der einsamen Praktiken. Bis dahin war die Onanie nur eine Sünde, eine Todsünde, gewiß, aber ausgelöscht durch die Beichte; jetzt jedoch bekam sie den Status einer äußerst ernsten Krankheit, und dies zu einer Zeit, da der wissenschaftliche Diskurs sich bemühte, über den vollständig überholten Diskurs der Theologen zu triumphieren.

Laut Tissot ist das Sperma das wesentliche Öl, vielleicht sogar der »leitende Geist«, dessen Verschwendung die anderen Körpersäfte schwächt und sozusagen schal werden läßt. Es zu vergeuden schwächt den Organismus und macht ihn anfällig für Krankheitserreger. Auf der Grundlage dieser absurden Lehre – die bereits in der Antike vertreten wurde – entwickelte sich eine medizinische Literatur, die in ihrer Überspanntheit kaum zu übertreffen ist. Sie ist voll von dramatischen klinischen Darstellungen, in denen sich zahlreiche praktische Ärzte, bisweilen nicht die unbedeutendsten, hervortaten, die in Frankreich und anderswo bis zum Zweiten Weltkrieg großen Schaden anrichteten.

Das schreckliche Porträt des wollüstigen Menschen, das von Bossuet, Bourdaloue oder Lacordaire erneuert worden war, war ein Klassiker der Lehrbücher der Frömmigkeit und der Moral. Die Ärzte werden es wieder aufgreifen, und unter ihrer Feder wird es natürlich viel überzeugender wirken. Man urteile selbst anhand des folgenden Beispiels, das wir Doktor C. Bouglé verdanken[2]:

»Wer hat nicht zumindest einmal in seinem Leben diese menschlichen Ruinen gesehen, die die Wollust verwüstet hat und in denen man keine Spur

---

1 Zu Tissot siehe Théodore Tarczylo, *Sexe et liberté au siècle des Lumières*, Presses de la Renaissance, 1983; *L'Onanisme* ist 1980 von den Éditions du Sycomore veröffentlicht worden.
2 *Les Vices du peuple, suivis de l'histoire et du traitement des maladies vénériennes*, 1888.

mehr von den edlen Gaben erkennen kann, die ihnen einst innewohnten? Wer hat nicht wie Geister, die ihren Gräbern entstiegen sind, diese Leichname umherirren sehen, deren erloschener Blick, deren Mund ohne Lächeln, deren welke Züge nicht mehr erblühen können unter einem Strahl von Freude und Glück, deren schwere Glieder nur noch mit Mühe der einfachsten Bewegungen fähig sind und deren ganzer Körper niedergedrückt scheint unter dem Gewicht der Sünden, die ihr Leben belasten?«

Dennoch steigt der Doktor nicht bis zu den physiologischen Details hinab, die gleichwohl wichtig sind. Mehrere seiner Kollegen haben sich glücklicherweise dieser unerläßlichen Aufgabe angenommen. Eine der ersten Bestandsaufnahmen der physischen Störungen, von denen die Masturbierenden mit Sicherheit heimgesucht werden, scheint uns von Doktor Rozier[1] skizziert worden zu sein:

»Die Personen, die sich geheimen verderblichen Gewohnheiten hingeben, zeigen mehr oder weniger rasch Symptome von Rückenmarksauszehrung. Sie haben keineswegs von vornherein Fieber; ihr Körper magert indes, obwohl sie ihren Appetit behalten, ab und mergelt aus; sie haben das Gefühl, daß ihnen Ameisen vom Kopf aus die Wirbelsäule hinunterkrabbeln. Das Gehen, selbst einfache Spaziergänge, vor allem auf mühsamen Wegen, bringt sie außer Atem, erschöpft sie, löst Schweißausbrüche, Druck im Kopf und Ohrensausen bei ihnen aus; Krankheiten des Gehirns und der Nerven, Blödheit und Schwachsinn stellen sich ein. Der Magen gerät in Unordnung, die Personen werden blaß, schwerfällig, träge. Diejenigen, die jung sind, bekommen das Aussehen und die Gebrechen des Alters, ihre Augen treten in die Höhlen, ihr Körper krümmt sich, ihre Beine können sie nicht mehr tragen; sie empfinden einen allgemeinen Ekel; sie sind zu nichts mehr fähig; mehrere werden gelähmt.«

Man könnte aus Texten dieses Stils eine schöne Anthologie zusammenstellen. Zitieren wir noch den eines Kasuisten, dessen Autorität in allem, was mit den Sünden des Fleisches zu tun hatte, im 19. Jahrhundert unbestritten war. Es handelt sich um Pater J.-C. Debreyne, einen Trappistenmönch, der aber auch – ein Zeichen der Zeit – Arzt war. In seiner berühmten moraltheologischen Abhandlung[2] findet sich eine ganze Seite, die die eben zitierte Beschreibung ergänzt. Hier das Wesentliche daraus: »Herzklopfen, Verringerung der Sehfähigkeit, Kopfschmerzen, Schwindelanfälle, Zittern, schmerzhafte Krämpfe, konvulsivische, gleichsam epileptische Bewegungen und häufig sogar echte

---

1 *Des Habitudes secrètes ou des maladies produites par l'onanisme chez les femmes*, 1925.
2 *Essai sur la théologie morale considérée dans ses rapports avec la physiologie et la médecine*, 1842.

Epilepsie; allgemeine Gliederschmerzen oder Schmerzen im Hinterkopf, in der Wirbelsäule, in der Brust, im Bauch; große Kreuzschwäche, manchmal eine fast generelle Benommenheit.« Immer noch unter Louis-Philippe veröffentlichte Doktor Lallemand, eine der Kapazitäten der medizinischen Fakultät von Montpellier, eine in der medizinischen Literatur einzigartige Gesamtdarstellung. In drei Bänden auf insgesamt 1784 Seiten enthüllte er alles, absolut alles über die »unwillkürlichen Samenergüsse«[1].

Überwacht und ausgeschlossen

Diese masturbationsfeindliche Manie, entstanden im Jahrhundert der Aufklärung, ist ein neuer »Wert«, den das Bürgertum erfunden hat, das nach jeder Art von Macht lechzte. Man mußte sich vom Adel abgrenzen, einer degenerierten Klasse, aus der beispielsweise so ekelhafte Gestalten wie der Marquis de Sade und Choderlos de Laclos hervorgehen, widerwärtige Gegner dieser »Schicklichkeit«, die die bürgerliche Familie seit dem Mittelalter als höchste Tugend preist. Ihr Kampf gegen jede Form von Sexualität, die nicht der Zeugung dient, war ebenfalls Teil ihres Strebens nach Ökonomie, einem anderen Wert, den sie das ganze 19. Jahrhundert hindurch der »Sorglosigkeit« der Arbeiterklasse entgegensetzte. Und man muß schließlich ihre Angst vor den Trieben berücksichtigen, die unkontrollierbar werden und zum Ruin eines »Hauses«, zum »Bankrott«, diesem höchsten Übel für Herrn Prudhomme, führen können.

In diesem Geist ist die Verurteilung der *»sexuellen Exzesse«* in dieser Epoche auch Sache der antiklerikalen Ärzte. So schreibt etwa Doktor A. Lutaud, ein Gegner der Kirche und Neomalthusianer: »Der besonnene Mann darf den Koitus niemals wiederholen, ohne zwischen jedem sexuellen Akt einen Zwischenraum zu lassen, dessen Dauer je nach Alter und Konstitution zwischen einem und mehreren Tagen schwankt.«[2] Und wenn er mogelt, setzt er seine Partnerin dem Tod aus, wie Doktor L.-F. Bergeret in einem damals vielgelesenen Buch[3] (vgl. a. Alain Corbin, in diesem Band, S. 218, 223) gezeigt hat.

Der Krebs bedroht die Gebärmutter, denn dieses Organ ist vorzeitig abgenutzt worden. Auch das Herz wird von den »zynischen Spasmen« wiederholter Orgasmen angegriffen, die es zerreißen.

---

1 Erschienen 1836, 1839, 1842.
2 *Manuels des maladies des femmes*, 1891.
3 *Des Fraudes dans l'accomplissement des fonctions génératrices*, 1868. Dieses Buch wurde bis 1881 achtmal nachgedruckt.

Die größte Neuerung des 19. Jahrhunderts besteht in dem, was die medizinischen Argumente den Bannflüchen hinzufügen, die die Priester gegen jede Form von »regelloser« Sexualität schleudern. Von daher ein repressives Klima, das genau eine Klassenideologie wiederspiegelt, der die Kirche sich letztlich anschließen wird. Einer tausendjährigen Tradition abschwörend, zögern manche ihrer Theologen nicht, die »Heiligkeit« des Geldes zu verkünden und das »Eigentum« als Garant für die gesellschaftliche Ordnung hinzustellen.

Die Verdächtigung beginnt bereits in der höheren Schule, in der das Internat von der ersten Klasse an zur Regel wird, selbst wenn sich die Schule in der Stadt befindet, in der die Eltern wohnen. In diesen Lernkasernen, die keine der Annehmlichkeiten der Einrichtungen des Ancien Régime, derjenigen der Jesuiten vor allem, mehr bieten, haben die Ärzte ein Wörtchen mitzureden. Doktor Pavet de Courteille – dem Collège Royal Saint-Louis in Paris zugeteilt – schreibt: »Es wäre gut, meine ich, manche Kinder, die verdächtigt werden, sich verderblichen Gewohnheiten hinzugeben, nachts Hemden tragen zu lassen, die bis unter die Füße hinabreichen. Es wäre notwendig, daß diese Hemden innen mit einem Gleitverschluß versehen sind, den man abends schließen müßte, nachdem den Ausscheidungsbedürfnissen Genüge getan worden ist.«[1] Man achte auch auf die Aborte, gefährliche Orte par excellence. P. de Courteille zufolge muß jeder Verschlag von dem daneben durch eine Zwischenwand aus Gips getrennt sein, die vom Fußboden bis zur Decke geht. Man wird die Türen vorsichtshalber oben abschneiden, damit man von außen den Kopf des Schülers sehen kann.

Die Schüler, die der Selbstbefriedigungspraktiken überführt sind, dürfen unter keinen Umständen geschont werden. Der königliche Erlaß vom 28. August 1827 – der niemals aufgehoben wurde –, der einzige Text des Hochschulgesetzes, der sich auf das Sexualleben bezieht, kennt nur den Ausschluß: »Es gibt in den höheren Schulen keine Strafen für die schweren Verstöße gegen die Sitten. Der Schuldige wird unverzüglich isoliert, um mit aller gebotenen Rücksicht seiner Familie übergeben zu werden«, was auch die Meinung von Pavet de Courteille ist.

Streng überwacht wird der Kranke einer von Pater Debreyne empfohlenen Spezialbehandlung unterzogen. Zunächst der Zwang, auf der Seite zu liegen, niemals auf dem Rücken; so kalt wie möglich essen und trinken, sogar reines Eis zu sich nehmen. Dann ist an der betreffenden Stelle zur Abkühlung eine mit gestoßenem Eis, Schnee oder sehr kaltem, mit Kochsalz gesalzenem Wasser

---

1 *Hygiène des collèges et des maisons d'éducation*, 1827.

gefüllte Blase aufzulegen. Für die widerspenstigen Fälle hat Professor Lallemand nur eine Methode: die Verätzung des Prostataabschnitts des Harnleiters
mit Hilfe von Silbernitrat. Vom Beginn des 19. Jahrhunderts bis 1914 werden
in Frankreich Bandagen gegen die Onanie verkauft, die von Familienvätern
und Schuldirektoren gekauft werden. Sie werden natürlich nach Maß angefertigt, dem Alter der Patienten entsprechend.

Starke Mittel gegen große Übel

In diesem fanatischen Kampf entwickeln alle »weltlichen« Lehrer des 19.
Jahrhunderts den gleichen erbitterten Eifer wie ihre Kollegen im privaten
Bereich. Wie Paul Gerbod, ihr erster Historiker[1], ganz klar gezeigt hat, waren
diese Lehrer Söhne aus dem Volk, die insgesamt darauf verzichtet hatten, die
Gesellschaft in Frage zu stellen, die ihnen ihre Modelle aufzwang. »Praktikan-
ten des Bürgertums«, waren sie vor allem um ihren gesellschaftlichen Aufstieg
besorgt, und ihrem moralischen Konformismus kam nur ihr Gehorsam geben-
über der Macht gleich. Von Kindheit an gut abgerichtet, übernehmen sie ohne
Diskussion die Sexualordnung der herrschenden Klasse. Verdorben, schlecht,
pervers lauten die Adjektive, die sie benutzen, wenn es darum geht, die Schüler,
die sich »sexueller Vergehen« schuldig gemacht haben, zu bezeichnen: Die
Berichte, die sie offiziell hierüber geschrieben haben, beweisen das ganz deutlich.[2]
    In bezug auf die Mädchen dieselbe Strenge. Pater Debreyne weiß, daß die
Töchter Evas ein verhängnisvolles Organ besitzen, Quelle aller Versuchungen:
ihre Klitoris. Ein reduzierter Penis, dient er nur der Wollust. Und diese ist für
die Zeugung keineswegs notwendig. Folglich muß man die Klitoris, wenn sie
sich als Quelle ständiger Erregung erweist, als krankhaft ansehen, und ihre
Entfernung wird zulässig.
    Eine derart extreme Haltung, ohne Beispiel seit den Anfängen des Christen-
tums, ist keineswegs ein Einzelfall. In ganz Europa wurde im 19. Jahrhundert
die Klitoridektomie als Mittel gegen das befürwortet, was man sich nicht
scheute, »die zu große Geilheit der Frauen« zu nennen. Die höchsten medizinischen Kapazitäten haben sie ohne Zögern praktiziert, und Zambaco hatte

---

1 *La Condition universitaire en France au XIXe siècle*, Studie einer Berufsgruppe von Lehrern
   und Verwaltern des staatlichen höheren Schulwesens von 1842 bis 1880, Presses universitaires
   de France, 1965.
2 Siehe unser Buch *Le Prof ne rit pas*, La Table Ronde, 1964.

einige von ihnen konsultiert. Er hatte die Beobachtungen von Professor J.-B. Fonssagrives, einem namhaften Hygieniker und erklärtem Gegner der »lasterhaften Gewohnheiten«[1], gelesen und in London Doktor Jules Guérin von der Académie de Médecine getroffen; dieser hatte ihm versichert, mehrere junge Mädchen, die der Onanie ergeben waren, geheilt zu haben, indem er ihre Klitoris mit einem glühenden Eisen verbrannte.

Man operierte mit dem Operationsmesser, mit der Schere oder dem Galvanokauter. Ohne so weit zu gehen, empfiehlt Doktor Pouillet 1894, mit einem Silbernitratstift die ganze Oberfläche der Vulva zu verätzen.[2] Nach diesem Eingriff verursacht jede Berührung einen sehr heftigen Schmerz. Daher wird es der Frau unmöglich, sich mit der Hand zu manipulieren. Der gute Doktor befürwortet ebenfalls die Zwangsjacke und ruft zur Erfindung eines »Fixiergürtels« auf: »ein leichter und kräftiger Apparat, der die Öffnung der Vulva hermetisch abdecken und gleichzeitig die Schenkel ein wenig spreizen und eine kleine Öffnung freilassen würde, um Urin und Menstruationsblut durchzulassen, würde, meine ich, den masturbierenden Frauen ausgezeichnete Dienste leisten«.

Noch am Vorabend des Ersten Weltkriegs behauptet ein geistesgestörter Arzt, daß er die »Unglücklichen, die sich selbst befriedigen, am penetranten Spermageruch« erkenne, »der von ihnen ausgeht«.[3] In einem Artikel in der *Nouvelle Revue théologique* von 1927 empfiehlt ein anderer seiner Kollegen, die Kinder fast die ganze Zeit Handschuhe tragen zu lassen. »Die behandschuhte Hand ist keusch«, hat dieser scharfsichtige praktische Arzt in mehreren Fällen beobachtet.

Zwischen den beiden Kriegen beginnt die bürgerliche Ideologie indes, von innen ausgehöhlt, zu wackeln. Manche Laien zögern nicht mehr, für die Sexualerziehung zu kämpfen, so etwa Albert Bayet, Inhaber des Lehrstuhls für Morallehre an der Sorbonne, und die Freimaurer. Vielleicht unter dem Einfluß der Freudschen Lehre. Die Diskussionen des Wiener Kreises während des Winters 1912/13 hatten sich in der Tat mit der Masturbation befaßt. Man hatte sich darauf geeinigt, diese Praxis während der Kindheit und der Adoleszenz als normal anzusehen. Freud und seine Schüler hatten sogar die Intoleranz der soziokulturellen Situation angeprangert, die die heterosexuellen Beziehungen in dieser Periode des Lebens verbietet. Die französischen Erzieher, die sich den

---

1 *Entretiens familiers sur l'hygiène*, 1867.
2 *De l'Onanisme chez la femme*.
3 Dr. E. Stérian, *L'Éducation sexuelle*, 1910.

»laikalen« Werten am stärksten verbunden fühlen, werden noch lange nicht so weit gehen...

Die katholische Kirche blieb also allein, sie gab aber nicht nach. Alle Aktivisten ihrer Sonderaktionsbewegungen, die Jeunesse Ouvrière Chrétienne (christliche Arbeiterjugend), die JEC (Jeunesse Etudiante Chrétienne), die JAC (Jeunesse Agricole Catholique) usw. dürfen sich nicht mit dem abfinden, was ihre Beichtväter »Reinheit« nennen. An Büchern, die ihnen zur Verfügung stehen, um ihnen in diesem schrecklichen Kampf zu helfen, fehlt es nicht. Im Unterschied zu denen des 19. Jahrhunderts enthalten sie im übrigen keine präzise Beschreibung der furchtbaren Sünde der Selbstbefriedigung mehr. Man hält sich vor allem an ihre Folgen, deren Bewertung sich seit mehr als einem Jahrhundert nicht geändert hat: benebelter Verstand, stark in Mitleidenschaft gezogener Wille, geschwächtes Gedächtnis, angegriffenes Herz, verwelkter Körper. »Das Tier hat den Engel besiegt!« rief G. Hoornaert, ein sehr aktiver Jesuit, aus, dessen Bücher in den Verbänden, in denen die katholische Jugend sich sammelte, Klassiker waren[1].

Einer seiner Kollegen, Pater Maurice Rigaux, machte sich unmittelbar vor dem Krieg von 1939-1945 eine Sprache der Apokalypse zu eigen. Wir sind in Lebensgefahr! rief er. Man muß sich in Bewegung setzen, um einen »jungfräulichen Geisteszustand« zu propagieren, indem man unsere jungen Leute – der Pater spricht niemals von den jungen Mädchen – vor den Gefahren warnt, die sie bedrohen, »denn die Verderbtheit ist gegenwärtig so öffentlich und so generell, daß es gefährlich ist, die jungen Burschen auf unbestimmte Zeit unaufgeklärt zu lassen. Eine ausreichende und schrittweise Warnung ist angebracht.«[2] Deutlicher wird der gute Pater nicht, und er rät sogar den natürlichen Erziehern – die Sexualerziehung muß ausschließlich der Familie vorbehalten bleiben –, nicht alles zu sagen: »Die geschickte Mama wird ihr Kind bis an die Schwelle des ›Geheimnisses‹ führen können und es seiner Intelligenz überlassen, sich den Rest zu denken.« Es versteht sich von selbst, daß Rigaux die Masturbation unwiderruflich verurteilt: Sie führt zu intellektuellen und moralischen Katastrophen, die ein ganzes gedankliches Leben gefährden können.

Selbst während des Zweiten Weltkriegs vernachlässigen die Kasuisten dieses Schlüsselproblem der katholischen Moral nicht: 1942 veröffentlicht der Schweizer Alois Gugler in Luzern ein sehr geschätztes Buch über die Behandlung der jungen Leute, die masturbieren. 1967 läßt Abbé M. Petitmangin einen

---

1 *Le Combat de la pureté*, mehrere Auflagen zwischen 1923 und 1931.
2 *La Formation de la pureté*, Editions Spes, 2 Bde.

kleinen Band[1] erscheinen – mit einem Vorwort von Doktor Chauchard –, dem man nicht vorwerfen kann, das Verschwommene zu lieben: Es ist schwierig, präzisere Beschreibungen der Masturbationstechniken zu finden, die sowohl von Männern wie von Frauen benutzt werden. Abbé Petitmangin will warnen. »Die Masturbation ist ein gefährlicher Fehlschlag des sexuellen Reifeprozesses, gegen den man unverdrossen kämpfen muß, indem man alle Mittel der Psychobiologie und der geistlichen Macht aufbietet.« Kurz, »sie ist eine Geißel wie die Empfängnisverhütung bei den verheirateten Leuten«. Besser kann man die Beständigkeit und die Einheit der Lehre nicht zum Ausdruck bringen. Dieselbe Unnachgiebigkeit bei A. Alsteens[2], aber mit einem psychoanalytischen Hintergrund. Dieser Autor stützt sich auf Freud, um zu behaupten, daß die Masturbation eine Rolle in der Neurasthenie spiele und organische Störungen hervorbringe, deren Mechanismus der Meister nicht kennt. Der Sünder wird nicht mehr verurteilt, ein »erzieherischer Beistand« wird ihn auf den rechten Weg führen können.

In manchen Kreisen löst die Masturbation also immer noch kein Lächeln aus. Aber ihre Ausübung hat nun ihre Verteidiger und ihre Propagandisten. Jean-René Verdier schreibt ihr eine dreifache, physiologische, kompensatorische und spielerische, Funktion zu[3], womit er die gängige Meinung der Sexualwissenschaftler resümiert, die sich weder auf das Judentum noch auf den Katholizismus beziehen. Die Zeit des Bannfluchs und des pseudowissenschaftlichen Wahns, die eng mit einer Gesellschaft verbunden sind, die sich als aufgeklärt und vernünftig verstand, scheint endgültig vorbei zu sein.

---

1 *La Masturbation, études clinique, morale et pastorale*, Editions du Levain.
2 *La Masturbation chez l'adolescent*, Desclée de Brouwer, 1966.
3 *L'Onanisme ou le droit au plaisir*, Balland, 1973.

MICHEL REY

Geburt einer Minderheit

M angels Dokumenten und Untersuchungen weiß man kaum etwas über die wirkliche Praxis der Sodomie sowohl am Hof wie in Paris vor dem 18. Jahrhundert. Die wenigen Einblicke und die Definition selbst der Sodomie (Analverkehr sowohl zwischen Männern als auch zwischen Mann und Frau) scheinen darauf hinzuweisen, daß dieser Akt lange Zeit nicht an die Zugehörigkeit zu einer besonderen Minderheit gebunden war und daß er für die meisten derer, die die Knabenliebe praktizierten, nicht die ausschließliche Praxis war. Die Polizeiarchive des 18. Jahrhunderts zeigen in dieser Hinsicht innerhalb der Pariser Bevölkerung eine Veränderung an, die vielleicht schon früher am Hof begonnen hatte. Die männliche Sodomie wird eine »Neigung«, die von den anderen Männern *unterscheidet*, sie wird als eine besonders raffinierte Form gelebt, sie »sondert ab«.

1706 stellt der Polizeioffizier, der jährlich das allgemeine Krankenhaus von Bicêtre inspiziert, die Anwesenheit von Häftlingen fest, die an Versammlungen »in den Schenken des Faubourg Saint-Antoine« teilgenommen hatten, »wo sie die letzten Abscheulichkeiten begehen. Langlois wurde in diesen Versammlungen Monsieur le Grand Maître genannt und Bertauld La Mère des Novices.« Diese Merkmale finden sich dann wieder in den Versammlungen um die Jahrhundertmitte: Sie finden zumeist in einer Schenke eines volkstümlichen Faubourgs statt; die Teilnehmer geben sich Beinamen, durch die sie freiwillig ihre Identität ändern. Sie zeigen auch eine Abschottung der Gruppe nach außen an, nach dem Vorbild des Hofes oder eines Klosters, und bestehen auf der Nortwendigkeit einer Initiation, um aufgenommen zu werden.

Von 1723 bis 1748 bestehen die Polizeiarchive, die die Sodomiten betreffen, aus Berichten, diktiert von Lockspitzeln, die jene, die mit ihnen flirten, verleiten, so viele Details wie möglich über ihr Sexualleben zu verraten. Diesen Texten zufolge (aber die Archive sind lückenhaft) scheinen die Treffen von 1730 an zuzunehmen. 1748 zählt man nicht weniger als acht Schenken, in denen sich Gruppen von fünfzehn bis dreißig Personen treffen. 1749 verhaftet die Polizei im übrigen zwölf Weinhändler wegen Sodomie. Während dieser nächtlichen Zusammenkünfte hinter geschlossenen Fensterläden essen und tanzen die Teilnehmer und versuchen zu verführen; sie tauschen Informationen, Zoten und schlüpfrige Reden aus. Es handelt sich dabei um ein Abreagieren mit Worten und Taten, meist jedoch »vollzieht man den Akt« nicht an Ort und Stelle. So wollte etwa ein Mann 1748 einen Geiger »gebrauchen«: »Die Gesellschaft hat ihm seine Kühnheit vorgeworfen.« Die Gruppe gibt sich Regeln der Höflichkeit.

Im selben Jahr (1748) erwähnen mehrere Zeugen eine Versammlung, die in der Schenke »Fer à cheval« in La Courtille (ein Faubourg, der jetzt zwischen der Rue de la Folie-Méricourt und dem Boulevard de Belleville im XI. Arrondissement liegt) stattfindet. Sie wird »die Heirat des Schlossers« genannt, das heißt, »man verleitete ihn zum ersten Mal zu schändlichen Ausschweifungen«. Er tritt in den Kreis ein, man initiiert ihn. Ebenfalls 1748 beschreibt ein Zeuge eine Zeremonie mit diesen Worten: »Im letzten Sommer ist er auf mehreren Versammlungen von Leuten aus La Manchette in La Courtille oder in der Schenke ›A l'enseigne des Six-Moineaux‹ in der Rue aux Juifs [der heutigen Rue Ferdinand Duval] gewesen. Bei diesen Versammlungen dreht die Unterhaltung sich fast immer um diese Vorliebe. Manche legen Servietten auf ihren Kopf und imitieren Frauen, indem sie sich affektiert wie sie benehmen. Wenn ein neuer junger Mann dabei ist, nennt man ihn ›die Braut‹, und in diesem Fall wird er zum Objekt für jeden. Man erwählt sich auf diesen Versammlungen, um sich zu berühren und schändliche Dinge miteinander zu treiben. Manchmal geschieht das auch, nachdem man die Schenke verlassen hat.« Die Heirat des jungen Handwerkers ist also nicht das männliche Äquivalent einer heterosexuellen Heirat: Er wird nicht mit einem Mann vereint, sondern mit einer Gruppe, die ihn liebkost, um ihn aufzunehmen.

Hören wir jetzt die Beschreibung eines Diners, das 1735 von dem Sargmeister J. Baron organisiert wurde: »Die anderen kamen zu uns, küssten uns und sagten zu uns: ›Guten Tag, meine Damen‹. Baron setzte sich eine Frauenperücke auf, die schwarz war, wie die Frisur der Hofdamen. Er steckte uns allen Pompons ins Haar und sagte, daß er die Braut sei. Man dinierte, und während des Diners wurde von tausend Schändlichkeiten gesprochen. Baron sagte, daß er die Braut sein wolle, und sie ließen durch ihre Kniehosen hindurch erkennen, daß sie in Stimmung waren, und Baron wollte, daß man den Akt mit ihm vollziehe.« Baron erinnert an den Heiratsbrauch für die Neulinge, aber er will ihn für seine persönliche Lust verdrehen.

Ein Laster des Adels?

Sowohl der Gebrauch des Wortes »Madame«, damals den Frauen von Stand vorbehalten, als auch die Anspielung auf die Moden des Hofs zeigen, daß die Begriffe Sodomie, Weiblichkeit, Raffinement und Aristokratie innerhalb dieser Gruppe eng miteinander verbunden sind. Die Anwesenden rekrutieren sich fast alle aus der Welt der Kleinhandwerker und Kaufleute. Man findet sehr wenige Adlige oder Großbürger bei diesen Treffen; sehr selten auch Leute ohne jeden Stand, arme Einwanderer aus der Provinz, Bettler, Gelegenheitsprostituierte. Als wäre ein Minimum an Sicherheit und gesellschaftlichem Bewußtsein nötig, um sich auf der Grundlage seines Verlangens zu organisieren.

Letztlich handelt es sich um eine recht kohärente gesellschaftliche Klasse, die von den freien Sitten und dem Prunk des Hofs träumt. Bereit, sich eine ideale Welt zu erfinden, in der die Sodomiten in der Mehrheit sind: »Er hat mir gesagt: Sie lieben die Frauen auch nicht mehr als ich, und das ist nach der Mode des Hofs. Ihm stehen nur noch Männer vor. Die Frauen haben dort keine Stimme mehr.« (1736) Die Frauen sind die Feinde. Sie sollen sich zurückziehen, damit die Männer die Lust und die Glückseligkeit unter sich kennenlernen können. Dieser Standpunkt ähnelt dem eines Buches, das 1733 in Amsterdam veröffentlicht wurde: *Anecdotes pour servir à l'historie secrète des Ebugors* (Bougres ›Kerle‹) und die Sodomiten als ein Volk im Kampf gegen ein anderes präsentiert: die Kythererinnen, anders ausgedrückt, die Frauen, denn beide streiten sich um die Männer, die in der Tat die großen Abwesenden des Buchs sind. Ein handschriftliches Stück aus dem Jahr 1739, *L'Ombre de Deschauffors* bringt Adlige auf die Bühne, die die jeweiligen Freuden der Kerle und der »conistes« vergleichen und zu dem Schluß kommen:

»Alle Neigungen finden sich in der Natur.

Die beste ist die, die man hat.«

Der Typ von Geselligkeit, der diese Versammlungen kennzeichnet, führt in der Tat manche Personen dazu, sich daraus zurückzuziehen, sich fernzuhalten. Sie lehnen vor allem die Verweiblichung und die freie Ausdrucksweise ab. 1748 erklärte ein Maler namens Marendel, daß »er sich von diesen Versammlungen zurückgezogen hatte, weil dort zu viel Anstößiges geschah. Manche imitierten die Frauen und machten Bewegungen, die erkennen ließen, was sie waren, so daß er häufig mehrere von ihnen tadelte, indem er zu ihm sagte: ›Könnt ihr euch nicht wie Männer benehmen, anstatt euch wie Frauen aufzuführen?‹« Im selben Jahr sagt Thomas, ein Eisenwarenhändler, daß er sich »ärgere«, zu diesen Versammlungen in La Courtille gegangen zu sein, »weil er die Gesellschaft überhaupt nicht mochte und weil es unter jenen Leuten welche gab, die zu liederliche Reden führten«. 1749 ruft Boudin, ein Wiederverkäufer von Kleidern, während einer Sex»party« zu siebt, auf der die anderen Teilnehmer ihn ihre »Tante« genannt und sich weibliche Vornamen gegeben haben, aus: »Was! Ihr seid Männer und gebt euch Frauennamen!« All diese Gewährsmänner stellen nicht ihr Verlangen in Frage, aber seinen Ausdruck, die Form, die es annimmt.

Diese Empörten werden sich im anonymen Schatten der üblichen Treffpunkte (Gärten, Kais usw.) den Leuten anschließen, die fürchten, bekannt zu werden, und denen, die sich gelegentlich prostituieren, die aber nicht, wie 1738 ein gewisser Léveillé, ein Domestik ohne gesellschaftliche Stellung, in diese Rolle des Sodomiten schlüpfen wollen, die sich klar abzeichnet: »Er will nicht als ein Ehrloser gelten [...] Er hat gesagt, er habe nicht den *Charakter* eines Ehrlosen«, womit er seine Ablehnung eines Images der Passivität und Weiblichkeit, der Überschreitung der Männlichkeit ausdrückt. Im übrigen präzisiert er, daß er es ablehnt, »ihn sich hineinstecken zu lassen«.

Andere scheinen mehr und mehr ihr Bemühen, sich durch die Weiblichkeit und die Art von Liebenswürdigkeit zu unterscheiden, sogar auf der Straße deutlich zu zeigen. Manche Personen schminken sich rot und weiß, tragen farbige Bänder, machen einen Knicks »wie Frauen« und begrüßen sich mit »Madame«. So schnappt etwa 1737 ein Lockspitzel die Frage auf, ob es im Luxembourg »Leute *dieser Klasse*« gebe. Wie zu Beginn des Jahrhunderts zeigen die Beinamen einen Willen an, die sexuelle (»La Souris, La Petite sainte Geneviè, Margot la Boulangère«) und gesellschaftliche (Madame de Nemours, Duchesse Duras und, am parodistischsten, Baronne aux épingles) Identität zu ändern. Die Besonderheit der Gruppe kommt auch in der Sprache durch Anspielungen auf die Familie zum Ausdruck (1736): »Das ist einer, der so aussieht, als gehöre er dazu. Trennen wir uns und sehen wir mal, wer diese Schwester ist. *Das ist eine Bezeichnung für einen Ehrlosen.*« Der Polizist notiert hier den Gebrauch von Ausdrücken, die für die Sodomiten charakteristisch sind (1748). Als ein Bursche nicht auf ihre Annäherungsversuche einging, »haben sie sich gesagt: ›Lassen wir ihn gehen, er versteht kein Latein‹«. 1749 schließlich geht ein Bildhauermeister namens Feuillon zu einer »Party«, auf der man ihn fragt, ob er »fremaçon« sein wolle. Letzte Referenzstruktur: eine männliche Geheimgesellschaft.

In den gleichen Jahren unterscheiden Personen, die ein wenig gebildet sind (ein Medizinstudent, ein Priester) zwischen »denen, die in dieser Neigung denken«, und denen, »die anders als er denken«. Für sie ist die sexuelle Neigung also nicht mehr nur ein verbotener Akt; sie wird als eine Denkweise empfungen. In den Polizeiberichten kommen diese Veränderungen im übrigen dadurch zum Ausdruck, daß sie ab 1738 nicht mehr das Wort »Sodomit«, sondern das Wort »Päderast« gebrauchen. Ersteres verweist unmittelbar auf die Bibel und das Verbot einer Sünde, die von allen begangen werden kann, während letzteres, das aus dem 15. Jahrhundert stammt und hier nicht in seinem etymologischen Sinn gebraucht wird, eine *Person* bezeichnet, dessen Verlangen sich ausschließlich auf Beziehungen mit Männern richtet.

Die Berichte der »Päderastiestreifen« verraten deutlich, daß diese doppelte Unterscheidung auch am Ende des Jahrhunderts weiterbesteht. Am 1. Oktober 1781 verhaftet der Polizeiinspektor, der »für die Päderasten zuständig ist«, auf den großen Boulevards »ein Individuum, das das Publikum wegen seiner anstößigen und charakteristischen Kleidung verfolgte [...] Wenn die Kleidung in allen ihren Teilen jemals dazu beigetragen hat, daß ein Individuum der Päderastie verdächtigt wird, dann vereinte besagter Prainguet absolut alles, was dazu gehört, und das Publikum hatte über ihn geurteilt.« Ein weiteres Mal verhaftet am 15. Oktober, »am Strand, in derselben Kleidung, ausgepfiffen und verfolgt vom Pöbel«, und ein drittes Mal am 20. Oktober, wird er schließlich aufgrund »dieser Hartnäckigkeit, mit der er sich auf anstößige Weise kleidet, die nur von den liederlichsten Päderasten praktiziert wird, im Petit-Châtelet eingesperrt«. Es handelt sich um einen siebzehnjährigbn Küchengehilfen, der bei einem Intendanturrat der Armee im Dienst steht. Er trägt eine Redingote, eine Krawatte, eine Cadogan-Frisur und einen Hut. Was ist daran anstößig? Was erlaubt der Menge, einen Päderasten zu erkennen?

Am 1. Dezember desselben Jahres verhaftet der Inspektor auf dem Boulevard Poissonnière einen jungen neunzehnjährigen, arbeitslosen Mann, »auf die verdächtigste Weise gekleidet«, das heißt, »bekleidet mit einem sehr langen braunen Gehrock, mit Rosetten an den Schuhen, rundem Hut, Cadogan-Frisur, breiter Krawatte und über den Ohren kurzgeschnittenen Haaren [...] Auf die Frage, warum er so gekleidet sei, antwortete er, seine Kleidung habe nichts Außergewöhnliches an sich, da alle Leute von Stand am Vormittag eine ähnliche tragen.« Das ist vielleicht die Antwort: Die beiden jungen Männer stellen ein Raffinement in ihrer Kleidung zur Schau, das ihrer Stellung nicht angemessen ist. In dem Bemühen, sich zu unterscheiden und den Adel nachzuahmen, kleiden sie sich ungeachtet der Gefahren, die damit verbunden sein können, nach dem letzten Schrei. Sowohl die Menge als auch die Polizei sowie die verhafteten Päderasten verbinden gesellschaftliche und sexuelle Unterschiede, aristokratisches Raffinement und Weiblichkeit miteinander. Diese ist ein aristokratisches Merkmal, das den jungen Männern des Volks verboten ist. Das ganze 18. Jahrhundert hindurch versuchen die Männer also, sich auf der Grundlage eines ausschließlichen und minoritären sexuellen Verlangens zu gruppieren. Sie schaffen sich eine Identität, die sowohl die Männlichkeit als auch ihre gesellschaftliche Stellung überschreitet. Diese beiden Verbote verschmelzen in der Übernahme eines Modells aristokratischen Raffinements. Die Selbstbehauptung der Sodomiten ebnet also der Theorie des dritten Geschlechts und der Opposition zwischen Hetero- und Homosexualität den Weg. Die Sodomie ist nicht mehr das ernste Risiko einer gemeinsamen sündigen Natur, sondern Ausdruck einer besonderen Natur.

Literaturhinweise:

Bray, A., *Homosexuality in Renaissance England*, London, Gay Men's Press, 1982; »Homosexuality and the signs of male friendship in Elisabethan England«, in: *History Workshop* 21, 1989

Carrasco, R., *Inquisición y Represión sexual en Valencia. Historia de los sodomitas (1565-1785)*, Barcelona, Laertes, 1986

Martini, G., *Il »vitio nefando« nella Venezia del Seicento. Aspetti sociali e repressione di giustizia*, Rom, Juvence, 1988

Monter, W. E., »La sodomie à l'époque moderne en Suisse Romonde«, in: *Annales ESC*, 1974 (4)

Rey, M., »Police et sodomie à Paris au XVIIIe siècle: du péché au désordre«, in: *Revue d'histoire moderne et contemporaine*, vol. 29, 1982; »Parisian homosexuals create a lifestyle, 1700-1750: the police archives«, *'Tis Nature's fault*, Cambridge University Press, 1987; »Justice et sodomie à Paris au XVIIIe siècle«, in: *Droit, Histoire et Sexualité*, L'espace juridique, 1987

Rocke, M., »Il controllo dell'omosessualità a Firenze nel XV secolo: gli ufficiali di notte«, in: *Quaderni Storici* 66, 1987; *Male homosexuality and its regulation in late medieval Florence*, Dissertation, State University of New York, at Birmingham, 1990

Ruggiero, G., *The Boundaries of Eros. Sex crime and sexuality in Renaissance Venice*, New York, Oxford University Press, 1985

Trumbach, R., »London's sodomites: homosexual behaviour and Western culture in the 18th century«, in: *Journal of Social History*, vol. 11, 1977

Gerard, K., und Hemka, G., Hg., *The Pursuit of sodomy: male homosexuality in Renaissance and Enlightenment Europe*, New York, Harringon Park Press, 1989

Maccubin, R. P., Hg., *'Tis Nature fault. Unauthorized Sexuality during the Enlightenment*, New York, Cambridge University Press, 1987

Die Autoren

PHILIPPE ARIÈS, 1914-1984; Veröffentlichungen: *Histoire des populations françaises* (1948, 1971); *L'Enfant et la Vie familiale sous l'Ancien Régime* (1960); *L'Homme devant la mort* (1977). Er gehört zu jenem Kreis von Forschern, die unermüdlich die Geschichtsschreibung in Frankreich erneuerten. Er gab gemeinsam mit George Duby und Roger Chartier die die inzwischen zum Standardwerk avancierte *Geschichte des privaten Lebens* heraus (frz. 1986, dt.: Fischer Verlag 1991).

JEAN BOTTÉRO, Directeur d'études à l'École pratique des hautes études (Assyrologie); Veröffentlichungen: »Le message universel de la Bible«, in: *Vérité et Poésie de la Bible* (1969); *Divination et Rationalité* (1974); *Naissance de Dieu: La Bible et l'Historien* (1986).

GUY CHAUSSINAND-NOGARET lehrt an der École des hautes études (Sozialwissenschaften); Veröffentlichungen: *La Noblesse au XVIIIe siècle* (1976); Biographien berühmter Revolutionäre, u. a. *Mirabeau* (1982) und *Madame Roland* (1985); *La Bastille et prise* (1988).

ALAIN CORBIN, geb. 1936, Professor für französische Geschichte des 19. Jahrhunderts an der Universität Paris-Sorbonne; Hauptforschungsgebiet ist die Geschichte der Landwirtschaft im 19. Jahrhundert, daneben die Sexualität und das gesellschaftlich Imaginäre. Veröffentlichungen u. a.: *Le Miasme et la Jonquille. L'odorat et l'imaginaire social* (1982), *Le Territoire du vide. L'Occident et le désir du rivage* (1988); *Le Village des cannibale* (1990).

PIERRE DARMON, Historiker am Forschungsinstitut CNRS. Zahlreiche Veröffentlichungen über sexuelle Mythen in Frankreich: *Tribunal de l'impuissance* (1979); *Médecins et Assassins à la Belle Époque* (1989).

ROBERT DELORT, Literaturwissenschaftler und Historiker, Professor für mittelalterliche Geschichte an der Universität Paris VIII, seit 1986 an der École normale supérieur sowie an der Universität Genf. Mitglied der Redaktion der Zeitschrift *L'Histoire*. Veröffentlichungen: *Histoire des croisades* (1969); *Le Commerce des fourrures en Occident à la fin du Moyen Age* (1978); *La Vie au Moyen Age* (1982); *Les Animaux ont une histoire* (1984).

GEORGES DUBY, Professor an der Universität Aix-Marseille, seit 1970 Lehrstuhl für mittelalterliche Gesellschaftsgeschichte am Collège du France. Als Nachfolger von Marc Bloch bemüht er sich seit einem halben Jahrhundert um das Verständnis der Feudalgesellschaft im Mittelalter. Sein Forschungsschwerpunkt lag dabei auf den ökonomischen Beziehungen und den Machtstrukturen in den verschiedenen europäischen Landschaften. Sein Interesse gilt ebenso den kreativen künstlerischen Kräften, der Darstellung sozialer Organisationen, den Verwandtschaftsbeziehungen und der praktischen Ethik der Ehebeziehung. Zur Zeit beschäftigt er sich mit der Situation der Frau in der aristokratischen Gesellschaft des 11. und 12. Jahrhunderts. Zahlreiche Veröffentlichen in Frankreich, die auch zumeist ins Deutsche übersetzt wurden, u. a. die inzwischen zum Standardwerk avancierte *Geschichte des privaten Lebens* (frz. 1986, dt.: Fischer Verlag 1991), gemeinsam mit Philippe Ariès und Roger Chartier.

ROGER-HENRI GUERRAND, emeritierter Professor der École d'architecture de Paris-Belleville. Erforscht seit dreißig Jahren die Geschichte des sozialen Lebens in ihren alltäglichen Aspekten. Veröffentlichungen: *Mémoires du Métro* (1960); *Les Origines du logement social en France* (1966); *La Libre Maternité* (1971); *Les Lieux, histoire des commoditiés* (1985).

ARLETTE LEBIGRE, promovierte im Fach Jura mit Schwerpunkt Römisches Recht, habilitierte in Literaturwissenschaft, Professorin an der Universität Paris-Sud, zuletzt an der Universität Clermont-Ferrand. Dort hat sie sich ganz auf Rechtsgeschichte spezialisiert. Veröffentlichungen: *La Justice du roi* (1988); *L'Affaire des Poisons* (1989).

FRANÇOIS LEBRUN, emeritierter Professor der Universität Rennes und Mitglied der Rekation von *L'Histoire*. Schwerpunkt seiner Forschung sind die Demographie und die geistigen Strömungen des Ancien Régime. Veröffentlichungen: *Les Hommes et la Mort en Anjou aux XVIIe et XVIIIe siècles* (1971); *La Vie conjugale sous l'Ancien Régime* (1975); *Se soigner autrefois. Médecins, saints et sorciers aux XVIIe et XVIIIe siècles* (1983).

JACQUES LE GOFF, Direktor an der École des hautes études für Sozialwissenschaften (deren Präsident er von 1972 bis 1977 war). Veröffentlichungen: *Les Intellectuels au Moyen Age* (1976), dt.: *Die Intellektuellen im Mittelalter*, übers. von Christiane Kayser, Stuttgart 1991; *La Civilisation de l'Occident médiéval* (1965), dt.: *Kultur des europäischen Mittelalters*, München/Zürich 1970; *Pour un autre Moyen Age* (1978), dt.: *Für ein anderes Mittelalter. Zeit, Arbeit und Kultur im Europa des 5.-15. Jahrhunderts*, übers. von Juliane Kümmell und Angelika Hildebrandt-Essig, Hamburg 1987; *La Naissance du purgatoire* (1981), dt.: *Die Geburt des Fegefeuers. Vom Wandel des Weltbildes im Mittelalter*, übers. von Ariane Forkel, München 1990; *L'Imaginaire médiéval* (1985), dt.: *Phantasie und Realität des Mittelalters*, übers. von Rita Höner, Stuttgart 1990; *La Bourse et la Vie* (1986), dt.: *Wucherzins und Höllenqualen. Ökonomie und Religion im Mittelalter*, übers. von Matthias Rüb, Stuttgart 1988; *L'Homme médiéval* (1989), dt.: *Der Mensch des Mittelalters*, hrsg. von Jacques Le Goff, Frankfurt/M. 1989.

CLAUDE MOSSÉ, Professorin an der Universität Paris VIII, wo sie griechische Geschichte lehrt. Ständige Veröffentlichungen in der zeitschrift *L'Histoire* und in der Reihe *Points Histoire*, u. a.: *Histoire d'une démocratie: Athène* (1971); *La Grèce archaïque d'Homère à Eschyle* (1984); *L'Antiquité dans la Révolution française* (1989 zur 200jährigen Gedenkfeier).

ANNE-MARIE MOULIN, Leiterin am Forschungszentrum CNRS für Geschichte und Philosophie der Wissenschaften, Doktor der Medizin, promoviert in Philosophie, spezialisiert auf parasitärologische und tropische Krankheiten. Veröffentlichungen: *L'Islam au péril des femmes* (1981); *Le dernier Langage de la médicine. Histore de l'immunologie, de Pasteur au SIDA (1880-1980)*; zahlreiche Artikel über die Geschichte der Philosophie der Medizin.

MICHEL REY forscht am europäischen Forschungsinstitut Florenz und beschäftigt sich hauptsächlich mit dem Thema Liebe zur Zeit der Renaissance.

DANIEL ROCHE, Professor an der Universität Paris I und Direktor an der École des hautes études (Sozialwissenschaften). Autor mehrerer Bücher über die Aufklärung und die Geschichte der Gesellschaftsentwicklung, u. a. *Le Peuple de Paris* (1981); *Les Républicains des Lettres* (1988); *La Culture des apparences* (1989).

CATHERINE SALLES, promoviert in Klassischer Literatur, Honorarpropessorin an der Universität Paris-Nanterre. Veröffentlichungen: *Les Bas-fonds de l'Aquitité* (1982); *Tibère le second César* (1985).

MAURICE SARTRE, Professor für Alte Geschichte an der Universität von Tours; Spezialgebiet: die griechisch-römische Zeit des Vordern Orients.

JACQUES SOLÉ, Professor für Sozialwissenschaften an der Universität Grenoble. Veröffentlichungen: *L'Amour en Occident à l'époque moderne* (1988); *La Révolution en question* (1988).

MICHEL SOT, Spezialist für Bistumsgeschichte, Honorarprofessor für mittelalterliche Geschichte an der Universität Paris-Nanterre und Mitarbeiter am CNRS.

FRANÇOISE THÉBAUD. Absolventin der École normale supérieure, promovierte in Geschichte, derzeit Honorarprofessorin an der Universität Lyon, Schwerpunkt: Geschichte der Frauen. Veröffentlichungen: *La Femme au temps de la guerre de 14* (1986); *Quand nos Grand-mères donnaient la vie. La maternité en France dans l'entre-deux-guerres* (1986).

PAUL VEYNE, Professor am Collège de France, einer der wichtigsten Vertreter der »neuen Historiker« in Frankreich. Zahlreiche Publikationen über das Privatleben und die römische Geschichte. Zur Zeit erscheint sein neuestes Buch *La Société romaine* auf deutsch. Hauptwerke: *Comment on écrit l'histoire* (1971); *Le Pain et le Cirque* (1976); *L'Élégie érotique* (1983); *Les Grecs ont-ils cru à leur mythes?* (1983); *Histoire de la vie privée* (1985).